beck'sche
reihe

W0076247

b^{sr}

Wenn wir sprechen, liegt uns die Vergangenheit auf der Zunge. Nicht nur jedes Wort hat seine Geschichte, sondern historisch gewachsen sind auch die grammatischen Formen, die Schreibweisen und Ausspracheregeln und nicht zuletzt unsere Urteile und Vorurteile über gutes und schlechtes Deutsch.

Sprachwissenschaftler haben eine Fülle von hochinteressanten Details zur Geschichte der deutschen Sprache zusammengetragen. Aber der Großteil dieses Wissensschatzes liegt verborgen – um nicht zu sagen begraben – in schwer zugänglichen Fachpublikationen, verfasst von und für Experten. Etwas davon an das Licht einer größeren sprachinteressierten Öffentlichkeit zu bringen, ist das Ziel dieses Buches.

Die vielen «Originaltöne» aus den verschiedenen Jahrhunderten sollen dem Leser einen lebendigen Eindruck vom Sprechen und Schreiben der Menschen vermitteln. Die dialektalen Färbungen und ungeregelten Schreibweisen spiegeln die Entwicklung einer Sprache, deren Vereinheitlichung und Standardisierung noch nicht sehr lange zurückliegt.

Wolfgang Krischke, Dr. phil., ist freiberuflicher Journalist, Publizist, und Lehrbeauftragter für germanistische Sprachwissenschaft an der Universität Hamburg.

Wolfgang Krischke

Was heißt hier Deutsch?

Kleine Geschichte
der deutschen Sprache

Verlag C. H. Beck

Limitierte Sonderausgabe. 2009

© Verlag C. H. Beck oHG, München 2009
Gesamtherstellung: Druckerei C. H. Beck, Nördlingen
Umschlagentwurf: www.kunst-oder-reklame.de
Printed in Germany
ISBN 978 3 406 59243 0

www.beck.de

Inhalt

1. Was heißt hier «Deutsch»?

3. Buchstabenkämpfe – Der Streit um die rechte Schreibung

5. Deutsch im Formtief? Grammatisches End(ungs)spiel

1. Was heißt hier «Deutsch»?

Prolog im schweigenden Wald

Der Mund öffnet sich. Die Worte, die zwischen Zahnstümpfen hervorkommen, klingen vertraut und zugleich fremd, wie ein abgelegener Dialekt:

Uuanan quemet ir, bruoder?

Eine abgehärmte Gestalt ist es, die uns «Bruder» nennt und wissen möchte, woher wir kommen. Der verschlissene Umhang aus Wolle hat die Farbe des schlammigen Waldwegs, auf dem wir uns gegenüberstehen.

Was antwortet man so jemandem? Dass man ihn nur mit Mühe versteht, weil man aus einer Zeit kommt, die mehr als tausend Jahre in der Zukunft liegt? In der die Wörter seiner Sprache nur noch als ferne Echos existieren?

Unser Wanderer runzelt die Stirn, er macht einen Schritt zurück. Wie soll er unser Schweigen deuten, mitten im schweigenden Wald? Wollen wir ihn berauben? Sind wir ein böser Geist? Misstrauen, Furcht und eine Spur von Zorn malen sich auf seinem Gesicht ab. Gepresst fragt er noch einmal – und jetzt duzt er uns – nach dem Wer und Woher:

Uuer pistu? Uuana kimmst du?

Wir gehen einen Schritt auf ihn zu, sagen *Bruoder* zu ihm, strecken den Arm aus zu einem Handschlag, der die Kluft zwischen unseren Zeiten überbrücken soll. Doch die Anbiederei stimmt ihn nicht freundlicher. Er weicht zurück, greift unter den Mantel und zischt:

Hundes ars in dine naso.

Ein Hundearsch wird in unsere Nase gewünscht – da erlauben wir uns, die Nase voll zu haben. Wir drücken die mentale Stopp-Taste, lassen die Szene einfrieren auf dem Monitor unserer Imagination. Unser altdeutscher Mitbürger mit dem schlechten Gebiss verharrt, vom Zauberspruch gebannt, mit der Hand unter dem Umhang. Was immer er dort hervorziehen wollte – Messer oder Knüttel vielleicht – bleibt verborgen. Unser erster Kontakt mit der altdeutschen Sprachwelt ist beendet.

Die altdeutsche Sprachwelt

Rauh ist die Zeit, in die wir uns hier versetzen, die Jahrhunderte zwischen 500 und 1000, als sich aus dem Germanischen die Dialekte herausschälten, die Sprachwissenschaftler erst später unter den Sammelbegriff «deutsch» fassen werden. Urwälder, Sümpfe, feuchte Flussniederungen überzogen Mitteleuropa. Die Dörfer und Felder lagen als winzige Inseln in einem dichten Meer aus Grün. Mit Spaten, Axt und Pflug rangen die Bauern der Wildnis urbares Land ab. Plackerei bestimmte ihr Leben vom Aufgang bis zum Untergang der Sonne. Man hauste in zugigen, verqualmten Hütten. Nach Sonnenuntergang regierte die Dunkelheit, kaum jemand konnte sich Talg- oder Wachslichter leisten. Schmutz, Gestank und Parasiten gehörten zum Alltag. Immer drohten Missernten, Krankheiten und früher Tod.

Der Lebenskreis war auf den Wohnort und die nähere Umgebung beschränkt. Jenseits davon begann das Ausland – dort zu sein, hieß *elilenti* zu sein. Unser *Elend* stammt von dem althochdeutschen Wort ab. Auf Reisen ging nur, wer es unbedingt musste. Die wenigen Fernwege waren schlecht. Der Wald erschien als eine feindliche grüne Welt. Man kommunizierte fast nur mündlich, von Angesicht zu Angesicht. Briefe und Bücher waren die Medien einer winzigen Minderheit, auch sie wurden laut vorgelesen, denn die Schrift galt nur als vorübergehender Speicher des Klangs. Eine massenmediale Sprach-Welt wie die unsere, die von frei flottierenden Wörtern überquillt, wäre jenen Zeitgenossen fremd und unheimlich erschienen.

Die Stimmen der einfachen, ungebildeten Menschen, der großen Mehrheit also, dringen aus jener Zeit nur sehr gefiltert zu uns. In den Pergamenten fanden sie nur selten Niederschlag. Die einzigen, die lesen und schreiben konnten, waren Geistliche. Ihre Hauptsprache war Latein, in ihr sind die meisten Texte geschrieben, die Volkssprache führte nur ein Schattendasein. Aus der Zeit zwischen 700 und 900 sind etwa 1200 Handschriften überliefert, die ganz oder teilweise auf Althochdeutsch geschrieben sind, die Zahl der lateinischen beträgt mehr als das Siebenfache.

Auch die deutsch geschriebenen Texte sind von der christlich-lateinischen Gelehrsamkeit der Mönche durchtränkt. Gebete, Segenssprüche, biblisch inspirierte Gedichte und Erzählungen überwiegen. Daneben stehen Rechtstexte, Eidformeln, geographische Beschreibungen. Immerhin – mancher mönchische Schreiber, der am Stehpult seinem anstrengenden Handwerk nachging, erlaubte sich dann und wann einen Ausflug in die profane Welt der Alltagssprache und notierte auf freigebliebene Seiten Redewendungen, Sprichwörter, Zauberformeln oder anzügliche Verse. Sie erlauben den Blick in eine Sprach- und Gedankenwelt, die konkret und direkt, manchmal derb und spöttisch ist.

> *liubene ersazta sine gruz*
> *unde kab sina tohter uz*
> *to cham aber starzfidere*
> *prahta imo sine tohter uuidere*
> Liubene setzte sein Hochzeitsbier an
> und verheiratete seine Tochter.
> Da kam aber der gefiederte Schweif
> und brachte ihm seine Tochter wieder

Manche Geistlichen wagten es, Bruchstücke aus der heidnischen Welt germanischer Götter- und Heldensagen zu konservieren. Dazu gehören die Merseburger Zaubersprüche, benannt nach ihrem Fundort, dem Dom von Merseburg. Jemand hatte die Zeilen trotz – oder wegen? – ihres heidnischen Inhalts auf die leer gebliebenen Seiten einer theologischen Handschrift geschrieben.

> *Phol unde uodan uoron zi holza*
> *do uuart demo balderes uolon sin uuoz birenkit.*
> *thu biguol en sinthgun sunna era suister*
> *thu biguol en friia uolla era suister*

13

thu biguol en uuodan so he uuola conda
sose benrenki sose bluotrenki
sose lidirenki
ben zi bena bluot zi bluoda
lid zi geliden sose gelimida sin

Phol und Wotan ritten in den Wald.
Da verrenkte sich Balders Fohlen einen Fuß.
Da besprach ihn Sindgund, der Sonne Schwester,
da besprach ihn Frija, der Volla Schwester,
da besprach ihn Wotan, so gut nur er [allein] es vermochte:
wie die Verrenkung des Knochens so [ist] die Verrenkung
des Blutes,
so die der Glieder,
Knochen zu Knochen, Blut zu Blut
Glied zum Gliede. So seien sie fest zusammengeleimt.

Germanische Wurzeln

Diese Verse führen uns zurück bis in die Welt der Germanen, die
den sprachlichen Wurzelboden für das Deutsche legte. Wie haben
sie gesprochen? Zum Beispiel so:

EK HLEWAGASTIZ : HOLTIJAZ : HORNA : TAWIDO

Ich, Hlewagast, Holtes Sohn (oder: Sohn des Holzschnitzers)
stellte das Horn her.

Diese Worte ritzte jemand zwischen 350 und 450 in ein Goldhorn,
das 1639 in der Nähe des dänischen Tondern gefunden wurde. Die
Sprache ist Nordwestgermanisch, die Keimzelle der späteren west-
germanischen Sprachen Deutsch, Niederländisch, Englisch, Friesisch und Jiddisch sowie der nordgermanischen Sprachen Dänisch,
Norwegisch, Schwedisch und Isländisch. Ein anderer Zweig, der
sich schon im 4. Jahrhundert aus dem gemeinsamen Ur-Germanisch
ausgegliedert hatte, ist das heute ausgestorbene Ostgermanisch mit

seinem wichtigsten Vertreter, dem Gotischen (zur Grammatik des Germanischen und den indogermanischen Wurzeln s. S. 264 ff.) Der Klang des Germanischen war dem heutigen Niederdeutsch und Niederländisch ähnlicher als dem Hochdeutschen. Für eine «englische» Färbung sorgte der Lispellaut *þ*, der dem englischen *th* entspricht und sich auch noch im Deutsch des frühen Mittelalters findet. Verglichen mit den klassischen europäischen Literatursprachen Griechisch und Latein sind die sprachlichen Überlieferungen des Germanischen spärlich. Dazu gehören einige Dutzend kurze Runeninschriften aus dem 2. bis 6. Jahrhundert sowie mehrere germanische Wörter, die römische Autoren wie Caesar und Tacitus notiert haben, beispielswiese *urus* ‹Auerochse›, *sapo* ‹Schminke, Seife›, *glesum* ‹Bernstein, Glas›, *flado* ‹Fladen›, *harpa* ‹Harfe›, *medus* ‹Met›, *ganta* ‹Gans›. Einen Blick in die germanische Vergangenheit gewährt auch das Finnische, das einige germanische Lehnwörter in altertümlicher Form bewahrt hat: *rengas* ‹Ring›, *kuningas* ‹König›, *gernas* ‹gern›, *tiuris* ‹teuer›, *hansa* ‹Schar, Volk›, *pelto* ‹Feld›. Da germanische Stämme sich in der Völkerwanderungszeit über ganz Europa verteilten, finden sich ihre sprachlichen Spuren auch dort, wo man sie nicht unbedingt vermuten würde: In spanischen Namen wie *Rodrigo* (*Hrôþrîks / Roderich* ‹Ruhm + Herrscher›) oder *Fernando* (*Frîþunanþ* ‹Friede + Ruhm›) hallt noch die Zeit der Westgoten nach. Sie haben der Nachwelt freilich weit mehr als ihre Namen hinterlassen, nämlich eine Übersetzung der Heiligen Schrift aus dem Griechischen ins Gotische, die um 375 im heutigen Bulgarien entstand (s. S. 210). Diese nach ihrem Verfasser benannte «Wulfila-Bibel» ist der längste germanische Text, den wir kennen. Der Missionsbischof Wulfila hatte für seine Übersetzung eine eigene Schrift mit griechischen, lateinischen und runischen Buchstaben entwickelt. Der Anfang des Vaterunser lautet auf Gotisch: *Atta unsar thu in himinam, weihnai namo thein. Qimai thiudinassus þeins…*

Gud-Run raunt

Zu den faszinierendsten Hinterlassenschaften der Germanen gehören die Runen. Das Rätselhafte der spitzwinkligen Zeichen steckt schon in ihrem Namen, der «Geheimnis» bedeutet. *Rune* findet sich im Wort *raunen* ebenso wie in *Gudrun* (‹Kampfrune› im Sinne von ‹die sich mit Kampfrunen auskennt›) oder *Sigrun* (‹Siegrune›). Runen wurden in Stein, Knochen, Holz oder Metall geritzt. Das germanische *writan* ‹Runen ritzen› steckt im englischen *to write* ebenso wie in den deutschen Wörtern *ritzen, reißen, Reißbrett* und *Aufriss*.

Glaubt man den germanischen Mythen, dann stammen die Runen von Göttervater Odin. Der rammte sich zum Zweck der Bewusstseinserweiterung einen Speer durch den Leib und hängte sich daran zwischen den Ästen eines Baumes auf. Die Visionen, die er während dieser Extrem-Meditation empfing, lehrten ihn, wie man Runen ritzt und ihre magische Macht benutzt.

Wie die ältesten germanischen Schriftzeichen tatsächlich entstanden, liegt im Dunkeln: Die Wissenschaftler sind sich einig, dass die Germanen die Zeichen nicht erfanden, sondern auf eine Vorlage zurückgriffen, die sie abwandelten. Welche das war, darüber gehen die Meinungen auseinander. In der Diskussion sind das griechische, das etruskische oder das lateinische Alphabet, die alle auf die phönizische Schrift zurückgehen. Die Mehrheit der Forscher bevorzugt die Latein-Lösung. Neuerdings kursiert noch eine andere These: Danach waren es die Phönizier selbst, genauer gesagt die Karthager, die die Germanen bereits um 300 vor Christus zum Runenschreiben inspirierten. Diese Theorie steht aber bislang auf wackligen Beinen, denn die ältesten gesicherten Runenfunde stammen erst aus dem zweiten nachchristlichen Jahrhundert.

Das Runenalphabet wird nach seinen ersten sechs Lauten «Fuþark» genannt, ähnlich wie unser Alphabet «ABC» heißt. Der þ-Laut entspricht dem englischen *th*. Die 24 Runen, aus denen das Fuþark bestand, waren jedoch mehr als nur Buchstaben, die Laute wiedergaben. Jede Rune hatte außerdem einen Namen, der mit dem betreffenden Laut begann. So steht die Rune für F auch für das

Wort *fehu* ‹Vieh, Vermögen›. U steht für *ūruz* ‹Auerochse›, Þ für *þurisaz* ‹Thurse, Riese›, A für *ansuz* ‹Ase›, R für *raidō* ‹Ritt, Fahrt, Wagen› und K für *kaunan* ‹Geschwür, Krankheit›. Um solche Wörter zu schreiben, reichte es, wenn man nur die jeweilige Rune ritzte. Beschrieben wurden Steine und Felsplatten, Waffen, Schmuck, Amulette, Kämme, Kästchen, Ringe, Goldhörner und kleine Statuen. Der *Stab* im Wort *Buchstabe* bezeichnete ursprünglich den senkrechten Strich der Runen, an den die Haken und Querstriche angefügt wurden.

Feierliche Formeln – Die Sprache hinter den Zeichen

Ein Volk von Schriftgelehrten waren die Germanen trotz der Runen nicht. Nur eine kleine Elite beherrschte diese Schrift. Benutzt wurde sie vor allem für kurze Mitteilungen, Sprüche oder magische Formeln. Häufig beschränkte sich die Inschrift auf die Namen von Besitzern, Schenkenden oder Beschenkten. Oft verewigten sich stolze Ritzer auch nur selbst, so wie sie es noch heute auf Parkbänken und Baumstämmen tun:

BidawarijaR talgidai/BidawarijaR schnitzte.

Für längere Texte oder gar Bücher wurden die Runen nicht genutzt. Ihre Sagen und Gesänge, ihre Geschichten, Rechtsvorschriften, Sitten und Gebräuche überlieferten die Germanen mündlich von Generation zu Generation. Deshalb konnten die Runen auch nie die kulturgeschichtliche Bedeutung des lateinischen oder griechischen Alphabets erlangen. Die längste bisher gefundene Inschrift steht auf einem Steinblock, den ein Mann namens Varin seinem toten Sohn weihte. Sie ist 750 Zeichen lang. Das entspricht einem Kurzbericht in der Zeitung.

In der Vorstellungswelt der Germanen waren Runen nicht bloß Buchstaben – sie hatten auch Zauberkraft. Auf Schwertern oder Pfeilschäften halfen sie im Kampf, Rettungsrunen gaben Beistand bei Krankheit und Not. Es gab Runen für die Geburtshilfe und Schutzrunen gegen «Frauentrug». Runen, die man den Verstorbenen mitgab, sollten vor Grabräubern schützen – aber auch vor den Verstorbenen selbst, die man als Wiedergänger fürchtete. Deshalb richteten die Hinterbliebenen die abwehrenden Worte mitunter ins Innere des Grabes. An guten Ratschlägen für die Toten fehlte es nicht: «Nutze Deinen Hügel wohl», mahnen Runensteine auf Fünen und Seeland.

Mehr dem Leben zugewandt waren die Runen für den Liebeszauber. «Friedel, du fasse mich», lautet eine solche Liebesinschrift auf einer Scheibenfibel, die bei Zürich in einem Frauengrab gefunden wurde. Am Ende sind zwei L-Runen eingraviert: Sie stehen für *Laukaz* ‹Lauch›. Hinter der harmlosen Gemüse-Rune verbirgt sich die Geheimbedeutung ‹Glied›. Lauchstangen hatten für die Germanen eine besondere Bedeutung. Ihnen schrieben sie Heilkraft und magische Wirkung zu, sie galten als Aphrodisiakum und Symbol der Fruchtbarkeit. Sagen berichten von einer Bäuerin im Norden Norwegens, die einen Pferdephallus zur Konservierung in Lauch einwickelte, damit die Familie ihm allabendlich huldigen konnte.

Die ältesten Runen

Etwa 6500 Runeninschriften wurden bislang gefunden, die meisten entstanden allerdings erst in nachgermanischer Zeit. Der Löwenanteil aller Runenfunde stammt aus Skandinavien, 80 Inschriften kommen aus Deutschland, andere Fundorte liegen in England, in den Niederlanden und in Irland. Durch die Wikinger gelangten Runen selbst nach Russland und Griechenland. Die Zahl der bekannten Inschriften wächst dauernd, weil die Archäologen immer neue Funde machen. Am häufigsten handelt es sich um Inschriften auf Stein oder Metall, denn diese Materialien haben die Jahrhunderte am besten überdauert. Aber Moorgrabungen brachten auch Runen auf Holz und Knochen ans Licht.

Der vielleicht älteste Runenfund stammt aus der ersten Hälfte des 1. Jahrhunderts. Es ist eine Gewandspange, eine so genannte Fibel, die im schleswig-hosteinischen Meldorf entdeckt wurde. In das Metall ist die Lautfolge *hiwi* eingraviert – möglicherweise eine Widmungsinschrift für eine Frau. Bislang weiß man allerdings nicht, ob es sich hierbei wirklich um Runen handelt oder nur um den ungelenken Versuch, lateinische Buchstaben zu ritzen. Keinen Zweifel gibt es bei den nächstälteren Funden aus dem 2. Jahrhundert: ein Kamm, entdeckt bei Vimose im dänischen Fünen mit dem Männernamen *harja* und eine Lanzenspitze aus einem Grab im norwegischen Oppland. Sie trägt das Wort *raunijaR* eingraviert mit der Bedeutung ‹Erprober›. Die magische Bezeichnung für die Waffe sollte beim Angriff Glück bringen.

Kulturexport von Nord nach Süd

Die Runen waren zunächst vor allem eine Sache der Nordgermanen. Im späteren Deutschland verbreiteten sie sich erst mit Verzögerung. Eine Ausnahme bildet Süd-Schleswig, das damals zum nordischen Kulturkreis gehörte. Im 4. und 5. Jahrhundert gelangten einzelne Inschriften in das heutige Niedersachsen. Zu einer echten Runen-Mode kam es im 6. Jahrhundert: Vor allem im heutigen Baden-Württemberg haben Archäologen eine Vielzahl von Schmuckstücken mit Runeninschriften aus dieser Zeit gefunden. Die Runen wurden hier populär, nachdem die Franken im Jahr 531 die Thüringer besiegt hatten. Deren Reich hatte zuvor wie ein Sperrriegel die Verbindungen zwischen Norden und Süden blockiert. Jetzt war der Weg frei für skandinavische Importe, die im Land der Alemannen offenbar eine regelrechte Nordland-Welle auslösten.

Im 8. Jahrhundert veränderte sich das Runenalphabet in Skandinavien. Die Zahl der Buchstaben schrumpfte von 24 auf 16. Der Popularität der Runen tat das keinen Abbruch – im Gegenteil: Im Hochmittelalter entwicketen sie sich in den nordischen Ländern immer stärker zu einer Alltagsschrift. In quadratische Hölzchen geritzt diente sie für Kurzmitteilungen aller Art von Liebesgrüßen bis zu «Lieferscheinen», die die Kaufleute ihren Waren anhefteten. Ihren heidnischen Ursprung legten die Runen nach und nach völlig ab. Sie finden sich mit christlichen Inhalten auf Kirchenmauern und Glocken, Taufbecken und Gräbern. Bis zur Buchschrift brachten es die Runen allerdings auch in Skandinavien nicht. Zu eng war die Schreib-Kultur der gelehrten Bücherwelt mit dem Erbe der klassischen Antike verbunden.

In den deutschsprachigen Gebieten kamen die Runen bereits im 7. Jahrhundert aus dem Gebrauch. Das geschah offenbar ohne äußeren Druck. Die Kirche jedenfalls bekämpfte die germanischen Zeichen hier ebensowenig wie in Skandinavien. Für sie zählte, was jemand schrieb, nicht mit welchen Buchstaben. Etliche Grabbeigaben aus Deutschland tragen Runen-Inschriften mit dem Bekenntnis zum christlichen Glauben. Auch Klosterschreiber notierten in ihren Pergamenten gelegentlich Namen oder kurze Sätze in Runenschrift. Geistliche Gelehrte zeichneten Runenalphabete auf, weil sie glaubten, dass sich dahinter eine Ursprache verberge. Doch mehr als solch antiquarisches Interesse vermochten die Runen bald nicht mehr zu erwecken. Gegen die Ausstrahlung Roms und der lateinisch-christlichen Kultur konnten sie sich in den deutschsprachigen Gebieten anders als in Nordeuropa nicht behaupten. Sie veralteten und starben aus, ähnlich wie in unserer Zeit die Sütterlin-Schrift.

Forsaichistu diobolae? Gebete und Beschwörungen

Kehren wir aus der germanischen Zeit zurück in die etwas jüngere des frühen Deutsch. Allzu groß ist der Sprung nicht. Mochten die Runen auch verwittern, die germanische Welt, in der persönliche Bindungen, Treue und Gefolgschaft, nicht staatliche Institutionen, das Gerüst der Gesellschaft bildeten, ragte noch weit in das Mittelalter hinein. Den Horizont des Adels bestimmten archaische Werte, seine Koordinaten waren Ehre und Rache, Jagd, Kampf und Beutegier. Gewalt gehörte zum täglichen Leben: Fehden, Kriege und Jagdunfälle brachten viele der Herren schon in jungen Jahren ins Grab. Auch die Adligen waren, wie die Bauern, in ihrer großen Mehrheit Analphabeten. Das Schwert, nicht die Feder, machte den Mann zum Mann. Die Tugenden des Nahkampfs verhießen auch dem König ewigen Ruhm.

suman thuruhskluog her, suman thruhstach her
Her skancta ce hanton. Sinan fianton bitteres lides.
Den einen erschlug er, den anderen durchstach er,
seinen Feinden schenkte er sogleich bitteren Trank aus.

So heißt es im «Ludwigslied» zum «seligen Angedenken» an Ludwig III., der 881 mit seinem Heer die Normannen besiegte.

Erst im 9. Jahrhundert wurden auch die letzten noch heidnisch gebliebenen Gebiete des deutschen Sprachraums christianisiert. Aber oft genug blieb die Bekehrung oberflächlich. Wichtiger als die Erforschung der Seele waren Formeln und Rituale. Glauben bedeutete, sie korrekt zu vollzuziehen. Bei den Niederdeutsch sprechenden Sachsen, denen Karl der Große mit dem Schwert den neuen Glauben aufzwang, hörte sich das so an:

Forsaichistu diobolae? Ec forsachu diabolae.
End allum diobolgelde? End ec forsachu allum diobogeldae.
End allum dioboles uuercum? End ec forsachu allum dioboles
uuercum and uuordum, Thunnaer ende Uuoden ende Saxnote
ende allum them unholdum, the ira genotas sind.
Schwörst du dem Teufel ab? Ich schwöre dem Teufel ab.
Und jedem Teufelsopfer? Und ich schwöre jedem Teufels-
opfer ab.
Und allen Werken des Teufels? Und ich schwöre allen Werken
des Teufels ab, Donar, Wotan, Saxnot und allen Götzen, die ihre
Genossen sind.

Unter dem Firnis des Christentums lebte der Glaube an Zauberei weiter. Himmel und Erde, Pflanzen, Tiere und Menschen, Gedanken und Dinge waren durch ein verborgenes sympathetisches Wirkungsgeflecht miteinander verbunden, das man durch die richtigen Worte beeinflussen konnte. Vor den Unbilden des Schicksals suchte man Zuflucht bei Beschwörungen, in denen sich magische Formeln mit christlichen Gebeten vermengten.

Ih bimuniun dih. suaz pi gode iouh pi christe
daz tu niewedar ni gi-tuo. noh tolc noh tot houpit.
Ich beschwöre dich, Geschwür bei Gott und Christus
Dass du nie mehr eine Wunde machst oder den Tod bewirkst.

Die Sprache der Menschen in dieser Zeit nennen wir heute Deutsch, doch suggeriert der Begriff eine Einheitlichkeit, die es nicht gab. Was im Rückblick so heißt, war in dieser Zeit nicht mehr als ein Netzwerk verwandter Dialekte. Die Möglichkeiten für Bewohner verschiedener Regionen, sich zu verständigen, dürften so gut oder schlecht wie zwischen heutigen Dialektsprechern gewesen sein. Für eine gewisse Vereinheitlichung zumindest in der Schriftsprache sorgten vor allem die Geistlichen in den Klöstern, die sich bemühten, Kontakt untereinander zu halten. Wie stark die Übereinstimmungen sein konnten, zeigen die Anfänge des «Vaterunser»:

Fater unseer, thû pist in himile, uuîhi namun dînan, qhueme
rîhhi dîn …   St. Gallen (8. Jahrhundert, alemannisch)
Fater unsêr, dû pist in himilum … Kauuîhit sî namo dîn, …
Piqhueme rîhhi dîn …   Freising (9. Jahrhundert, bairisch)
Fater unsêr, thu in himilom bist, giuuhîhit sî namo thîn, quaeme
rîchi thîn …   Weißenburg (9. Jahrhundert, rheinfränkisch)
Fater unser, thû thar bist in himile, sî giheilagôt thîn name,
queme thîn rîhhi …   Fulda (9. Jahrhundert, ostfränkisch)

Schneisen ins Dickicht:
Die ersten deutschen Wörter werden geschrieben

Chumo kiscreip filo chumor kipeit
Mit viel Mühe fertig geschrieben, mit noch mehr Mühe dies
[das Ende] erwartet.

Dieser Stoßseufzer entrang sich der Brust eines mönchischen
Schreibers im Kloster St. Gallen des 9. Jahrhunderts. Er und seine
Klosterbrüder verbrachten ihre Tage im Skriptorium an Stehpul-
ten, wo sie tagein, tagaus Buchstabe an Buchstabe auf das Pergament setzten. Der *Schriftsetzer* hat seine sprachlichen Wurzeln in
diesen Zeiten. Für diejenigen Mönche, die sich vom 8. Jahrhundert
an daran machten, deutsche Wörter und Sätze niederzuschreiben,
gesellte sich zur körperlichen Anstrengung noch die geistige Herausforderung. Sie waren Pioniere im Dickicht einer Sprache, für die
weder Wörterbücher noch Orthographieregeln oder grammatische
Nachschlagewerke existierten. Es gab nicht einmal eigene Schriftzeichen, nachdem die Tradition der Runen in Deutschland untergegangen war. Die Schreiber griffen deshalb auf das lateinische Alphabet zurück, dessen Zeichen aber nicht immer zu den deutschen
Lauten passten. Um diese Lücken zu füllen, erfanden die Mönche
das *w*, das ursprünglich ein doppeltes *u* war («double u» heißt es
noch heute im Englischen), sie kombinierten Buchstaben wie *s, c*
und *h* zu *sch* und *ch*, oder sie verdoppelten Vokale und Konsonanten,
um lange und kurze Laute darzustellen (vgl. S. 192 ff.).

Weil es keine verbindlichen Rechtschreibregeln gab, entwickelte
jedes Kloster sein eigenes System. Dementsprechend viele Varianten finden sich in den alten Pergamenten. ‹Ludwig› zum Beispiel
wird geschrieben als *lodhuuig, Ludhuuuig, Hludwîg, Ludouuig.*
Die ‹Freude› gab es als *vröude, vröide, vreude, vröuwede, fröwede,
fröwde, vrouwede, vrowede, vroude, vrôde.* Das *-ch* in «Reich»
erscheint mal als *rîhhi*, dann wieder als *rîhi* oder *rîchi.* Da das *w* –
damals «englisch» ausgesprochen (wie in *wood*) – oft durch ein
doppeltes *u* dargestellt wurde, entstanden Gebilde wie *triuuue*
(*triuwe* ‹Treue›) oder *uuunna* (*wunna* ‹Wonne›).

Welche Schwierigkeiten die Verschriftung bereitete, schildert der Mönch Otfrid von Weißenburg (800–875), der erste namentlich bekannte Dichter, der deutsch schrieb. Otfrid beschreibt – auf Latein – die «ungewöhnliche Lautung» seiner fränkischen Muttersprache wie ein Ethnologe, der die Sprache eines bislang unbekannten Volkes verschriften soll. «Denn bisweilen fordert sie, wie mir scheint, drei u – die ersten zwei meines Erachtens konsonantisch lautend, während das dritte u den Vokalklang beibehält – bisweilen konnte ich weder den Vokal a noch ein e, noch ein i und auch nicht ein u vorsehen: in solchen Fällen erschien es mir richtig, y einzusetzen. Aber auch gegen diesen Laut sträubt sich diese Sprache manchmal: sie geht überhaupt bei gewissen Lauten nur mühsam eine Verbindung mit einem bestimmten Schriftzeichen ein.»

Kein Wunder, dass sich manchem Mönch die Feder sträubte, wenn er statt im vertrauten Kirchenlatein in seiner Muttersprache schreiben sollte. So ging es auch Wisolf, einem alemannischen Klosterbruder, der um das Jahr 1000 das Lied vom heiligen Georg, dem Drachentöter, aufzeichnen wollte. Mit ungelenker Handschrift, zahllosen Verschreibern, Verbesserungen und immer wieder vertauschten Buchstaben quälte er sich durch die Verse, bis er entnervt mittendrin aufgab. *Ih ne kan* ‹Ich kann nicht› will er unter die letzte Zeile setzen. Aber nach *Ih n…* bricht er ab und schreibt das Gemeinte lieber im vertrauten Latein: *Nequeo* – das immerhin ist korrekt geschrieben.

Das älteste deutsche Buch

Eines der ersten deutschen Wörter, die den Weg aufs Pergament fanden, war *dheomodi* ‹demütig›. Das passt zu einer Schriftsprache, die im Schatten des Lateinischen stand und zunächst nur hinter den Mauern der Klöster gedieh. Das Wort steht am Anfang des ältesten erhaltenen deutschen Buches, eines lateinisch-deutschen Wörterverzeichnisses, genannt «Abrogans». Das ist die lateinische Vokabel für *demütig* und der erste Eintrag des Buches. Das bairische Original, das um 760 wahrscheinlich im Kloster Freising entstand, existiert nicht mehr. Erhalten sind drei alemannische Abschriften aus dem späten 8. und dem 9. Jahrhundert, die heute in St. Gallen, Karlsruhe und Paris aufbewahrt werden. Wer sich den St. Galler «Abrogans», 320 Seiten dick, im Internet anschaut, sieht keine Prachthandschrift vor sich. Die Schreiber mussten sich mit einem löchrigen Pergament begnügen, gebunden zwischen hölzerne Buchdeckel. Nur wenige Buchstaben sind mit Ornamenten ausgeschmückt. Die Einträge, ungelenk geschrieben, stehen sich nicht in Spalten gegenüber, wie man es von einem Wörterbuch erwarten würde, sondern reihen sich, nur durch Punkte getrennt, aneinander. Die Vorlage war ein lateinisches Synonymenlexikon, das in Italien entstanden war, um seltenere lateinische Wörter und Wendungen der Bibel durch gängigere, ebenfalls lateinische Ausdrücke zu erläutern. Die deutschen Autoren notierten die deutschen Übersetzungen, etwa *helfa* ‹Hilfe› für *auxilium*, *firleitit* ‹verleitet› für *seducit* oder *kotes mines heli* ‹meines Gottes Heil› für *dei mei salus*. Da sie sowohl für das lateinische Stichwort als auch für dessen lateinische Synonyme althochdeutsche Entsprechungen suchten, mussten sie es mit einem sehr nuancierten Wortschatz aufnehmen. Für dessen Feinheiten existierten oft noch gar keine deutschen Vokabeln, so dass notdürftige Umschreibungen herhalten mussten. Das schmälert nicht die bewundernswerte Pionierleistung, die der «Abrogans» mit seinen über 3000 althochdeutschen Wörtern darstellt.

Die ersten Spuren deutscher Schriftsprache sind sogar noch einige Jahrzehnte älter als der «Abrogans» und finden sich in lateinischen Handschriften. Dort schrieben Mönche deutsche Wörter als Übersetzungshilfen an den Rand oder zwischen die Zeilen. Etwa zwei Drittel des althochdeutschen Wortschatzes sind durch solche «Glossen» überliefert. Sie wurden häufig nicht mit der wertvollen Tinte geschrieben, die nur im Skriptorium für Schreibaufträge zur Verfügung stand. Stattdessen benutzten die Mönche Griffel, mit denen sie auch Notizen in ihre Wachstafeln ritzten, und kerbten damit die deutschen Wörter in das Pergament. Die frühesten dieser «Griffelglossen» stammen vom Beginn des 8. Jahrhunderts und finden sich in einer Handschrift aus dem luxemburgischen Echternach. Es sind die ältesten überlieferten deutschen Worte, wenn man von den wenigen Runeninschriften in althochdeutscher Sprache absieht.

Lesbar sind die eingeprägten Buchstaben allerdings nur, wenn das Licht von der Seite fällt, deshalb entgingen sie auch lange den germanistischen Forschern. Ermunterung bei den ersten Versuchen, die Volkssprache zu verschriften, bekamen die deutschen Mönche von angelsächsischen Missionaren. In Britannien hatte man schon einige Jahrzehnte zuvor begonnen, altenglisch zu schreiben.

Im Namen die Tochter

Eigentlich eine ganz normale Taufe: Der Dorfpfarrer benetzt das Kind mit Weihwasser, macht das Zeichen des Kreuzes und spricht die Formel *in nomine patria et filia et spriritus sanctus.* So hat er es immer getan. Doch dieses Mal sitzt ein Abgesandter des Bischofs in der Kirche und den stört gewaltig, was er da hört. Die Worte des braven Priesters heißen auf Deutsch nämlich nicht ‹im Namen des Vaters und des Sohnes und des Heiligen Geistes›, sondern ‹im Namen das Vaterland und die Tochter und der Heilige Geist›. Das ist nicht nur Unsinn, sondern eine Verfälschung der heiligen Worte, die den gesamten Taufakt infrage stellt. Formeln, Gebete, Bibellesungen und Segensworte können Gott nur erreichen, wenn sie korrekt wiedergegeben werden.

Der Dorfgeistliche hatte das Pech, ertappt zu werden, war aber mit seinen mageren Sprachkenntnissen kein Einzelfall. Viele Kleriker beherrschten das Lateinische nur ungenügend – dabei zeigte die Sprache des untergegangenen römischen Reichs im frühen Mittelalter sowieso nur noch einen schwachen Abglanz einstiger Eleganz und Formstrenge. Die Normen der klassischen Antike hatten sich gelockert, weshalb wichtige kirchliche und juristische Texte in unterschiedlichen sprachlichen Varianten nebeneinander existierten. Karl der Große und seine Berater sahen in dieser «Sprachverwilderung» eine Gefahr für die Einheit des Reiches und der Rechtsprechung, vor allem aber für das Seelenheil. Sprachpflege war für Karl ein entscheidendes Mittel, in seinem Vielvölkerreich, das sich von Nordspanien bis an die Elbe erstreckte, den christlichen Glauben zu stärken, die kirchliche Ordnung zu straffen und die Verwaltung zu vereinheitlichen. Er setzte eine Bildungsreform in Gang, die vor allem von den Klöstern getragen wurde. Die Verbesserung der Lateinkenntnisse im Klerus stand dabei obenan.

Genauso wichtig war dem fränkischen König aber auch die Pflege der Volkssprachen. Deren Stellung in der Kirche wollte er stärken, um die Seelsorge fester in den Gemeinden zu verankern. Gott, davon war Karl überzeugt, konnte in jeder Sprache, nicht nur in den «heiligen Drei» – Griechisch, Hebräisch und Latein – angerufen werden. Deshalb verlangte er von den geistlichen Hirten, ihrer Herde häufiger als bisher in ihrer Muttersprache zu predigen. Im Westen des Reiches war das Romanisch, der Vorläufer des Französischen, im östlichen Teil Deutsch. Jeder Bewohner sollte wenigstens das Glaubensbekenntnis und das Vaterunser in seiner Muttersprache auswendig können. Waren deutsche Worte bis dahin vor allem als Randnotizen zu lateinischen Texten aufs Pergament gelangt, so entstand jetzt ein verstärkter Bedarf nach zusammenhängenden deutschen Übersetzungen, die den Inhalt ihrer lateinischen Vorlagen korrekt wiedergaben und als Grundlage für Predigten, Gebete und Bibelauslegungen dienen konnten.

Das Deutsch dieser Texte klingt oft künstlich und gestelzt, denn die Übersetzer versuchten, typisch lateinische Sprachmuster der Originaltexte nachzubilden, die der deutschen Grammatik fremd waren. Ein noch heute zu vernehmender Nachhall ist die altehrwürdige Wortstellung *Vater unser*. Sie gibt das lateinische *Pater noster* wortgetreu wieder, während es die Engländer zu *Our Father* umgestellt haben.

Einen Eindruck vom Einfluss der Lateingrammatik – hier vor allem des Ablativus absolutus – auf das frühe Schriftdeutsch gibt eine Passage über den zwölfjährigen Jesus im Tempel:

Lateinisches Original:
Et cum factus fuisset annorum duodecim, ascendentibus illis in Hierusolymam secundum consuetudinem diei festi, consummatisque diebus cum redirent, remansit puer Ihesus in Hierusalem, et non cognoverunt parentes eius.

Althochdeutsche Übersetzung:
Inti mit thiu her uuard giuuortan zuelif iaro, **in ufstiganten
ze Hierusalem** *after thero giuuonu thes itmalen tages,* **gifulten
tagun** *mit thiu sie heim vvurbun, uuoneta ther knecht Heilant
in Hierusalem, inti ni forstuonton thaz sine eldiron.*

Wörtliche Übersetzung:
Und als er zwölf Jahre alt geworden war, **ihnen hinaufstei-
gende nach Jerusalem** (= und nachdem sie nach Jerusalem hi-
naufgestiegen waren) nach dem Brauch des Feiertages, **die Tage
verstrichene** (= und nachdem die Tage verstrichen waren), als
sie heimkehrten, blieb der Knabe Heiland in Jerusalem und
nicht verstanden das seine Eltern.

Freie Übersetzung:
Und als er zwölf Jahre alt geworden war, stiegen sie hinauf
nach Jerusalem entsprechend dem Feiertagsbrauch. Doch als
die Tage verstrichen waren und sie wieder heimkehrten, blieb
der Heiland, das Kind, in Jerusalem zurück. Das verstanden
seine Elten nicht.

Es war nicht sprachliche Unfähigkeit, sondern Respekt vor der Un-
antastbarkeit der heiligen Schriften und der Autorität des Lateins,
die solche «unnatürlichen» Übersetzungen hervorbrachte. Die ersten deutschen Texte waren kein Lesestoff für Laien, sie sollten nicht
für sich stehen, sondern Geistlichen, die das Lateinische nicht so
gut beherrschten, als Verständnishilfen dienen. Vielleicht war die
Künstlichkeit auch gar nicht unerwünscht, schließlich verlieh sie
den Texten eine Aura der Gelehrsamkeit. Zwar blieben solche
Wort-zu-Wort-Übersetzungen noch lange üblich, aber daneben entstanden schon zur Zeit der Karolinger auch Texte in einer flüssigen,
stilistisch geschmeidigeren Volkssprache. Das Schriftdeutsch emanzipierte sich nach und nach vom Geburtshelfer Latein und beschritt
den langen Weg zur Eigenständigkeit.

Das Wort «deutsch» und seine Wurzeln

Das Bewusstsein einer kulturellen oder gar nationalen Zusammengehörigkeit war den germanischen und frühdeutschen Einwohnern Mitteleuropas weitgehend fremd. Das Reich Karls des Großen vereinte ihre Stämme zwar erstmals unter einer politischen Herrschaft, aber daraus erwuchs noch keine «deutsche» Identität. Man fühlte sich als Thüringer oder Sachse, Baiuware (‹Männer aus Baio› = Böhmen), Franke (‹Freie›) oder Alemanne (‹Gesamtheit der Männer›) – sowohl untereinander als auch gegenüber den romanisch sprechenden Welschen:

Tolesint uualha, spahe sint peigira
Dumm sind die Welschen, klug die Baiern

Die Herausbildung einer deutschen Identität ging langsam und verwickelt vonstatten. Keinem bewussten Plan entsprungen, fand die Genese der Sprach- und Kulturnation gewissermaßen hinter dem Rücken der Beteiligten statt. Wie bei kaum einem anderen europäischen Volk war die Sprache der entscheidende Geburtshelfer. Dieser Prozess spiegelt sich in der Metamorphose, die das Wort «deutsch» durchlief. Seine dokumentierte Geschichte beginnt im Jahr 786, als es zum ersten Mal in einer Quelle auftaucht: In ihr berichtet der päpstliche Nuntius Georg von Ostia dem Papst Hadrian I. über zwei Synoden, die in England stattfanden. Die dort gefassten Beschlüsse, heißt es, seien nicht nur *latine*, also auf Latein, sondern auch *theodisce* verlesen worden. Das ist die latinisierte Frühform des Wortes *deutsch*, doch gemeint war damit zu dieser Zeit weder die deutsche noch überhaupt eine bestimmte Sprache. *Theodiscus* bedeutet hier schlicht ‹in der Sprache des Volkes› und markiert damit nur den Gegensatz zum Latein der Kirchenleute und Gelehrten. *Theodiscus* konnten also ganz unterschiedliche Sprachen sein. Der päpstliche Gesandte zum Beispiel bezog sich damit auf das Altenglische. Die Wurzel des Wortes ist das germanische Substantiv **þeudo* ‹das Volk›, das im Althochdeutschen zu *theot* oder *thiot* und im Mittelhochdeutschen zu *diet* wird. Diese Wortform ist bis heute als Name konserviert: *Dietrich* – und davon abgeleitet *Dieter* – setzt sich zusammen aus *thiot + rihhi*, was ‹im Volk mächtig› bedeutet. *Dietmar* kommt von *thiot +mari* ‹im Volk berühmt›, wobei *mari* sich auch im ‹Märchen› wiederfindet. Abgeleitet davon sind *Dittmer, Dettmar, Dettmering*. Aus Koseformen für *Dietrich* wie *Dile, Tile* oder *Tele* sind die Familiennamen *Dehle, Thiel* und *Telemann* entstanden.

Im Jahr 788 erscheint das Wort *theodisce* in den Quellen erstmals als Bezeichnung der deutschen Volkssprache: Karl der Große klagt den bairischen Herzog Tassilo wegen Hochverrats an, weil er sich während eines Feldzugs des fränkischen Reichsheers mit seinen Truppen eigenmächtig abgesetzt habe. Die Anklage lautet auf *harisliz* (‹Heer-Schlitz› also ‹Heerspaltung/Fahnenflucht›). Der Text ist lateinisch abgefasst, aber das Kapitalverbrechen wird mit dem deutschen Rechtsausdruck benannt:

> … *quod theodisca lingua «harisliz» dicitur.*
> … was in der Volkssprache «harisliz» heißt.

Die «lingua theodisca» hat hier einen besonderen Rang, denn sie ist nicht nur die Volks-, sondern auch die Rechtssprache, in der der Fall vor der Heeresversammlung abgehandelt wird. Für die Rechtskraft des Urteils ist es wichtig, dass das Verbrechen mit seinem korrekten «theodisken» Begriff *harisliz* benannt wird. Der Bericht zählt auch die Vertreter der anwesenden Stämme auf, deren Sprache die *lingua theodisca* ist: Franken, Baiern und Sachsen. Hier also bezieht der Begriff sich auf eine gemeinsame Sprache der germanischen Stamme im fränkischen Reich, er nähert sich schon der heutigen Bedeutung. Zugleich werden die romanischen Sprachen in Frankreich und Italien begrifflich abgegrenzt: Obwohl sie gleichfalls «Volkssprachen» gegenüber dem Latein sind, heißen sie nicht *lingua vulgaris*, sondern *lingua romana* oder *lingua rustica*, also – wörtlich übersetzt – die romanische oder die bäuerliche Sprache.

Dass ausgerechnet das Wort «deutsch» zunächst nur in lateinischer Camouflage auftritt, wirkt leicht paradox. Der Grund ist die

Dominanz der lateinischen Schriftsprache, die die Überlieferung prägt. Es gibt aber kaum einen Zweifel, dass die lateinische Form *theodiscus* auf ein germanisches Wort zurückgeht. Doch wie es genau lautete, wo es entstand, welche Ursprungsbedeutung es hatte, wird unter Sprachwissenschaftlern bis heute kontrovers diskutiert. Höchstwahrscheinlich hieß die Ursprungsform *theodisk*, wobei das Sternchen signalisiert, dass dieses Wort nicht überliefert ist, sondern rekonstruiert wurde. Einer plausiblen – wenn auch nicht unumstrittenen – Theorie zufolge kam *theodisk* zuerst im Gebiet zwischen Maas und Schelde in Gebrauch. Hier, wo heute Flamen und Wallonen aneinandergrenzen, lebten die germanischen Franken Dorf an Dorf mit der gleichfalls zum fränkischen Reich gehörenden romanischen Bevölkerung, die eine Vorform des Altfranzösischen sprach. In solchen sprachlich-kulturellen Kontaktzonen bildet sich oft ein Blick für Unterschiede und Gemeinsamkeiten, für das Eigene und das Fremde heraus, entsteht ein Bedürfnis nach begrifflicher Zuordnung und Abgrenzung. Eben das aber ließ sich hier zwischen Maas und Schelde nicht so einfach erfüllen: Der Stammesname «Franken» und seine Ableitungen hatten keine unterscheidende Kraft mehr, weil beide Sprachgruppen ihn für sich beanspruchten. Auch die im Westen des Karolingerreichs lebenden, bereits romanisierten Franken nannten sich «Franken». Später wechselte der Name ganz in den romanischen Westen und wurde als «Frankreich» zum offiziellen Ländernamen. Diese sprachliche Mangelsituation war möglicherweise das Feld, auf dem das Wort *deutsch* gedieh.

Zur Bezeichnung ihrer romanischen Nachbarn konnten die germanischen Franken auf das Wort *walhisk* ‹welsch› zurückgreifen. Das war ein alteingebürgerter Begriff, ursprünglich der Name eines keltischen Stamms, den die Germanen später auf die Romanen und ihre Sprache übertragen hatten. Was den germanischen Franken fehlte, war eine exklusive Bezeichnung ihrer selbst: Um diese Lücke zu füllen, zogen sie aus der Wurzel *theot* das neue Wort *theodisk* ‹zum Volk gehörig›. Dass mit «dem Volk» nur das eigene gemeint sein konnte, verstand sich für sie von selbst: Ethnozentrik ist das Fundament aller archaischen Weltbilder.

Sehr bald schon übernahm die romanische Bevölkerung das Wort, kehrte aber die Perspektive um und machte aus der Selbst-

eine Fremdbezeichnung: In ihrem Munde bekam es die Bedeutung ‹nicht-romanisch›, also zum germanischen Volksteil gehörig. Auf Dauer setzte sich *theodisk* als französische Bezeichnung der östlichen Nachbarn allerdings nicht durch. Diese Rolle übernahm *allemand*. Immerhin: Im Französisch des Nordwestens gab es bis ins 13. Jahrhundert die Formen *tiedeis, tieis, tiois*, die wahrscheinlich auf *theodisk* zurückgehen. Auch in Ortsnamen wie *Thionville = Diedenhofen* hat es bis heute überlebt.

Bis zur Mitte des 8. Jahrhunderts führte das Wort «deutsch» in diesem Grenzland wohl ein ziemlich provinzielles Dasein. Außerhalb der Region war es weder im germanischen noch im romanischen Teil des Frankenreichs gebräuchlich. Seine Karriere begann, nachdem Karl der Große 768 den Thron bestiegen hatte. Er regierte ein Reich, das germanische und romanische Bevölkerungsgruppen verklammern musste. Doch nicht allein die kulturelle Kluft zwischen diesen beiden Großgruppen drohte eine zentrifugale Wirkung zu entfalten. Größer noch waren die Spannungen und Rivalitäten zwischen den germanischen Stämmen im Ostteil des Reiches, die ihren Stammesstolz pflegten, und eher das Trennende statt des Einigenden betonten. Da kam das Wort *theodisk* gerade recht. Indem es eine wesentliche Gemeinsamkeit der germanischen Stämme – ihre sprachliche Verwandtschaft – auf den Begriff brachte und ins Bewusstsein hob, konnte es als Kristallisationskern eines langsam wachsenden Gemeinschaftsgefühls dienen. *Theodisk* wurde zum sprachpolitischen Schlüsselwort und ging einher mit verschiedenen Maßnahmen zur Aufwertung des Deutschen: Dazu gehörte – wie schon erwähnt – Karls Bemühen, im Kirchenleben die deutsche Sprache gegenüber dem Latein zu stärken, um so die Seelsorge tiefer im Volk zu verankern. Karl hatte daneben auch ein durchaus volkskundliches Interesse an der Sprache: So ließ er einen Jahreskalender mit volkssprachlichen Bezeichnungen der Monate und der Winde zusammenstellen, regte eine Sammlung germanischer Heldendichtungen an und gab eine deutsche Grammatik in Auftrag, die allerdings nicht überliefert ist. Zum Vordenker einer deutschen Nation wurde Karl dadurch nicht. Er sah sich in der Tradition der römischen Kaiser als Herrscher eines Vielvölkerreichs, grundiert allerdings mit dem Bewusstsein der eigenen germanisch-fränkischen Herkunft.

Die Spaltung in Frankreich und Deutschland

Das Reich der Franken zerfiel sprachlich in zwei Hälften. Im Osten wurden deutsche Dialekte gesprochen. Im Westen, dem späteren Frankreich, sprach die alteingesessene Bevölkerung Gallo-Romanisch, eine Vorform des Altfranzösischen, die aus der lateinischen Umgangssprache hervorgegangen war. Die dort herrschende Oberschicht der germanischen Franken passte sich der lateinisch-gallischen Kultur an und übernahm das Romanische, so dass die fränkisch-deutsche Sprache im Westen des Frankenreiches ausstarb. Wie weit sich die Landesteile sprachlich schon um die Mitte des 9. Jahrhunderts auseinanderentwickelt hatten, zeigen die «Straßburger Eide» von 842. Sie führen uns in eine Zeit, als die Enkel Karls des Großen um das Erbe kämpften – ein Hauen und Stechen, über dem das karolingische Reich schließlich zerbrach. Am 14. Februar jenes Jahres erschienen Ludwig der Deutsche, der das Ostreich beherrschte, und Karl der Kahle, Herrscher des Westreichs, an der Spitze ihrer Heere in Straßburg. Sie hatten sich gegen ihren ältesten Bruder, den Kaiser Lothar, verbündet, der das dazwischen liegende Mittelreich geerbt hatte. Ludwig und Karl schworen sich im Angesicht der versammelten Truppen gegenseitige Treue beim Kampf gegen Lothar. Dabei sprach Ludwig den Schwur auf Gallo-Romanisch, Karl auf Althochdeutsch. Jeder leistete den Eid also in der Sprache des anderen, um sich dessen Soldaten verständlich zu machen.

Karrieren verändern den Charakter. So erging es auch dem Wort *deutsch* und seinen Vorläufern. Außerhalb seines Ursprungsgebiets wurde es – im lateinischen Gewand – zum Wort der Politik und der Gelehrten. Umfasste seine Bedeutung urprünglich alles was «zum Volk» gehörte, also auch die Menschen und ihre Sitten und Gebräuche, so verengte sie sich jetzt auf die Sprache, die entscheidende und deutlichste Identitätsklammer aus der Sicht des Herrschers. Gerade das Wort, das Volkstümlichkeit bezeichnete, war außerhalb seines Entstehungsbereichs also wenig volkstümlich, sondern eher eine papierene Vokabel der Schreibstuben und Kanzleien. Wie wenig *deutsch* zu dieser Zeit im deutschen Wortschatz verankert war, macht Otfrid von Weißenburg deutlich, den wir bereits kennengelernt haben: Der Mönch und Bibliothekar verfasste zwischen 864 und 870 im elsässischen Kloster Weißenburg das «Evangelienbuch», ein Epos über das Leben Jesu in 7400 Versen. Er schrieb es auf Deutsch und vollbrachte damit eine Pioniertat in einer Zeit, in der – allen Aufwertungsversuchen zum Trotz – die Verächter der Volkssprache unter den Gebildeten immer noch die große Mehrheit stellten. Otfrid war dementsprechend stolz auf sein Werk, er wusste, dass er ein kultureller Vorreiter war. Zugleich aber fühlte er sich auch seinen gelehrten Kollegen gegenüber genötigt, die Verwendung der Muttersprache ausführlich zu rechtfertigen. Er hob ihre noch schlummernden Ausdrucksmöglichkeiten hervor und pries sie als einen fruchtbaren Boden, der bislang sträflich vernachlässigt wurde: *Unsere Sprache gilt als bäurisch, da sie von denen, die sie sprechen, weder durch schriftliche Werke noch durch eine Grammatik jemals kultiviert worden ist.*

Otfrid verkündete sein kulturpolitisches Ziel, die Volkssprache literaturfähig zu machen, gleich zweimal: zunächst auf Latein in einem Geleitwort an den Erzbischof von Mainz und dann auf Deutsch in einer Einleitung zu seinem Werk. Dort, wo er lateinisch über die deutsche Sprache schreibt, nennt er sie gelegentlich *frencisca*, vor allem aber *theotisca*. Die deutsche Entsprechung dazu war ihm aber offenbar nicht geläufig. Er greift zur Bezeichnung «fränkisch», wenn er auf Deutsch über die deutsche Sprache sprechen will:

Wánana sculun Fránkon éinon thaz biwánkon,
ni sie in frénkisgon biginnen, sie gotes lób singen?
Warum sollen die Franken als einzige davor zurückschrecken,
in fränkischer Sprache Gottes Lob zu singen?

Otfrid von Weißenburg – Der Beginn der deutschen Literatur

Otfrid gilt als Stammvater der deutschen Literatur. Denn der Mönch, Priester und Bibliothekar ist der erste deutsch schreibende Dichter, dessen Name überliefert ist. Seine hauptsächliche Wirkungsstätte war das Kloster Weißenburg, im Norden des Elsass auf einer Insel der Lauter gelegen. Das Städtchen, das sich um diese Keimzelle bildete, zählt heute etwa 8000 Einwohner. Das Kloster gehörte zu den reichsten und kulturell bedeutendsten des Karolingerrreichs.

Hier verfasste Otfrid in den sechziger Jahren des 9. Jahrhunderts das «Evangelienbuch», ein Epos über das Leben Jesu in 7400 Versen. Zu diesem Zweck setzte er eine bahnbrechende poetische Technik ein: den Endreim. Zuvor gab es in deutscher Sprache nur den Stabreim aus germanischer Tradition, bei dem sich die Anlaute gleichen, wie zum Beispiel im Hildebrandslied:

Welaga nu, waltant got / wewurt skihit
Wehe nun, waltender Gott / Unheil geschieht.

Otfrid verdanken wir mit dem Endreim auch die erste Paarung von Herz und Schmerz:

thaz min liaba herza , bi thiu ruarit mih thiu smérza
[sie haben es mir genommen] dies mein liebes Herz, darum rühret mich der Schmerz.

In seinen jüngeren Jahren hielt sich Otfrid als Schüler des berühmten Abtes Hrabanus Maurus im Kloster Fulda auf. Wahrscheinlich arbeitete er auch zeitweise als Schreiber am Hofe Kaiser Ludwigs «des Deutschen», Enkel Karls des Großen. Sein Evangelienbuch schildert nicht nur das Leben Jesu, sondern liefert auch immer wieder theologische Interpretationen des biblischen Geschehens. Das Werk war weniger zum einsamen Selbst-Lesen, als zum Vorlesen im größeren Kreise bestimmt. Es richtete sich vornehmlich an ein Publikum, das wenig oder gar kein Latein konnte. Dazu gehörten zum Beispiel ältere Mönche, die zu spät ins Kloster eingetreten waren, um noch das dortige Bildungsprogramm zu durchlaufen. Aber auch weltliche Zuhörer, vor allem Adlige, fasste Otfrid ins Auge. Das Evangelienbuch sollte nicht nur den Glauben vertiefen, sondern außerdem die Volkssprache literaturfähig machen.

Statt *theodisce* setzte sich im Laufe des 9. Jahrhunderts, von Baiern ausgehend, zunehmend *diutisce* durch. Auch das hat noch eine lateinische Endung, nähert sich aber schon dem dann später belegten althochdeutschen *diutisk*. Vor allem am Hof Ludwigs «des Deutschen» – der diesen Beinamen erst von den Historikern des 19. Jahrhunderts verliehen bekam – wurde das Wort gepflegt. Auch hier dürften politische Gründe eine Rolle gespielt haben: Ludwig beherrschte den ostfränkisch-germanischsprachigen Teil des Karolingerreiches, aus dem später das Deutsche Reich hervorging.

Erst um das Jahr 1000 schrieb jemand erstmals «auf Deutsch» wirklich auf Deutsch: *in diutscun*. Es war ein anderer Sprachmeister der frühen Jahre, der Benediktinermönch Notker, der im Kloster St. Gallen sein Leben der intellektuellen Veredelung der deutschen Sprache widmete und dafür den Beinamen «der Deutsche» erhielt. In dieser Zeit begann «deutsch» als neue Gemeinschaftsbezeichnung allmählich in der Volkssprache auch außerhalb des Ursprungsgebiets heimisch zu werden. Einen wichtigen Schritt in dieser Entwicklung markiert das «Annolied» zum Lobpreis des Bischofs Anno von Köln, das um 1090 im Kloster Siegburg bei Bonn entstand. Hier bezeichnet «deutsch» nicht mehr nur die Sprache, sondern auch das Land und seine Bewohner: *Diutschi liute* leben *in diutschemi lande* und sprechen *diutschin*. Interessanterweise setzt bereits das Annolied die Deutschen mit den Germanen gleich, die gegen Cäsar kämpften, eine Identifizierung, die eigentlich erst Jahrhunderte später Mode wurde. Sechzig Jahre darauf tauchen dann in der Regensburger Kaiserchronik *die Diutsken* auf, ist *deutsch* also vom Attribut zum Volksnamen avanciert. Auch vom *Diutisk land* ist bereits die Rede. Als dauerhaft zusammengeschriebener Landesname setzt sich *Deutschland* allerdings endgültig erst im 16. Jahrhundert durch.

Diutsch dient jetzt nicht mehr nur wie seine Vorgängerformen als Sprachbezeichnung oder regionale Abgrenzungsvokabel, sondern als Begriff, der eine umfassendere ethnische, auch politische Identität signalisiert, die ihre Wurzel in der gemeinsamen Sprache hat. So verwendet ihn Walther von der Vogelweide, wenn er fragt:

*hât iuch der bâbes her gesendet, daz ir in rîchet und uns
tiutschen ermet.*

Hat Euch der Papst hergeschickt, dass Ihr ihn reich und uns
Deutsche arm macht.

Nachdem «Deutsch» und seine Varianten wie *dudesch, diutisch*
oder *dietsch* sich als Kollektivbenennungen etabliert hatten, leitete
man von ihnen auch Beinamen für einzelne Personen ab. Nicht nur
Deutsch, Deutschmann oder *Deutschländer* kommen daher. Auch
Dietz und *Deutz, Diezold, Diewald, Dederichs* und *Dithfurt* tragen
diese Wurzel, die im niederdeutschen Raum zu *Detje* und *Thietje*
wurde. Eine slawische Variante ist *Dutschke*, die im östlichen
Grenzbereich aus *dučko* ‹deutsch› entstand.

Notker – Sprachmeister «Breite Lippe»

Notker (*Not ger* = Speer in der Not) war Benediktinermönch und Schulmeister im Kloster St. Gallen am Bodensee. Der erste seiner zwei Beinamen galt seinem Sprechwerkzeug und war wenig schmeichelhaft: «Labeo» , der «Breitlippige». Der zweite galt seiner Sprache: «Teutonicus»,
«der Deutsche». Das war ein Ehrenname, den seine Schüler ihm wegen
seiner meisterhaften Übersetzungen aus dem Lateinischen verliehen.
Tatsächlich hat die althochdeutsche Epoche keinen zweiten Sprachvir-
tuosen wie den um 950 geborenen Notker hervorgebracht. Als hoch-
gelehrter Theologe übersetzte und kommentierte er für seine Zöglinge
lateinische Werke der antiken Literatur ebenso wie christliche Texte,
prägte eine Fülle deutscher Fachbegriffe für Theologie und Philosophie
und entwickelte ein ausgeklügeltes System für die althochdeutsche
Rechtschreibung, das sich allerdings nicht durchsetzte.

Notker war ein großer Einzelner, denn er schuf sein Werk, als die
erste bescheidene Blüte deutscher Schriftkultur schon seit Jahrzehnten
wieder verwelkt war. Die ottonischen Herrscher, ganz der universalisti-
schen Kaisertradition Roms verpflichtet, favorisierten Latein. An Notker wird deutlich, wie dünn der Traditionsfaden der deutschen Schriftsprache noch war, wie isoliert voneinander viele Gelehrte arbeiteten: Da
er nicht ahnte, dass es in den zwei Jahrhunderten zuvor schon andere
Autoren gegeben hatte, die deutsch schrieben, hielt er seine Arbeit für

einen revolutionären Beginn und fühlte sich verpflichtet – ähnlich wie Otfrid von Weißenburg mehr als hundert Jahre vorher – , die deutsche Sprache gegenüber seinem Bischof zu rechtfertigen: «Ich weiß, dass Ihr am Anfang davor zurückschrecken werdet als vor etwas Ungewohntem. Aber nach und nach werden sie [die Bücher] Euch wohl annehmbar werden, und Ihr werdet eher imstande sein, sie zu lesen und zu verstehen, da man in der Muttersprache schneller begreift, was man in einer fremden Sprache entweder kaum oder nicht völlig begreifen kann.»

Notker starb am 29. Juni 1022 in St. Gallen an der Pest. Das Heer Kaiser Heinrichs II. hatte die Seuche bei der Rückkehr aus Italien eingeschleppt. Am Tag seines Todes vollendete Notker noch die Übersetzung eines Kommentars zum Buch Hiob. Mit ihm starben neun weitere Klosterbewohner, unter ihnen der Abt und drei Klosterlehrer.

Während *deutsch* in der Volkssprache heimisch wurde, verschwand *theotiscus* allmählich aus der Schriftsprache. Schon in der zweiten Hälfte des 9. Jahrhunderts war in der gelehrten Literatur eine konkurrierende, ähnlich klingende Bezeichnung für die Deutschen aufgetaucht: *teutonicus*. Darin lebte ein Stammesname fort, dessen Träger, die Teutonen, im Jahr 102 v. Chr. in der Schlacht von Aquae Sextiae, dem heutigen Aix-en-Provence, von den Römern ausgelöscht worden waren. Eine ethnische Verbindung zu den Deutschen des Mittelalters bestand natürlich nicht mehr, aber der Begriff konnte sie suggerieren. Vor allem manchen Italienern, die die deutschen Kaiser in ihrem Land nicht haben wollten, mochte das Wort gelegen kommen, um mit ihm auch die Erinnerung an den sprichwörtlich gewordenen *Furor teutonicus* wachzuhalten, der Rom einst in Angst und Schrecken versetzt hatte. Die harten Konsonanten, die sich so trefflich ausspucken lassen, konnten der Verachtung gegenüber den plumpen Barbaren, die sich anmaßten, die römische Kaiserkrone zu tragen, die phonetische Kontur geben.

Die Namen der anderen: Deutsch, dutch und allemand

Die Deutschen sind gewissermaßen sprachgeboren: Sie leiten die Bezeichnung ihres Volks und ihres Landes von ihrer Sprache ab. Im europäischen Vergleich ist das eine Besonderheit. Normalerweise gehen Sprach- und Volksnamen zurück auf die Benennung einer Region (italienisch, niederländisch, spanisch) oder eines Stammes, der eine führende Rolle bei der Herausbildung der ethnischen Identität spielte (englisch, griechisch, polnisch). Beide Möglichkeiten waren im Falle der Deutschen blockiert: Der Name der Franken, die im frühen Mittelalter die Träger der Leitkultur waren, ging auf das romanische Westfrankenreich über. Hinzu kam, dass Deutschland jahrhundertelang in die übernationale, Italien einbeziehende Reichspolitik seiner Kaiser involviert war. So gab es auch keine Übereinstimmung seiner sprachlichen und ethnischen Grenzen mit den territorialen und politischen Strukturen. Übrig blieb die Sprache als Namensspender – eine Verlegenheitslösung, keine bewusste Entscheidung.

Bekanntlich trägt jedoch nur einer der Staaten, in denen heute Deutsch die Staats- oder eine Landessprache ist, diese Sprache auch im Namen: Deutschland als Nachfolgestaat des 1871 begründeten Deutschen Reiches. Es gilt als erster deutscher Nationalstaat, nicht zuletzt, weil hier Deutsch von der großen Bevölkerungsmehrheit gesprochen wurde, so dass Sprache, Territorium und Volk zum ersten Mal weitgehend zur Deckung kamen. Aus diesem Grunde zog das Deutsche Reich den Namen «Deutschland» an sich und vererbte ihn weiter an seine Nachfolgestaaten. Österreich, dessen Staatssprache gleichfalls Deutsch ist, trägt dagegen einen Namen mit geographisch-politischen Wurzeln: Er geht zurück auf *Ostarrîchi*, die «Grenzmark im Osten». Die Schweiz, mit Deutsch als einer von vier Amtssprachen, leitet ihren Namen von der Gemeinde Schwyz her. Belgien, wo Deutsch neben Niederländisch und Französisch die dritte Amtssprache ist, verdankt seinen Namen dem keltischen Stamm der «Belgae».

Die unscharfe Kontur, die die Deutschen als Volk in den Augen der anderen lange Zeit hatten, spiegelt sich in der Vielfalt ihrer fremdsprachlichen Benennungen. Zu denen, die auf die deutsche Selbstbezeichnung zurückgriffen, gehörten die Engländer. Mit *dutch* belegten sie nämlich ursprünglich nicht nur die Niederländer, sondern auch die Deutschen. Die Niederländer selbst nannten ihre Sprache bis ins 16. Jahrhundert hinein ebenfalls *duutsch* oder *dietsch*. Erst als sie sprachlich und politisch immer stärker eigene Wege gingen, setzten sie *niederländisch* an diese Stelle. Im 17. Jahrhundert schränkten auch die Engländer den Bedeutungsbereich von *dutch* ein – jedoch nicht auf die Deutschen, sondern auf die Niederländer und ihre Sprache, die deshalb bis heute verwirrenderweise *dutch* heißen. Um die nun entstandene Lücke zu füllen, griffen die Engländer für die Deutschen auf *German* zurück. Da der Germanen-Begiff bedeutend weiter gefasst und Englisch zudem selbst eine germanische Sprache ist, mag diese Wortwahl zunächst erstaunen. Doch schon im Mittelalter hatte «Germania» vereinzelt zur Bezeichnung des deutschen Sprachgebiets gedient. Zudem entsprach der Name dem Selbstverständnis vieler deutscher Gelehrter in der frühen Neuzeit: Seit in der Mitte des 15. Jahrhunderts im Kloster Hersfeld die *Germania* des Tacitus wiederentdeckt worden war, waren sie, viel stärker als die anderen Nachfolgevölker der Germanen, von der Idee, germanische Wurzeln zu haben, fasziniert.

Die deutsche Selbstbezeichnung findet sich auch im Dänischen, Norwegischen und Schwedischen, wo *theodiscus* zu *tysk* wurde. Ähnlich ist es bei den Italienern, allerdings nur was die Sprache (*tedesco*) und die Leute (*tedesci*) angeht. Bei der Landesbezeichnung (*Germania*) verfahren sie wie die Engländer.

Eine andere Variante der Namensgebung stellen die *Allemands* dar. Damit weiteten die Franzosen den Namen eines einzelnen Stammes auf das ganze Volk, sein Land und die Sprache aus. Da sie den Namen der Franken bereits selbst trugen, bot sich ein anderer grenznaher Stamm an: eben die Alemannen. Ihren Namen, der ursprünglich nicht mehr bedeutete als «die Gesamtheit der Männer», übernahmen dann auch Spanier und Portugiesen.

Während die russische Sprache zwischen dem Land (*Germanija*) einerseits und dem Volk (*nemcy*) und seiner Sprache (*nemeckij*) andererseits unterscheidet, bezeichnen die anderen slawischen Völker auch das Land nach dem Volk und der Sprache, so beispielsweise

Německo im Tschechischen oder *Nemčija* im Slowenischen. Familiennamen wie *Nemitz* oder *Niemitz* kommen daher. Wahrscheinlich ist die slawische Bezeichnung der Deutschen von einem Wort abgeleitet, das «stumm» bedeutet. Für die Slawen waren die Germanen oder die frühmittelalterlichen Deutschen die «Stummen», weil sie die slawische Sprache nicht beherrschten. Das Weltbild, das dahintersteht, ist nicht bornierter als das der Griechen und Römer, denen alle fremdsprachigen Stammler «Barbaren» waren.

Die eingepflanzte Deutschlichkeit

Man kann nicht nur deutsch reden, sondern auch deutscher. Schiller bezeugt es: *Wo will das hinaus – rede deutscher!*, sagt einer der «Räuber». Und auch der Dichter der Meistersinger, Hans Sachs, kennt den teutonischen Komparativ: *Wilt das ichs teutscher sagen soll?* Ein edler Wettstreit um den deutschesten Zungenschlag ist nicht damit gemeint. Wer in diesem Sinne «deutsch redet», behauptet, sich deutlich, ehrlich, klar auszudrücken. Zwischen ungeschminkter Offenheit und *deutsch* besteht eine alte semantische Verwandtschaft: *Deuten, deutlich* und *bedeuten* haben die Grundbedeutung ‹dem Volk etwas verständlich machen›. Ob sie mit dem Wort *deutsch* tatsächlich die Wurzel *theudo / thiot* ‹das Volk› teilen, ist unter Etymologen zwar umstritten. Entscheidend ist, dass bereits die Menschen des frühen Mittelalters diese Verbindung ganz selbstverständlich herstellten und das Wort in diesem Sinne benutzten. Noch in Luthers Bibelübersetzung findet sich ‹undeutsch› im Sinne von ‹unverständlich› (1. Kor. 14,11). *So ich nun nicht weiß der Stimme Deutung, werde ich undeutsch sein dem, der da redet, und der da redet, wird mir undeutsch sein.*

Es ist, auf gut Deutsch gesagt, eine Schweinerei. Dass die Ankündigung, «gutes Deutsch» zu sprechen, oft genug als Einleitung für Schimpfwörter dient, verrät den Hang zum Grobianischen, den diese «deutsche» Deutlichkeit hat. Friedrich Nietzsche lässt Zarathustra sagen, er wolle mit seinen Gästen *deutsch und deutlich reden*, was diese sofort als ‹deutsch und derb› interpretieren. Ähnlich sieht es der Student im zweiten Teil des Faust, wenn er auf Mephistos Frage *Du weißt wohl nicht, mein Freund, wie grob Du bist?* keck antwortet: *Im Deutschen lügt man, wenn man höflich ist.*

Hochdeutsch und andere Dialekte

Was ist eine Sprache? Ein Dialekt mit Armee! Diese Definition des Sprachwissenschaftlers Max Weinreich bringt die Entstehungsgeschichte vieler Nationalsprachen auf den Punkt. Eine Stadt – wie das antike Rom – oder ein Adelsgeschlecht – wie die Kapetinger in Frankreich – erringt die Macht über das Land. Dort, wo sich vorher Stämme, Kleinstaaten oder Fürstentümer bekämpften, entsteht ein politisch-kulturelles Herrschaftszentrum, ein Königshof, eine Hauptstadt. Die Sprache, die dort gesprochen wird, gewinnt an Prestige, sie steigt vom Provinzidiom zur Hoch- und Literatursprache des ganzen Landes auf. Schriftsteller und Rhetoren veredeln ihren Stil, Gelehrte und Dichter bauen ihren Wortschatz aus, Philologen verfassen Grammatiken, die regeln, was als richtig oder falsch gelten soll. Diese Hochsprache muss nun beherrschen, wer oben mitspielen will. Die anderen Sprachen im Lande sinken ab, jetzt erst, im Schatten der neuen Hochsprache, schrumpfen sie zu «Dialekten». Nach diesem Muster wurde Latein, ursprünglich nur die Mundart der Stadt Rom und ihrer Umgebung, zu einer Weltsprache. In Frankreich war es der Dialekt in der Gegend um Paris, der sich zur Nationalsprache der Grande Nation aufschwang. Auch das spätere Queen's English war anfangs nicht mehr als eine südenglische Variante.

Gerührt und geschüttelt

Hätte eine ähnliche Entwicklung in Deutschland stattgefunden, dann würde das heutige Hochdeutsch vielleicht ein wenig alemannisch klingen. Immerhin haben die schwäbischen Staufer mit Friedrich Barbarossa und Friedrich II. zwei der mächtigsten Kaiser des Mittelalters hervorgebracht. Wahrscheinlicher noch wäre ein «weanerischer» Zungenschlag, denn jahrhundertelang kamen die deutschen Kaiser aus den Reihen der österreichischen Habsburger.

Doch das mittelalterliche Deutsche Reich brachte weder eine Hauptstadt hervor noch eine Leitmundart, die zur Hochsprache hätte aufsteigen können. Die deutschen Könige, die zugleich Kaiser des «Heiligen Römischen Reiches» waren, vermochten kein politisches Kraftzentrum zu etablieren. Zu Hause abhängig von einem machtbewussten Adel, der kein Interesse an einem starken Zentralstaat hatte, rieben sie sich jenseits der Alpen in unablässigen Kämpfen mit den Päpsten auf.

Zwar trug das Heilige Römische Reich seit 1480 den Zusatz «deutscher Nation». Aber weder die deutsche Nation noch die deutsche Sprache spielten eine prominente Rolle im Denken der habsburgischen Herrscher, die von 1438 bis 1806 ununterbrochen die Kaiser stellten. Karl V., der glanzvollste aller «deutschen» Kaiser, sprach von Haus aus Flämisch und Französisch, später lernte er noch Spanisch. Mit seinen Deutschkenntnissen hingegen war es nicht weit her: Als er 1519 für den deutschen Königsthron kandidierte, versuchte seine Tante Margarethe von Savoyen bei den wählenden Kurfürsten gute Stimmung für ihn zu machen. Sie ließ deutsch geschriebene Briefe herumzeigen, die belegen sollten, dass ihr Neffe diese Sprache beherrschte. Der hatte die Worte allerdings nur nachgemalt. Deutsch rede er nur mit seinem Pferd, soll Karl gesagt haben. Es müssen schweigsame Ritte gewesen sein.

Unser heutiges Hochdeutsch ist also kein Spross einer Königsmundart. Es ist stattdessen eine Mixtur der unterschiedlichen Dialekte, ein – wenn das neudeutsche Wort gestattet ist – Cocktail, den die Jahrhunderte gerührt und geschüttelt haben. Erst gegen Ende des 18. Jahrhunderts hatten sich dessen Bestandteile so weit vermischt, dass eine homogene überregionale Schriftsprache entstanden war, mit einem gemeinsamen Wortschatz und einer halbwegs vereinheitlichten Grammatik. Die Orthographie wurde sogar erst an der Schwelle zum 20. Jahrhundert verbindlich für alle deutschsprachigen Gebiete geregelt. Befolgt wurden die hochsprachlichen Normen freilich zunächst nur im Bildungsbürgertum. Menschen ohne höhere Schulbildung schrieben noch bis ins frühe 20. Jahrhundert mit starken Dialekteinsprengseln. Im gesprochenen Alltagsdeutsch gaben die Mundarten noch bedeutend länger den Ton an, in vielen Gegenden tun sie es bis heute. Trotzdem hat sich in den Jahrzehnten nach dem Zweiten Weltkrieg ein grundlegender Wandel vollzogen: Heutzutage beherrschen die allermeisten Menschen im deutschen Sprachraum die überregionale Standardsprache zumindest in ihren Grundzügen. Auch wer in seinem Alltag Dialekt spricht, kann auf Hochdeutsch umschalten, um sich mit Sprechern aus anderen Regionen zu verständigen.

Holprige Verständigung

Das war in früheren Zeiten anders. Wer von Augsburg nach Lübeck oder von Köln nach Breslau reiste, musste sich auf holprige Wege und ebensolche Unterhaltungen einstellen. Zwischen vielen Dialekten herrschte *ein solcher vnterscheidt / das offtmal ein Deutscher den anderen nicht verstehet*, heißt es in einem 1578 erschienenen Deutsch-Lehrbuch für tschechischsprachige Böhmen. Ähnliches hören wir von Martin Luther: *Deutschland hat mancherley Dialectos, Art zu reden, also, daß die Leute in 30 Meilen Weges einander nicht wol können verstehen.* Die Vielfalt der Dialekte bestimmte nicht nur die mündliche Sprache. Sie färbte auch das Schriftdeutsch ein, das Medium also, das für eine Verständigung über die Grenzen des eigenen Sprengels hinaus unentbehrlich war. *Wo unser drey oder vier Deutsche schreibers zusammenkomet, hat yeder ein sonderlichen gebrauch*, seufzte der Schreiber Johann Fabritius 1532.

Dabei gab es seit dem hohen Mittelalter durchaus ein sprachliches Zusammengehörigkeitsgefühl. Im Kontrast zum Latein, zum Romanischen und Slawischen empfanden Baiern, Alemannen, Franken oder Sachsen ihre Muttersprachen als gemeinsames *Diutsch*. Untereinander jedoch waren sie sich der Unterschiede sehr bewusst, wie der Bamberger Schulrektor und Dichter Hugo von Trimberg um 1300 bezeugt: *Swer tiutsch will ebene tihten / der muoz sin hertze rihten / uf mangerleie sprache … An sprache, an maze und an gewande / ist unterscheiden lant zu lande.*

Wer gut auf Deutsch dichten will, muss sich auf unterschiedliche Sprechweisen einstellen … In Sprache, Art und Kleidung / gibt es Unterschiede von Land zu Land.

Hugo schildert ein ganzes Panorama dialektaler Eigenheiten: von den Schwaben, die die Laute «spalten», zu den Baiern, die sie zerdehnen, von den schnell sprechenden Sachsen bis zu den tief brummenden Kärntnern. Die Menschen im Mittelalter empfanden das Fehlen einer überdachenden Hochsprache noch nicht als Mangel. Zudem wussten sie ja, dass sie das Sprachengewirr als Gottes Strafe für den Turmbau zu Babel hinnehmen mussten. Die Vielfalt war eine Tatsache, die man nicht nur akzeptierte, sondern pflegte. Hugo ist stolz darauf, fränkisch zu sprechen. Keiner soll ihn tadeln, *wan ich von Franken bin geborn. Ein ieglich mensche sprichet gern die sprache, bi der ez ist erzogen.*

«Mir san mir» – der Geist des bairischen Mottos regierte damals in allen deutschen Landen. *Ich bin ein Durenc von art geborn* (Ich bin ein geborener Thüringer), erklärte der Dichter Ebernand von Erfurt 1220 und fragte: *Het ich die sprache nu verkorn / unt hete mine zungen / an ander Wort getwungen, / warzuo were mir daz guot?* (Hätte ich diese Sprache nun abgelegt und meiner Zunge andere Worte aufgezwungen, wozu wäre mir das gut?)

Die *gewonheit* jedes Landes bestimmte auch das Schreiben. Auf die Frage nach dem «richtigen» Schriftdeutsch antwortete der 1527 erschienene Kölner «Schryfftspiegel»: *Dat halt wie dyr gheliefft* (Das halte, wie es dir beliebt). Wichtig ist Flexibilität: Wer als *schriuer* etwas werden will, muss *ouch ander duitsch, dan als man in synk land singet* (auch anderes Deutsch, als man in seinem Land singt) beherrschen.

Eine besonders deutlich empfundene Dialektgrenze trennte den deutschen Norden vom übrigen Sprachraum. *Mit einer grossen Schiedwand … abgetheilet* sah der Wörterbuchautor Johannes Güntzel (1648) diese Gebiete. Hier, zwischen Nordsee und Sauerland siedelten die Sachsen, deren Namensspur sich noch im heutigen «Niedersachsen» findet. Ihre Sprache, das Niederdeutsche wurde damals «Sächsisch» genannt, was aber mit dem heutigen Sachsen und seinem Dialekt nichts zu tun hat (s. S. 76). Wie sehr das Niederdeutsche unter den Mundarten hervorstach, zeigte eine kleine Begebenheit im Jahr 960. Der König und spätere Kaiser Otto I., ein Sachse, verbrachte die Weihnachtstage im Kloster Regensburg und nahm dort an einem Festschmaus teil. Nachdem alle gespeist und sich «am Wein erfreut» hatten, hielt Otto inmitten der anwesenden Baiern eine Ansprache. Er tat das, wie die lateinische Chronik als Besonderheit vermerkt, *saxonizans* ‹sächselnd› oder, wie wir heute sagen würden, plattdeutsch. *Nich lang snacken – Kopp in'n Nacken* heißt es heutzutage auf norddeutschen Schützenfesten, bevor Hochprozentiges die Kehlen hinuntergestürzt wird. Ob Otto seinen Becher zu einem ähnlichen Toast erhob, ist leider nicht bekannt. Überliefert ist dagegen der unfreundliche Wirtshausverweis, mit dem mehr als fünfhundert Jahre später der Grammatiker Fabian Frangk seinen Lesern den Unterschied zwischen Hoch- und Niederdeutsch demonstrierte: *Bezahl mir mein wein und gehe mir aus meinem hause – Tal my myn wyn vnd ga my vt mym hus.*

Diese Teilung in einen nördlichen und einen südlichen Dialektbereich war für die Geschichte der deutschen Sprache von entscheidender Bedeutung. Aus ihr ist das heutige «Hochdeutsch» hervorgegangen, das unsere Sprachkultur in der Schule, im Beruf, in der Literatur und in den Medien prägt. Woher genau dieses Hochdeutsch kommt und was daran eigentlich «hoch» ist, soll uns jetzt beschäftigen.

«Wir können alles. Außer Hochdeutsch.»

Der Werbespruch des Bundeslandes Baden-Württemberg ist längst zum geflügelten Wort geworden. Es gibt nicht viele Regionen, die mit ihren Sprachproblemen Reklame machen, aber im sparsamen Musterländle weiß man eben auch ein Defizit zu nutzen. Genauer gesagt: ein vermeintliches Defizit. Denn selbst wenn Baden-Württembergs Landeskinder sonst nichts könnten – Hochdeutsch können sie bestimmt. Ursprünglich ist das Wort nämlich nichts anderes als ein Sammelbegriff für die süd- und mitteldeutschen Dialekte, wozu natürlich auch das Alemannisch der Schwaben und Badener zählt. Das «Hoch» in seinem Namen verdankt das Hochdeutsche den meistens bergigen Gegenden, in denen es gesprochen wird, während im «Nieder»-Deutschen die nördliche Tiefebene mitschwingt.

Schon im Mittelalter unterschied man das südliche, gebirgige *Oberlant*, das Gebiet der Franken, Hessen, Alemannen und Baiern, wo man *oberlendisch* und das flache, nördliche *Niderlant*, wo man *niderlendisch* sprach. Dazu gehörten im wesentlichen Niedersachsen – außer den friesisch sprechenden Regionen – sowie Teile Westfalens und der heutigen Niederlande. In den später ebenfalls niederdeutschen Gebieten Mecklenburg, Pommern, Brandenburg sowie im östlichen Holstein wurde slawisch gesprochen. Erst im Hochmittelalter brachten Kolonisten aus Nordwestdeutschland ihre niederdeutsche Sprache in diese Landstriche. Im größten Teil Schleswigs, später ebenfalls teilweise niederdeutsches Gebiet, sprach man zu dieser Zeit dänisch.

Daz die niderlender und die oberlender gar ungelîch sint an der sprâche, vermerkte der Volksprediger Berthold von Regensburg im 13. Jahrhundert. Seine Sympathien gehörten natürlich dem «Oberland». *Daz mannic niderlender ist, der sich der oberlender sprache an nimet* (Dass manch ein Niederdeutscher die hochdeutsche Sprache annimmt), erschien dem Geistlichen wie der Versuch eines sündhaften Menschen, sich einen frommen Anschein zu geben. Die parallelen Bezeichnungen *Hoch-Teutschland* und *Nieder-Teutschland* entstanden in der frühen Neuzeit. Als Sprachbegriffe finden sie sich zum ersten Mal 1457 in einem Delfter Gebetbuch, das ist *gethogen van den hoghen duutsche int nedderduutsche*. Für «Niederdeutsch» blieb auch «sächsisch» noch lange gebräuchlich: Die Übersetzung von Sebastian Brants «Narrenschiff» aus dem Jahr 1497 ist *upp dat nye uth dem hochdeutzschen in sassche efte niederlendsche sprake ... gesettet* (Neu aus dem Hochdeutschen in die sächsische oder niederländische (= niederdeutsche) Sprache übersetzt).

Während «Niederdeutsch» heute wie damals die norddeutschen Dialekte bezeichnet, ist «Hochdeutsch» im Laufe der Zeit mehrdeutig geworden. Wer von sich heutzutage sagt, er spreche «hochdeutsch», meint damit nicht, dass er wie die Schwaben schwätzen oder die Hessen babbeln kann, sondern dass er die deutsche Hochsprache beherrscht. Dieses weitgehend dialektfreie «Duden-

Deutsch», das zur Verständigung von der Küste bis zu den Alpen dient, wird in der Sprachwissenschaft auch «Standarddeutsch» genannt, was seinen neutralen Charakter gut trifft. In Reinkultur existiert es freilich nur schriftlich oder im Munde ausgebildeter Sprecher. Diese Standardsprache, so keimfrei sie auch wirken mag, ist weder vom Himmel gefallen, noch im Labor gezüchtet worden. Sie ist eine ziemlich späte Frucht der Sprachgeschichte, jahrhundertelang gewachsen auf dem Mutterboden der Dialekte. Bis zum Ende des 18. Jahrhunderts hatte sie die Form angenommen, die sie in ihren Grundzügen auch heute noch prägt.

Das Attribut «Hoch-» bekam dieses standardisierte Deutsch zunächst nur deshalb angeheftet, weil es einige typische Laut-Merkmale der hochdeutschen Dialekte übernommen hatte, die es im Niederdeutschen nicht gibt (und die wir gleich kennenlernen werden). Im Laufe der Zeit setzte das kollektive Sprachbewusstsein dann «Hochdeutsch» immer stärker mit «Hochsprache» und «Standarddeutsch» ineins, während die regionale Bedeutung des Wortes außerhalb der Sprachwissenschaft in Vergessenheit geriet. Der Werbespruch der baden-württembergischen Regierung, die sich und ihren Landeskindern die Hochdeutsch-Kenntnis abspricht, ist ein Ergebnis dieser Entwicklung.

Die Sprachwissenschaftler unterteilen die hochdeutschen Dialekte noch in die «oberdeutschen» und die «mitteldeutschen». Zum Oberdeutschen gehört Bairisch, das sich in Nord-, Mittel- und Südbairisch untergliedert und in Bayern östlich des Lech, in Österreich (ausgenommen Vorarlberg) und in Südtirol gesprochen wird. Ebenfalls zum Oberdeutschen zählt das Alemannische mit Schwäbisch, Niederalemannisch (Baden, Elsass) sowie Hoch- und Höchstalemannisch (Schweiz). Oberdeutsch ist schließlich auch ein Teil der fränkischen Mundarten. Deren anderer Teil (z. B. Hessisch, Pfälzisch) gehört zu den mitteldeutschen Dialekten, ebenso Thüringisch und Obersächsisch sowie Schlesisch und Hochpreußisch, die beide nahezu ausgestorben sind.

Wenn wir uns in diesem Buch auf das moderne überregionale Deutsch beziehen, werden wir meistens die Begriffe «Standarddeutsch» oder «Hochsprache» benutzen. «Hochdeutsch» verwenden wir für dessen Vorstufen oder, je nach Kontext, als Sammel-

begriff der mittel- und oberdeutschen Dialekte in Abgrenzung zu
«Niederdeutsch».

Neue Töne: Die Lautverschiebung

Die Spaltung in «Hoch-» und «Niederdeutsch» steht am Beginn
der deutschen Sprachgeschichte: Auf Plattdeutsch heißt es *ik, dat*
und *op*, auf Hochdeutsch *ich, das* und *auf*. Entscheidend sind die
Unterschiede zwischen den Konsonanten. Sie sind das Ergebnis
eines unscheinbaren, aber folgenreichen Vorgangs, der «hochdeutschen Lautverschiebung». Sie begann um die Mitte des ersten
Jahrtausends, zu einer Zeit, als die Menschen in Mitteleuropa
noch nicht Deutsch, sondern Germanisch sprachen, genauer gesagt Westgermanisch (vgl. S. 14). Zu der Zeit, die uns interessiert,
hatte sich das Westgermanische bereits in Dialekte zergliedert, die
sich noch nicht sehr voneinander unterschieden. Gegen Ende des
6. Jahrhunderts jedoch begannen sie immer stärker auseinanderzu-
driften.

Unter den Menschen in den südlichen und mittleren Regionen
des heutigen deutschen Sprachraums breitete sich nämlich eine neue
Mode aus. Sie sprachen jetzt bestimmte Wörter etwas anders aus als
früher. Vor allem die Konsonanten *p, t* und *k* wurden umgewandelt:
Je nach Position im Wort wurde das *k* zu *ch,* das *p* zu *pf, f* oder *ff*
(ein gedehnt gesprochenes *f*) und das *t* zu *z, s* oder *ss* (ein gedehnt
gesprochenes *s*) verschoben. Die Sachsen und Friesen im Norden
machten diese neuen Sitten aber nicht mit, sie blieben der überkom-
menen Sprechweise treu. Die Folgen dieses Gegeneinanders sind
bis heute zu hören: Während es auf Plattdeutsch mit den alten germanischen Konsonanten *Ik will äten un slapen* heißt, sagt man im
«verschobenen» Hochdeutsch *Ich will essen und schlafen*. Der berühmte Seeräuber Claus *Störtebeker* hieße auf Hochdeutsch *Stürz-
becher*, ein Name, den er seinem Ruf verdankt, einen großen Becher
Wein in einem Zug hinunterstürzen zu können. Die Beispiele lassen
sich quer durch den Wortschatz fortsetzen: *Open* und *offen, Appel
und Apfel, wat* und *was, Melk* und *Milch*. Auch vor Fremdwörtern
aus dem Lateinischen oder Griechischen machte die Lautverschie-

bung nicht halt: Der *Ziegel* geht auf *tegula* zurück, der *Speicher* auf *spicarium*, der *Pfahl* auf *palus*.

Der phonetische Umbau verlief nicht einheitlich: Am konsequentesten betrieben ihn die Menschen im äußersten Südwesten. Die Folgen hört man noch heute in der Schweiz. Dort wird sogar das K am Wortbeginn angeschliffen (*Chind, Chorn*). Manchmal treten die verschobenen und die unverschobenen Laute auch hintereinander auf, was bei Ungeübten, die einen *Kchaffi* bestellen wollen, zu Kehlkopfkrämpfen führen kann. Gemessen an der Lautverschiebung sprechen die Schweizer nicht nur hoch-, sondern höchstdeutsch.

Auf dem Weg von Süden nach Norden schlaffte der lautverschiebende Eifer ab. So blieben unterwegs manche der alten germanischen Lautungen erhalten. Deshalb finden sich auch in eigentlich hochdeutschen Dialekten «plattdeutsche» Einsprengsel: Besonders bunt ist das Bild bis heute im Dreieck Aachen-Kassel-Straßburg. Dort zergliedern Sprachgrenzen zwischen *Dorp* und *Dorf*, *Appel* und *Apfel*, *dat* und *das* die Landschaft in kleinteilige Dialekträume. So sagt man in der Kölner Stadtmundart, auf «Kölsch», zwar einerseits *sich, ich* und *machen*, aber andererseits *Dorp, dat* und *Appel*.

Viele Sprachwissenschaftler vermuten, dass die Lautverschiebung im Alpenraum bei den Alemannen und Baiern begann, sich wellenförmig nach Norden ausbreitete, auf diesem Weg langsam verebbte und schließlich zum Stillstand kam. Andere glauben, dass es mehrere Ursprungsorte gab, so dass sich ähnliche Lautverschiebungen im selben Zeitraum unabhängig voneinander vollzogen. Als ein möglicher zweiter Entstehungsherd gilt das Rheinland.

Noch rätselhafter als der geographische Verlauf sind die Ursachen der Lautverschiebung. Warum veränderten die Menschen in einigen Gegenden auf einmal ihre Konsonanten? Darüber sind mittlerweile ganze Regalmeter an Literatur verfasst worden, ohne dass man einer wirklichen Lösung nahe gekommen wäre.

Vielleicht war es einfach Nachahmung: Oft verändern Sprecher die Laute und Wörter ihrer Muttersprache unter dem Einfluss anderer Sprachen, Dialekte oder Jargons. Auch heutzutage werden Laute verschoben, zum Beispiel, wenn türkischstämmige Jugendliche *Isch weiß nisch* sagen. Deutschstämmige Altersgenossen finden das «Türkendeutsch» cool und ahmen es nach. Stellen wir uns vor, diese Aussprache würde sich über Kiez und Jugendszene hinaus in die bürgerlichen Schichten der Gesellschaft hinein verbreiten, dann hätte sie gute Chancen, in nicht allzu ferner Zukunft als korrektes Deutsch zu gelten. Im Duden wäre *Isch* dann als Normalform aufgeführt, *ich* würde eine Zeitlang noch als «veraltetet» dahinvegetieren und schließlich verschwinden. So ähnlich könnte es bei der hochdeutschen Lautverschiebung zugegangen sein, nur dass die Rolle der türkischen Immigranten damals keltisch oder romanisch sprechende Nachbarn spielten. Einige Germanen übernahmen deren Lautmuster und kultivierten eine neue Sprechweise. Wie andere Moden auch fand sie schnell Nachahmer und breitete sich aus.

Im 8. Jahrhundert ebbte die Lautverschiebungswelle wieder ab. Ausdrücke, die jetzt neu in den Wortschatz gelangten, behielten ihre ursprünglichen Konsonanten. Man kann das am lateinischen *palatium* verfolgen. Das Wort gelangte zweimal unabhängig voneinander ins Deutsche: Beim ersten Mal war die Lautverschiebung noch im Gang, aus *palatium* ‹Palast› (ursprünglich der Palatinische Berg in Rom) wurde *Pfalz*. Beim zweiten Mal fand keine Verschiebung mehr statt, aus *palatium* wurde *Palast*. Wäre die Lautverschiebung heute noch wirksam, würden wir am *Comfuter* sitzen.

Wichtig für die Ausbreitung der Lautverschiebung – aber auch für die Grenzen, an die sie stieß – war, dass die Franken sich die neue Aussprache aneigneten. Dieser Stammesverband stieg Ende des 5. Jahrhunderts zur führenden Macht in Mittel- und Westeuropa auf. Er brachte die Hessen und Thüringer, die Alemannen und Baiern unter seine Herrschaft. Ein Stamm allerdings widerstand ihm – die Sachsen. Sie wollten sich den Franken weder politisch unterordnen noch den christlichen Glauben übernehmen, mit dem diese ihre Herrschaftsansprüche ideologisch flankierten. Für Einhart, den Hoflehrer und Biographen Karls des Großen, waren die Sachsen *von unbändiger Natur, dem Dämonenkult ergeben, Hasser unserer Religion,* die *in der Übertretung und Schändung göttlichen und menschlichen Rechts nichts Ehrloses* sehen. *Totschlag, Plünderung und Brandstiftung nahmen so beiderseits der Grenze kein Ende.* Das ist gewiss kein objektives Urteil, gibt aber die ausgespro-

51

chen schlechte Stimmung wieder, die zwischen Franken und Sachsen herrschte.

Karl gelang es am Ende, die Sachsen unter seine Krone und das Kreuz der Kirche zu zwingen – aber erst nach einem 30 Jahre währenden Krieg mit Strafexpeditionen, Zwangsumsiedlungen und einer berüchtigten Massenhinrichtung bei Verden an der Aller, bei der 4500 Sachsen ihr Leben verloren haben sollen.

Die sächsische Oberschicht identifizierte sich bald mit der überlegenen fränkischen Macht und dem Christentum. Mit den Ottonen gelangten Sachsen sogar auf den Königsthron. Doch in der einfachen Bevölkerung blieb der Hass auf «Karl den Schlachter» noch jahrhundertelang ebenso lebendig wie der alte Germanenglaube. In Niedersachsen galt «Karl» bis in das 19. Jahrhundert hinein als ein befleckter Name.

Die Kluft zwischen Sachsen und den südlicheren Teilen des deutschen Sprachraums dürfte dazu beigetragen haben, dass die Lautverschiebung nicht weiter nach Norden vordrang. Die Grenze zwischen Hoch- und Niederdeutsch verlief im 9. Jahrhundert – wenn man heutige Städte als Orientierungspunkte nimmt – in etwa von Düsseldorf durch die Region nördlich von Kassel bis nach Merseburg. Dort knickte sie scharf nach Norden ab und zog sich, der Saale, dann der Elbe bis Lauenburg folgend, über Bad Oldesloe und Bad Segeberg bis hinauf zur Kieler Förde. Westlich der Elbe gab es ein sächsisch-slawisches Mischgebiet, woran das «Wendland» im niedersächsischen Landkreis Lüchow-Dannenberg erinnert: *Wenden* ist das germanische Wort für Slawen. Ein Nachfolger des damaligen Westslawischen ist das Sorbische, das noch heute in der Lausitz gesprochen wird. Im Westen verlief die niederdeutsche Sprachgrenze durch heute niederländisches Gebiet von Groningen über Zwolle, bis sie bei Bocholt das heutige Westfalen erreichte. Im späteren Mittelalter und in der frühen Neuzeit veränderte sich die Ausdehnung des niederdeutschen Sprachraums an einigen Stellen. Im heutigen Sachsen-Anhalt schob sich die Hochdeutsch-Grenze von der Gegend um Halle bis in den Süden von Magdeburg vor. Dafür weitete sich das niederdeutsche Sprachgebiet im Osten beträchtlich aus: Durch norddeutsche Siedler und durch die Ausbreitung der Hanse wurde das Niederdeutsche in den slawisch besiedelten Gebieten Mecklenburg, Pommern, der Mark Brandenburg und in Teilen Ostpreußens heimisch.

Ik snack platt

«Niederdeutsch» ist ein Wort für Sprachwissenschaftler, Buchautoren und Festredner. Im Ohr des norddeutschen Normalbürgers klingt es gestelzt, er nennt die Sprache schlicht «Platt». Eine direkte Übersetzung von «Nieder-» ist das nicht, denn mit dem «platten Land» hat die Bezeichnung ursprünglich nichts zu tun. «Plat» ist als französisches Fremdwort über den niederländischen in den norddeutschen Raum gelangt und ersetzte dort das Wort *sassisch* (Sächsisch), mit dem die Einwohner ihre Sprache bis dahin bezeichnet hatten. «Platt» heißt wörtlich zwar «flach, niedrig», aber die Niederländer verwendeten es in übertragener Bedeutung: Wenn sie *in goede platten duytsche* sprachen, dann meinten sie «platt» im Sinne von «deutlich, verständlich» – ähnlich wie man im Englischen «in plain words» spricht, wenn man Klartext redet. Im 17. Jahrhundert bekam *platt* jedoch eine zunehmend negative Bedeutung. Aus ‹einfach, klar, vertraut› wurde ‹derb, niedrig, ungehobelt›. In dieser abschätzigen Bedeutung übernahmen die Norddeutschen das Wort «Platt». Es passte in eine Zeit, in der das Niederdeutsche von der einstigen Hansesprache zum bloß noch gesprochenen Dialekt absank, während das Hochdeutsche zur Schrift- und Bildungssprache aufstieg. Niederdeutsch galt jetzt vielfach nur noch als verdorbenes Hochdeutsch. Als eigenständige Literatursprache wurde es erst im 19. Jahrhundert wiederbelebt. Heute hat «Plattdeutsch» den abwertenden Beiklang abgelegt. Aus dem einstigen Schmähwort ist eine selbstbewusst verwendete Eigenbezeichnung geworden.

Plattdeutsch: Zwischen Dialekt und Sprache

Viele Niederdeutsche bestehen darauf, dass sie keinen Dialekt, sondern eine Sprache sprechen. Dahinter steckt etwas mehr als der übliche Lokalpatriotismus, wie er sich in allen Landstrichen findet. Denn einerseits steht das Niederdeutsche zwar zusammen mit den hochdeutschen Dialekten unter dem Dach einer gemeinsamen deutschen Standardsprache, ist also so gesehen ebenfalls ein deutscher

Dialekt. Andererseits liegen seine Wurzeln aber näher beim Friesischen, Niederländischen und Englischen als bei den hochdeutschen Mundarten und dem daraus erwachsenen «Hochdeutsch». Wenn Bairisch, Fränkisch, Alemannisch, Obersächsisch und Thüringisch hochdeutsche Geschwister sind, dann ist das Niederdeutsche ihr Vetter. Hinzu kommt seine sprachgeschichtliche Sonderrolle: Das Niederdeutsche hat im späten Mittelalter eine eigene überregionale Schrift- und Hochsprache hervorgebracht, die der hochdeutschen Hochsprache im Süden völlig gleichwertig war. Dass Platt heute in der Europäischen Union den offiziellen Status einer Regionalsprache hat, spiegelt seine besondere Stellung.

Die engen Bindungen zwischen Niederdeutsch und Englisch wurzeln in der Mitte des 5. Jahrhunderts. Damals ruderten Sachsen und Angeln über das Meer und drangen ins keltisch-römische England ein. Aus der Sprache, die diese «angelsächsischen» Einwanderer mitbrachten, entwickelte sich das Altenglische. Es blieb dem Altniederdeutsch der daheim gebliebenen «Altsachsen» lange Zeit so ähnlich, dass sich die Verwandten beiderseits des Ärmelkanals verständigen konnten. Die Angelsachsen beteiligten sich ebensowenig wie ihre norddeutschen Stammesbrüder an der Lautverschiebung. Die Ähnlichkeiten mit dem Englischen zeigen das noch heute deutlich: Da steht hochdeutsches *machen* auf der einen Seite gegenüber niederdeutschem *maken* und englischem *make* auf der anderen, die *Pfeife* gegenüber *Piep* und *pipe*, das *Herz* gegenüber *Hart* und *heart*, *trinken* gegenüber *drinken* und *drink*.

Dass die Niederdeutschen die Lautverschiebung nicht mitgemacht haben, scheint auf einen eingewurzelten Konservatismus zu deuten, wie man ihn den Niedersachsen – «sturmfest und erdverwachsen» – bis heute nachsagt. Aber der Eindruck täuscht: Auch im Niederdeutschen gab es im Mittelalter sprachliche Innovationen, von denen viele aber wiederum nicht zu den südlicher wohnenden Bevölkerungsgruppen durchdrangen. Die Niederdeutsch-Hochdeutsch-Grenze erwies sich in beide Richtungen als wenig durchlässig.

So vereinfachten die Sachsen die recht komplizierte Grammatik: Während es im Althochdeutschen hieß *wir machen, ir machet, sie machent* entstand im Altniederdeutschen eine Einheitsform: *wi, ji, seo makoth*. Im heutigen Standarddeutsch sind immerhin noch zwei Endungen nötig – *wir / sie machen, ihr macht* – während das moderne Niederdeutsch sich nach wie vor mit einer Form begnügt (*wi, ji, se maakt*).

Auch die Unterscheidung zwischen *mir* und *mich, dir* und *dich* wurde eingedampft. *Mi* und *di* oder – in einigen Regionen – *mick* und *dick* reichte den Sachsen. Auch diese Vereinfachung schaffte es weder in die hochdeutschen Dialekte noch in das spätere Hochdeutsch. Das bereitete plattdeutsch sprechenden Schulkindern manchen Verdruss. Da sie die Unterscheidung zwischen der Dativ- und der Akkusativform nicht kannten, verwechselten sie im Hochdeutschen *mir* und *mich*. Die trotzige Maxime *Wenn Du ni weetst, ob mir oder mich –, snack plattdütsch, denn blameerst Di nich* half da auch nicht weiter.

Auch die Personalpronomen veränderten sich: Hochdeutsches *er, wir, ihr, euch* findet sich im Niederdeutschen als *he, wi, ji* und *ju*. Hier liegen die Ähnlichkeiten mit dem Englischen ebenso auf der Hand wie beim Schwund der Nasal-Laute *m* und *n*: Aus *fimf* (fünf) wurde niederdeutsch *fif*, aus der *gans* die *gôs*, aus *uns us*. Einige wenige dieser umgewandelten Wörter setzten sich auch im Süden durch – zum Beispiel das Wort *Süden*. Im Germanischen und Althochdeutschen lautete es *sundar*. Daraus wurde im Niederdeutschen *Süden*. In den hochdeutschen Mundarten verschwand währenddessen der *sundar* völlig. Er wich dem *Mittag*, der nicht mehr nur die Tageszeit, sondern nun auch die südliche Himmelsrichtung bezeichnete. Diesen *Mittag* verdrängte wiederum der norddeutsche *Süden*. Die althochdeutsche Form *sundar* hat in Ortsnamen wie *Sundhausen* (‹bei den südlichen Häusern›) und *Sonthofen* (‹bei den südlichen Höfen›) überlebt.

S-pitze Schprache Schtonk

Berühmt ist der s-pitze S-tein, über den zu s-tolpern ein unfehlbar norddeutsches Schicksal ist. Allerdings stirbt dieser Sprachgebrauch, der dank Helmut Schmidt sogar s-taatstragend wurde, mit der Generation des Ex-Kanzlers auch in Hochburgen wie Hamburg,

Hannover und Braunschweig langsam aus. Er ist ein Relikt aus mittelalterlichen Zeiten, als *schön* noch *sconi* hieß (gesprochen *s-koni*), als der *scinco* (Schinken) noch *smecte*, man sich nur sehr gelegentlich *wascan* konnte und im Winter *snê* fiel. Im 13. Jahrhundert begann sich von Süden her jener weichere Laut einzubürgern, den wir heute aufwendig mit drei Buchstaben als *sch* schreiben. Das phonetische Symbol für diesen Laut ist *ʃ*. Aus der *swimmenden slange* wurde also – in Lautschrift – die *ʃwimmende ʃlange*.

Dass für diesen einen Laut mit *sch* ein Buchstabentrio aufgeboten wird, liegt an der früheren s-k-Verbindung in Wörtern wie *sconi*: Wahrscheinlich wurde zunächst aus dem *k* ein *ch*-Laut wie in *ach*: Statt *s-koni* sagte man jetzt *s-choni*. Die Buchstabenverbindung *ch* für den Rachenlaut hatte sich schon zuvor eingebürgert. Die drei Buchstaben *sch* standen also zunächst für zwei Laute. Diese Schreibweise blieb bestehen, als im Mittelhochdeutschen diese zwei Laute im nuscheligen *ʃ* verschmolzen und *s-choni* und *was-chan* zu *ʃön* und zu *waʃen* wurden.

Allerdings drang das *ʃ* nicht überall hin vor. Im Inneren der Wörter ist die *s-p-* und *s-t*-Aussprache erhalten geblieben. Im heutigen Standarddeutsch sagen wir *du has-t*, nicht *du hascht*, was allerdings im Alemannischen völlig korrekt ist. In Norddeutschland wiederum pflegte man das andere Extrem, hier behielt man die alte *s-p-* und *s-t*-Aussprache auch am Anfang der Wörter bei. Damit s-prachen die S-teins-tolperer exakt nach der Schrift, denn die Orthographie kennt zwar das *Schwein* und den *Schlag*, nicht aber den *Schtein* oder den *Schpaß*. Warum sich die Rechtschreibung so inkonsequent entwickelt hat, weiß man nicht genau. Vielleicht hängt es mit dem Wunsch nach einem ausgewogenen Schriftbild zusammen. Würde man *Schtein* oder *Schpaß* schreiben, müsste man auch *Schtrich* oder *Schprache* akzeptieren. Dann aber hätte man ein ziemliches Gedränge von Konsonantenzeichen am Wortanfang. Gegen dieses Ungleichgewicht sträubt sich offenbar das lesende Auge. Also gilt: vor *p* und *t* wird kein *sch* geschrieben. Eine Ausnahme gibt es allerdings: *Schtonk*. So hieß ein 1992 uraufgeführter Film, der den Skandal um die vermeintlichen Hitler-Tagebücher persiflierte. Das Wort entstammt einem Pseudo-Deutsch, das Charlie Chaplin für seinen Film «Der große Diktator» erfand. Dort brüllt eine Hitler-Karikatur: *Demokratsie Schtonk! Liberty Schtonk! Free Sprekken Schtonk!*

Muatta, ein Bri-ef!

Ins Auge, besser: ins Ohr fallen die nord-südlichen Unterschiede auch bei den Vokalen: Was im Hochdeutschen *Bein* und *Baum* ist, wurde im Niederdeutschen zu *Been* und *Boom*. Diese «Monophthongierung» – die Umwandlung eines Zwielauts (Diphthong) in einen gedehnten Einzellaut (Monophthong) – machte das Althochdeutsche in vielen Fällen nicht mit, hier blieb der Süden altertümlicher. Aber dafür brachten die Menschen hier im 12. Jahrhundert eigene neue Diphthonge hervor, die es wiederum nicht ins Niederdeutsche schafften. Aus Wörtern wie *min niuwes* (ausgesprochen: nüwes) *hûs* wurde im Hochdeutschen *mein neues Haus*. Auch das *e* wandelte sich vielfach in einen Doppellaut: Aus *hêr* wurde *hier*, aus der *stêga* die *Stiege* und aus dem lateinischen *breve* der *brief*. Gesprochen wurden diese Wörter *hi-er*, *Sti-ege* und *Bri-ef*. In den oberdeutschen Dialekten hat sich diese Aussprache bis heute gehalten, während im Standarddeutschen daraus ein langer i-Laut geworden ist. Die Rechtschreibung hat das alte *ie* jedoch konserviert. Das funktionslos gewordene *e* wurde einfach zum Längenzeichen uminterpretiert. Heute dient es auch dazu, Homonyme (gleichlautende Wörter) zu unterscheiden: *Lied / Lid; Mine / Miene; Stil / Stiel*. Die bairischen *uo*- und *ua*-Laute (*Bruoder, Muatta, Fuoß*) sind ebenfalls Ergebnisse jener alten Diphthongierung. Und auch sie wurden in der Standardsprache wieder auf einfache Laute reduziert, wobei in diesem Fall aber die Schrift mitzog: *Bruder, Mutter, Fuß*.

2. Unterwegs zur Hochsprache

Exklusiv: Die Sprache der Ritterlichkeit

Die dialektale Zerklüftung der deutschen Schriftsprache störte nicht besonders, solange das weitgehend regulierte Latein als überregionales Medium diente. Damit ging es aber seit dem Hochmittelalter allmählich zu Ende. Zwar blieb Latein das Idiom der Wissenschaft und der Kirche bis weit in die Neuzeit hinein. Doch in anderen Bereichen bröckelte seine Dominanz.

Die Literatur hörte im 11. Jahrhundert auf, ein Feld der lateinisch geprägten Geistlichkeit zu sein. Immer stärker drangen weltliche Themen vor, über die auf Deutsch geschrieben wurde. Germanische Heldensagen, historische Schilderungen und vor allem die aus Frankreich kommenden Geschichten um König Artus und seine Tafelrunde erfreuten sich wachsender Beliebtheit. Aus diesen Quellen speisen sich die großen Werke, die heute als «mittelhochdeutsche Klassik» gelten. Dichter aus dem Ritterstand wie Wolfram von Eschenbach oder Hartmann von Aue bemühten sich als erste, das Deutsche aus seinen landschaftlichen Bindungen zu lösen und eine überregional verständliche Hochsprache zu schaffen, die den literarischen Glanz der höfisch-ritterlichen Welt möglichst weit strahlen ließ.

Schauen wir uns also einmal um in den Ritterburgen und auf den Turnierplätzen. Unser Blick fällt auf Parzival, den «strahlend Schönen», wie er Aufstellung nimmt und die Lanze einlegt. Es ist der erste Turnierkampf des jungen Recken, aber er lässt es schon ordentlich krachen:

er nam den poinder wol sô wit, / daz von sîner tjoste hurt / bêden orsen wart enkurt. / darmgürtel brâsten umbe daz: / ietweder ors

58

ûf hähsen saz. / die ê des ûf in sâzen, / ir swert si niht vergâzen: / in den scheiden si die vunden / … / Parzivâl im brahte gelt / mit sîner ellenthaften hant, / daz Kingrûn scheneschlant / wânde vremder maere, / wie ein pfeteraere / mit würfen an in seigte. / ander strît in neigte: / ein swert im durch den helm erklanc. / Parzivâl in nider swanc: er sazt im an die brust ein knie.

Er nahm den Anritt so weit, / daß durch seinen Tjost-Stoß / beide Pferde entgurtet wurden: / die unteren Sattelgurte zerrissen / beide Rösser sanken auf die Kruppen. / Die eben noch auf ihnen saßen, / vergaßen ihre Schwerter nicht, / die in ihren Scheiden steckten … [Dem Kingrun] zahlte es Parzival nun heim / mit einem derart starken Arm, / daß Kingrun, der Seneschall, / nicht wußte, wie ihm da geschah: schlugen Steinbrocken auf ihn nieder, von einer Wurfmaschine geschleudert? / Es war ein anderer Kampf, der ihn fällte: ein Schwert durchdröhnte seinen Helm / Parzival zwang ihn nieder, / setzte auf die Brust ein Knie.

Schimmernde Rüstungen und splitternde Lanzen, Edelmut und Minnedienst – der «Ritter auf dem weißen Pferd» bezeugt noch als ironisches Klischee unserer Tage die Leuchtkraft dieser mittelalterlichen Lichtgestalt. Wolfram von Eschenbach, von dem die Zeilen stammen, gehörte wie Walther von der Vogelweide oder Hartmann von Aue zur Elite der mittelalterlichen Dichtkunst. Mit Liedern und Epen, die aus Zehntausenden von Versen bestanden, zogen diese Ritter-Poeten von Burg zu Burg. Sie besangen das christliche Ideal des zivilisierten, «höfischen» Kriegers, der seine grobschlächtigen Affekte zu zügeln weiß, der Kampfesmut, Fechtkunst und Gefolgschaftstreue mit Nächstenliebe, guten Umgangsformen und Bildung verbindet. Die Geschichten von den Rittern der Tafelrunde oder dem Untergang der Nibelungen schlugen die Zuhörer in ihren Bann. Hier trafen sie auf Figuren und Verhaltensweisen, in denen sie sich selbst und ihre Welt gespiegelt sahen.

Die mittelhochdeutschen Dichter waren sich ihrer literarischen Bedeutung durchaus bewusst. Generös lobt Gottfried von Straßburg seinen Kollegen Hartmann von Aue:

wie er mit rede figieret / der âventiure meine! / wie lûter und wie
reine / sin kristallîniu wortelîn / beidiu sint und iemer müezen
sîn!

Hier ist nichts mehr zu spüren von Zweifeln an der literarischen
Tauglichkeit des Deutschen, von Minderwertigkeitsgefühlen gegenüber dem Latein und dem Zwang, sich für die Muttersprache rechtfertigen zu müssen, unter dem noch die deutschsprachigen Autoren
zweihundert Jahre zuvor standen.

Ihre Blütezeit hatte die mittelhochdeutsche Literatur zwischen
1150 und 1250. In den Werken dieser klassischen Periode zeigte
sich zum ersten Mal der Wille zu einer vereinheitlichten Schriftsprache. Natürlich entstand sie nicht im sprachlichen Vakuum:
Ihre Basis war das Alemannische, dem das schwäbische Kaisertum
der Staufer Strahlkraft verlieh. Doch innerhalb dieses dialektalen
Rahmens bemühten sich die Dichter um sprachliche Glättung.
Ausdrücke, die zu provinziell und kleinräumig waren, mieden sie
schon im eigenen Interesse. Schließlich wollten sie bei ihren Lese-
tourneen durch die deutschen Lande möglichst überall verstanden
werden.

Sie schufen ein elegantes, «bereinigtes» Deutsch, das allerdings
im Alltag niemand verwendete. Die Sprache des Tristan, des Parzival oder des Iwein war ein hoch artifizielles Gebilde aus der Poesie-
Retorte, dessen Lebensraum sich auf das Pergament beschränkte.
Auch innerhalb des Schrifttums spielte dieses klassische Mittelhochdeutsch eine exklusive Sonderrolle. Es existierte nur in den Werken
der wenigen herausragenden Dichter dieser kurzen Periode. Andere Texte diese Zeit – Gesetze, Erlasse Verwaltungsschreiben – sind
stärker dialektal geprägt.

Unter den Literaten aber war der Vorbildcharakter dieser hochdeutschen Dichtersprache so groß, dass niederdeutsche Autoren
ihre eigene Sprache als mangelhaft empfanden. Sie versuchten deshalb, höfische Verse auf Hochdeutsch zu dichten. Der aus dem
Braunschweigischen stammende Albrecht von Halberstadt ent-
schuldigte sich schon im voraus für die Unzulänglichkeiten seiner
hochdeutschen Reime, indem er auf seine niederdeutsche Herkunft
verwies:

Des lat u sin zu danke, / Ob ir fundet in den rimen, / Die sich
zeinnder limen, / Valsch oder unecht: / Wan ein Sachse, heizet
Albrecht, / Geboren von Halberstadt, / U ditze buch gemachet
hat.

Denkt daran, wenn ihr in den Reimen, die hier zusammengeleimt sind, etwas Falsches oder Unechtes findet, dass ein
Sachse namens Albrecht aus Halberstadt dieses Buch für Euch
gemacht hat.

Heute gilt die mittelhochdeutsche Sprache und Literatur als ehr-
würdiges Kulturerbe. Diese Wertschätzung erfuhr sie nicht immer.
Als Ende des 18. Jahrhunderts Philologen und Dichter die ersten
dieser Dichtungen aus jahrhundertelanger Vergessenheit ans Licht
holten, hielt sich die Begeisterung ihrer Zeitgenossen in engen
Grenzen. Friedrich der Große, der Connaisseur französischer Literatur, betrachtete Siegfried, Artus, Gral & Co als alten Plunder. Das
musste der Schweizer Christoph Heinrich Müller, Lehrer an einem
Berliner Gymnasium, schmerzlich erfahren, als ihm der Preußenkönig seine Allerhöchste philologische Meinung sagte:

Hochgelahrter, lieber Getreuer. Ihr urtheilt viel zu vortheil-
haft von denen Gedichten aus dem 12.,13. und 14. Seculo, deren
Druck Ihr befördert habet, und zur Bereicherung der Teutschen
Sprache so brauchbar haltet. Meiner Einsicht nach sind solche
nicht einen Schuß Pulver werth und verdienten nicht aus dem
Staube der Vergangenheit gezogen zu werden. In meiner
Bücher-Sammlung wenigstens würde Ich dergleichen elendes
Zeug nicht dulden, sondern herausschmeissen. Das Mir davon
eingesandte Exemplar mag dahero sein Schicksal in der dortigen
großen Bibliothec abwarten. Viele Nachfrage aber verspricht
solchem nicht, Euer sonst gnädiger König Frch. Potsdam,
d. 22. Februar 1784.

Müller hatte zusammen mit dem Zürcher Historiker Johann Jacob
Bodmer verschiedene mittelhochdeutsche Dichtungen, darunter
das Nibelungenlied und den Parzival, ediert und Friedrich ein Exem-

plar mit der Bitte um wohlwollende Aufnahme zugeschickt. Den 44-Jährigen warf die ungnädige Reaktion erst einmal aufs Krankenlager, die Weiterführung der Edition gab er auf und einige Jahre später kehrte er nach Zürich zurück.

Zu den Verächtern mittelhochdeutscher Dichtkunst gehörte auch Georg Wilhelm Friedrich Hegel, von dem Clemens Brentano berichtet: *In Nürnberg fand ich den ehrlichen hölzernen Hegel als Rektor des Gymnasiums; er las Heldenbuch und Nibelungen und übersetzte sie sich unter dem Lesen, um sie genießen zu können, ins Griechische.*

Doch schon zu Hegels Zeit änderte sich die Bewertung. Sprachwissenschaftler und Dichter sahen nun in der Sprache der höfischen Vers-Epen den glanzvollen Vorläufer der modernen deutschen Hochsprache. Ein solch vornehmer Stammbaum entsprach dem Wunschbild, das man sich von der Geschichte des Deutschen machte. Inzwischen weiß man freilich, dass dieses «klassisch» genannte Mittelhochdeutsch ein exklusiver Seitenzweig war, der bald schon endete und keine direkte Fortsetzung fand. Die soziale Basis, das gehobene Rittertum, war zu fragil, um diese Sprache zum Muster für ganz Deutschland machen zu können. Als in der zweiten Hälfte des 13. Jahrhunderts die Stauferherrschaft in Deutschland und Italien unterging, die Epoche der Kreuzzüge endete und die Macht des Kaisertums verfiel, verlor das Rittertum seine kulturprägende Kraft. Die kurze Blüte der höfischen Dichtersprache verwelkte. Das Potential einer deutschen Hochsprache, das durchaus in ihr steckte, konnte sie nicht entfalten.

Bürgerlich: Die Sprache des Kontors

Um zu sehen, wo der Boden für das heutige Standarddeutsch tatsächlich bereitet wurde, müssen wir einen Szenenwechsel vornehmen. Unser Blick schwenkt von den luftigen Höhen der Ritterburg in die engen Straßen und dämmrigen Kontore der spätmittelalterlichen Stadt. Hier bildete sich ein neuer Stand heraus, das Bürgertum. Diese Schicht aus tatkräftigen Kaufleuten und Handwerkern war für ihre alltäglichen Geschäfte immer stärker auf das Schreiben und Lesen angewiesen. Und das wollten sie in ihrer Muttersprache tun und nicht auf Latein.

Die wenigen Städte, die das Ende des römischen Reiches überlebt hatten, führten zunächst nur ein Schattendasein. Doch vom 12. Jahrhundert an änderte sich das. In den kommenden 300 Jahren sprang die Zahl der Städte von 250 auf rund 3000. Verbesserte landwirtschaftliche Methoden, die Urbarmachung großer Landstriche, die Kolonisierung der Gebiete östlich von Elbe und Saale und eine steigende Bevölkerungszahl setzten diese Entwicklung in Gang.

Die meisten dieser Städte zählten nicht einmal tausend Einwohner, Nester also nach heutigen Maßstäben. Noch um 1500 war Köln mit 30000 Einwohnern die mit Abstand größte Stadt nördlich der Alpen. Viele Städter waren Ackerbürger, die von der Ernte ihrer Felder vor den Toren lebten. Vor den Häusern rauchten die Misthaufen, und über die kotigen Wege, auf denen man besser nicht ausrutschte, liefen die Schweine.

Doch im Laufe der Zeit verloren viele dieser Orte ihren dörflichen Charakter, sie gewannen politische Eigenständigkeit und entwickelten sich zu blühenden Zentren des Handels, des Handwerks und des Kreditwesens. Fernkaufleute, die zunächst noch ihre Waren auf den Reisen persönlich begleitet hatten, blieben jetzt zu Hause. Stattdessen lenkten sie den Handelsverkehr von ihren Kontoren aus. Das ging nicht ohne Buchhaltung und eine weitverzweigte Korrespondenz. Vielen Geschäftsleuten reichte der Handschlag nicht mehr, so dass immer mehr vertraglich zu regeln war. Schreiben- und Lesenkönnen gehörte bald zu den Grundfertigkeiten der Kaufmannschaft. Auch viele Handwerker eigneten sich diese Kulturtechnik an, um ihre Geschäfte besser führen und fachliche Texte lesen zu können.

Mit Latein, der immer noch dominierenden Schriftsprache, hatte dieses sich alphabetisierende Bürgertum wenig im Sinn. Extra eine Fremdsprache zu lernen, um Rechnungen, Briefe oder Verträge zu schreiben, schien ihnen vergeudete Zeit. In die Kloster- und Domschulen, in denen Deutsch nur als Hilfssprache für das Unterrichten in den unteren Klassen diente, schickten diese Bürger ihre Kinder deshalb nur ungern, zumal auch die Inhalte des kirchlich und philosophisch orientierten Lateinunterrichts ihrem praktischen

Sinn fremd waren. Die städtischen «Lateinschulen», die seit dem 13. Jahrhundert eingerichtet wurden, kamen ihren Bedürfnissen schon eher entgegen, denn trotz des Namens gaben deren Lehrer dem Deutschunterricht mehr Raum und vermittelten auch sonst nützliches Alltagswissen. Völlig vom Latein lösten sich die privat gegründeten «gemeinen» oder «deutschen» Schulen, auch Klipp- oder Winkelschulen genannt. Diese *düdesche schriftscholen*, wie sie in den norddeutschen Städten hießen, konzentrierten sich darauf, *alleene düdesche scrifte, breve unde boke vnde nenerleye Latinsche boke edder grammattiken* (nur deutsche Schriften, Briefe und Bücher und keinerlei lateinische Bücher oder Grammatiken) zu behandeln. Zusätzlichen Auftrieb bekam der Lese- und Schreibunterricht durch die Reformation, denn diese Fertigkeiten waren nach protestantischem Verständnis fundamental für das Verständnis der Bibel und die religiöse Unterweisung.

Die Schulkinder – Jungen wie Mädchen waren zugelassen – ritzten die Buchstaben mit spitzen Griffeln in Wachsflächen, die in die Vertiefungen von Holztafeln eingestrichen waren. Schiefertafeln kamen erst gegen Ende des Mittelalters auf. Geleitet wurden die Schulen von zünftig organisierten Schreib- und Lesemeistern, häufig unterrichteten auch durchreisende Schreiber, Studenten oder Handwerker. Die Nürnberger Stadtchronik von 1487 nennt die beeindruckende Zahl von viertausend *lerkneblein und maidlein,* Ende des 16. Jahrhunderts gab es in dieser Stadt nicht weniger als 75 Schulen. Dank der neuen Drucktechnik kamen viele Schreib- und Leselehren, Buchstabierbücher und Fibeln – oft auch zum Selbstunterricht – auf den Markt. Unter Titeln wie «Die rechte weis/auffs kuertzist lesen zu lernen» oder «Handbuechlin hochdütsche sprach artlich zeschryben», lehrten sie Schulkinder wie Erwachsene *recht buchstäbig schreiben.* Wie viele Menschen am Ende des Mittelalters lesen und schreiben konnten, ist umstritten. Während man früher von etwa fünf Prozent ausging, schätzen neuere Forschungen den Anteil auf bis zu 20 Prozent.

Zur Popularisierung des Schreibens und Lesens trug auch seine Verbilligung bei: Ende des 14. Jahrhunderts nahmen die ersten Papiermühlen in Deutschland ihre Arbeit auf. Papier kostete bald nur noch ein Zehntel des Pergaments und ließ die Buchpreise drastisch sinken. Außerdem war es glatter und ließ sich schneller beschreiben. Schreibmanufakturen entstanden, in denen Texte mehreren Schreibern zugleich diktiert wurden. So ließen sich Schriften schon vor der Drucktechnik in hundertfacher Auflage produzieren. Im 15. Jahrhundert kam es zu einer regelrechten Handschriften-»Industrie«. Das Abschreiben der Bücher lohnte sich auch noch, nachdem Gutenberg 1454 begonnen hatte, Bücher mit beweglichen Lettern zu drucken, denn die waren zunächst nur ein Luxusartikel für reiche Leute.

Pionier des Deutschunterrichts

«Didaktik» – die Kunst des Lehrens – ist in unseren Zeiten zum Zauberwort der permanenten Bildungsreform geworden. Geprägt hat den Begriff in seiner heutigen Bedeutung ein Pionier des Deutschunterrichts und der aufgeklärten Pädagogik. Der Philosoph und Mathematiker Wolfgang Ratke (1571–1635), geboren im holsteinischen Wilster, wollte die Muttersprache und die Naturkunde zur Basis des gesamten Unterrichts machen. Er engagierte sich für die Einführung der allgemeinen Schulpflicht und forderte die Lehrer auf, in den Schülern die Freude am Lernen zu wecken. In Zeiten, da die Pädagogik im Zeichen der Rute stand, waren das völlig neue Töne. 1612 übergab Ratke den deutschen Fürsten, die sich in Frankfurt zur Kaiserwahl versammelt hatten, eine Denkschrift, in der er forderte, *das die Liebe Jugent, zum Ersten, Jhr angeborne Muttersprache, welche bey vns die teutsche Recht vnd fertig Lesen, schreiben vnd sprechen lerne.* Deutsch als Unterrichtsgegenstand wie als Unterrichtssprache für alle Wissenschaften (statt Latein) sollten helfen, *die teutsch Sprach vnd Nation mercklich zu beßern und zu erheben* und *ein eintrechtige Sprache im Reich bequemlich einzuführen.* Als sprachliches Vorbild galt Ratke die Bibelübersetzung Martin Luthers. Sein Engagement für eine fortschrittliche Pädagogik war nicht ungefährlich: Ratke geriet des öfteren in akademische und konfessionelle Auseinandersetzungen, wurde der Hexerei und der Mitgliedschaft bei den Rosenkreuzern verdächtigt und saß neun Monate lang, von der Todesstrafe bedroht, im Gefängnis.

Der Sog der Schriftlichkeit

Nicht nur die Ökonomie, sondern auch die wachsende Bürokratie trug zur Verschriftlichung des Alltags bei. Das enge Zusammenleben der Menschen hinter den Stadtmauern ließ Verwaltung und Rechtsprechung wuchern. Die Obrigkeit kümmerte sich um die kleinsten Details des Zusammenlebens. Marktordnungen, Kleidervorschriften, Verhaltensregeln für Festtage und Fastenzeiten schufen eine «verwaltete Welt», lange bevor moderne Kulturkritiker diesen Begriff prägten.

Immer mehr Menschen gerieten in den Sog der Schriftlichkeit. Angesichts der Möglichkeit, Rechte, Pflichten und Vereinbarungen schwarz auf weiß zu fixieren, reichte vielen der Handschlag und das gegebene Wort nicht mehr. Je stärker nun schriftliche Dokumente die persönliche Präsenz ersetzten, desto notwendiger wurde es, die beteiligten Personen eindeutig zu benennen. Dafür reichte der Taufname nicht mehr. Seit der zweiten Hälfte des 13. Jahrhunderts kamen deshalb die Familiennamen auf: Oft lieferten die Herkunft (*Brunswiger, Oberdörffer, Hambach*), der Beruf (*Bäcker, Fleischhauer, Schreiber*) oder bestimmte Eigenschaften (*Große, Schnabel, Starke*) den Namenszusatz. Anfang des 15. Jahrhunderts hatte sich diese zweifache Namensgebung weitgehend durchgesetzt.

Wie in den Handelskontoren nahm auch in den Kanzleien der Stadtverwaltungen und Fürstentümer der Schriftverkehr zu. Und auch hier ging es auf Kosten des Lateins. In den Schreibstuben Süddeutschlands wechselte man bereits in der 2. Hälfte des 13. Jahrhunderts zu Deutsch, in den nächsten Jahrzehnten breitete sich dieser Trend nach Norden hin aus. Am längsten hielten die Fernkaufleute der hansischen Küstenstädte am Latein fest, auf dessen Internationalität bei ihren Auslandsgeschäften sie zunächst nicht verzichten mochten. In der Mitte des 14. Jahrhunderts wechselten sie dann zum Niederdeutschen.

Einen weiteren Antrieb für die «Verdeutschung» der Schriftsprache lieferte die Rechtsprechung. Seit germanischen Zeiten galt die mündliche Zeugenaussage als entscheidender Beweis vor Gericht. Doch Ende des 12. Jahrhunderts verlor das gesprochene Wort an Gewicht: Immer mehr Gerichte verlangten jetzt, Aussagen, Stellungnahmen und Einlassungen schriftlich vorzulegen. Akten traten an die Stelle der mündlichen Rede und ließen den juristischen Schriftverkehr anschwellen. Da es viel zu mühsam gewesen wäre, all diese Dokumente ins Lateinische zu übersetzen, ging man zum Deutschen über.

Bereits um 1210 erschien das erste Gesetzbuch in deutscher, genauer gesagt niederdeutscher Sprache. Es war der ‹Sachsenspiegel›:

Spegel der Sassen scal dit buk sin genant, / went Sassen recht is hir an bekant, / alse an eneme spegele de vrowen / er anlite scowen.

Sachsenspiegel sei dieses Buch genannt, es zeigt der Sachsen Recht wie in einem Spiegel, in dem die Frauen ihr Gesicht anschauen.

Der Ritter Eike von Repgow, um 1180 in der Nähe von Dessau geboren, hatte den ‹Sachsenspiegel› zunächst auf Latein verfasst, damit aber nur wenig Resonanz gefunden. Auf Wunsch seines gräflichen Lehnsherren übersetzte er ihn dann in die Volkssprache. Das stellte eine echte Herausforderung dar, wenn man seiner Vorrede glauben darf:

Ane hulfe unde ane lere; do duchte in daz zu swere / Daz ers an dutz wante, / zu letzt her doch genante / Der arbeit unde tete / greven Hoyers bete.

Ohne Hilfe und ohne Anleitung / dünkte ihn das zu schwer, / daß er [Eike] es ins Deutsche übersetzte / Zuletzt wagte er sich doch / an die Arbeit und handelte / nach des Grafen Hoyers Bitte.

War der Geltungsraum des Sachsenspiegels noch regional begrenzt, so kam 25 Jahre später das erste Reichsgesetz in deutscher Sprache heraus. Es war der hochdeutsche «Mainzer Landfriede», der die blutigen Adelsfehden, die ganze Landstriche heimsuchten, einhegen sollte.

Standardisierung – Die Evolution in der Schreibstube

Die überregionale Kommunikation wurde durch den Rückzug des Lateins zunächst einmal mühsamer, denn an die Stelle einer geregelten Schriftsprache traten nun die verschiedenartigen Schreibdialekte. Im Westen des hochdeutschen Sprachraums schrieb man *Minne*, im Osten *Liebe*, im niederdeutschen Norden *Leevte*. In der einen Region hieß es *nicht*, in der anderen *nit*, *niet* oder *neit*. Je nach Landschaft regierte der *Küng*, der *Künig*, der *König* oder der *Koning*. Hier schrieb man *Hulfe*, dort *Hulpe* oder *Hilfe*. Was im Alemannischen die *Zit*, war im Plattdeutschen die *Tid* und sonst die *Zeit*. Rechnet man zu den dialektalen Unterschieden noch das Durcheinander der verschiedenartigen Schreibweisen hinzu, wird deutlich, dass die Verständigung zwar möglich, aber nicht gerade flüssig war.

Es dauerte Jahrhunderte, bis aus dem bunten Flickenteppich der Dialekte das regelmäßige Gewebe einer Hochsprache geworden war. Diese Entwicklung folgte keinem Plan. Was hier stattfand, war ein evolutionärer Prozess, den kein König, keine Akademie und keine Kultusministerkonferenz steuerte. Die allmähliche Standardisierung des Deutschen war vor allem das Werk der vielen Schreiber in den Kanzleien und Kontoren, der Setzer und Korrektoren in den Druckereien. Natürlich hatten die «Federfuchser», die an ihren Pulten tagtäglich Briefe formulierten, Verträge ausfertigten, Protokolle aufnahmen oder Gerichtsurteile niederschrieben, nicht die Schaffung einer gesamtdeutschen Sprache im Sinn, während ihre Gänsekiele über das Papier kratzen. Trotzdem waren sie die treibenden Kräfte, einfach weil sie sich um eine allgemeine Verständlichkeit und gute Lesbarkeit ihrer Schriftstücke bemühten. Darauf mussten sie schon innerhalb der eigenen politischen Grenzen achten, denn viele Fürstentümer waren durch Heirat, Erbschaft oder Eroberungen aus geographisch verstreuten Gebieten mit ganz unterschiedlichen Bevölkerungsteilen zusammengestückelt. Um die dialektalen Barrieren zu überwinden, vermieden die Kanzlisten nach Möglichkeit allzu provinzielle Wörter und Formen zugunsten von weiter verbreiteten Ausdrücken. Oft führten sie sogar Synonyme mit auf, um sicherzugehen: Wenn der Adressat *dicke* nicht verstand, dann vielleicht das gleichbedeutende *oft*. Wer *efte* nicht in seinem Dialekt hatte, kannte sicher das weiterverbreitete *oder*. *Bekorunge* war ein Fremdwort? Aber die *versuochunge* war dem geschätzten Briefempfänger doch gewiss vertraut.

Aufmerkame Zeitgenossen bemerkten die Wandlungen, so wie der Kölner Chronist Hermann Weinsberg, der 1566 die Anfänge einer eigenen Stadtsprache registrierte, in der sich unterschiedliche Dialekte mischten: *die wort, so man spricht, lauten nit wie vormals. Itz ist in Coln ein ander pronunciation und maneir zu reden, dann vor sessig jaren, die littern werden versetzt … oberlendische oder nederlendische wort instat der alten colnischer sprachen … gebrauchet.*

Heute ruft schon die Änderung weniger Rechtschreibregeln erbitterte Dauerdebatten hervor. Für die lese- und schreibkundigen Menschen früherer Zeiten war der Wandel die Normalität. Sie lebten in einer Schriftwelt, deren Grammatik, Wortschatz und Schreibregeln sich im Fluss befanden. Viele professionelle Schreiber dienten im Laufe ihres Lebens in den Kanzleien unterschiedlicher Landstriche. Ihre Dienstherren erwarteten, dass sie sich den jeweiligen Schreibgewohnheiten anpassten. Manchem allerdings wurde das lebenslange Lernen dann doch irgendwann sauer. So dem gebürtigen Schweizer Niclas von Wyle (1410–1478), der sich als Stadtschreiber im schwäbischen Eßlingen verdingt hatte. Er stellte griesgrämig fest, dass allerlei neue Moden aus dem Rheinland und anderen Regionen in die schwäbischen Kanzleien schwappten.

Daz ain grosse vnnütze endrung ist vnsers gezüngs dar mit wir loblich gesündert wauren von den gezüngen aller vmbgelegnen landen. …So bald sie etwas nüwes sechen usz ains fürsten cantzlie vsgegangen, ob es wol nit grundes havt und vnrecht ist, noch das dann bald vffassent vnd sich des gebruchent wie die affen.

Das ist eine sinnlose Veränderung unseres Gezüngs [= Sprache], mit der wir uns bisher löblich von den Sprachen aller umliegenden Länder unterschieden haben. … Sobald sie [die Schreiber] sehen, dass aus einer fürstlichen Kanzlei etwas Neues kommt, übernehmen sie es, auch wenn es sinnlos und falsch ist, wie die Affen.

Doch schon damals galt das Motto: Die Hunde bellen, doch die Karawane zieht weiter. Sprachkonservative Klagen konnten den Gang der Entwicklung nicht aufhalten. Die Schreib-Dialekte glichen sich wechselseitig an, räumlich beschränkte Sprachformen wurden gegen solche mit größerer Reichweite ausgetauscht. Allerdings waren die Gewichte dabei ungleich verteilt: Die Schreibsprachen mächtiger Fürstentümer und reicher Städte drängten die der unbedeutenden Zwerg-Territorien und kleinen Landstädte an den Rand.

In der deutschen Sprachgeschichte bildeten sich zwei Wege zur Hochsprache heraus, ein niederdeutsch-nördlicher und ein hochdeutscher, der von den mittleren und südlichen Regionen ausging. Wir werden zunächst den niederdeutschen Weg nachzeichnen, denn er wurde zuerst beschritten. Das Schicksal der niederdeutschen Hochsprache war eng verknüpft mit dem Aufstieg und Niedergang der Hanse. Die Keimzelle dieser Sprache war Lübeck, im Spätmittelalter eine der größten und mächtigsten Hanse- und Handelsmetropolen im deutschen Reich. Hier formte sich eine niederdeutsche Schriftsprache aus, die zwischen 1350 und 1550 als Medium des Handels, der Verwaltung und Politik im ganzen nordeuropäischen Raum diente und an Reichweite und Einheitlichkeit den hochdeutschen Sprachvarianten dieser Zeit den Rang ablief. Diese «Hansesprache» hätte das Zeug gehabt, sich dauerhaft als Hochsprache zu etablieren, ähnlich dem Niederländischen, das aus verwandten dialektalen Wurzeln zur Nationalsprache heranwuchs. Doch diesen Weg ist – mit Kurt Tucholsky zu sprechen – *die deutsche Sprache leider nicht gegangen*. Wäre es so gekommen, gäbe es im deutschen Sprachgebiet heute wahrscheinlich eine Nord-Süd-Teilung mit einer niederdeutschen und einer hochdeutschen Standardsprache.

Der niederdeutsche Weg zur Hochsprache

Es sind vor allem norddeutsche Hafenstädte, die sich heute noch mit der glanzvollen Vergangenheit der Hanse schmücken. Doch dieser Zusammenschluss von Kaufleuten, der in der zweiten Hälfte des 12. Jahrhunderts entstand und 1356 in einen förmlichen Städtebund mündete, ging weit darüber hinaus. Ihm gehörten alle größeren Städte bis zur Linie Köln-Dortmund-Göttingen-Halle-Breslau an, außerdem Städte in den Niederlanden und im Baltikum sowie das schwedische Visby auf der Insel Gotland. Mit ihren Außenkontoren in London, Brügge, Bergen und Nowgorod umspannte der wirtschaftliche und politische Machtbereich der Hanse einen Großteil des Nordens und der Mitte Europas.

Ihren Ursprung hat die niederdeutsche Hansesprache in Lübeck, das dank Thomas Manns «Buddenbrooks» auch zu einem Ort der Weltliteratur geworden ist. Gleich die Anfangsszene im Biedermeier-Salon der Familie Buddenbrook zeigt uns die sprachliche Situation, die dort noch in der Mitte des 19. Jahrhunderts herrschte:

Was ist das. – Was – ist das …
Je, den Düwel ook, c'est la question, ma très chère demoiselle!

Die achtjährige Antonie versucht in schulmäßigem Hochdeutsch den Katechismus herzusagen, was ihr Großvater, der ältere Johann Buddenbrook, mit einem wenig christlichen Einwurf unterbricht. Er redet am liebsten so wie hier – in einer Mischung aus bodenständigem Platt und Französisch, das für ihn als gebildeten Großbürger die geläufige Zweitsprache ist. Hochdeutsch beherrscht er zwar auch, aber es spricht ihm nicht aus dem Herzen. Als er sich mit seinem Sohn einmal schwer erzürnte, gab es einen Auftritt, bei dem er *fast nur Französisch und Plattdeutsch sprach…*

Seine Glanzzeit als internationale Handelssprache hat das Niederdeutsche zwar zu dieser Zeit schon längst hinter sich, aber es führt immer noch ein geachtetes Dasein auch in den besseren Kreisen. In den kommenden Generationen ändert sich das. Platt wird zur Sprache der «einfachen Leute». Der Buddenbrooks-Roman, der den

Niedergang der Kaufmannsfamilie über drei Generationen schildert, umspannt auch die Epoche, in der das Niederdeutsche seinen Status als gesellschaftsfähige Umgangssprache verlor.

Lübeck und die Hansesprache

Wir blenden nun noch einige Jahrhunderte weiter zurück, bis in die Zeit, als in der «giebeligen Heimatstadt» der Buddenbrooks der Aufstieg der niederdeutschen Hansesprache begann. Ende des 12. Jahrhunderts war die Handelsmetropole an der Trave, von Heinrich dem Löwen gegründet, eine junge, aufstrebende Stadt, Schaltstelle zwischen Nord- und Ostseehandel und Haupt der expandierenden Hanse. Deren dickbauchige Koggen transportierten Salz und Stockfisch, Holz, Getreide und Tuch über das Meer und machten die Kaufleute reich. Im 15. Jahrhundert war Lübeck mit 25 000 Einwohnern nach Köln – auch ein Mitglied der Hanse – die zweitgrößte Stadt nördlich der Alpen.

Sie zog nicht nur Menschen aus allen Regionen des Reiches an, sondern war auch der Sammel- und Ausgangspunkt für die Besiedlung des Ostseeraums, wo in der Folgezeit Städte wie Rostock, Wismar oder Stralsund gegründet wurden, die von Lübeck das Stadtrecht übernahmen. Hier kamen Kaufleute und Siedler aus allen Regionen Norddeutschlands, aus Westfalen, vom Niederrhein und aus den Niederlanden zusammen. In den Kanzleien und Kontoren Lübecks bildete sich eine niederdeutsche Schriftsprache heraus, die mit dem alteingewurzelten Platt, wie es von den Einwohnern gesprochen wurde, nur noch entfernt zu tun hatte. Sie war vielmehr ein homogenisiertes Produkt, in das die sprachlichen Grundstoffe unterschiedlicher norddeutscher Regionen eingingen. Die Schreiber der Lübecker Ratskanzlei importierten vor allem niederdeutsche Wörter und grammatische Formen aus der südniedersächsischen und westfälischen Rechts- und Verwaltungssprache, denn die Stadtrechte von Braunschweig und Magdeburg, Dortmund und Soest hatten Vorbildcharakter für weite Teile des niederdeutschen Raums. Enge Kontakte zu den flämischen Seestädten ließen auch niederländische Wörter und Schreibweisen ein-

strömen. Lübeck wiederum exportierte seine neugebackene Kanzleisprache zusammen mit seinen Satzungen und Gesetzessammlungen
in neugegründete Hansestädte wie Rostock und Stralsund. Bald verbreitete sich dieses «interdialektale» Niederdeutsch, entstanden aus
vielerlei Mischungen und Angleichungen, über ganz Norddeutschland. Mitte des 14. Jahrhunderts gaben auch die großen Handels-
kontore das Lateinische auf und übernahmen die niederdeutsche
Schriftsprache, die jetzt endgültig zur anerkannten «Hansesprache»
wurde. In ihr schrieb man Frachtbriefe, Verträge und Rechnungen
ebenso wie Gesetze, Handwerksstatuten, Predigten oder diploma-
tische Schreiben. In der Blütezeit der Hanse war dieses Niederdeutsch von Westfalen bis nach Skandinavien und ins Baltikum hinein die anerkannte Verkehrssprache.

Niederdeutsches im hochdeutschen Wortschatz

Etliche Wörter im heutigen Standarddeutsch haben niederdeutsche
Wurzen. Viele stammen aus der Kaufmanns- und Seemannssprache, wie
Ware, *Lotse*, *Fracht*, *Kran* oder *Stapel*. Auch der *Makler* gehört dazu:
Makeln kommt von *maken* ‹(ein Geschäft) machen› und *mäkeln* be-
deutete ursprünglich, dass man die Ware bemängelte, um den Preis zu
drücken.
   Auch einige niederdeutsche Wörter jenseits von Meer, Kontor und
Hafen haben sich im Standarddeutschen etabliert. Manche haben ihre
hochdeutschen Entsprechungen verdrängt: So ersetzte das *Laken* das
Lachen, das *Küken* den *Hinkel* (← *huon-ink-il* ‹Hähnchen›), der *Splitter*
den *Spreiß*, der *Balken* den *Tram*, das *Plappern* das *Schwätzen*. *Fett*
nahm die Stelle von *feist* ein, das heute nur noch die stiernackige Form
des Dickseins ausdrückt, *Lippe* hat die *Lefze* ins Tierreich abgedrängt,
und *Detlev* hat den *Dietleib* aufs Altenteil geschickt.

Der hochdeutsche Weg zur Hochsprache

Während die Hansesprache ihre Glanzzeit erlebte, zeichneten sich
auch in den mittleren und südlichen Regionen Deutschlands die
ersten Züge einer einheitlicheren Schriftsprache ab. Im bürokra-
tischen Universum der Akten, Briefe und Urkunden, die zwischen

den Schreibstuben der süd- und mitteldeutschen Länder zirkulierten, hatten sich zwei «Gravitationszentren» herausgebildet: Das eine war die kaiserliche Kanzlei der Habsburger in Wien. Das dort gepflegte «gemeyne Deutsch», dessen Name schon einen überregionalen Anspruch verkündete, war im Südosten des deutschen Sprachraums tonangebend. Im 15. Jahrhundert erstreckte sich sein Geltungsbereich von Wien bis Augsburg, von Innsbruck bis Nürnberg. Auch überregionale Institutionen wie die Reichstage und das Reichskammergericht verwendeten das «gemeyne Deutsch». Es hatte zwar eine bairische und ostfränkische Grundfärbung, aber typisch dialektale Schreibungen (*perg, prüeder*) glichen sich allmählich einem Sprachgebrauch an, wie er auch in Mitteldeutschland üblich war (*berg, brüder*).

Das zweite Gravitationszentrum befand sich in Sachsen. Gebildet wurde es durch die Kanzleien des mächtigen Fürstengeschlechts der Wettiner. Deren Territorien lagen in den heutigen Bundesländern Sachsen, Sachsen-Anhalt und Thüringen. Mit dem alten niederdeutschen Stammesherzogtum der (Nieder-)Sachsen hat dieses ostmitteldeutsche (Ober-)Sachsen nur den Namen gemeinsam, der im Zuge dynastischer Verschiebungen von der norddeutschen Tiefebene hierher gelangte.

Die bedeutendsten wettinischen Staaten, das Herzogtum Sachsen und das Kurfürstentum Sachsen, durchliefen eine wechselvolle Geschichte der Bruderkriege, Teilungen und Fusionen, die uns hier nicht weiter beschäftigen soll. Entscheidend für Sachsens sprachgeschichtliche Rolle war, dass es seit dem späten Mittelalter die prosperierendste und technisch fortschrittlichste Region des Reiches war. Silberbergbau, Manufakturen und ein reger Handel ließen Geld ins Land strömen. Es gab rege kommerzielle und politische Kontakte in alle Gegenden Deutschlands. Erfurt, Zwickau und Wittenberg mit seiner 1502 gegründeten Universität waren bedeutende Städte, Leipzig und Dresden entwickelten sich zu blühenden Handels- und Kulturmetropolen.

Die wettinischen Landesherren schufen eine moderne und effiziente Verwaltung, deren Schriftsprache auf Einheitlichkeit und große Reichweite abzielte. Ihre Grundlage war das Sächsische mit thüringischen Beimischungen, aber die Schreiber vermieden allzu krasse «Saxonismen». Mundartliche Spezialitäten wie *Bêne, och, strose, mide, rachd* oder *derfer* erschienen in den Kanzleischriftstücken bald schon in geglätteter Form als *Beine, auch, Straße, müde, recht* und *Dörfer*. Die Schreibsprache der wettinischen Kanzleien wurde «obersächsisch» oder «sächsisch» genannt, am häufigsten aber «meißnisch». Namensgeber war die bei Dresden gelegene Stadt Meißen und die sie umgebende Mark, die als historische Kernlandschaft Sachsens gilt. Das dort gepflegte «meißnische» Deutsch war in seiner Glanzzeit mindestens so berühmt wie heute noch das gleichnamige Porzellan.

Beide Schreibsprachen, die meißnische wie die bairisch-habsburgische, standen für politische Macht und kulturelles Prestige. Ihre Schreiber übernahmen voneinander wechselseitig Wörter und Schreibweisen, so dass es schon bald gewisse Angleichungen gab. Viele Kanzleichefs in anderen Regionen nahmen sich diese beiden Schreibdialekte zum Vorbild, an dem sie ihren eigenen Schriftverkehr orientierten. Wörter und Formen, die sowohl von den wettinischen als auch von den habsburgischen Kanzleischreibern favorisiert wurden, hatten gute Chancen, sich in ganz Deutschland durchzusetzen. Ein Beispiel ist die Diphthongierung, die aus den alten einfachen Vokalen (*zit, hus, fründ*) die heute gebräuchlichen Doppelvokale (**Zeit, Haus, Freund**) machte. Diese neuen Laute, die in Österreich ihren Ursprung hatten, gelangten durch die habsburgische Kanzleisprache in Umlauf, wurden auch ins Meißnische übernommen und breiteten sich von da weiter aus. In einigen Regionen gab es allerdings Widerstand. Nicht nur die Niederdeutschen hielten an den alten einfachen Vokalen fest, sagten und schrieben weiterhin *tid, hus* und *fründ*. Auch die Schreiber im alemannischen Südwesten stemmten sich zunächst gegen den bairisch-mitteldeutschen Trend. Erst Ende des 16. Jahrhunderts gewährten sie der Diphthongierung Einlass, aber auch nur in die Schrift. In den gesprochenen Mundarten des Elsass, Südbadens und der Schweiz existieren diese Diphthonge bis heute nicht. Man spricht *Schwyzerdütsch*, nicht *Schweizerdeutsch*.

Martin Luther: Klar vnd gewaltiglich verteutschen

Die hochdeutsche Schriftsprache befand sich also bereits auf dem Weg zu einer gewissen Einheitlichkeit, als ein Mann die historische Bühne betrat, dessen Worte nicht nur Sprachgeschichte machten: Dr. Martin Luther. Der Reformator genießt bis heute den Ruf, der Schöpfer der deutschen Hochsprache zu sein. Er habe *durch seine gewaltige Bibelübersetzung die deutsche Sprache erst recht geschaffen*, meinte Thomas Mann. Das ist zwar eine Übertreibung, denn Sprache ist nichts, was ein Einzelner «erschaffen» kann, aber geprägt hat Luther das Deutsche tatsächlich wie kein zweiter vor oder nach ihm. Dabei hegte er keinerlei sprachpolitischen Ehrgeiz. Die Sprache war für ihn Mittel zum Zweck, Gottes Wort allen Menschen zwischen der Nordseeküste und den Alpen *klar vnd gewaltiglich* (zu) *verteutschen*. Dafür suchte er die Wörter, grammatischen Formen, Lautungen und Schreibweisen mit der größtmöglichen Verbreitung und Verständlichkeit.

Die Kanzleisprachen der sächsischen («meißnischen») Wettiner und der österreichischen Habsburger lieferten ihm die Grundlage. Luther erläutert das im typisch lateinisch-deutschen Konversationsstil seiner «Tischgespräche»:

Ich rede nach der Sechsischen cantzley, quam imitantur omnes duces et reges Germaniae (welcher nachfolgen alle Fürsten und Könige in Deutschland)*; alle reichstette, fürsten höfe schreiben nach der Sechsischen cantzeleien vnser churfürsten. Ideo est communissima lingua Germaniae* (Darum ist es auch die allgemeinste deutsche Sprache)*. Maximilianus imperator et elector Fridericus imperium ita ad certam linguam definierunt* (Kaiser Maximilian und Kurfürst Friedrich zu Sachsen haben so das Reich zu einer gewissen Sprache bestimmt) *haben also alle sprachen in eine getzogen.*

Luther stellt hier die Rolle des sächsischen gegenüber dem kaiserlichen Kanzleideutsch in den Vordergund. Das schmeichelte nicht nur seinem Landesherrn, dem sächsischen Kurfürsten, es entsprach auch dem etwas größeren Gewicht, das er dieser Sprache gab. Trotzdem ist das Luther-Deutsch eine «Mischsprache», bestehend aus Schreibdialekten, die sich von den ursprünglichen Mundarten, denen sie entstammten, schon weit entfernt hatten. Neben der ost-mitteldeutschen Schriftsprache der sächsischen Kanzleien und der süddeutschen Schriftsprache der Habsburger floss auch Nieder-deutsches in Luthers Schriften mit ein. Weitgehend ausgeschlos-sen blieb dagegen der Südwesten: Das Alemannische fand Luther *filzicht und zotticht*. Diese Mundarten hatten in der Folge nur wenig Anteil an der Herausbildung der deutschen Hochsprache. Die wechselseitige Fremdheit blieb bestehen. Heute ist umgekehrt das Schwyzerdütsch dabei, die deutsche Standardsprache aus der Schweiz zu verdrängen (s. S. 81).

Obwohl Luthers Deutsch also unterschiedliche Züge trägt, kleb-ten ihm mitteldeutsche Protestanten in den kommenden Jahr-hunderten das Etikett «meißnisch» auf. Dieser Begriff wurde in den Jahrhunderten nach der Reformation geradezu ein Synonym für Lutherdeutsch und später für die «korrekte» Hochsprache schlecht-hin. Für die weitere Entwicklung bedeutete das eine schwere Hy-pothek: Der Name «Meißnisch» verlieh der sich mühsam etablie-renden Hochsprache einen lokalpatriotischen und konfessionel-len Anstrich, der ihrem überregionalen, auf Integration gerichteten Anspruch direkt zuwiderlief. Viele Katholiken, aber auch etliche Protestanten außerhalb des ostmitteldeutschen Raums hegten starke Ressentiments gegen das entstehende Hochdeutsch, weil die irreführende Bezeichnung «Meißnisch» suggerierte, dass es sich hier um den Dialekt der Leipziger und Dresdener handelte, der den anderen Regionen aufgedrängt werden sollte.

Luther selbst lag es fern, als Werbeträger irgendeiner Sprachre-gion zu wirken. Seine Leistung besteht darin, dass er die bereits vorhandenen Vereinheitlichungstendenzen innerhalb des Deut-schen bündelte und erheblich verstärkte. Das gelang ihm vor allem durch seine Bibelübersetzung. In diesem monumentalen Sprach-werk brachte er bis dahin ungeahnte Ausdrucksmöglichkeiten des Deutschen zur Entfaltung.

Es ist der 4. Mai im Jahre des Herrn 1521. Luther befindet sich zusammen mit einem Gefährten auf dem Rückweg von Worms. Dort hatte er vor Karl V. und den Fürsten des Reiches dem Papst die Stirn geboten. Es ist eine gefährliche Reise, denn dem unbotmäßigen Mönch droht nun die Reichsacht. Wird sie verhängt, ist Luther vogelfrei. Dann muss er um sein Leben fürchten. Bei Eisenach taucht vor den Reisenden plötzlich eine Gruppe von Reitern auf und stoppt den Wagen. Luthers Gefährte flieht, er selbst wird auf ein Pferd gesetzt und im Galopp auf die nahegelegene Wartburg gebracht. Die «Gefangennahme», von der Luther vorher wusste, dient seinem Schutz. Angeordnet hat sie Friedrich der Weise, Kurfürst von Sachsen, um Luther dem Zugriff seiner Feinde zu entziehen. Die nächsten zehn Monate verbringt er als «Junker Jörg» auf der Wartburg, er legt die Kutte ab, lässt sich Haare und Bart wachsen. In seinem Gemach hoch oben mit Blick über den Thüringer Wald schreibt Luther (Sprach)geschichte. Hier «im Reich der Vögel» ringt der 39-Jährige nach Worten und mit ihnen, feilt an Formulierungen, fügt Satz an Satz. Nach nur elf Wochen hat er – immer wieder heimgesucht von Depressionen und Teufelserscheinungen – das Neue Testament aus den griechischen Quellen und der lateinischen Fassung ins Deutsche übertragen und damit einen sprachhistorischen Markstein gesetzt. 1522 erscheint das «Septembertestament» in einer Auflage von 3000 Exemplaren, die sich rasend schnell verkaufen. Im selben Jahr noch macht sich Luther an die Übersetzung des Alten Testaments aus den hebräischen Urtexten.

Deutsche Bibelübersetzungen gab es schon vor Luther, aber sie wirkten hölzern und umständlich, weil sie sich vom Duktus der lateinischen Vorlage nicht lösten. Diesen Fehler vermied Luther:

Ich hab mich des geflissen ym dolmetschen, das ich rein und klar teutsch geben möchte. ... den man muß nicht die buchstaben inn der lateinischen sprachen fragen.

Wen man stattdessen fragen musste, wusste er als Prediger genau: *die mutter jhm hause, die kinder auff der gassen, den gemeinen man auff dem marckt.* Ihnen sah Luther *auff das maul,* um den richtigen Ton zu treffen. Aber natürlich übersetzte er nicht direkt in die Sprache, die er hörte. Sonst wäre eine Bibel auf Thüringisch, Sächsisch oder in ostfälischem Plattdeutsch entstanden. Was Luther einfing, waren vielmehr die Farbe und der Geschmack der Volkssprache.

> *Ich habe keine gewisse, sonderliche, eigene Sprache im Deutschen, sondern brauche der gemeinen deutschen Sprache, dass mich beide, Ober- und Niederländer verstehen mögen.*

Die Basis dieser «gemeinen deutsche Sprache» wurzelte zwar in den Kanzleisprachen, aber was Luther daraus formte, war kein papierenes Deutsch, sondern eine volksnahe und zugleich literarisch gestaltete Sprache, die an Leuchtkraft, Lebendigkeit und Klarheit ohne Vorbild war. Doch solche ästhetischen Qualitäten bedeuteten Luther weniger als die geistliche Erhöhung, die das Deutsche erfuhr: Indem Gottes Wort aus den heiligen Sprachen Hebräisch, Griechisch und Latein *als aus eim brunnen ... durchs dolmetschen* ins Deutsche floss, wurde es ebenfalls geheiligt.

Wortwahlqual: Kahn oder Nachen?

Luther war in mehreren Mundarten zu Haus und deshalb für seine sprachintegrierende Aufgabe gut gerüstet. Seine Eltern sprachen thüringisch, also eine hochdeutsche Mundart, aber wenn der junge Martin das Haus verließ, hörte er Platt: Das am Südrand des Harzes gelegene Mansfeld, wo er aufwuchs, gehörte damals noch zum niederdeutschen Gebiet, in das hinein sich allerdings schon das Ostmitteldeutsche auszubreiten begann. Luthers Lebensweg, der vor allem zwischen Magedeburg und Eisenach, Erfurt und Wittenberg verlief, kreuzte mehrmals die Hochdeutsch-Niederdeutsch-Grenze. Seine Reisen – in jungen Jahren zu Fuß – durch Süddeutschland und bis nach Rom machten ihn auch mit den oberdeutschen Dialekten bekannt. Die zahlreichen Briefe, die er von Menschen aus allen Regionen und sozialen Schichten bekam, schärften seinen Blick für die Vielfalt der Sprachformen und die Möglichkeiten, ihre Unterschiede zu überbrücken.

Das Nebeneinander der Dialekte stellte Luther immer wieder vor die Qual der Wahl. Sollte er *wortzel* oder *wurtzel* schreiben, *gahn* oder *gehen,* war *Kahn* besser oder *Nachen, heucheln* oder *gleißnen?* Zeigen seine frühen Texte noch ein Schwanken zwischen unterschiedlichen Varianten, bemühte er sich später immer stärker um eine sprachliche Vereinheitlichung seines Werks. Meistens entschied er sich für die Formen, die schon am weitesten verbreitet waren und seiner Ansicht nach die größten Chancen hatten, sich in ganz Deutschland durchzusetzen.

Häufig machten die ostmitteldeutschen Wörter der meißnischen Kanzleisprache gegenüber den oberdeutschen Wörtern der habsbugisch-bairischen Kanzleisprache das Rennen: So wählte Luther *prahlen* statt *geudnen, heucheln* statt *gleißnen, die Taufe* statt *der Tauf, die Sonne* statt *der Sunn.* Doch auch oberdeutsch-bairische Ausdrücke und Schreibweisen kamen zum Zuge: *Zwingen, brunn* und *bringen* setzten sich gegen *twingen, born* und *brengen* durch, *wurtzel* gegen *wortzel* und *gehen* gegen *gahn.* Auch niederdeutsche Wörter fanden Aufnahme. So schlugen zum Beispiel die nördlichen Ausdrücke *Pfote, Hälfte, Lippe, Kahn, Balken* die süddeutschen Konkurrenten *Pratze, Halbteil, Lefze, Nachen, Tram* aus dem Felde.

Durch Luther gelangten zudem slawische Lehnwörter aus ostdeutschen Dialekten in die deutsche Schriftsprache: Dazu gehört die *Peitsche,* die die *Geißel* in eine Randexistenz als Metapher für allerlei Übel abschob. Die *Jauche* ersetzte den *Adel* und reduzierte den degoutanten Doppelsinn dieses Wortes auf die Blaublütigkeit. Die *Grenze* trat an die Stelle der *Mark,* die jetzt nur noch das Geldstück bezeichnete. Auch das tschechisch-magyarische Wort *bunt* hat sich erst durch Luthers Bibel über ganz Deutschland verbreitet: Josephs *bunter Rock* (Gen. 37) war in den deutschsprachigen Bibeln vor Luther noch *schön, mannigfarb, gemengt* oder *gespräckelt.*

Viele von Luthers kreativen Wortbildungen gehören heute zum festen Bestandteil der deutschen Sprache: *Feuereifer, friedfertig,*

Herzenslust, wetterwendisch, gastfrei, Glaubenskampf, Gnaden-
bild, Ehescheidung, Lückenbüßer (*büßen* im Sinne von ‹aus-
bessern›), *Machtwort, Schwarmgeist, Lästermaul, lichterloh, Men-
schenfischer, Kriegsknecht, Rüstzeug, Flattergeist.* Aus seiner
Sprachwerkstatt stammen auch zahlreiche Sprichwörter und Redensarten: *aus seinem Herzen keine Mördergrube machen; sein
Licht unter den Scheffel stellen; wes das Herz voll ist, des geht der
Mund über.*

Schweizerdeutsch: Vom «filzicht deütsch» zur Prestigemundart

In der Schweiz ist die deutsche Hochsprache nie wirklich heimisch geworden. Zwar existiert sie dort als Schriftsprache, und Dichter wie
Gottfried Keller, Conrad Ferdinand Meyer oder Friedrich Dürrenmatt
gehören zu den großen Gestalten der hochdeutschen Literatur. Gesprochen aber wird fast ausschließlich das alemannische Schweizerdeutsch
in seinen verschiedenen Varianten (Zürichdeutsch, Berndeutsch etc.).
Hochdeutsch empfinden die meisten Deutschschweizer als eine papierene Fremdsprache. Da geht es ihnen ähnlich wie einstmals den Niederdeutschen. Mit einem entscheidenden Unterschied allerdings: Während
Niederdeutsch seinen Status als offizielle Schrift- und Verkehrssprache
verlor und zum Dialekt für den Hausgebrauch absank, hat das Schweizerdeutsche in den vergangenen Jahrzehnten einen beispiellosen Aufstieg genommen. Es ist zu einem Kommunikationsmedium für alle
gesellschaftlichen Bereiche ausgebaut worden und verdrängt das Hochdeutsche zunehmend aus dem öffentlichen Leben. Damit stellt sich die
Schweiz gegen den gesamteuropäischen Strom, der die Dialekte überall
sonst unterspült und abträgt. Schweizerdeutsch ist in allen sozialen
Schichten anerkannt, man spricht es nicht nur zu Hause oder im Wirts-
haus, sondern auch im Geschäftsleben, vor Gericht oder im Parlament.
Ein großer Teil der Radio- und Fernsehprogramme läuft auf Schweizerdeutsch. In privaten Briefen, E-Mails und SMS-Texten übernimmt es
inzwischen auch die Rolle einer Schriftsprache.

Schweizerdeutsch liegt den Deutschschweizern auf der Zunge und
am Herzen, weil es ein starkes Symbol ihrer Identität ist. Die wiederum
speist sich vor allem aus der Abgrenzung gegen die ungeliebten deutschen Nachbarn. Das war nicht immer so: Bis zum Ersten Weltkrieg gab
es in den deutschsprachigen Kantonen starke Sympathien für das Deutsche Reich. Hochdeutsch genoss in den deutschschweizerischen Städten

großes Ansehen als Sprache der Modernität und der Industrialisierung. Nach dem Ersten Weltkrieg und vor allem nach der NS-Machtübernahme wuchs das Bedürfnis nach Distanzierung. Das Schweizerdeutsche wurde zum Instrument der «geistigen Landesverteidigung.»

Doch die Wurzeln für den sprachlichen «Sonderweg» der Deutschschweiz sind bedeutend älter. Das südalemannische Gebiet schottete sich schon im 16. Jahrhundert ab, als die anderen deutschen Schreibdialekte zu einer einheitlichen Schriftsprache zusammenzuwachsen begannen. Austausch mit anderen Regionen, ein Geben und Nehmen von Wörtern und Schreibweisen fand in der Schweiz kaum statt. Als der Basler Buchdrucker Adam Petri 1523 Luthers gerade erschienene Bibelübersetzung nachdruckte, fügte er für seine alemannischen Leser eine Wortliste bei, die Luthers Deutsch in *unser hochteutsch* übersetzte: *So ich gemerkt hab, das nicht yedermann versten mag etliche wörter im yetzt gründlichen verteutschte neuwen testament, ... hab ich lassen die selbigen auf unser hoch teutsch auszlegen.* Übersetzt wurde beispielsweise *tauchen* in *tunken*, *Anstoß* in *ergernuß*, *darben* in *armuot leiden*, *Qual* in *pein* und *stachel* in *eiserne spitz an der stangen.* Ulrich Zwingli, der Zürcher Reformator ging noch weiter und prägte die Sprache der gesamten Luther-Bibel schwyzertütsch um. Umgekehrt haben die alemannischen Dialekte auch nur geringen Einfluss auf den Wortschatz und die Lautung von Luthers Bibeldeutsch ausgeübt. Von ihnen hielt Luther, sonst allen Mundarten gegenüber aufgeschlossen, nicht viel. Als er 1529 mit Zwingli zu einem «Religionsgespräch» in Marburg zusammentraf, nötigte er seinen protestantischen Konkurrenten, der lieber auf Latein disputiert hätte, deutsch zu sprechen, und mokierte sich dann über sein *filtzicht zotticht deüdsch.* Im 17. und 18. Jahrhundert übernahmen Schweizer Buchdrucker, Schriftsteller und Gelehrte zwar die Normen der standarddeutschen Schriftsprache, aber die schweizerischen – und auch die elsässischen – Dialekte wurden davon kaum beeinflusst. Damit war die Grundlage zur heutigen Erfolgsgeschichte des Schweizerdeutschen gelegt. Die wird manchen Deutschschweizern mittlerweile allerdings schon unheimlich. Sie fürchten, dass ein Einheitsschweizerdeutsch heranwächst und die dialekte Vielfalt erstickt. Der Aufstieg zur Hochsprache hat seinen Preis...

Der Buchdruck – Die Heilige Schrift als Medienereignis

Ein entscheidendes Vehikel für Luthers Erfolg war die Drucktechnik mit beweglichen Lettern. Sie gehört zu den Revolutionen, die ihre volle Wirkung erst langsam entfalten. Als Johann Gensfleisch zu Gutenberg 1454 seine ersten Drucke herstellte, ahnte wohl niemand, dass seine umfunktionierte Weinpresse das Zeitalter der Massenmedien einläutete. Die berühmte «Gutenbergbibel» jedenfalls verschleierte nach Kräften den technischen Charakter ihrer Entstehung. Sie sah stattdessen einer Prachthandschrift zum Verwechseln ähnlich, denn die reichen Auftraggeber solcher Repräsentationswerke waren die Käuferschicht, auf die Gutenberg zielte. Obwohl die Drucktechnik die Buchherstellung enorm beschleunigte – in den zwei Jahren, die ein Schreiber für die Abschrift der Bibel brauchte, konnte ein Drucker 180 Exemplare produzieren – lohnte es sich wegen der hohen Kosten noch jahrzehntelang, Handschriften anzufertigen.

Für die Vereinheitlichung der deutschen Schriftsprache spielte der Buchdruck zunächst nur eine begrenzte Rolle. Die Druckpresse als solche garantierte noch keine homogene Sprachform, sie bewirkte anfangs sogar das Gegenteil. Mochte der Autor auch ein einheitlich geschriebenes Manuskript abliefern, so waren es doch die Setzer, Drucker und Korrektoren, die das Schriftbild und die Schreibweisen bestimmten. Meistens waren mehrere von ihnen beteiligt, und jeder folgte seiner eigenen Vorstellung von Sprachrichtigkeit. Es kam nicht selten vor, dass auf einer Seite die gleichen Wörter, auch Eigennamen, unterschiedlich gedruckt wurden. Die Autoren klagten, ohne viel dagegen tun zu können. In einer Zeit, die kein Urheberrecht kannte, mussten sie froh sein, wenn wenigstens ihr Wortlaut einigermaßen respektiert wurde.

Nach und nach etablierten sich in den Druckereien Hausnormen, die zumindest interne Standards gewährleisteten. Von einer überregionalen Anpassung war man indes noch weit entfernt. Die Drucker, die gleichzeitig auch Verleger waren, produzierten deutsche Druckwerke anfänglich nur in kleinen Auflagen für begrenzte Gebiete. Da sie sich an den Leseerwartungen ihrer Kunden orientierten, trugen diese «Druckersprachen» noch lange deutlich dialektale Züge. Wollte man Texte für andere Regionen nachdrucken, musste man sie oft umschreiben. Viel lohnender war deshalb der Druck lateinischer Werke, die sich in ganz Deutschland und im Ausland verkaufen ließen. So war es kein Wunder, dass im Buchdruck noch lange Zeit Latein dominierte. Erst 1681 übertraf die Zahl der deutschen erstmals die der lateinischen Neuerscheinungen auf dem Buchmarkt. Einen deutschen «Bestseller» allerdings gab es schon lange vorher, und er schlug alle Rekorde: die Luther-Bibel.

Drucktechnik und Reformation waren füreinander wie geschaffen. Luthers Aufstand gegen Rom hatte alles, was ein massenmediales Spitzenereignis braucht: ein Thema, das die Menschen aufwühlt, und einen Protagonisten, der sich und seine Sache wortgewaltig in Szene zu setzen weiß in einer Sprache, die «der kleine Mann auf der Straße» versteht. Die Druckereien verbreiteten die lutherischen und antilutherischen Schriften in kürzester Zeit und in für damalige Verhältnisse riesigen Auflagen. Das neue Medium der Flugschrift ließ Nachrichten, Meinungen und Ideen in bislang nicht gekannter Anzahl und Geschwindigkeit zirkulieren und verschaffte ihnen in ganz Deutschland Resonanz. Die Reformation erst machte den Druck zur massenmedialen Technik, so wie umgekehrt der Druck die Reformation zum Medienereignis machte. *Es kann itzo nichts kundwirdigs in der gantzen welt geschehen / Es kumbt schrifftlich durch den Truck zu lesen,* beschrieb Luthers Student Valentin Ickelsamer die Situation.

Luthers Bibelübersetzung und seine anderen Schriften erreichten eine für die damalige Zeit sensationelle Verbreitung und verhalfen dem Deutschen als Schriftsprache endgültig zum Durchbruch. *Die schreiben alles deutsch.... Bei den Deutschen läßt sich kaum noch etwas verkaufen außer lutherischen und antilutherischen Büchern,* meinte Erasmus von Rotterdam 1523. Das war zwar übertrieben, aber nicht allzu sehr. Ab 1519 machten Luthers Schriften über viele Jahre hinweg ein Drittel bis die Hälfte aller deutschprachigen Drucke aus. Zwischen 1522 und 1546 erschienen insgesamt 430 Gesamt- und Teilausgaben der Luther-Bibel, darunter viele Raubdrucke, auf die Luther zu seinem Leidwesen sprachlich keinen Einfluss nehmen konnte. Obwohl gedruckte Bibeln immer noch

teuer waren – ein Exemplar entsprach dem Gegenwert von acht
Kälbern –, besaßen Mitte des 16. Jahrhunderts schäzungsweise
zwischen zehn und zwanzig Prozent der Haushalte eine Luther-
Ausgabe. Eine halbe Million Exemplare sollen in der zweiten Hälfte
des 16. Jahrhunderts kursiert sein.

Das Publikationsfieber wurde noch verstärkt durch die sozialen
Erschütterungen im Gefolge der Reformation: Unter Berufung auf
protestantische Lehren erhoben sich in den Jahren 1524 und 1525
vielerorts die Bauern, manchmal unterstützt von kleinen Adligen,
gegen ihre Grundherren. Luther sympathisierte zunächst mit dieser
Bewegung. Als aber immer mehr Rittergüter in Flammen aufgin-
gen, rief er zum Kampf auf *wider die räuberischen und mörde-
rischen Rotten der Bauern.* Auch dieser Bauernkrieg brachte eine
Flut von Propaganda- und Agitationstexten hervor, die durch das
Deutsche Reich zirkulierten.

Die katholische Gaiß – Sprachstreit der Konfessionen

Der Erfolg der Lutherbibel war der katholischen Konkurrenz natürlich ein Dorn im Auge. «Weiber und andere einfältige Idioten
trugen dies neue lutherische Evangelium … mit sich im Busen
herum und lernen es auswendig», giftete der Theologe Johann
Cochläus, ein erbitterter Gegner Luthers. Weil die katholischen
Fürsten und Bischöfe wussten, dass sie diesen reißenden Strom
nicht mit lateinischen Sentenzen aufhalten konnten, gaben sie
ihrerseits deutschsprachige Bibeln in Auftrag, für die Luthers
Übersetzung – selbstverständlich ohne Namensnennung – genutzt
wurde. Luther empörte sich zwar über diese Plagiate, empfand
aber auch Genugtuung: *es thut mir doch sanfft / daz ich auch meine
vndackbare juenger dazu meine feinde reden gelernt habe.*
Allerdings bestanden diese Feinde auf ihrem eigenen Zungenschlag und hüllten Luthers Sprache in ein katholisch-süddeutsches
Gewand. Sein schärfster Widersacher, der Ingolstädter Professor
Dr. Johann Eck, übernahm zwar dessen Stil und Satzbau, setzte
aber, wo immer es ging, bairische Wörter und Formen ein. Der *hügel* wandelte sich zum *bühel,* aus der *grentze* wurde die *landmarck,*

statt der *ziege* meckerte die *gaiß*. Dr. Eck – «der Dreck» wie Luther Titel und Namen zusammenzog – erweckte auch die alten oberdeutschen Lautungen und Schreibweisen wieder zum Leben: *berg, gold* oder *gemein* wurden zu *perc, kolt* und *gemain*. Vor allem aber verschwand das *-e* am Ende der Wörter: *mache* und *Füße* schrumpften zu *mach'* und *Füß'*.

Dieser eigentlich unschuldige Laut war nämlich als «lutherisches e» zu einem besonderen Zankapfel zwischen Protestanten und Katholiken geworden. Begonnen hatte alles ganz harmlos: Seit dem Mittelalter verkümmerte in den süddeutschen Dialekten das e am Ende von Wörtern wie *ich mache, die Füße* oder *dem Tische* und fiel schließlich ganz ab. In den ostmitteldeutschen Mundarten hingegen, in der meißnischen Kanzleisprache und auch in Luthers Bibeldeutsch blieb es teilweise erhalten und wurde nun von «meißnisch» gesinnten Grammatikern und Korrektoren zum Kennzeichen für «richtiges» Deutsch erhoben. Die Katholiken wiederum erklärten es im Gegenzug zum Symbol des Ketzertums. Allerdings kehrte das e später auch in Süddeutschland wieder in die Schriftsprache zurück, was in einer badischen Zeitschrift noch Ende des 18. Jahrhunderts schmerzlich bedauert wurde: *Es klang doch ehemals so genuin katholisch: die Seel, die Cron, die Sonn, die Blum, und nun schreiben die unsrigen fast durchgängig: die Seele, die Krone, die Sonne, die Blume, wie die leibhaftigen Ketzer auch schreiben. In Wahrheit, man sollte sich schämen!*

Auf Dauer setzten sich die restaurierten süddeutschen Formen in der Schriftsprache zwar nicht durch. Doch am Vorabend der Glaubenskriege, die Deutschland ein Jahrhundert lang erschüttern sollten, schien es so, als würde die konfessionelle Spaltung auch die sich schon lange anbahnende Spracheinheit wieder zunichte machen. Der bayerisch-österreichische Südosten schottete sich nach der Reformation zwei Jahrhunderte lang von der «meißnischen Protestantensprache» ab. Viele Schreiber pflegten wieder das «gemeyne Deutsch» der habsburgischen Kanzlei, die trotzig so genannte «Reichssprache». Doch die Versuche, eine eigene, oberdeutsch geprägte Hochsprache zu etablieren, verliefen halbherzig. Der starke Einfluss der Jesuiten auf das Bildungswesen sorgte dafür, dass in Bayern und Österreich bis in die erste Hälfte des 18. Jahrhunderts hinein wieder Latein als Bildungssprache dominierte. Dadurch geriet das Thema der deutschen Hochsprache in den Hintergrund. Hätte sich die Spaltung zwischen Nord und Süd verfestigt, so wäre die deutsch-deutsche Verständigung gewiss nicht zuammengebrochen – dazu standen sich die Sprachformen zu nahe –, aber die Kommunikation zwischen Flensburg und Innsbruck würde heute wohl mühsamer vonstatten gehen, als wir es gewohnt sind.

Bei der Ausbildung der deutschen Hochsprache hatten am Ende die protestantischen Gebiete die Nase vorn, weil Reformation und Aufklärung in dieser Zeit die stärksten kulturellen und politischen Impulse lieferten. Einen besonderen Schub erhielt das «Meißnische», als es im 16. Jahrhundert von Mitteldeutschland aus nach Norden vordrang und allmählich das Niederdeutsche als Schriftsprache ersetzte. Dadurch entstand eine große einheitliche, protestantisch geprägte Sprachlandschaft, deren Übergewicht die gesamtdeutsche Sprachentwicklung ganz wesentlich prägte. Indem die Anhänger der habsburgischen «Reichssprache» sich dagegen abkapselten, wurden Bayern und Österreich von dieser Entwicklung vorübergehend abgekoppelt. Das änderte sich erst im 18. Jahrhundert, als die Glaubensgegensätze an Schärfe verloren und der habsburgische Hof der ostmitteldeutsch geprägten Hochsprache die Türen öffnete (vgl. S. 111 f.).

Das Niederdeutsche sinkt ab zum Dialekt

Für das Niederdeutsche war die Lutherbibel ein Sargnagel. Sie verschaffte dem Hochdeutschen in der Bevölkerung Norddeutschlands eine Autorität und Popularität, die Luther selbst wohl nicht geahnt hatte. Jedenfalls glaubte er, dass eine niederdeutsche Bibelübersetzung notwendig sei und betraute seinen Beichtvater, den Theologen Johannes Bugenhagen, mit dieser Arbeit. Zusammen mit anderen Geistlichen ging Bugenhagen – wegen seiner Herkunft «Dr. Pommer» genannt – daran, *des werdigen Doctoris Martini Biblie sunder rein und fyn worde by worde uth dem hochdüdeschen in unse Sassesche Düdesch to bringen.* Im April 1534 erschien seine Übersetzung des Alten und Neuen Testaments. Damit kam sie sogar Luthers eigener vollständiger Hochdeutsch-Bibel um einige Monate zuvor. Die Niederdeutsch-Übersetzer nahmen das *worde by worde* aus Respekt vor dem Reformator allerdings so wörtlich, dass der hochdeutsche Charakter der Vorlage überall durchscheint. Dem Erfolg der Bugenhagen-Bibel tat das keinen Abbruch. Doch obwohl sie mehrere Auflagen erlebte, konnte sie den Siegeszug der hochdeutschen Bibel auch in Norddeutschland auf Dauer nicht aufhalten. Im Zeichen der sich verschärfenden Glaubenskämpfe bekamen Luthers ureigene Worte für die Protestanten eine Bedeutung, die keine Übersetzung aufwiegen konnte.

Da die angehenden protestantischen Pastoren häufig an hochdeutschen Universitäten studierten, breitete sich nicht nur in der Schrift, sondern auch auf den Kanzeln Norddeutschlands das Hochdeutsche aus. Das ging allerdings nicht ohne Konflikte ab. Pastoren aus Süd- und Mitteldeutschland, die im Norden amtieren sollten, wurden von den Gemeinden abgelehnt, die sich über ihre *frömbde sprake* beschwerten. In Braunschweig musste die 1539 erlassene hochdeutsche Kirchenordnung nach Protesten aus der Gemeinde ins Niederdeutsche übertragen werden. In einem Ort bei Husum setzte der Superintendent den Küster ab, weil der im Gottesdienst nur plattdeutsch sang. Heftig gerieten sich wegen des Hochdeutschen 1584 zwei Seelsorger im südniedersächsischen Northeim in die Haare: *Du bist ein grosser fürsten prediger gewesen, führest hohe Meissnische Sprache / bist freilich wol in Meissen nie gewesen sondern die Sprache ethwan aus einer Postille gefasset, hast einen auslendischen Dreck geschlocken, und gleichwohl einen hierländischen Arsch, kennstu deine Mutter nicht?* Noch 1750 wollte der Göttinger Theologe Johannes David Michaelis Niederdeutsch wieder als Kirchensprache einführen, weil die Landbevölkerung die Predigten nicht richtig verstehe.

Am Rückzug des Niederdeutschen änderte all das nichts. Schon Anfang des 18. Jahrhunderts galt ein Dorfpfarrer wie Jobst Sackmann (1646–1718), der in seiner Gemeinde in Limmer bei Hannover noch am Plattdeutschen festhielt, als Kuriosum auf der Kanzel. Ihn zu bestaunen reisten sogar die Städter aus Hannover an, die von Sackmann verachteten *Perückendreihers*. Dass der Pastor kein Blatt vor den Mund nahm, erfüllte alle Erwartungen an das sich bereits herausbildende Klischee vom Plattdeutschen als der Sprache ehrlicher Derbheit:

Ick hebb dan, wat de Apostel Paulus dä; he säggt: Melk hebb ick ju to drinken gäwen, as den lüttjen Kinnern; ich habe mit euch geredet nach eurer Schwachheit! Auch ich, euer Seelsorger, habe euch Milch zu trinken gegeben, un ik will et nich afstrieden, dat de Melk woll mitunner en bätken suer wesen is. Awerst ick heff et nich alleene mit lüttjen Kinners, – o nä, ich heff et ok mit Farkens und groten Swienen to don. Dat dat leewe Gotteswoort man in juen dicken vernägelten Düssel henin gahn schull, mut ick mit ju nah jue Dummheit spräken. Wenn ich mit euch Theologiam, Homileticam und Dogmaticam wissenschaftlich tractiret hätte, was wollet ihr verstanden haben?

Ich habe getan, was der Apostel Paulus tat; er sagt: Milch habe ich euch zu trinken gegeben, wie den kleinen Kindern; ich habe mit euch geredet nach eurer Schwachheit! Auch ich, euer Seelsorger, habe euch Milch zu trinken gegeben, und ich will nicht abstreiten, dass die Milch wohl mitunter ein bisschen sauer gewesen ist. Aber ich habe es nicht allein mit kleinen Kindern, – o nein, ich habe es auch mit Ferkeln und großen Schweinen zu tun. Damit das liebe Gotteswort auch in euren dicken vernagelten Schädel hinein geht, muss ich mit euch eurer Dummheit gemäß sprechen. Wenn ich mit euch Theologiam, Homileticam und Dogmaticam wissenschaftlich tractiret hätte, was wollet ihr verstanden haben?

Der Niedergang der Hanse

Der zweite entscheidende Faktor war der Ende des 16. Jahrhunderts einsetzende Niedergang der Hanse. Er zog die niederdeutsche Schriftsprache auch dort mit sich, wo sie mit den Geschäften der Kaufleute direkt nichts zu tun hatte, in den städtischen Verwaltungen, bei den Zünften, in der Literatur. Ohne den politischen und wirtschaftlichen Unterbau der Hanse hatte die niederdeutsche

Schriftsprache dem Prestige, das das meißnische Hochdeutsch als Sprache der Bildung genoss, nicht genug entgegenzusetzen.

Je mehr der Hanse-Stern verblasste, desto heller leuchtete der Nimbus des Hochdeutschen, das jetzt auch vielen Norddeutschen als kultivierter und feiner galt. Mittel- und oberdeutsche Wirtschaftszentren wie Leipzig, Augsburg und Nürnberg gewannen zunehmend an Bedeutung und trugen dazu bei, dass sich Adel und Bürgertum stärker am Süden orientierten. Hinzu kam, dass für Obrigkeiten und Gerichte das römische Recht immer mehr Bedeutung erhielt. Dessen Paragraphen aber gab es nur auf Latein und in hochdeutschen Übersetzungen. Wer an das Reichskammergericht in Wetzlar, die höchste juristische Autorität in Fragen des römischen Rechts, appellieren wollte, musste das in einer dieser beiden Sprachen tun. All dies führte dazu, dass die weltlichen und geistlichen Landesherren Norddeutschlands immer häufiger Schreiber und Beamte aus dem «Oberland» einstellten.

Flächendeckend verschwand die niederdeutsche Schriftsprache zunächst in Westfalen, Südniedersachsen und Brandenburg, den Regionen, in denen heute auch das gesprochene Niederdeutsch vor dem Aussterben steht. In Berlin stellten die Kanzleien 1504 komplett auf Hochdeutsch um – der Einfluss der süddeutschen Hohenzollern, die seit 1415 Kurfürsten von Brandenburg waren, wirkte sich aus. Im Berliner Stadtdialekt haben sich niederdeutsche Spuren – *Icke, et, dit, wat* – bis heute gehalten. Unter dem Einfluss mitteldeutscher Städte wie Halle, Erfurt, Leipzig verschwand auch im Raum um Dessau und Wittenberg das Niederdeutsche zunächst als Schreib-, dann auch als Sprechsprache.

In der zweiten Hälfte des 16. Jahrhunderts gingen schließlich auch die nördlichen Kernregionen der Hanse zur hochdeutschen Schriftsprache über. Die letzten Urkunden auf Platt wurden in den dreißiger Jahren des 17. Jahrhunderts geschrieben. Danach war das Niederdeutsche als Geschäfts- und Amtssprache tot. Als gesprochene Mundart existierte es weiter und hielt sich auch in den höheren Kreisen noch eine ganze Weile. Erst vom Ende des 18. Jahrhunderts an gingen Adlige und Großbürger dazu über, untereinander hochdeutsch zu sprechen. Im späten 19. Jahrhundert stieß der bürgerliche Mittelstand dazu. Nur im Verkehr mit Bauern, Handwerkern oder Dienstboten hielt man am Niederdeutschen fest. Platt wurde in vielen Regionen zur Sprache der Landbevölkerung und der städtischen Handwerker und Arbeiter. «Über die Unvollkommenheit der plattdeutschen Sprache und die zu wünschende gänzliche Verbannung dieser Mundart wenigstens aus den Cirkeln gebildet sein wollender Leute» hieß ein Buchtitel, der die Stimmung auf die gespreizte Formel brachte.

Der Weg zur Bildung führte nun auch in Norddeutschland nur noch über die hochdeutsche Standardsprache, die die plattdeutsch aufwachsenden Schulkinder mühsam erlernen mussten. Wie schwer sie sich damit taten, beschrieb 1855 ein Lehrer im Schleswig-Holsteinischen Schulblatt: *Der Kampf zwischen der Schriftsprache und der Mundart ist ein zu schwerer; nur wenige Schüler gehen daraus als Sieger hervor. Wie viel Procent der Schüler wohl? Sind's 10? Ich glaube nicht. Es ist traurig, daß nachdem Knaben 1/10 eines Menschenlebens auf der Schulbank gesessen, nicht einmal es so weit bringen, einen einfachen Brief schreiben zu können. Die Schriftsprache ist dem Volke ein fremdes Idiom (…).*

Der Gegensatz zwischen Mundart und Hochsprache war in allen Gegenden Deutschlands spürbar, aber im Norden mussten die Sprecher einen besonders breiten Graben überwinden. Da die Hochsprache hochdeutsch geprägt ist, ist ihr Abstand zum Niederdeutschen in der Lautung, der Grammatik und im Wortschatz größer als zu den hochdeutschen Dialekten. In Mittel- und Süddeutschland fiel es leichter, sich die Hochsprache zungengerecht «zurechtzubiegen», es entwickelten sich Zwischenformen und fließende Übergänge zwischen Dialekt und Hochsprache, die bis heute gesellschaftlich respektiert sind. Den Mischformen zwischen Hoch- und Niederdeutsch hingegen – das sogenannte «Missingsch» – haftete der Ruch des Komisch-Unbeholfenen an. In Kurt Tucholskys Worten: *Missingsch ist das, was herauskommt, wenn ein Plattdeutscher hochdeutsch sprechen will. Er krabbelt auf der glatt gebohnerten Treppe der deutschen Grammatik empor und rutscht alle Nasen lang wieder in sein geliebtes Platt zurück.*

«Soll die plattdeutsche Sprache gepflegt oder ausgerottet werden?», fragte der aus Altona bei Hamburg stammende Ludolf Wienbarg und lieferte die Antwort im Untertitel seiner Streitschrift gleich mit: «Gegen Ersteres und für Letzteres.» Wienbarg ging zwar nicht so weit, den eigenen Namen auszurotten und sich in «Weinberg» umzubenennen, aber er führte den Kampf gegen das «rückständige» Niederdeutsch mit leidenschaftlicher Überzeugung und in bester Absicht. Der Wortführer des «Jungen Deutschland», eines Bundes, dem auch Heinrich Heine und Ludwig Börne angehörten, sah im Niederdeutschen eine antiquierte Sprache, die dem Streben nach Demokratie und nationaler Einheit im Wege stand.

Was in Wienbargs Worten nachhallt, ist der Furor der Französischen Revolution mit ihrem Glaubenssatz: eine Nation, ein Staat, eine Sprache. «Föderalismus und Aberglaube sprechen Bretonisch», hatte der Wohlfahrtsausschuss im revolutionären Paris verkündet.

Fast 140 Jahre nach Wienbargs Tod ist die Sprachentwicklung seinen Zielen sehr nahe gekommen. Schon vor dem Ersten Weltkrieg schrieb der Wiener Sprachkritiker Fritz Mauthner: *Es ist ein romantischer Sinn im Menschen, die Toten zu ehren und auch von den Sterbenden nur Gutes zu sagen; es ist ein romantischer Zug der Einheitssprache, nach ihrem Siege den besiegten Mundarten schöne Grabsteine zu setzen. Und wer ein Ohr hat für die Volksseele, der wird bemerkt haben, dass wenigstens bei uns in Deutschland es die Gebildeten sind, die sich zumeist durch ihre Liebe zur Mundart auszeichnen, dass das Volk dagegen nach der hochdeutschen Sprache drängt. Bismarck spricht plattdeutsch mit seinem Förster; der Waldhüter spricht mit dem Fürsten gern hochdeutsch.*

Richtig schön falsch – Hochdeutsch wird «korrekt»

Zwischen 1600 und 1800, als das Niederdeutsche von der Hauptbühne der Sprachgeschichte verschwand, reifte das «meißnische» Hochdeutsch zur Standard- und Literatursprache heran. Die literarischen Werke der Weimarer Klassik und der Romantik spiegeln den Stand, der am Ende diese Phase erreicht wurde. Von dieser Sprachform zehrt auch noch unser heutiges Standarddeutsch, jedenfalls in seiner bildungsbürgerlichen Luxus-Ausgabe. Anders als das Deutsch des Barock oder gar des Mittelalters klingt uns die Sprache der «Wahlverwandtschaften», des «Don Karlos» oder des

«Taugenichts» trotz mancher inzwischen aus dem Gebrauch gekommener Ausdrücke immer noch vertraut.

Der Boden für dieses Deutsch wurde in den Epochen des Barock und der Aufklärung bereitet. Es war die große Zeit der sprachlichen Normierung und Regulierung. Die Unterscheidung von ‹richtig› und ‹falsch›, ‹gut› und ‹schlecht› hielt Einzug in das Sprachbewusstsein des gebildeten Bürgertums. Es reichte nicht mehr, einfach zu reden, wie einem der Schnabel gewachsen war. Sprache wurde in den Augen vieler Menschen jetzt zu einer regelgeleiteten Kunstfertigkeit, die zu beherrschen man lernen musste. Die provisorischen, hausgemachten Normen der Kanzleien, Kontore und Druckereien genügten nicht mehr. *Wer wil mir auch sagen / wo die rechte Ausrede* (Aussprache) */ oder die reine hochdeutsche Sprache zu finden sey?* fragte Andreas Tscherning, Professor der Poetik in Rostock, 1659 in seinem Buch: «Unvorgreiffliches Bedenken über einige Mißbräuche in der deutschen Schreib- und Sprachkunst». Diese Frage trieb viele um: Im Laufe der Jahre erschienen Hunderte von Grammatiken und Sprachbüchern, die ihren Lesern versprachen, sie das wirkliche Hochdeutsch zu lehren.

Solange eine Sprache nur den alltäglichen Bedürfnissen in der eigenen überschaubaren Lebenswelt dient, braucht sie keine Regeln, jedenfalls keine, die in Lehrbüchern stehen. Jede Sprache hat bereits «eingebaute» Regeln, die aus einem Fluss von Lauten überhaupt erst eine Sprache machen. Diesen «Regeln» folgen wir ganz unbewusst, wir eignen sie uns schon als kleine Kinder an, indem wir Schritt für Schritt in unsere Muttersprache hineinwachsen. Kinder, die in die Grundschule kommen, beherrschen bereits die grammatischen Grundlagen der Umgangssprache, ohne extra unterrichtet oder mit dem Regelwerk einer Grammatik behelligt worden zu sein.

Sind Regeln und Normen also überflüssig? Wurde der Grammatikunterricht nur erfunden, damit die Schüler später die Leiden der Welt besser ertragen können, wie Wladimir Iljitsch Lenin in einem seltenen Anflug von Humor sagte? Das kommt auf die Ansprüche an: Normen werden dann notwendig, wenn eine Sprachgemeinschaft – oder ihre Bildungselite – eine Hochsprache etablieren will. Eben das war in Deutschland der Fall.

Hier formierte sich seit Beginn des 17. Jahrhunderts eine sprach-bewusste, kulturpatriotische Bildungsschicht, der in erster Linie aufstrebende Bürger, in kleinerer Zahl auch Adlige angehörten. Von der Schaffung einer deutschen Bildungs- und Literatursprache er-hofften sie sich die Verbesserung der überregionalen Kommunika-tion und einen muttersprachlichen Zugang zu Kultur und Wissen-schaft, der bislang durch die Barrieren von Latein und Französisch erschwert war. Mindestens ebenso wichtig waren politische Motive. Vor dem Hintergrund von Kleinstaaterei, Glaubensspaltung und 30-jährigem Krieg war die Sprache die einzige Ressource nationaler Identität. Unter dem Eindruck der Brutalitäten und Verheerungen des Krieges gab der schwäbische Arzt und Astrologe Christoph Schorer dieser Stimmung Ausdruck: *Die arme Teutsche / welche ohne das bey nahe ihre grosse Freyheiten / Haab und Güter ver-lohren / achten nicht hoch / auch ihre herrliche Sprach zu verlieren.*

Nicht zuletzt ging es darum, die Gleichwertigkeit des Deutschen mit den anderen europäischen Sprachen unter Beweis zu stellen. Wie es um dessen Ansehen im Ausland bestellt war, beschrieb der Grammatiker Justus Schottel:

Etliche Ausländer halten die Deutschen in ihren Schriften
(was jhre Sprache betrifft) für grobe brummende Leute / die
mit röstigen Worten daher grummen / und mit harten Geleute
von sich knarren: ja schreiben etzliche öffentlich / die Teutsche
Sprache hette nur ein tausent Wörter in sich / derer acht hundert
von Griechen / Hebreern und Lateinern erbettelt / und unge-
fehr zwey hundert grobe Teutsche Wörter daselbst verhanden
weren / und helt man diese Hauptsprache / als die nicht könne
verstanden / noch von anderen recht erlernet / oder einige
Lieblichkeit darin aufgebracht werden.

Bei ihrem Versuch, das Deutsche zu einer Hochsprache auszu-bauen, hatten es die Sprachkultivierer mit zwei «Fronten» zu tun: Zum einen mussten sie die künftige Hochsprache gegenüber den immer noch starken Mundarten durchsetzen. Zum anderen traten sie in Konkurrenz zu Latein und Französisch, zwei Kultur- und Oberschichtsprachen, die in Deutschland die Schlüsselfelder der

Wissenschaft und Bildung, der Politik, der Rechtsprechung und der anspruchsvollen Konversation besetzten.

Skandal im Hörsaal – Deutsch contra Latein

Latein war neben Deutsch die offizielle Sprache des Reiches. Kaiser, Reichstag und Reichskammergericht, aber auch ausländische Gesandte durften sich nur dieser beiden Sprachen bedienen. Erst Kaiser Joseph II., der Sohn Maria Theresias, setzte dieses Reichssprachenrecht offiziell außer Kraft und erklärte 1784 für sein habsburgisches Herrschaftsgebiet Deutsch zur alleinigen Amtssprache. Auch in den nichtdeutschen Gebieten des Habsburgerreichs mussten Beamte nun entsprechende Sprachkenntnisse nachweisen. Josephs Motive waren nicht nationalistisch, sie kamen aus dem Geist der Aufklärung, wonach eine moderne, rational aufgebaute Verwaltung zentralistisch und einsprachig zu sein hatte. Freilich, angesichts der Sprachenkonflikte, die bald darauf die Monarchie erschüttern sollten, wäre es vielleicht klüger gewesen, Latein im Amt zu belassen.

Für die deutsche Sprachentwicklung wichtiger war, dass Latein seit altersher als Sprache der Wissenschaft diente. Das galt zwar für viele europäische Länder, aber im deutschen Sprachraum hielten die Gelehrten länger daran fest als ihre Kollegen in Italien, Frankreich oder England, die bereits im 16. und 17. Jahrhundert zu ihren Volkssprachen überwechselten. Erst an der Wende zum 18. Jahrhundert begann auch Deutsch sich als akademische Publikationssprache langsam durchzusetzen. Dissertationen erschienen aber noch bis in das 19. Jahrhundert auf Latein, und die Professoren hielten in ihren Vorlesungen ebenfalls noch lange daran fest. Der Übergang zu Deutsch gestaltete sich langsam und schwierig. Viele Gelehrte gingen, wenn sie denn auf Latein verzichteten, zu Französisch über, das sich nicht nur als Sprache der höfischen Kultur, sondern seit dem 18. Jahrhundert auch als Idiom aufgeklärter Wissenschaft empfahl.

Die Kulturpatrioten verfolgten also ein ehrgeiziges Ziel, wenn sie Deutsch zu einer gleichwertigen Wissenschafts- und Bildungssprache veredeln wollten. Hinter ihrem Projekt steckte nicht nur die Idee eines sprachlichen, sondern auch eines intellektuellen Entwicklungsprogramms. Die Gelehrten mit ihrem Latein und ihrer Verachtung der Volkssprache würden die *Unstudierten, den größten und edelsten Theil eines Volkes* im Dunkel der Unwissenheit lassen, wetterte Johann Christoph Gottsched, einer der wirkungsmächtigsten Sprachkultivierer der frühen Aufklärung. Eine künftige deutsche Wissenschaftssprache sollte denen, die keine Fremdsprachen beherrschten, nicht nur Zugang zu Kultur und Wissenschaft verschaffen, sondern auch ihre kognitiven Fähigkeiten erweitern. Dem lag die Überzeugung zugrunde, dass die Sprache nicht nur dem Ausdruck von Gedanken, sondern dem Denken selbst dient. Wissenschaftliche Terminologien auf Deutsch würden also nicht nur die Sprache bereichern, sondern als fein geschliffene Denkwerkzeuge auch die geistigen Fähigkeiten derer erweitern, die kein Latein beherrschten. Der hannoversche Mathematiker, Philosoph und Historiker Gottfried Wilhelm Leibniz betrachtete die Wörter einer Sprache *als Vorbilde und gleichsam als Wechsel-Zeddel des Verstandes.* Leibniz veröffentlichte seine eigenen Arbeiten zwar meistens auf Latein oder Französisch, war von der grundsätzlichen Tauglichkeit des Deutschen für die Wissenschaft aber überzeugt. In seiner «Ermahnung an die Teutsche, ihren Verstand und Sprache beßer zu üben» (1679) skizzierte er eine zukünftige deutsche Wissenschaftssprache, die es allen erlauben würde, scharfsinniger zu denken, reifer zu urteilen und nuancierter zu empfinden. Erst dann könnten die Deutschen zu den Angehörigen anderer Nationen aufschließen, *deren wohl ausgeübte Muttersprache wie ein rein polirtes glas gleichsam die scharffsichtigkeit des gemüths befördert und dem Verstand eine durchleuchtende clarheit giebt.*

Während Leibniz der Vordenker der deutschen Wissenschaftssprache war, schritt der temperamentvolle Rechtsphilosoph Christian Thomasius (1655–1728) zur Tat. Eines Tages im Jahr 1687 heftete er an das Schwarze Brett der Juristenfakultät der Leipziger Universität einen Aushang, in dem er eine Vorlesung über die Moralphilosophie des spanischen Jesuiten Balthasar Gracián ankündigte. Der Eklat war gewaltig, denn die Vorlesung sollte – horribile dictu – in deutscher Sprache stattfinden:

Christian Thomas / eröffnet / Der Studirenden Jugend / zu Leipzig / in einem Discours / Welcher Gestalt man denen Frantzosen in gemeinem Leben und Wandel nachahmen solle? / ein COLLEGIUM über des GRATIANS Grund Reguln / Vernünftig klug und artig zu leben.

Thomas – er hatte in seiner Ankündigung sogar auf die lateinische Endung seines Namens verzichtet – berief sich in seinem Vorstoß für die deutsche Sprache und gegen das verzopfte Gelehrtenlatein auf das Vorbild der Franzosen, weil sie für Fortschritt und Weltläufigkeit standen und die Wissenschaft zunehmend in ihrer Muttersprache betrieben. Passend dazu hatte er für seine Vorlesung ein Thema der praktischen Lebensführung ausgewählt. Als überzeugter Aufklärer und Feind der theologisch dominierten Scholastik unterstrich Thomasius seine fortschrittliche Gesinnung noch, indem er den traditionellen Talar ablegte und den Katheder stattdessen im modischen Aufzug eines Cavaliers bestieg. Zwar hatte es auch in der Vergangenheit schon vereinzelte Vorlesungen auf Deutsch gegeben, doch waren sie wirkungs- und folgenlos geblieben. Thomasius hingegen, der auch «Frauenzimmer» erreichen wollte, weil sie nicht so lateinverbildet wie die Männer seien, verursachte mit seinen Auftritten einen nachhaltigen Skandal: War es sowieso schon ein Verstoß gegen die Zunftregeln, an einer deutschen Universität auf Deutsch zu lehren, so galt dies im konservativsten aller Fächer, der Jurisprudenz, als offene Provokation. Vor der scheute Thomasius auch sonst nicht zurück. So leitete er die Rechtmäßigkeit der Bigamie aus dem Naturrecht her und engagierte sich gegen Folter und Hexenwahn, was auch im Zeitalter der Aufklärung noch keine Selbstverständlichkeit war. In seinen «Monatsgesprächen», der ersten populärwissenschaftlichen Zeitschrift auf Deutsch, stellte er nicht nur Bücher und Forschungen aus unterschiedlichsten Fachgebieten vor, sondern deckte auch seine Gegner mit scharfen Satiren und derben Polemiken ein.

Die verleideten ihm im Gegenzug den Aufenthalt in Leipzig so sehr, dass er 1690 ins preußische Halle übersiedelte. Dort beteiligte er sich am Aufbau einer neuen Universität, an der er dann auch lehrte – wiederum auf Deutsch und wieder mit überwältigendem

Erfolg. Thomasius begeisterte seine Studenten auch deshalb, weil er frei vortrug, statt am Blatt zu kleben, dialogische Unterrichtsformen einführte und Übungen im praktischen Gebrauch des Deutschen veranstaltete. Der Ex-Leipziger lockte so viele Studenten nach Halle, dass Leipzig dem Konkurrenzdruck nachgab und 1711 ebenfalls Deutsch als Vorlesungssprache zuließ.

Zu denen, die sich von Thomasius dazu anregen ließen, auf Deutsch zu lehren, gehörte der Mathematiker und rationalistische Aufklärungsphilosoph Christian Wolff (1679–1754), einer der einflussreichsten Denker in der Ära vor Immanuel Kant. Wolff hegte schon lange den Verdacht, dass viele Studenten gar nicht genug Latein konnten, um einer anspruchsvolleren Argumentation wirklich zu folgen. Außerdem hoffte er, mit deutschen Büchern auch gebildete Laien zu erreichen. Während Thomasius vor allem durch seinen mündlichen Vortragsstil überzeugte, wirkte Wolff durch sein schriftliches Wissenschaftsdeutsch. Bei seinen Verdeutschungen versuchte er nicht – wie die Mönche des Mittelalters – lateinische Termini Stück für Stück zu übersetzen. Vielmehr bediente er sich beim alltagssprachlichen Wortschatz und bei alten Fachsprachen, deren Wörter er wiederbelebte, umdefinierte und für Neubildungen nutzte.

Wolff prägte einen Begriffsapparat, der sich in erster Linie an der Philosophie und Mathematik orientierte, aber auch für andere Wissenschaften ein Basisvokabular bereitstellte: Dazu gehören so grundlegende Begriffe wie der *Begriff* selbst *(notio, idea)*, *Gattung (genus)* und *Art (species)*. In die Mathematik und Physik führte Wolff *Bruch, Nenner, Schwerpunkt, Brennpunkt, Abstand* ein. Den wissenschaftlichen Diskurs stattete er mit Verben der Argumentation aus, die er der Alltagssprache oder der altdeutschen Rechtssprache entnahm und mit spezifisch akademischen Bedeutungen versah *(einräumen, behaupten, mutmaßen, widerlegen, verwerfen, feststellen)*.

Salon-Französisch und Gassen-Deutsch

Was Latein für die Gelehrten, war Französisch für den Adel. Frankreich lieferte das Vorbild, die Luxusgüter und die Sprache für den Pomp der Hofkultur. Mit Französisch demonstrierten die deutschen Territorialfürsten aber auch ihre Unabhängigkeit und Modernität gegenüber der heilig-römisch-deutschen Reichsgewalt mit ihren altfränkischen Regularien auf Latein und Deutsch. Französisch galt in adligen Kreisen als die einzige ernstzunehmende Sprache. Die deutsche Hochsprache beherrschten Könige und Fürsten dagegen kaum. Mussten sie für ihre Amtsgeschäfte schriftlich in ihr verkehren, bedienten sie sich ihrer Kammerdiener und Sekretäre, die ihnen die offiziellen Briefe, Vertragstexte oder Erlasse in korrekter Form verfassten. Die eigenhändigen Aufzeichnungen vieler Adliger zeigen dagegen ein unbekümmertes, dialektal gefärbtes Umgangsdeutsch, das sie ihren bediensteten Schreibern niemals hätten durchgehen lassen. Herzog August der Starke, dessen Dresdner Kanzlei zu den Hochburgen der Hochsprache zählte, schrieb um 1690 über seinen älteren Bruder, sie hätten *stehten krieg miet einander...er wahr von natur und glietmaßen schwag von gemiette zornig und melanquollich.* Sich selbst sah August als jemanden *der wenig achtete und in seiner jugen schon ... zeigte das er von leibe gliederen und constitution stark wehren wierde von gemiette giettig freigebig nichts andres als was ein ehr libbende sehl anstendig tuhn sol.* Einer geheimen Denkschrift über politische Maßnahmen nach dem Aussterben der Habsburger gab August die Überschrift: *Project ins fahl das Haus Estraich absterben sohltes*

Ähnlich verhielt es sich am preußischen Hof. Der «Soldatenkönig» Friedrich Wilhelm I. schrieb ein mit französischen Brocken durchsetztes, berlinerndes Deutsch. Bei den Personalpronomen musste der Akkusativ oft dem Dativ *(mir, dir, ihm)* weichen, dafür marschierten die Substantive vom Dativ zum Akkusativ *(nach meinen toht, mit meine gesundheit, mit den semtlichen adell, bei die andehre Ettats)* und der Plural bekam ein Einheits -s verpasst *(die Kerels).* Sein Sohn Friedrich II. las zwar die deutsch geschriebenen Verwaltungsakten und erteilte seinen Untergebenen in dieser Sprache auch seine knappen, meist barschen Anweisungen, ansonsten aber dachte, redete und schrieb er fast nur Französisch. Äußerte er sich in persönlichen Angelegenheiten auf Deutsch, dann in Berlinischer Umgangssprache, wie in den anrührenden Briefen an seinen kranken ehemaligen Kammerdiener Fredersdorf:

> *ich bitte dihr recht sehr, nehme dihr doch gegen dene Schlime Zeiten recht in acht! ich wolte Dihr Sehr ungern verlihren! und haben Wihr erst die 2 Schlimme Mohnahte vorbei, so hat es guhte wegen. wenn morgen guht übergehet, So lege Dihr nuhr auf guhten apetit und Suche Dich mit Essen und Schlafen So vihl zu erholen, wie Möchlich. man Saget, Deine Camer, wihr Du nuhn bist, ist auch Wärmer wie die vohrichte; allso hüte Dihr ja vor aller verkältung, auf daß wihr das Solistitium überstehen.*

Was sich in dieser Schreibweise ausdrückt, ist die nonchalante Geringschätzung einer Sprache, von der Friedrichs Gast Voltaire sagte, man brauche sie nur für Soldaten, Pferde und die Gasse. Dass jemand wie der Preußenkönig so völlig im Französischen aufging, lag daran, dass es im 18. Jahrhundert nicht mehr nur die Sprache der absolutistischen Herrschaft war, sondern nun auch als Idiom der Aufklärung und des geistvollen Raisonnierens zusätzliche Strahlkraft entfaltete. Dem Deutschen, das sich als Wissenschaftssprache gegenüber dem Latein langsam zu behaupten begann, erwuchs dadurch gleich wieder ein neuer Konkurrent. Die Preußische Akademie der Wissenschaften, im Jahr 1700 gegründet nach Plänen von Gottfried Wilhelm Leibniz, sollte sich eigentlich der Pflege der deutschen Sprache widmen. Doch die Akademiesprache war zunächst Latein und wurde 1744 auf Anordnung Friedrichs des Großen auf Französisch umgestellt. Dabei blieb es bis 1812. Noch 1784, als es längst eine literaturfähige deutsche Hochsprache gab, verlieh die Preußische Akademie ihren Preis an Antoine de Rivarol, der das Französische zur universellen Sprache des intellektuellen Verkehrs erklärte. Während Latein eine Gelehrtensprache blieb, avancierte Französisch zum Medium der höheren Bildung und weltläufigen Konversation. Es eignete sich dadurch hervorragend, die unteren Klassen auf Distanz zu halten. Die Folgen dieser Sprachspaltung beschreibt Johann Gottfried Herder:

> *Wenn sich nun, wie offenbar ist, durch diese thörichte Gallico-manie in Deutschland seit einem Jahrhunderte her ganze Stände und Volksclassen voneinander getrennt haben; mit wem man Deutsch sprach, der war Domestique (nur mit denen vom glei-chen Stande sprach man Französisch und forderte von ihnen diesen jargon als Zeichen des Eintritts in die Gesellschaft von guter Erziehung, als ein Standes-, Ranges- und Ehrenzeichen); zur Dienerschaft sprach man wie man zu Knechten und Mägden sprechen muß, ein Knecht- und Mägdendeutsch, weil man ein edleres und besseres Deutsch nicht verstand und über sie in dieser Denkart dachte.*

Das Projekt einer deutschen Hochsprache war patriotisch, weil es die eigene Sprache zum Symbol kultureller und politischer Identität formen wollte, es war emanzipatorisch, weil es Sprachbarrieren be-seitigte, die bis dahin den Weg zu Bildung und Wissenschaft ver-sperrten und es war zugleich elitär, weil nun die deutsche Sprache selbst zum Feld sozialer Unterscheidungen wurde. Denn wenn das Hoch-Deutsch, das die Kulturpatrioten im Sinn hatten, gegen die übermächtige Konkurrenz des Lateinischen und Französischen be-stehen sollte, musste es selbst Exklusivität bieten. Dafür brauchte es nicht nur einen entsprechend ausgebauten Wortschatz, sondern auch Normen, die aus den vielen regionalen und sozialen Sprach-varianten selektieren, was einer Hochsprache würdig sein und was als falsch, unschön, vulgär, provinziell, unlogisch gelten sollte. In-dem man Kategorien wie richtig und falsch, schön oder hässlich auch für das Deutsche definierte, signalisierte man, dass Qualitäts-maßstäbe auch für diese Sprache galten. Erst die Normierung machte Deutsch zu einer vollwertigen Kultur- und Hochsprache. Was dabei entstand, war nun nicht mehr wie die Umgangssprache ein natürliches Medium, in das man als Kind einfach hineinwächst, sondern ein anspruchsvolles Instrument, das zu bedienen man lernen musste. So wie man ein Klavier virtuos oder stümperhaft spielen kann, so kann man die Hochsprache elegant oder holprig, korrekt oder fehlerhaft handhaben.

Die Grammatiker bringen Deutsch zur Sprache

Die – im doppelten Sinne – Wortführer dieser Entwicklung waren Gelehrte und Dichter, die unter dem Sammelbegriff «Grammatiker» firmierten. Sie beschränkten sich freilich nicht auf Grammatik im engeren Sinne, sondern beschäftigten sich ebenso mit der Orthographie, dem Wortschatz und der Aussprache, mit Rhetorik und Metrik. Diese «Poetae doctae» – Dichter-Gelehrte mit Magistergrad oder Doktorhut – waren keine verstaubten Wortklauber. Viele von ihnen standen als Lehrer, Rektoren, führende Verwaltungsbeamte oder Professoren in fürstlichen Diensten. Ihr Wort galt etwas in der akademischen und manchmal auch in der politischen Welt. Sie waren Germanisten der ersten Stunde, auch wenn dieses Universitätsfach erst im 19. Jahrhundert entstand. Während sich heutige Germanisten aber auf eine möglichst neutrale Beschreibung von Sprachstrukturen beschränken – wie ein Chemiker, der eine Substanz analysiert – und Wertungen wie «gutes» oder «schlechtes Deutsch» scheuen, bildeten genau solche Werturteile das Kerngeschäft der Grammatiker. Eine rein deskriptive Haltung, wie sie heute als Wahrzeichen sprachwissenschaftlicher Objektivität gilt, wäre ihnen abwegig erschienen, ebenso wie die heute übliche Trennung zwischen der Sprach- und der Literaturwissenschaft. Sie waren Sprachwissenschaftler und Sprachkritiker, Dichter und Literaturtheoretiker in einem. Akademische Zurückhaltung und politische Korrektheit lagen ihnen fern: Was nicht ihren Kriterien von gutem Deutsch entsprach, fertigten sie als «unsägliche Pöbelsprache» oder «närrisches Gestotter» ab.

An welchen Maßstäben sollte sich nun die deutsche Hochsprache orientieren? Diese Frage teilte die Grammatiker in drei Lager, die man die «Oberdeutschen», die «Meißner» und die «Überregionalisten» nennen kann. Die «Oberdeutschen» favorisierten eine Schriftsprache in der habsburgischen Kanzleitradition mit ihren vielen bairischen Spezialitäten. Doch wie wir schon gesehen haben, schafften sie es nicht, einen nachhaltigen Einfluss auf die Standardisierung des Deutschen zu nehmen (vgl. S. 85 f.) Bestimmend für die Entwicklung zum heutigen Hochdeutsch wurden die beiden anderen Lager: Für die «Meißner», die häufig selbst aus dem östlichen Mitteldeutschland kamen, war Sachsen die sprachliche Musterregion für ganz Deutschland. Der Dichter und Grammatiker Philipp von Zesen sprach ihnen aus dem Herzen, wenn er 1649 das Meißnische, *im mitteltüpfel des gantzen hochteutschlandes gelegen* als die *allerlihblichst' und reineste sprache, das zierlichste Hochdeutsch* rühmte. Zesen stellte Sachsen sogar auf eine Stufe mit dem antiken Athen: So wie das Attische zur Sprache ganz Griechenlands wurde, so sollte das Meißnische zum Leitstern der deutschen Hochsprache werden. Welchen Anspruch die «Meißner» bis weit in das 18. Jahrhundert vor sich her trugen, zeigt sich noch an der Ironie, mit der Schiller und Goethe sich über «die Elbe» als meißnische Sprachmeisterin mokieren: *Alle ihr andern, ihr sprecht nur ein Kauderwelsch / unter den Flüssen Deutschlands rede nur ich, und auch in Meißen nur, deutsch.*

Die Überregionalisten verwahrten sich gegen die sächsische Anmaßung. Der Anspruch der Meißner, in sprachlichen Dingen *Richter und schlichter zu seyn* sei *lächerlich*, fand der niedersächsische Grammatiker Justus Georg Schottel, denn

die Hochteutsche Sprache ... ist nicht ein Dialectus eigentlich, sondern Lingua ipsa Germanica, sicut viri docti, sapientes et periti cum tandem receperunt et usurpant ... Omnibus dialectis aliquid vitiosi inest.

Die hochdeutsche Sprache ist kein Dialekt, sondern die deutsche Sprache im eigentlichen Sinne, so wie Gebildete und Gelehrte sie erfasst haben und verwenden... Alle Dialekte hingegen haben etwas Übles an sich.

Die Überregionalisten bevorzugten keine bestimmte Sprachlandschaft, sondern betrachteten die Hochsprache als ein gesamtdeutsches Destillat, gewonnen aus dem vorbildlichen Sprachgebrauch der «besten» Schriftsteller und Wissenschaftler. Kaspar von Stieler,

der erste deutsche Publizistikprofessor, schrieb in seinem 1691 erschienenen Wörterbuch «Der Teutschen Sprache Stammbaum und
Fortwachs»:

*Ich sage Hochteutsch, dieweil die andere teutsche Mundarten,
sie seyen Niderländisch, Sächsisch, Schweizerisch, Oesterreichisch,
Schwäbisch, Fränkisch, ja sogar Meißnisch, diese hochteutsche
Sprache ... nicht ist.* Auch für den Stettiner Grammatiker Johann
Bödiker (1690) war *die hochteutsche Sprache keine Mundart eines
einigen volks oder einer Nation der Teutschen, sondern aus allen
durch Fleis der Gelehrten zu solcher Zierde erwachsen.* Viele
Überregionalisten kamen bezeichnenderweise aus Norddeutschland. Ihre Muttersprache war Plattdeutsch, aber als Gelehrte bedienten sie sich einer hochdeutsch geprägten Schriftsprache, die
sie in der Schule fast wie eine Fremdsprache gelernt hatten. Dialektale Loyalitäten gegenüber der einen oder anderen Region
empfanden sie nicht. Stattdessen hatten sie einen durch Distanz
geschärften Blick für Fehler und Unregelmäßigkeiten aller Art, von
denen sie das «Hochdeutsche», so wie sie es auffassten, befreien
wollten.

Die Heftigkeit, mit der der Streit um das «Meißnische» mehr als
zwei Jahrhunderte lang ausgetragen wurde, erscheint im Rückblick
befremdlich. In der Sache lagen beide Fraktionen nämlich gar nicht
weit auseinander. Denn was die Meißen-Freunde unter «Meißnisch»
verstanden, war nicht die gesprochene obersächsische Mundart,
sondern die ostmitteldeutsche Schriftsprache, die sich unter anderem auf der Basis der Lutherbibel und der wettinischen Kanzleisprache herausgebildet hatte. An dieser Schriftsprache orientierten
sich die meisten Überregionalisten ebenfalls. Für beide Fraktionen
stand fest, dass auch die gesprochene Sprache sich nach dieser
Schriftsprache zu richten habe. Wenn die Meißner die Sprechsprache Sachsens lobten, dann meinten sie die buchstabengetreue Leseaussprache der *höflichen Leute in Meißen*, die *aus guten büchern
eine zierliche sprache* gelernt hatten. So mancher von denen schoss
bei dem Ziel, gebildet zu klingen, allerdings über das Ziel hinaus:
Um nur ja jeden Verdacht, zu sächseln, wobei die harten Konsonanten der Hochsprache oft weich gesprochen werden, zu vermeiden,
machten die Adepten des gehobenen Deutsch den *Garten* zum

Karten und die *Gunst* zur *Kunst*, sprachen *begrenzen* wie *bekrän-*
zen und *glauben* wie *klauben* aus.

Letztlich drehte sich der Streit zwischen den Meißnern und
den Überregionalisten weniger um die sprachliche Form als um
die Frage, wer das Urheberrecht auf das werdende Hochdeutsch
beanspruchen durfte. Hätte es in Sachsen damals schon eine Lan-
deswerbung gegeben, hätte ihr Motto gelautet: «Sprechen können
alle. Wir können Hochdeutsch.» Diese Haltung empfand man in
anderen deutschen Regionen, die ebenfalls ihren Beitrag zum Entstehen der gemeinsamen Hochsprache geleistet hatten, als Arro-
ganz.

Der Jacob Grimm des Barock: Justus Georg Schottel

Viele Sprach-Werker zimmerten zwischen 1600 und 1800 das Regel-
Gerüst der deutschen Hochsprache. Drei von ihnen haben durch
ihre Leistung und ihre Persönlichkeit die Entwicklung besonders
geprägt. Ein Blick auf ihr Leben ist zugleich ein Blick in die Werk-
stätten, in denen unser heutiges Hochdeutsch geformt, geschliffen
und poliert wurde.

Wir beginnen im südhannoverschen Städtchen Einbeck, das
heutzutage vor allem durch sein süffiges Bockbier bekannt ist.
Nur wenige wissen hingegen, dass hier der bedeutendste Sprachgelehrte des Barock das Licht der Welt erblickte. Der Pastorensohn
Justus Georg Schottel (1612–1676), aufgewachsen in bescheidenen
Verhältnissen, brachte es vom Krämerlehrling zum Prinzenerzieher
und Juristen am Hofe des Herzogs von Braunschweig-Lüneburg.
Schottel betätigte sich als Lyriker, er schrieb Schauspiele – zu einem
komponierte Heinrich Schütz die Musik – und verfasste juristische
und philosophische Abhandlungen. Doch all das trat hinter der
Bedeutung seiner sprachtheoretischen Arbeiten zurück, die ihm
später den Ruf eines «Jacob Grimm des 17. Jahrhunderts» eintru-
gen. 1641 erschien sein erstes grammatisches Werk, die dreibändige
«Teutsche Sprachkunst»: *Darinn die Allerwortreichste / Praech-*
tigste / reinlichste / vollkommene / Uralthe Hauptsprache der Teut-
schen auß ihren Gruenden erhoben / dero Eigenschafften und

Kunststuecke voelliglich entdeckt / und also in eine richtige Form zum ersten mahle gebracht worden.

Schottel schuf damit zum ersten Mal ein Regelwerk, das von der Wortbildung über die Flexion und den Satzbau bis zur Orthographie alle Bereiche des Deutschen systematisch erfasste und mit einer Fülle von Beispielen illustrierte. Die Regeln und Kategorien leitete er aus dem Deutschen selbst her, statt ihm – wie sonst üblich – das Raster der Lateingrammatik überzustülpen. Unermüdlich baute Schottelius, wie er sich nach latinisierender Humanistenmode nannte, in den folgenden Jahren sein Lehrgebäude weiter aus. 1663 erschien sein Opus Magnum, die 1500 Seiten umfassende «Ausführliche Arbeit von der Teutschen HaubtSprache».

Das «eigentliche Deutsch» war für Schottel eine logisch geregelte Hoch- oder «Haubtsprache», die unter dem Schutt der Dialekte und Umgangssprachen verborgen lag. Zu ihr musste man sich vorarbeiten: *Unsere Teutsche Sprache wird nicht schlumpsweise aus dem gemeinen Winde erschnappet, sondern durch viel Fleiß und Arbeit erlernet.* Nur durch sorgfältige Analyse ließ sich das System der Hochsprache mit seinen Regeln für korrektes Deutsch freilegen. Noch existierte dieses Hochdeutsch vor allem als Ideal, als «ein goldener Becher», aus dem statt edlen Weins bislang nur Bier getrunken wurde. Doch in Ansätzen fand man es bereits in den besten Texten der Dichter und Gelehrten. Schottel beschränkte sich bei seinen mustergültigen Sprachbeispielen nicht auf ostmitteldeutsche und norddeutsche Autoren, sondern zog auch oberdeutsche heran, wenn sie seinen Kriterien entsprachen. Dadurch fand sein Werk auch in den katholischen Gebieten Anerkennung

Für die Dialekte hatte er nur Verachtung übrig. Er glaubte, dass es in alten Zeiten einmal eine einheitliche und reine deutsche Hochsprache gegeben habe, die durch nachlässigen Gebrauch heruntergekommen sei. In den Mundarten sah er die Verfallsprodukte dieser Entwicklung, grammatisch regellose Pöbelidiome. Deren *sich auf unsägliche Weise anfindende Ungewisheit und Enderung* wissenschaftlich zu untersuchen, empfand er als *närrisch* und *gantz unnötig*. Diese Sprachideologie stellt zwar das historische Verhältnis zwischen Hochsprache und Dialekten auf den Kopf. Doch viele Vordenker der deutschen Einheitssprache teilten Schottels Verachtung der Mundarten. Martin Opitz, einer der bedeutendsten Dichter des Barock, bemerkte: *Damit wir aber reine reden mögen, sollen wir vns befleissen deme welches wir Hochdeutsch nennen besten vermögens nach zue kommen, vnd nicht derer örter Sprache, wo falsch geredet wird, in vnsere schrifften vermischen.* Eineinhalb Jahrhunderte später findet sich diese Einstellung sogar bei einem erklärten Freund lebendiger Volkssprache wie Johann Gottfried Herder. Anlässlich einer Schulfeier in Weimar erklärte er 1796 das Thüringische zum *Dialekt bloßer Thierlaute* und rief die Schüler auf, *das Bellen und Belfern, das Gackeln und Krächzen* abzulegen *und statt der Thier- die Menschensprache* zu reden. Beim Kampf um eine deutsche Einheitssprache gab es in im Denken vieler Sprachkultivierer kein Miteinander, sondern nur ein Entweder-Oder.

Was Schottel und die anderen Grammatiker der Barockzeit vorbereiteten, kam im 18. Jahrhundert zu einem vorläufigen Abschluss: die Ausarbeitung von Normen für eine deutsche Hochsprache, die im Bildungsbürgertum aller Regionen Anerkennung fanden. Zwei «Sprachpäpste» haben in dieser Zeit der Entwicklung stärker als alle anderen ihren Stempel aufgedrückt: Johann Christoph Gottsched und Johann Christoph Adelung.

Der hochdeutsche Polterer: Johann Christoph Gottsched

Als «Diktator», «hochfahrenden Grobian», «Pedanten» und «Allongeperücke» beschimpften ihn seine Gegner. Aber da war sein Stern schon im Sinken. Auf dem Höhepunkt seines Wirkens, in den dreißiger und vierziger Jahren des 18. Jahrhunderts, war Gottsched (1700–1766) die große Sprach- und Literaturautorität der deutschen Frühaufklärung. Er dekretierte, was gute Poesie war, wie man richtiges Hochdeutsch schrieb und sprach und welchen Regeln Theaterstücke zu gehorchen hatten. Fast hätte die Gelehrtenkarriere des gebürtigen Ostpreußen allerdings schon in seinen Studententagen ein jähes Ende gefunden. Schuld war seine hünenhafte Statur, die genau den Maßen entsprach, die sich der preußische «Soldatenkönig» Friedrich Wilhelm I. für seine Gardetruppe der «langen

Kerls» wünschte. Die Werber, die nicht zimperlich beim Rekrutieren ihres «Menschenmaterials» waren, kamen 1724 auch nach Königsberg, wo Gottsched studierte. Der zuständige Offizier versuchte, die Studenten zu überlisten. Er lud sie ein, einen Probevortrag zu halten, unter dem Vorwand, ihr rhetorisches Talent prüfen zu wollen. Dabei positionierte er den jeweiligen Kandidaten unter einen Kronleuchter. Stieß er oben an, griffen die im Hintergrund lauernden Häscher zu. Gottsched, vorher gewarnt, konnte sich rechtzeitig absetzen. Statt auf einen preußischen Exerzierplatz gelangte er nach Leipzig, damals das Zentrum der Aufklärung und eine pulsierende Kulturmetropole mit renommierter Universität und einem reichen Theater-, Musik- und Literaturleben – das alles getragen vom Kunstsinn eines engagierten Bürgertums. Gottsched beginnt hier als Hauslehrer und steigt auf zum Professor für Poetik und Philosophie und zum Rektor der Leipziger Universität. Er leitet die «Deutsche Gesellschaft», die sich der Dichtung und Sprachpflege widmet, gibt populäre Kultur-Zeitschriften heraus, schreibt Gedichte und Dramen, verfasst Grammatiken sowie sprach- und literaturkritische Arbeiten.

Als Dramatiker kämpft er gegen die Verwahrlosung der Bühnenkultur: *Lauter schwülstige und mit Harlekins Lustbarkeiten untermengte Haupt- und Staatsaktionen, lauter unnatürliche Romanstreiche und Liebesverwirrungen, lauter pöbelhafte Fratzen und Zoten waren dasjenige, so man daselbst zu sehen bekam.* Nicht nur die Handlung, auch die überbordende Metaphorik ging Gottsched gegen den Strich: *Man sagt da nicht, daß der Mittag vorüber sei; sondern daß der Monarch der Gestirne den Mittagswirbel schon überstiegen habe. Ein Ritter liebet eine Prinzessin nicht, sondern die Pflanze ihrer Annehmlichkeiten schlägt in die Erdreiche seines Herzens tiefe Wurzeln, und dergleichen mehr.* Dem setzte Gottsched die nüchterne Vernunft der Aufklärung entgegen. Der Sprache verschrieb er eine strenge Diät mit einfachem Satzbau und schlichtem Wortschatz: *Malerische Bildlichkeit* und *Provinzialismen* waren ebenso unerwünscht wie *fremde, zu alte*, aber auch *neugemachte* Wörter.

Als Sprachwissenschaftler war Gottsched, der das «wahre Hochdeutsch» in Regeln gießen wollte, zwar nicht besonders originell –

er fasste großenteils zusammen, was andere vor ihm erarbeitet hatten –, aber das tat seiner öffentlichen Wirkung keinen Abbruch. Seine Prominenz als Publizist, seine akademischen Verbindungen und vor allem sein Ansehen als Literaturpapst beförderten ihn zum Sprachmeister der Nation. Mit seiner 1748 veröffentlichten «Grundlegung einer deutschen Sprachkunst» erfüllte er den Bedarf nach einer zeitgemäßen Grammatik mit klaren Kriterien für «guten» und «schlechten», «richtigen» und «falschen» Sprachgebrauch.

Rau und höckricht

Entscheidend für Gottscheds Breitenwirkung im ganzen deutschsprachigen Raum wurde, dass er geschickterweise darauf verzichtete, Luther als sprachliche Autorität ins Feld zu führen, was viele seiner Vorgänger noch getan hatten. Stattdessen nannte er die *besten Schriftsteller des vorigen und itzigen Jahrhunderts* als Vorbilder. So war man auch in den katholischen Gebieten bereit, ihn zumindest zur Kenntnis zu nehmen.

Unumstritten waren Gottscheds Deutsch-Lektionen freilich weder im Süden noch im Norden des deutschen Sprachraums. Vor allem sein obersächsischer Lokalpatriotismus stieß vielen übel auf. Gottsched betätigte sich als lautstarker Meißen-Propagandist und behauptete, das «wahre Hochdeutsch» werde am reinsten in den höheren Kreisen Leipzigs und Dresdens gesprochen. Die niederen Klassen dagegen sprachen nach seinem Urteil auch in Sachsen eine «schlechte Mundart». Sie parodiert er in dem fiktiven Brief einer «Leipziger Jungfer» an ihre Tante in Halle:

Werdeste Frau muMe, Mir han lange uf en Schraiben aus dem lieben Halle kewart, mit kraussen schmerzen. Maine MAma Möchte kärne wissen Abb se och Noch fain kesund sain se kummen Jo keen Eenzich mohl här, un mir han Ihn doch nischt übels getan…

Kritiker hielten Gottsched vor, dass solche mundartlichen Züge auch in der Sprache der sächsischen Oberschicht viel stärker durchschienen, als er zugeben mochte. Doch davon wollte Gottsched nichts wissen. Starrköpfigkeit paarte sich mit dem Wunsch, seiner Wahlheimat und vor allem ihrem Landesherrn, dem er seine glänzende Laufbahn verdankte, die Reverenz zu erweisen.

Gleichzeitig zog Gottsched gern über andere Landstriche und ihre sprachlichen Eigenheiten her. So fand er die süddeutschen Doppellaute (*Fueß*, *Boan*) *sehr fürchterlich*, den Schlesiern nahm er die verkürzten Vokale (*Blutt*, *Prister*) übel, und bei den Franken waren ihm die harten Anlaute (*Pauer*, *Perg*) *unangenehm*. Auf ewig unbeliebt machte sich Gottsched mit einem Gedicht über die *wüste Oberpfalz*, wo *Pan auf heisern Röhren brauset* und die Menschen *rau, höckricht, hart und steif* sprechen. Diese Schmähung nehmen die Oberpfälzer dem Leipziger Professor bis heute übel.

Gottscheds Schulmeistereien, vorgetragen im Brustton des aufgeklärten Besserwissers, schufen ihm manche Feinde. Er, der gern austeilte, musste auch einiges einstecken. Sein Trauerspiel «Der sterbende Cato» rief hämische Kommentare hervor: *Wie dieser Sachse Cato spricht / so sprach der Römer Cato nicht / Hört' er die Reden des Poeten / er würde sich noch einmal töten*, spottete der Schriftsteller Johann Wilhelm Ludwig Gleim. Gotthold Ephraim Lessing warf Gottsched vor, er wolle die Sprachkunst *mit Schere und Kleister* erneuern, und weigerte sich, dessen unbestreitbare Verdienste um die Wiederherstellung der deutschen Bühnenkultur zu würdigen. Eine «Hau-den-Gottsched»-Mode griff um sich, bei der auch Goethe mitmachte. Er begegnete Gottsched in dessen letztem Lebensjahr und karikierte den einstigen Zuchtmeister als lächerlich gewordene Gestalt aus einer schon versinkenden Welt, als eine groteske Knallcharge von eben der Art, die Gottsched selbst immer bekämpft hatte: Als Goethe Gottscheds Wohnung betrat, erschien vor ihm *der große, breite, riesenhafte Mann, in einem gründamastnen, mit rotem Taft gefütterten Schlafrock (…) aber sein ungeheures Haupt war kahl und ohne Bedeckung … Der Bediente sprang mit einer großen Allongeperücke auf der Hand (die Locken fielen bis an den Ellenbogen) zu einer Seitentüre herein und reichte den Hauptschmuck seinem Herrn mit erschrockener Gebärde. Gottsched, ohne den mindesten Verdruß zu äußern, hob mit der linken Hand die Perücke von dem Arm des Dieners, und in-*

dem er sie sehr geschickt auf den Kopf schwang, gab er mit seiner rechten Tatze dem armen Menschen eine Ohrfeige, so daß dieser, wie es im Lustspiel zu geschehen pflegt, sich zur Tür hinauswirbelte, worauf der ansehnliche Altvater uns ganz gravitätisch zu sitzen nötigte und einen ziemlich langen Diskurs mit gutem Anstand durchführte.

Ein sächsischer Schwan bei Hofe

Auch wenn Gottsched in seinen späteren Jahren als Gesetzgeber der Literatur abtreten musste, als Hoch- und Deutschmeister erntete er immer noch Erfolge. Friedrich der Große gewährte ihm eine Audienz, bei der Gottsched den Herrn von Sanssouci von der Literaturfähigkeit der deutschen Sprache zu überzeugen suchte. Als Beweis präsentierte er eigene Übersetzungen aus dem Französischen, die der König mit den Originalen verglich.

Ob er nun gleich, so berichtete Gottsched später, *viele deutsche Worte nicht verstund, so kritisierte er doch andere sehr gründlich und lobte wieder viele Stellen, die ich besser ausgedrückt hätte, als er sich jemals möglich zu sein eingebildet hätte. Als ich sagte, dass die deutschen Dichter nicht genug Aufmunterung hätten, weil der Adel und die Höfe zu viel Französisch und zu wenig Deutsch verstünden, sagte er: ‹Das ist wahr, denn ich habe von Jugend auf kein deutsches Buch gelesen und ich rede sehr schlecht (je parle comme un cocher), jetzo bin ich aber ein alter Kerl von 46 Jahren und habe keine Zeit mehr dazu.›*

Einen *cygne saxon*, ‹sächsischen Schwan›, der die ungehobelte deutsche Sprache kultivieren werde, nannte Friedrich den Leipziger Professor mit spöttischem Respekt.

Einen Triumph feierte Gottsched, als ihn Maria Theresia 1749 im Schloss Schönbrunn empfing. Die Kaiserin, die mit ihren Kindern und Dienstleuten Wiener Dialekt, mit ihrem Ehemann Franz Stephan von Lothringen Französisch sprach, erhoffte sich von der Einführung einer deutschen Hochsprache nach «meißnischem» Vorbild einen kulturpolitischen Fortschritt für ihr Land. Dem Hof bereitete es Sorge, dass Österreich in seiner Leistungsfähigkeit hinter

Preußen und Sachsen zurückgefallen war. Dafür machte man auch sprachliche Defizite verantwortlich. Eine kultivierte Hochsprache – so die Vorstellung – würde die intellektuellen Fähigkeiten, den Wissenszuwachs und damit auch das Gedeihen des Staates befördern. In Österreich, wo die Eliten des Landes meistens Dialekt oder ein Gemisch aus Latein, Italienisch, Französisch und Spanisch sprachen und die deutsche Schriftsprache vernachlässigten, fehlte es an einem solchen Medium des Fortschritts. Die reformwillige Maria Theresia sah in Gottsched eine wichtige Sprachinstanz: *Ich sollte mich scheuen, mit dem Meister der deutschen Sprache deutsch zu reden. Wir Österreicher haben eine sehr schlechte Sprache.* An der Theresianischen Akademie wurde nach Gottscheds Besuch eine Professur für «deutsche Beredsamkeit» eingerichtet, wo künftige Beamte nach seinen Regeln im Schriftdeutschen unterrichtet wurden. Der Leipziger, dessen «Sprachkunst» sich mittlerweile auch in Österreich gut verkaufte, konnte befriedigt feststellen: *Ich habe bereits das Vergnügen gehabt, zu bemerken, daß viele in den mittäglichen Landschaften Deutschlands, sich meiner Sprachlehre ... bedienet haben. Da sie solches ohne ein Reichsgesetz, aus eigenem freyen Willen, gethan haben: so zeiget mir dieses einigermaßen, daß ich die Vorzüge dieser reinen hochdeutschen Mundart recht ins Licht gesetzet, und ihre Regeln so deutlich gefasset haben müsse, daß sie von sich selbst in die Augen leuchten.*

Vielen österreichischen und süddeutschen Grammatikern «leuchteten» Gottscheds Regeln allerdings keineswegs «in die Augen». Sie kämpften weiterhin für eine oberdeutsche Schriftsprache und lieferten sich mit dem Leipziger Professor und seinen Anhängern heftige Auseinandersetzungen. Erst 1774, als in Österreich die allgemeine Schulpflicht eingeführt wurde, fiel die endgültige Entscheidung zugunsten des ostmitteldeutsch-norddeutschen «Meißnisch». In den Lehrplänen der Schulen wurden nun die Regeln Gottscheds und später die seines Nachfolgers Johann Christoph Adelung als Standard festgeschrieben. Die katholischen Habsburger verzichteten damit auf einen sprachlichen Sonderweg. Die Hoffnungen bayerischer, österreichischer und alemannischer Sprachpfleger, eigene oberdeutsche Normen etablieren zu können, zerstoben endgültig.

Denn wir armen Deutschen, die wir schon mit Einquartierungen, Militärpflichten, Kopfsteuern und tausenderlei Abgaben genug geplagt sind, wir haben uns noch obendrein den Adelung aufgesackt und quälen einander mit dem Akkusativ und Dativ. «Der Adelung», unter dem Heinrich Heine hier stöhnt, war gewissermaßen der Duden vor dem Duden, die Fortsetzung Gottscheds mit besseren Mitteln. Johann Christoph Adelung (1732–1806) verfasste Wörterbücher, Grammatiken und Rechtschreiblehren, die vom späten 18. bis in die Mitte des 19. Jahrhunderts die autoritativen Standardwerke in den höheren Schulen, Gelehrtenstuben, Redaktionen und Druckereien aller deutschsprachigen Gebiete waren. Nicht nur mediokre Schreiber, sondern Schriftsteller von Rang und Namen orientierten sich an ihm. *Den Adelung erbitte ich mir, wenn Sie ihn nicht mehr brauchen; ich habe allerlei Fragen an dieses Orakel zu tun,* schrieb Schiller im Jahre 1804 an Goethe und bekam zur Antwort: *Hier schicke ich meinen Adelung. Verzeihen Sie daß ich den Ihrigen wohl eingepackt an Voß geschickt habe, der dessen zu einer Recension von Klopstocks Grammatischen Gesprächen höchst nöthig bedurfte.*

Adelung, ein gebürtiger Vorpommer, hatte mit Gottsched nicht nur die beiden Vornamen, die mächtige Statur und den Wohnort Leipzig gemeinsam, er knüpfte auch direkt an sein Werk an. 1766 begann er die Arbeit an einem Wörterbuch, das eigentlich der kurz zuvor verstorbene Gottsched hatte schreiben wollen. Für Adelung war diese Arbeit zunächst nur eine Zusatzbeschäftigung in den Abend- und Nachtstunden. Seinen recht kümmerlichen Lebensunterhalt verdiente er weiterhin als Lehrer, Redakteur, Korrektor und Buchautor. Das Themenspektrum des studierten Theologen reichte von der Mineralogie bis zu einer «Geschichte der menschlichen Narrheit», wo der überzeugte Aufklärer ein Panoptikum der Schwarzkünstler, Goldmacher, Wahrsager «und anderer philosophischer Unholde» entfaltete. Adelung war ein Stubengelehrter aus Überzeugung, ein Eigenbrötler, der Bewegung und frische Luft für ungesund hielt und von sich sagte, er müsse «fast allemal Gewalt

113

sich anthun», wenn er «die Feder hinlegen» solle. 1774 erschien der erste Band seines «Versuchs eines vollständigen grammatisch-kritischen Wörterbuchs der Hochdeutschen Mundart», bis 1786 folgten die weiteren vier Bände des Monumentalwerks. Was das Publikum hier geboten bekam, war das erste moderne Wörterbuch. Mit differenzierten Bedeutungsangaben, systematischen grammatischen und etymologischen Informationen und einer Fülle von Belegen setzte es Maßstäbe für alle folgenden Nachschlagewerke. Erstmals wurden jetzt alle Wörter in ihrer alphabetischen Reihenfolge aufgelistet, statt sie nach Stammformen zu gruppieren. Wer beispielsweise die Wörter *Handlung* und *behandeln* nachschlagen wollte, fand sie bei Adelung als eigene Einträge unter dem jeweiligen Anfangsbuchstaben. In früheren Wörterbüchern musste man sie unter der Stammform *handel-* suchen.

Der Erfolg des Wörterbuchs begründete Adelungs Ansehen als Sprachgelehrter. Er übernahm jetzt die Rolle des Deutschmeisters, kam aber im Gegensatz zu seinem Amtsvorgänger Gottsched ohne imperiale Gesten aus. Seinen Normen beugten sich auch die, die sich daran rieben – sogar E. T. A. Hoffmanns sprechender Hund Berganza: *Tatze gefällt mir viel besser als das weichliche weibliche: Hand! Könnte ich nur sagen: der Tatz, aber das verbieten eure frisierten Adelunge!*

Auch für den Schulunterricht publizierte Adelung Grammatiken, orthographische Werke und Lehrbücher, darunter im Auftrag Friedrichs des Großen eine «Deutsche Sprachlehre» für die preußischen Schulen. Sie erlebte bis 1828 14 Auflagen und wurde auch in Österreich übernommen. 1787 kam die lang ersehnte berufliche Anerkennung. Adelung erhielt nicht nur eine Auszeichnung vom preußischen König, sondern wurde im selben Jahr auch Oberbibliothekar an der kurfürstlichen Bibliothek in Dresden. Damit war der Mittfünziger den ständigen Geldnöten endlich enthoben. Heiraten wollte der eingefleischte Junggeselle aber auch jetzt nicht. War er vorher wegen Geldmangels ehelos gewesen, so blieb er es jetzt «aus Vernunftgründen».

Die größte Breitenwirkung erzielte Adelung mit seinen orthographischen Regeln und Wörterverzeichnissen. Das Geheimnis seines Erfolges war, dass er keine Reform anstrebte, sondern nur die behutsame Vereinheitlichung und Systematisierung des historisch gewachsenen Schreibgebrauchs. Für Adelungs Popularität sorgte auch, dass er es nicht dabei beließ, Regeln aufzustellen und mit einigen Beispielen zu illustrieren. Stattdessen legte er ein komplettes Rechtschreibwörterbuch vor, das es den Benutzern erlaubte, Zweifelsfälle nachzuschlagen.

Der Zeitpunkt für solche Aktivitäten war günstig, denn Ende des 18. Jahrhunderts war die Vereinheitlichung der Schreibweisen schon von selbst recht weit fortgeschritten. Viel hatte sich getan seit den Zeiten Luthers, dessen Korrektor Christoph Walther noch geklagt hatte: *Wenn hundert Briefe und gleich mehr mit einerlei Wörter geschrieben wörden, so wörde doch keiner mit den Buchstaben übereinstimmen.*

Wie in der Lautung, dem Wortschatz und der Grammatik so hatte es auch in der Schreibung Annäherungs- und Ausgleichsprozesse gegeben, die sich ohne lenkende Instanzen vollzogen hatten. Adelungs Einsicht in die Eigendynamik dieser Evolution wünschte man manchem Rechtschreibreformer der Gegenwart: *Da also einzelne Glieder der Gesellschaft nicht befugt sind, den Sprachgebrauch eines Volkes zu ändern, so haben sie auch kein Recht, sich an dem Schreibgebrauch zu vergreifen, am wenigsten aber, wenn solches aus willkührlichen und ungegründeten Grundsätzen geschiehet.*

Zwar schwebte auch Adelung das Idealbild einer möglichst logischen Rechtschreibung vor, in der die Beziehung zwischen Lauten und Buchstaben klar und eindeutig war. Aber an erster Stelle stand für ihn die Einheitlichkeit der Orthographie, und die setzte eine breite Akzeptanz der schon damals eher konservativ gestimmten Sprachgemeinschaft voraus. Hatten sich inkonsequente Schreibregeln fest etabliert, dann ließ Adelung sie im Zweifelsfall bestehen, statt durch übereilte Änderungen Uneinigkeit zu erzeugen. So hielt er zwar f und v für *unschicklich geteilt, indem Wörter eines Ur-*

sprungs bald ein f und bald ein v bekommen haben, Volk und folgen, voll und füllen, vor und für. Indessen ist diese Ungleichheit nun einmahl von der ganzen Nation angenommen, und kann nicht anders, als durch ihre allgemeine Einwilligung gehoben werden. Das ist bis heute nicht geschehen.

Adelung beschränkte sich darauf, die verborgenen Regularitäten, die der Schreibung zugrunde lagen, durch Erläuterungen bewusst zu machen und Varianten zu reduzieren. Von denen gab es immerhin noch einige, die vor allem von berufsmäßigen Schreibern als störend empunden wurden, auch wenn sie die Verständigung kaum noch behinderten (z. B. *bey / bei , Hilfe / Hülfe; ergetzen, ergötzen, Classe / Klasse; Silbe / Sylbe, Nahme / Name, Fluth, Flut.*) Viele von Adelungs Regeln und Schreibweisen haben sich bis heute gehalten, andere immerhin bis zur jüngsten Rechtschreibreform. Zu den bekanntesten gehört die «Adelungsche s-Schreibung», die bis 1996 festlegte, wann der stimmlose s-Laut mit ss und wann mit ß zu schreiben war (s. S. 190).

Adelung überzeugte vor allem durch seine praktische Arbeit, seine theoretischen Prinzipien waren vage genug für pragmatische Lösungen: *Schreib das Deutsche und was als Deutsch betrachtet wird, mit den eingeführten Schriftzeichen, so wie du sprichst, der allgemeinen besten Aussprache gemäß, mit Beobachtung der erweislichen nächsten Abstammung und, wo diese aufhöret, des allgemeinen Gebrauches.*

Streit gab es allerdings um die Frage, was denn die *allgemeine beste Aussprache* sei. Hier fiel Adelung wie sein Vorgänger Gottsched in die sächsische Lokalideologie zurück und erhob die «meißnische» Aussprache *in den höhern Classen der Einwohner und den feinen Gesellschaften* zum Vorbild. Wie schon die anderen «Meißner» zuvor, erntete auch er heftigen Widerspruch. Adelung war klug genug, diese Position wieder zu räumen und sich später ganz allgemein auf die Sprechweise aller Gebildeten zu berufen. Dafür schuf er sich eine andere Front, indem er – auch hierin Gottsched ähnlich – Attacken gegen die moderne Literatur seiner Zeit, den «Sturm und Drang», ritt. Dessen grelle, exaltierte Sprache, die dem Genie huldigte, den Gefühlsüberschwang zelebrierte und sich der Dialekte und der «Gossensprache» bediente, war dem Rationalisten zuwider. Er warf den jungen Stürmern und Drängern vor, das Niveau und die gerade erlangte Einheitlichkeit der deutschen Bildungssprache zu zerstören.

Als Literaturkritiker erntete Adelung damit keine Lorbeeren. Seinem Ansehen als Sprachpfleger aber tat das keinen Abbruch. Gerade die Dichter schätzten und respektierten seine Sprachnormen. Christoph Martin Wieland, der mit Adelung wegen seines Meißen-Kults manchen Strauß ausgefochten hatte, gab doch zu, wie sehr er sich auf ihn stützte: *Meine Frau muß es bezeugen, wie oft ich täglich diesen Hund nachschlage, aus Angst, ein undeutsches Wort zu schreiben.* Ähnlich Goethe, dem Rechtschreibfragen lästig waren – *Ein Wort schreibe ich mit dreierlei Orthographie, und was die Unarten alle sein mögen, deren ich mich recht wohl bewußt bin und gegen die ich auch nur im äußersten Notfall zu kämpfen mich unter winde.* –, er schrieb an seinen Verleger, der 1787 die erste Gesamtausgabe seiner Werke besorgte: *Im Ganzen ist die Absicht, der Adelungischen Rechtschreibung vollkommen zu folgen; ein sorgfältiger Korrektor wird also bei jedem zweifelhaften Fall sich nach derselben zu richten haben.* Die Änderungen, die Goethe in Anlehnung an Adelung in seinen Frühwerken vornehmen ließ, betrafen nicht nur die Schreibung, sondern sie tilgten auch mündlich oder antiquiert wirkende Merkmale der Grammatik: *das Bös* → *das Böse*, *Hoffnungsfüll* → *Hoffnungsfülle*, *lang Gras* → *langes Gras*, *in ihr'n Schoß* → *in ihren Schoß*; *in Mutterleib* → *im Mutterleib*, *er flohe* → *er floh.* Bis weit in die zweite Hälfte des 19. Jahrhunderts blieb «der Adelung» verbindlich, die letzte Auflage erschien 1876 in Wien. Da begann bereits die Epoche, die bis heute von einem anderen Namen geprägt wird: Konrad Duden.

«Dem Johann sein Weib ihr Großvater» – Das richtige und das wirkliche Deutsch

Gottsched, Adelung und andere Grammatiker in ihrem Kielwasser legten viele der Normen fest, die noch heute als Kennzeichen für «richtiges Deutsch» gelten. Sie folgten den Leitlinien Überregionalität, Systematik und Eindeutigkeit. Wörter und grammatische Konstruktionen sollten nicht an bestimmte Mundarten gebunden sein, sie sollten regelmäßigen Mustern folgen und möglichst dem Schema ‹Pro Form nur eine Bedeutung› gehorchen. So entstanden wirkungsvolle Sprachnormen für eine differenzierte, präzise und ausdrucksstarke Sprache, auch wenn sie die Genzen zur Pedanterie mitunter überschritten. Zu den Regeln, die damals festgeschrieben wurden, gehören solche Klassiker wie die Unterscheidung von *als* und *wie* (*größer als er* aber *so groß wie du*), *wegen* mit dem Genitiv statt mit dem Dativ (*wegen des schlechten Wetters*) oder *brauchen* mit *zu* (*du brauchst nicht zu kommen*). Die doppelte Verneinung (*kein Geld nicht*), die bis in das 18. Jahrhundert hinein als korrekte Verstärkung galt, wurde jetzt als unlogisch abgekanzelt, das Partizip II ohne *haben* und *sein* im Nebensatz (*als sie nach Mainz gekommen*) galt nun als veraltet. *Tun* als Hilfsverb zu verwenden (*ich tu gern singen*) wurde zum Kennzeichen mangelnder Bildung erklärt, ebenso erging es dem besitzanzeigenden Dativ (*dem Nachbarn seine Frau*).

Die hochsprachlichen Regeln bestimmten bald schon die Sprache der Bücher und den Deutschunterricht der Gymnasien, wo sie durch Schulgrammatiken, Diktate, Aufsätze und die Lektüre «vorbildlicher» Autoren eingeübt wurden. Wie die Menschen diese Normen verinnerlichten, kann man in den Briefen der Familie Mozart verfolgen. Während Wolfgang Amadeus' Mutter noch manche dialektalen oder veralteten Fomen benutzte (*müehe, annoch, er sange, er kombt, die hemder*), orientierte sich sein Vater ausdrücklich an den Normen aus Gottscheds «Sprachkunst» und hielt auch seinen Sohn dazu an. Der benutzte zwar in seinen Jugendbriefen gelegentlich noch mundartliche Wendungen, verwendete aber seit seinen Reisen nach Mannheim und Paris 1777 nur noch das Gottschedsche Hochdeutsch, das für ihn auch eine Befreiung von provinzieller Enge darstellte.

Mundartliche Ausdrücke, ebenso wie entlegene Fremdwörter, Jargon oder steifes Kanzleideutsch nutzte Mozart, ein begabter Wort-Jongleur, aber weiterhin, um seinen Schilderungen Farbe und Witz zu verleihen. *Habts eng z'kriegt?* (Habt ihr euch zerstritten?) zitierte er die Frage des bayerischen Kurfürsten nach Mozarts Verhältnis zum Salzburger Erzbischof. Die Klang-Poesie der Konjugation entfaltet er in einem Brief an das Bääsle:

…Adieu bääsle,
ich bin,
ich war,
ich wär,
ich bin gewesen,
ich war gewesen,
ich wär gewesen,
o wenn ich wäre,
o daß ich wäre,
wollte gott ich wäre,
ich würde seyn,
ich werde seyn,
wenn ich seyn würde,
o das ich seyn würde,
ich wurde gewesen,
ich werde gewesen seyn,
o wenn ich gewesen wäre,
o daß ich gewesen wäre,
wolltegott ich wäre gewesen,
was? – ein stockfisch.
addieu ma chère.

Die hochsprachlichen Regeln zu beherrschen, wurde zum Kennzeichen bildungsbürgerlicher Identität, ihre Verletzung zur Zielscheibe des Spotts. Gottscheds Frau Adelgunde Viktorie – eine erfolgreiche Autorin und literarisch begabter als ihr Gatte – persiflierte in einem satirischen Lustspiel die sich ausbreitende Halb-Hochsprachbildung: Drei aufgeblasene Leipziger Studenten, Rhomboides, Jambus und Witzling, schwadronieren da über *Leibnizens seine Infinitesimalrechnung* und verheddern sich schon bei der Begrüßung in den Kasus:

Rhomboides: *Ich bin erfreut, Ihnen zu sehen.*
Jambus: *Es ist mir ein Vergnügen Ihnen kennen zu lernen*
Witzling: *Es ist mich herzlich angenehm ein Paar solcher*

Männer hier zu sehen von die der Herr Reinhart mich so viel Gutes gesagt hat.

Taten sich schon die gymnasial und akademisch Gebildeten schwer mit der Hochsprache, so galt das erst recht für die 95 Prozent der Bevölkerung, die allenfalls die Volksschule durchliefen. Zwar wuchs der Anteil der Menschen, die lesen und schreiben konnten, von vierzig Prozent zu Beginn des 19. Jahrhunderts auf neunzig Prozent an dessen Ende. Doch die grammatischen Feinheiten der Literatursprache gelangten nicht zu ihnen in den Volksschulunterricht. Überhaupt hatten Grammatiken und Sprachbücher dort Seltenheitswert, die Schüler übten Lesen und Schreiben anhand eines bunt zusammengewürfelten Unterrichtsmaterials. Dazu gehörten oft handgeschriebene Texte, die über Generationen hinweg weitergereicht wurden und in einem mittlerweile veralteten Kanzleistil gehalten waren. Die meisten Lehrer schrieben selbst, wie sie es gerade für richtig hielten, und lehrten entsprechend. Daran änderte sich zunächst auch dann noch nichts, als in den ersten Jahrzehnten des 19. Jahrhunderts eine geregelte Volksschullehrerausbildung eingerichtet wurde. Entsprechend buntscheckig kommt die Sprache in den Briefen von Bauern und Handwerkern, Fabrikarbeitern und Tagelöhnern daher. Sie ist voller dialektaler Einsprengsel und orthographischer Eigenheiten und gespickt mit den «Fehlern» und «Unarten» aus dem Giftschrank der hochsprachlichen Grammatiker. Erst zu Beginn des 20. Jahrhunderts begann sich die Situation zu verändern, als die einstmals exklusiven Normen auch in den Unterrichtskanon der Volksschulen Einzug hielten. Nun erst wurde die Hochsprache auch für breitere Bevölkerungsschichten zum Modell für das eigene Schreiben.

Aus Briefen des 19. Jahrhunderts

Die folgenden Beispiele zeigen Schreibweisen und grammatische Konstruktionen, die nach hochsprachlichen Maßstäben falsch, aber für das Schriftdeutsch von Menschen ohne höhere Schulbildung typisch waren. Sie stammen aus Briefen von Auswanderern an ihre Verwandten und Freunde daheim.

Wen ich das gewußt häte häte ich eich den Acker nicht geben jetzt hatt sich der Arme Franz so fiel blagt damit und jetzt habt ir nichts

Inniggeliebter Bruder Roberdt, Keine Minute vergeß ich dich nicht

Weil wir hatten in Herbste zwei Küh und eine Kalbin…

Sie brauchten den Doctor der that mehere Tage 2mal den Tag ihn besuchen

Wir haben die dritte Tonne Mehl, da haben wir auch den ganzen Winter genug an.

… daß doch des Vaters Auge weiter sieth, gewöhnlich als wie das des Sohnes

… dem Johann sein Weib ihr Großvater..

Ich bin wegen dem Geld nicht Soldat geworden.

… der Joseph braucht sich nicht hierher winschen das ist nichts vier Ihm

Nun Ihr lieben, muß ich euch bemerken das wir vor einigen Wochen einen Brief von Texas erhalten, und zwar mit der traurigen Botschaft, dases dem lieben Gott gefallen, unseren Vielgeliebten Bruder ins jenseits gerufen …

(Gesammelt von St. Elspaß, s. Literaturverzeichnis)

Bebe-, Blas- und Mampflaute – Die hochdeutsche Aussprache entsteht

In Hannover, so eine verbreitete Meinung, wird das «reinste» Hochdeutsch gesprochen. Was gerade der Stadt an der Leine diesen Ruf eingetragen hat, soll uns am Ende dieses Kapitels näher beschäftigen. Zunächst einmal fragen wir, warum überhaupt die norddeutsche Aussprache gemeinhin als «hochdeutsch» gilt, die der eigentlich hochdeutschen Baiern und Alemannen, Sachsen und Hessen aber als mundartlich.

Ein entscheidender Grund ist, dass die deutsche Hochsprache nicht aus einem gesprochenen Dialekt hervorging, sondern zunächst nur als Schriftsprache existierte. Als sie dann später vom Papier auf die Zunge gelangte, maß man die Korrektheit der Aussprache an ihrer Buchstabentreue: Sprich wie du schreibst! Diese Maxime, die noch heute vielerorts den Schulunterricht bestimmt, wurzelt in der Reformationszeit. In den evangelischen Predigerseminaren und Schulen spielten Buchstabier- und Ausspracheübungen eine wichtige Rolle. Die Protestanten wollten Luthers Bibeldeutsch so genau und dialektfrei wie möglich artikulieren. Für Luther selbst zählte *ein fein ausreden, ein gut aussprechen* zu den wichtigsten Predigerqualitäten. Sein Schüler Valentin Ickelsamer empfahl, um *Teutsche wort recht Buchstabisch … zu reden*, sollte man *die buchstaben in sein oren nehmen und seine zungen fragen wie es klingt.*

Die Buchstabentreue wurde zum normativen Anker in einer Zeit phonetischer Grabenkriege. Jede Landschaft werfe der anderen *übeltönige Ausrede* vor, stellte der Berliner Bildungsexperte Johann Friedrich Zöllner noch 1791 fest. Da es weder eine Hauptstadt mit vorbildlicher Aussprache gebe noch eine Akademie, die solche Normen festlege, brauche man eine *künstliche Beyhülfe*, eben die Schrift, *so daß, wenn Aussprache und Schrift voneinander abweichen, gewiß die letztere die größte Vermuthung des Rechts für sich hat.* Dreißig Jahre zuvor hatte Gottsched es drastischer formuliert: *Schlechte Mundarten [haben] ihre böse Aussprache nach der Schrift einzurichten.*

Was aber bedeutete es genau, «nach der Schrift» zu reden? Die Buchstaben auf dem Papier teilen ja nicht von sich aus mit, wie sie auszusprechen sind, was jeder merkt, der eine Fremdsprache lernt. Bei der «hochdeutschen» Aussprache ging es darum, die Prinzipien des Schriftsystems insgesamt in die Sprechsprache zu übernehmen. «Sprich wie du schreibst» hieß: Möglichst jeder Buchstabe sollte sorgfältig artikuliert und weder verschluckt noch verschliffen werden, gleiche Buchstaben waren nach Möglichkeit gleich, unterschiedliche unterschiedlich auszusprechen. Im Rechtschreibunterricht arbeitete man häufig mit Übungstexten, in denen die Schüler aussprachebedingte Fehler korrigieren sollten:

Ein Handwerkspusche ging unweid Prespurch ihn Ungarn, in ter krimmichsten Kelde mid seihnem Bintel iber di Heite. Seine Kleiter wahren dinn, und seine Strimpfhe gerissen. Ag, da frohrs in ser, er weihnte und die hällen Zehren frohren ihm an den Augenwimpern.

Die Norddeutschen waren hier im Vorteil. Sie lernten das ihnen fremde Hochdeutsch quasi vom Blatt und gewöhnten sich dadurch eine ziemlich buchstabengetreue Leseaussprache an, die sich allmählich als anerkannte «Hochlautung» durchsetzte. Dieses «Niederhochdeutsch» unterschied die stimmlosen und die stimmhaften Verschlusslaute (*Bauer* statt *Pauer*), erweichte das *k* nicht zum *g* (*hacken* statt *haggen*) unterschied *s* und *sch* (*Ast* statt *Ascht*) sowie *e* und *ö* (*schön* statt *schee*). Auch das s-pitze S-prechen galt damals – weil streng nach der Schrift – als vorbildlich.

In den hochdeutschen Regionen, wo der Abstand von der Sprech- zur Schriftsprache aus historischen Gründen geringer ausfiel, trennte man auch weniger strikt zwischen der dialektalen und der hochsprachlichen Artikulation. Wegen dieser Lässigkeit müssen sich die dortigen Sprecher seitdem von den Norddeutschen sagen lassen, wie Hochdeutsch eigentlich zu klingen habe.

Am Beginn der «niederhochdeutschen» Musteraussprache steht Luther, der die niedersächsische und brandenburgische Aussprache allen anderen Varianten – einschließlich der obersächsisch-meißnischen – vorzog. Viele seiner Kollegen folgten ihm darin: *Ein gebohrner NiederSachse / Märcker / Pommer / Westphaler / Braunschweiger / usw. kan die Hochdeutsche Sprache am reinsten außsprechen / besser als die Oberländer*, befand der brandenburgische Prediger und Schulrektor Johann Bödiker (1641–1695).

Im 18. Jahrhundert mehrten sich die Stimmen, die speziell Niedersachsen – gemeint war in etwa das heutige Bundesland – zur phonetischen Musterregion erklärten. Zu ihnen gehörten Schriftsteller von Rang, wie der Hamburger Dichter und Diplomat Barthold Hinrich Brockes (1680–1747), dessen Naturlyrik sich noch in heutigen Gedichtanthologien findet, oder Karl Philipp Moritz (1756–1793), der mit seiner Autobiographie «Anton Reiser» einen Meilenstein der psychologischen Literatur setzte. Moritz stellte Hannover und Braunschweig – seine beiden Heimatstädte – in den Mittelpunkt, wo man *das Hochdeutsche weit reiner und besser, als in Berlin oder Leipzig* spreche. Der prominenteste Fürsprecher aber war der umjubelte Oden-Dichter Karl Friedrich Klopstock, der aus Quedlinburg stammte und in Altona bei Hamburg lebte: *In gewissen Gegenden von Nidersaxen… wird beina alles ausgesprochen, was fon der Nazion, als deütsche Aussprache, festgesezt ist.*

Die «gewissen Gegenden» lagen für Klopstock – dessen eigenwilliger Orthographie wir uns noch widmen werden – vor allem an der Niederelbe. Dort und *auf allen Seiten so fil weiter hin, als das Plattdeûtsche reicht, mischen sich di Mundart und di Sprache auf keine Weise unter einander, weder in Absicht auf di Aussprache, noch in anderer Betrachtung. Wen da Fälerhaftes ist; so enstez nicht durch den Misch der Mundart. Denn diser findet, wägen des grossen Abstands zwischen beiden, gar nicht stat. Di lezte ist beina eine zweite Sprache. Allein in dem südlichen Deütschland ist di Sache ganz anders. Da fermischen sich Sprache und Mundart in jeder Rüksicht.*

Das Thema der Hochsprache inspirierte Klopstock zu den «Grammatischen Gesprächen», die an poetischer Originalität den Großteil seiner Lyrik weit übertreffen. Hier lässt er *die Aussprache* als personifizierte Zuchtmeisterin auftreten, die die durcheinanderwuselnden *Bebe-, Stotter-, Blas- und Mampflaute* zur Ordnung ruft: *So werdet denn endlich ruhig, und setzet euch, ihr Sauser und Brauser, ihr Zitternden und Bebenden, ihr Stotterer, Mämpflinge, Juckser und Ohrenbläser.*

Die zunehmend striktere Orientierung an der norddeutschen Leseaussprache ging nicht nur auf Kosten des Bairischen, Fränkischen und Alemannischen. Sie nagte auch an der Reputation Sachsens als Quellregion der «wahren» deutschen Hochsprache. So warnte schon ein Deutsch-Lehrbuch von 1742 seine dänischen Leser, die Sachsen sagten *aver für aber, Atam fuer Adam, mai Sohn für mein Sohn, Laipaigen fuer Leibeigen, aine Maile für eine Meile, u. s. m.*

In den folgenden Jahrzehnten bemängelten immer mehr Sprachkritiker das *weichliche und verzärtelte Ausreden* der Obersachsen und ihre *Verfälschung der Grundlaute.*

Der einstige Glanz des Meißnisch-Obersächsischen wurde immer matter. Im 19.Jahrhundert schließlich sank es ab zu einem gern belächelten Dialekt, der den Sprachstoff für allerlei komische Gestalten lieferte, deren bekannteste – neben Karl Mays «Hobble Frank» – der «Bartiggularist Fritze Bliemchen aus Dräsen» war. Dass er aus der Feder eines Leipzigers, des Lehrers und Schriftstellers Gustav Schumann, stammte, spricht für den souveränen Humor der Obersachsen.

Ep-heu und Sigarett

Wie stark in der Neuzeit das Schriftbild die Aussprache bestimmt, zeigt das Wort *Efeu*, das bis 1901 *Epheu* geschrieben wurde. Historisch korrekt würde es *Ep-heu* ausgesprochen, denn es stammt ab vom althochdeutschen *eba-houwi*. Da man sich aber nicht mehr auf das gesprochene Wort verließ, sondern sich stattdessen auf das Schriftbild stützte, setzte man das *ph* irrigerweise mit dem griechischen *ph* gleich (*Philosophie*) und sprach es als Reibelaut aus. Auch an manchen Fremdwörtern lässt sich die Macht der Schrift erkennen. Dass wir *Zigarette* und *Offizier* schreiben und nicht *Sigarett* und *Offißje* liegt daran, dass die Menschen diese Wörter zunächst über die Schrift kennengelernt und *officier* und *cigarette* deutsch ausgesprochen haben. Dieser Aussprache passte sich die Rechtschreibung an. Heute im Zeitalter der audiovisuellen Medien hat sich die Situation radikal geändert, englische Wörter werden über das Ohr ebenso wie über das Auge aufgenommen. Sie deutsch auszusprechen und entsprechend zu schreiben, wagt niemand mehr – das wäre unkohl.

Ach neiche, du Schmerzensreiche

In einer Zeit ohne Radio und Fernsehen ging die Vereinheitlichung der Sprechsprache nur langsam voran. Ende des 18. Jahrhunderts, als die Schriftsprache schon weitgehend standardisiert war, existierten im mündlichen Deutsch auch bei gebildeten Sprechern noch große regionale Unterschiede. Davon zeichnet der Freiherr Adolf von Knigge ein lebendiges Bild:

Der treuherzige, naive, zuweilen ein wenig bäurische, materielle Bayer ist äusserst verlegen, wenn er auf alle verbindlichen, artigen Dinge antworten soll, die ihm der feine Ober=Sachse in einem *Othem entgegenschickt; dem schwerfälligen Westphälinger ist alles hebräisch, was ihm der Oesterreicher in seiner, ihm gänzlich fremden Mundart vorpoltert; die zuvorkommende Höflichkeit und Geschmeidigkeit des durch französische Nachbarschaft polirten Rheinländers würde man in manchen Städten von Niedersachsen für Zudringlichkeit, für Niederträchtigkeit halten.*

Auch die Dichter der klassischen Hochliteratur sprachen noch mit starker landschaftlicher Färbung: Als Schiller in Mannheim schwäbelnd aus seinen Werken vortrug, reagierten die Zuhörer befremdet. Bei ihm wie bei Goethe, der vom Rheinfränkischen seiner Heimatstadt Frankfurt geprägt war, finden sich Reime, die nur in dialektaler Aussprache funktionieren: *Philosophie : Müh, Götter : Blätter, Sträuche : Teiche.* Die Zeilen *Ach neige, du Schmerzensreiche*, sprach Goethe als *Ach neiche, du Schmerzensreiche* aus. Konsequenterweise schrieb er die Verkleinerungsform *-chen* in der ersten Auflage des Urfaust noch als *-gen*: *Gretgen, Püppgen, Kästgen.* Als der Schweizer Johann Caspar Lavater 1774 in Bad Ems einen Vortrag hielt, verstand sein Publikum ihn nur mit Mühe. Schwer verständlich für sein Publikum war auch Hegel, woran nicht nur der Weltgeist, sondern auch sein schwäbischer Dialekt schuld war. Was wohl das Wort ‹Eppes› bedeuten könnte, fragten sich seine Zuhörer. Es war «das Etwas» als philosophischer Begriff. Selbst Adelung, dem Lehrmeister des Hochdeutschen, sagten Zeitgenossen eine «gemeine» Aussprache nach.

Neben Kirchenkanzeln und Universitätskathedern waren es vor allem die Bühnen, von denen aus sich neue Sprechweisen und Lautmuster fortpflanzen konnten. Und so war es denn auch ein Theaterdirektor, der sich besonders intensiv für die norddeutsch geprägte Hochlautung einsetzte – Johann Wolfgang Goethe, der von 1791 bis 1817 das Weimarer Hoftheater leitete. Goethe hatte es hier mit Schauspielern aus allen Landstrichen des deutschen Sprachraums zu tun. Trotz seines eigenen mundartlichen Einschlags war ihm dialektal geprägte Aussprache auf der Bühne und vor allem bei den Tragödien ein Ärgernis. Besonders an den Schwaben, Sachsen und Österreichern hatte er häufig etwas auszusetzen, wogegen er –

dem Zug der Zeit folgend – die Norddeutschen lobte. 1803 stellte Goethe nicht weniger als 91 «Regeln für Schauspieler» auf, von denen etliche die Aussprache betrafen: *Daher ist das Erste und Notwendigste für den sich bildenden Schauspieler, daß er sich von allen Fehlern des Dialekts befreie und eine vollständige reine Aussprache zu erlangen suche. Kein Provinzialismus taugt auf die Bühne! Dort herrsche nur die reine deutsche Mundart, wie sie durch Geschmack, Kunst und Wissenschaft ausgebildet und verfeinert worden.*

Auch für Goethe war die Schriftlautung maßgeblich: Die Schauspieler sollten *kein(en) Buchstaben eines Wortes unterdrücken*, sondern sie alle *nach ihrem wahren Werte aussprechen*, die Endsilben deutlich artikulieren (*folgendem nicht folgend'm*), die Buchstaben nicht vertauschen: *p und b, t und d muß merklich unterschieden werden. ... Ebenso muß man sich bei dem Buchstaben b in acht nehmen, welcher sehr leicht mit w verwechselt wird ... Zum Beispiel: Leben um Leben, nicht Lewen um Lewen.*

Ende des 19. Jahrhunderts wurden Goethes Forderungen wieder aktuell. Allerdings ging es jetzt nicht mehr nur um die Bühnendeklamation. Die Gründung des Deutschen Reiches bestärkte den Wunsch, die politische Einheit Deutschlands auch sprachpolitisch zu vollenden. Germanisten, Politiker, Verleger und Pädagogen arbeiteten daran, die Orthographie durch einheitliche Normen «amtlich» zu regeln, was 1901 nach vielen Mühen gelang. Sollte man nicht das Gleiche für die Aussprache anstreben? Auftrieb bekamen solche Bestrebungen durch die wissenschaftlichen Erfolge der Phonetik, die seit der Mitte des 19. Jahrhunderts immer präzisere Methoden zur Analyse und Beschreibung der Sprachlaute entwickelt hatte. 1886 gündete sich die Association Phonetique Internationale (API), die in den kommenden Jahren eine international gültige Lautschrift entwickelte. Zu den ersten Mitgliedern der API gehörte der Marburger Sprachwissenschaftler Wilhelm Viëtor. Er veröffentlichte 1885 ein Aussprachewörterbuch für Preußen mit 4000 Einträgen in phonetischer Umschrift, versehen mit Regeln und Kommentaren. Viëtor hatte sich bereits einen Namen als Pionier eines modernen Fremdsprachenunterrichts gemacht, der mit der Tradition philologischer Übersetzungsübungen brach und die Sprechfähigkeit der Schüler in den Mittelpunkt rückte. Als Muster für seine lautlichen Normen diente auch Viëtor die Bühnenaussprache, denn noch immer galt das Theater als Spracherziehungsinstanz. Allzu dramatische Betonungen milderte er jedoch ab und passte sie den Alltagsbedürfnissen an. Sein Wörterbuch erlebte bis 1941 immerhin dreizehn Auflagen.

Noch größere Wirkung entfaltete der Germanistikprofessor Theodor Siebs (1862–1941), ein gebürtiger Bremer. Zum Phonetik-Experten war er vor allem durch die akribische Erforschung des Friesischen geworden, dessen unterschiedliche Spielarten er in den zwanziger Jahren des 20. Jahrhunderts mit Schellack-Aufnahmen dokumentierte. 1898 veranstaltete Siebs in Berlin ein Treffen mit Germanisten und Theaterleuten. Für seine Aussprache-Regeln hatte er zuvor Schauspieler auf der Bühne beobachtet und Fragebogen an 200 Theater verschickt. Das Ergebnis dieser Arbeiten war die «Deutsche Bühnenaussprache», ein Wörterbuch mit Artikulationsregeln, auf die sich Siebs mit den Theatervereinigungen, den Lehrerverbänden und dem Allgemeinen Deutschen Sprachverein einigte. Das Werk beanspruchte, für die Bühnen und Schulen in Deutschland und Österreich «die mustergültige Aussprache» zu dokumentieren. Bis 1969, als «der Siebs» zum letzten Mal erschien, erreichte er neunzehn, immer wieder überarbeitete Auflagen.

Auch Siebs und seine Mitstreiter orientierten sich an einer Bühnenartikulation, deren Basis wiederum die «buchgerechte» Aussprache im mittleren Norddeutschland um Hannover war. Auch hier wurde die genaue Trennung zwischen stimmhaftem *b, d, g* und stimmlosem *p, t, k*, vorgeschrieben. Entrundungen wie im Obersächsischen und im Oberdeutschen sollten vermieden werden (*schön* statt *scheen*), ebenso nasale Vokale (wie im Schwäbischen: *ûagenehm*), das *-schp* und *-scht* im Inlaut (*Geischt, hascht*) war verpönt. Die Endung *-ig* sollte wie *-ich* ausgesprochen werden, *-ag* dagegen so, wie man es schrieb. Zwar mussten auch die Norddeutschen Federn lassen – ihr *Tach!* galt nun ebenso als falsch wie das *S-tolpern* –, aber insgesamt stutzte «der Siebs» doch vor allem die mittel- und oberdeutschen Sprechgewohnheiten zurecht.

Für deren Anhänger sprach der schweizerische Linguist Friedrich Staub, als er sich gegen diese *nach preußischem Schnabel geschliffene Aussprache* verwahrte. Abgesehen von der dialektalen

«Schlagseite» zeugten viele Regelungen auch von einer wirklichkeitsfremden und buchstabenfixierten Pedanterie. Dazu gehörte zum Beispiel die Forderung, b und d im Auslaut stimmhaft (weich) auszusprechen, also *gab* nicht wie *gap*, *Rad* nicht wie *Rat*. Diese Regel ignorierte, dass der Auslaut schon seit dem Mittelhochdeutschen hart ausgesprochen wurde, und verkannte außerdem die Funktion der Buchstaben: *Gab* wird nicht aus phonetischen Gründen mit *b* geschrieben, sondern um den Zusammenhang mit *geben* deutlich zu machen. Zudem propagierte Siebs eine übersteigerte und unnatürlich klingende Artikulation, die schon viele Zeitgenossen affektiert und lächerlich fanden. So sollte zum Beispiel jedes *p* oder *t* behaucht werden: *Was thathesth du, Knapphe!* Eine andere Eigenheit der Siebsschen Bühnenaussprache war das theatralisch gerollte *r*, das noch beim Hören alter Schlager- und Theater-Aufnahmen auffällt: *Ob blond, ob brraun, ich liebe alle Frrraun.*

Während die Rechtschreibnormen im gesamten deutschsprachigen Raum akzeptiert wurden, erlangten die Ausspracheregeln außerhalb der professionellen Sprecherausbildung keine derartige Autorität.

Wenn die norddeutsche Aussprache heute als hochsprachlich gilt, liegt das vor allem daran, dass Radio und Fernsehen sie in jede Wohnstube tragen. Trotzdem ist ihre Verbindlichkeit abseits des öffentlichen, überregionalen Redens eher locker. Wer den Anspruch hat, hochdeutsch zu sprechen und zu schreiben, von dem wird vor allem erwartet, dass er die Regeln der Grammatik und Rechtschreibung einhält und auf lokale Wortschatz-Spezialitäten verzichtet. Bei der Aussprache hingegen sind die Anforderungen nicht so strikt. Hier spielt eher die Beliebtheit der Mundarten eine Rolle, weniger die hochdeutsche Regelgerechtigkeit. Eine bairische Dialektfärbung beispielsweise wird im ganzen deutschen Sprachraum akzeptiert, für Schwäbisch und vor allem Sächsisch gilt das nicht.

Hannovers raanes Deutsch

Nun aber zu der Frage, die wir am Beginn des Kapitels angetippt haben. Warum wurde gerade Hannover zum Musterort der deutschen Aussprache gekürt? Entscheidend vorbereitet hat diesen Ruf die Wertschätzung, die die norddeutsch-niedersächsische Aussprache im Allgemeinen genoss. Hannover nun war in diesem Landstrich die mit Abstand größte Stadt, zudem Hauptstadt des gleichnamigen Königreichs und nach 1866 der entsprechenden preußischen Provinz. So stand die Stadt im allgemeinen Bewusstsein stellvertretend für die ganze Region. Andere Orte wie Braunschweig, Hildesheim oder Göttingen, in denen ähnlich gesprochen wurde, blieben im Sprachschatten der Leinestadt, die den Ruhm allein erntete.

Hannover war im 18. und 19. Jahrhundert, als es sich diese Reputation erwarb, noch keineswegs ein rein hochdeutsches Pflaster. Auch das gehobene Bürgertum sprach neben Hochdeutsch noch Platt. Allerdings bemühte es sich hier wie im ganzen südlichen Niedersachsen darum, das Hochdeutsche besonders deutlich zu artikulieren. Bei diesem Streben nach einer «chemisch reinen» Aussprache verwendeten die Hannoveraner jedoch etwas zu viel Reinigungsmittel, so dass sich einige lautliche Eigenarten herausbildeten. Das gerühmte Hochdeutsch, das damals an der Leine gesprochen wurde – und in Spuren dort noch heute zu hören ist – war nämlich weniger *rein* als *raan*. Der echte Hannoveraner machte aus dem *ei* ein langes *a* und verwandelte das *r* vor dem *t* in einen tiefen Rachen-Laut. Das machte aus Hannover *aane aanzichachtije S-tadt*.

Eine andere Spezialität war «das klare A», das der Schriftsteller Hans Fallada beschreibt:

Großmutter sprach nämlich Hannöversch und wenn auch, nach Ansicht der Hannoveraner, sie, nämlich die Hannoveraner, das reinste Deutsch von der Welt sprechen, so war uns Kindern doch ihr spitzes ‹St› und das ‹A›, das nicht wie ‹A› klang, sondern wie eine Mischung aus ‹A›, ‹Ae› und ‹Oe› eine Quelle unerschöpf-

*licher Erheiterung. Wie oft nahten wir uns bei Spaziergängen
nicht der Großmutter mit der Miene scheinheiligster Dienst-
bereitschaft: ‹Großmutter, dörfen wir nicht döinen Schöl
trögen?»*

In reinem Hannöversch erklang auch das Tischgebet, das Hans
Falladas Tante Gustchen sprach:

Komm her Djesu, sa Du unser Gast.
Und segne, was Du uns bescheret hast.
Bist du ba uns, so hats nicht Not,
Du bist das wahre Dläbensbrot! Äämen.

Zu Hause gehen – Lessings Lektionen

Den Reichspräsidenten Hindenburg nannte er eine politische Null und
bieder wie einen Bernhardiner, die technische Zivilisation war für ihn
der feindliche Widerdämon einer *verfluchten Kultur.* Die Rede ist von
Theodor Lessing, der als Sozialist die Deutschnationalen der Weimarer
Republik scharf attackierte und als lebensphilosophischer Fundamen-
talökologe die ‹unverfälschte Natur› schwärmerisch überhöhte. In seinen entspannteren Stunden widmete sich der geborene Hannoveraner
der Sprache seiner Heimatstadt, deren Eigenheiten er in liebevoll-spöt-
telnden Dialogen und Glossen einfing. Als «Theodore le Singe» veröffentlichte er diese Miniaturen 1919 unter dem Titel: «Jäö oder Wie ein
Franzose auszog, um in Hannover das ‹raanste› Deutsch zu lernen.»
Den roten Faden liefert der junge Franzose Theodore, der von seinem
Vater nach Hannover geschickt wird, um sein Deutsch zu vervollkomm-
nen. Schon bei der Ankunft am Bahnhof erlebt er die Tücken dieses
«reinen Deutsch», doch seine Lehrerin, die bezaubernde Helene, ermutigt ihn:

*«Schnauz oben. Mosjöh. Sie werden schon das Deutsche intus krijen,
wenn Ihnen nur ärst ne Latüchte aufgäht. Und nu fäähren wir direkte-
ment (dieses Wort sprach sie französisch) zu Hause. «Fräulein», sagte ich
beinahe verzweifelt, «ich habe in der Schule ‹nach Hause› lernen müssen;
ich weiß es genau, denn ich bekam mal Prügel, weil ich ‹zu Hause›
schrieb.» Aber da kam ich schön an.*

*«Prijamelung», rief Helene, «wir sagen zu Hause. ‹Nach› sagt man
nur, wenn ein Personennäöme dahinterkömmt. Zum Baaßpiel: Ich gähe*

nach 'em Holze, oder ich gähe nach Kröpcke; dagegen ich gäh zu Hause.»
Ich war vollkommen, was wir in Frankreich stupéfait nennen, oder wozu
man in Hannover sagt: ‹ßtarr und ßtumm vor Sstaunen›. (Später bemerkte ich, daß ‹Holz› soviel bedeutet wie Forst oder Stadtwäldchen.).»

Lessing, der als Dozent für Philosophie und Pädagogik an der Technischen Hochschule Hannover immer stärker den Hetzkampagnen völ-
kischer Studenten ausgesetzt war und nur wenig Unterstützung von seinen Kollegen erhielt, musste sich schließlich beurlauben lassen. Kurz
nach der nationalsozialistischen Machtübernahme floh er in die Tsche-
choslowakei. Am 30. August 1933 trafen ihn in seinem Arbeitszimmer
in Marienbad die tödlichen Schüsse nationalsozialistischer Attentäter.

Erbleichende Wörter – Warum Bedeutungen sich ändern

Was heißt es, blöd zu sein? Wer es wissen will, sollte die Klassiker
lesen. In den Texten von Lessing und Heine, Schiller und Tieck entfaltet das schnöde Wort einen semantischen Reichtum, der über die
Zuschreibung von Dummheit weit hinausgeht. *Blöd* konnte einst
heißen, krank zu sein oder schüchtern, naiv, furchtsam oder erschöpft und wer ein *blödes Gesicht* hatte, war einfach nur kurzsich-
tig (*Ge-Sicht*). Die Werke der klassischen Literatur von Klopstock
bis Fontane gehören nach wie vor zur Lektüre im Deutschunterricht,
sie gelten als kulturstiftendes Bildungsgut, doch ihre Sprache wird
auch den literarisch Interessierten zunehmend fremd. Denn die Ver-
trautheit, die «unsere Klassiker», verglichen mit Werken des Barock
oder gar des Mittelalters, zu haben scheinen, entpuppt sich des öfteren als trügerisch: Wir benutzen zwar noch dieselben Wortformen
wie die Menschen vor hundertfünfzig oder zweihundert Jahren,
aber nicht immer meinen wir damit noch dasselbe.

Du scheinst bedenklich, doch du scheinst vergnügt, heißt es in
Goethes «Tasso». Der scheinbare Widerspruch löst sich erst auf,
wenn man erfährt, dass *bedenklich* damals ‹nachdenklich›, aber
noch nicht ‹Skepsis erweckend› bedeutete. Während diese Bedeu-
tungsverschiebung klein, wenn auch folgenreich ist, haben andere
Wörter bedeutend längere semantische Wegstrecken zurückgelegt.
Die Sprache sei ein Wörterbuch *erblasseter* Metaphern, meinte

Jean Paul und mit dieser schönen Metapher *erfasste* er den *Grund* für viele semantische *Verschiebungen*: Die einst *handfeste* Bedeutung eines Wortes wird durch *übertragene*n Gebrauch *abstrakt* (wörtlich: *abgezogen*), also *blass*, ja geradezu *blutleer*.

Vielen Wörtern kann man ihre einstige Bedeutung noch ablauschen, wenn man sorgfältig hinhört. *Sorgfältig* zum Beispiel bedeutete ursprünglich, dass sich auf der Stirn Falten bildeten, weil man angestrengt überlegte. Von dieser äußeren Erscheinung schlossen die Menschen auf ihre innere Ursache, so dass das Wort im späteren Mittelalter zunächst die Bedeutung ‹sorgenvoll, betrübt› annahm und sich später zu ‹gewissenhaft, achtsam› im heutigen Sinne verschob. Wer etwas sorgfältig machen will, muss sich darein *vertiefen*. Noch Mitte des 19. Jahrhunderts allerdings *vertiefte* man sich *zwischen den Zweigen und Stämmen der Tannen* wie in Adalbert Stifters ‹Waldsteig›. Wer sich früher etwas *einbildete*, prägte es sich in die Seele oder den Geist ein und konnte das auch jemand anderem tun. Erst seit gut hundert Jahren ist dieses Wort fest mit dem Pronomen *sich* verbunden und hat die verengte und negative Bedeutung ‹sich etwas vormachen› angenommen. Die Zahl der *verblassten*, um nicht zu sagen *toten* Metaphern in der Sprache ist so *riesig*, dass es uns *schwer fiele*, uns ohne sie *auszudrücken*. Die Schwester der Metapher ist die Metonymie. Sie verschiebt die Wortbedeutungen nicht ganz so weit, sondern bleibt näher am Ursprungssinn. *Kopf* zum Beispiel bedeutete einstmals ‹Schale, Becher› – das englische *cup* erinnert daran – und ist über die semantische Zwischenstation ‹Hirnschale› in die heutige Bedeutung gewandert. Dagegen hieß der ‹Kopf› *Haupt*, das heute nur noch als feierlich-sakraler Ausdruck und als Bestandteil von Zusammensetzungen (*Hauptstadt*, *Hauptsache*) existiert.

Nicht selten gehen Bedeutungsveränderungen mit Abwertungen einher. So erging es dem *Weib*, bis ins 18. Jahrhundert noch eine neutrale Geschlechtsbezeichnung, die dann einen verächtlichen Beiklang bekam. «Das Wort *Weiber* ist ganz unschuldig und bezeichnet ohne alle Nebenbedeutung bloß das Geschlecht. Wenn ihm also eine unangenehme Nebenbedeutung anklebt, so könnte dies nur am Bezeichneten liegen; nicht am Zeichen», meinte hämisch und wider besseres Wissen der Weiberfeind Arthur Schopenhauer. Verknüpft mit dem Absinken von *Weib* war die Verbürgerlichung von *Frau*. Das Wort, das im Mittelalter ‹Herrin› bedeutete und Edeldamen vorbehalten war, wurde zur allgemeinen Höflichkeitsanrede für verheiratete Weiber und ersetzte *Madame*. Da *Weib* sich nun allmählich zum Schmähwort wandelte, musste *Frau* auch noch die Rolle der neutralen Geschlechtsbezeichnung übernehmen. Deshalb befinden sich *Herr* und *Frau* semantisch nicht ganz auf Augenhöhe. Das gleichberechtigte *Herrin* würde bei sprachpolitisch korrekten Femistinnen aber auch nicht gut ankommen, denn dann wäre die Angeredete ja nur ein grammatisches Anhängsel des Mannes.

Da es gerade um Bedeutungsverschlechterung geht: Das Wort *schlecht* ist selbst deren Opfer geworden. Ursprünglich bedeutete es das genaue Gegenteil, nämlich ‹gut, eben, einfach, gerade›. In der frühen Neuzeit geriet es aber in Gegensatz zum Bedeutungsfeld ‹kostbar, wertvoll› und nahm die Bedeutung ‹geringwertig, nicht gut› an, während seine alte Bedeutung auf *schlicht*, ursprünglich nur eine niederdeutsche Variante von *schlecht*, überging. *Schlecht und recht* heißt also eigentlich ‹genau richtig›. Wir verstehen darunter heute aber ‹knapp ausreichend› und haben mit *mehr schlecht als recht* noch eins draufgesetzt.

Ein starker Motor des semantischen Wandels ist der Wunsch, dick aufzutragen, um Aufmerksamkeit zu erregen. Wir finden etwas *wahnsinnig* interessant, *irre* spannend und völlig *verrückt*. Den ursprünglichen Sinn ‹geisteskrank›, – der bei *verrückt* bereits auf einer semantischen Ver-Rückung beruht –, denken wir nur noch ganz am Rande mit. Die drastische Wirkung, wegen der diese Wörter einst gewählt wurden, haben sie durch den häufigen Gebrauch eingebüßt. Sie sind zu normalen Intensivierungswörtern der Umgangssprache abgesunken, die niemand mehr zu ihrem Nennwert nimmt. Noch weiter fortgeschritten ist diese Abnutzung bei *toll*, das ebenfalls ‹psychisch gestört› bedeutete, was heute aber nur noch in der *Tollwut* und im bloß noch metaphorisch gebrauchten *Tollhaus* mitschwingt.

Ähnlich verhält es sich mit dem inzwischen allüberall zu hörenden *Geil!* Ältere Mitbürger lässt es noch zusammenzucken, aber sie können sich beruhigen. Ein Student, der ein *geiles Thema* für seine

Hausarbeit bekommen hat, schreibt nicht über Pornographie. Er freut sich einfach über sein *wahnsinnig tolles* Thema und weiß wohl gar nicht, dass *geil* einst ‹fröhlich, übermütig› hieß, im späten Mittelalter die sexuelle Bedeutung ‹lüstern, erregt› annahm und schließlich zum Tabuwort wurde. Dadurch empfahl es sich vor allem Jugendlichen, die damit ihrer Begeisterung drastisch Ausdruck geben wollten. Doch Tabus, die dauernd gebrochen werden, sind bald keine mehr, und so ist auch *geil* nur noch eine jugendsprachliche Verstärkervokabel, die es in dieser Bedeutung schon bis in den Duden geschafft hat. Dort trifft sie auf *sehr*, das ebenfalls eine kraftmeierische Vergangenheit hat. Ursprünglich bedeutete *sehr* ‹schwerverletzt, wund›, was sich noch in *versehrt* gehalten hat. *Sehr* hat den Weg schon hinter sich, den *brutal* gerade eingeschlagen hat. Dessen Weichspülung begann im alemannisch-pädagogischen Wohngemeinschaftsmilieu: *Du muscht deine Beziehung aufarbeiten, das isch brutal wichtig, Du.* Mittlerweile hat es das Wort mit *brutalstmöglicher Konsequenz* bis in den Politik-Jargon geschafft.

Wörter leben paradox: Je mehr Bedeutungen sie aufsaugen, desto bedeutungsärmer werden sie. So ist es zum Beispiel der *Sache* gegangen. Ursprünglich bezeichnete das Wort einen Streitfall. Doch diese enge Bedeutung hat es nur im Juristendeutsch (*in der Sache Müller gegen Meier*) bewahrt. Im Alltag verallgemeinerten die Sprecher die *Sache* zunächst zu einer Bezeichnung für alle möglichen Aufgaben und Angelegenheiten, die jemand zu vertreten hatte. Von dort aus weitete sich die Wortbedeutung immer mehr aus, bis sie schließlich alle nur denkbaren Gegenstände, Vorgänge und Anliegen umfasste: *Zur Sache, Schätzchen!*

Ding, das zweite Allerweltssubstantiv, hatte ein ähnliches Schicksal. Anfangs bezeichnete es als *thing* die Gerichtsversammlung, dann den dort verhandelten Fall und schließlich Objekte, Angelegenheiten und Themen schlechthin. Die alte rechtliche und vertragliche Bedeutung steckt noch in in der *Bedingung* und in *ausbedingen*.

Was wir heute *Ding* nennen, hieß in füheren Zeiten *Wicht*, und die kleinen *Wichtel* heißen noch heute so, weil die Menschen in alten Zeiten den Zwergen nicht über den Weg trauten. Zwar waren die Angehörigen des «kleinen Volks» geschickte Handwerker und beherrschten allerlei Künste, aber sie standen auch in dem Ruf, Kinder zu rauben und andere böse Streiche zu spielen. Deshalb nannte man sie lieber nicht bei ihrem Namen, – nur nichts berufen! –, sondern benutzte ein unverfängliches Tarnwort, wenn man über sie redete: Man sprach vom Zwerg einfach als von ‹dem Ding›, dem *Wicht* eben. Dieser alte *Wicht*, im Sinne von ‹Gegenstand› oder ‹Ding› steckt noch im Wort *nicht*. Das geht nämlich zurück auf *neo-wiht*, was ‹kein Gegenstand› bedeutet.

3. Buchstabenkämpfe – Der Streit um die rechte Schreibung

2006 wurde die jüngste Rechschreibreform abgeschlossen. Die erste Version der Regeln lag schon 1996 vor, aber notwendige Nachbesserungen und heftiger Widerstand in der Bevölkerung verzögerten die endgültige Einführung zehn Jahre lang. Orthographie gilt eigentlich als Leibspeise für öde Pedanten, doch als sie reformiert werden sollte, entfaltete die dröge Buchstabenklauberei ein ungeahntes dramatisches Potential. Rechtschreibreformer und ihre Gegner wurden zu Helden einer Tragikomödie, die das Publikum jahrelang in Atem hielt. Erbitterte Kontroversen, Unterschriftenaktionen, Bürgerinitiativen, Gerichtsprozesse und Petitionen bestimmten die Szene. Bereits verabschiedete Neuregelungen wurden korrigiert, wieder verabschiedet und noch einmal korrigiert, bis am Ende auch unter ehrenvoll ergrauten Germanistikprofessoren, Kultusministern und Studienräten die Verwirrung komplett war. Rechtschreibwörterbücher, hastig auf den Markt geworfen, entpuppten sich umgehend als Altpapier, weil sie vor Fehlern strotzten. Die Kosten der Reform dürften in die Milliarden gehen, wenn man neben den Ausgaben für Neudrucke, Informationsmaterialien und Fortbildungsveranstaltungen auch die Zeit mit einrechnet, die Millionen von Menschen für das Neu-, Um- und Rück-Umlernen investieren mussten. Die Rechtschreibung erfuhr eine öffentliche und mediale Aufmerksamkeit, wie sie keinem anderen Bereich der Sprache je zuteil wurde. In einem Jahrzehnt, in dem Wirtschaftskrisen, internationaler Terrorismus und überlastete Sozialsysteme die Politik bestimmten, schaffte es der Kampf um die Buchstaben immer wieder auf die Frontseiten der Tageszeitungen, er inspirierte Journalisten zu flammenden Kommentaren und füllte Leserbriefspalten und Internetforen.

Der massive Widerstand, der den Reformern entgegenschlug und der von ihnen gern als dumpfer Konservatismus abgetan wurde, erwuchs aus der Ahnung, dass die Rechtschreibung kein bloßer Mechanismus zur Verschriftung von Lauten ist, an dem sich beliebig drehen lässt, sondern ein historisch gewachsenes System, das seiner eigenen Logik folgt und als ein starkes Symbol sprachlicher Identität wirkt. Rechtschreibreformer mit ihrem technokratisch verengten Blick haben solche Aspekte schon immer übersehen oder ausgeblendet. Das gilt auch für Konrad Duden, den Großorthographen des 19. Jahrhunderts. Allerdings haben er und seine Mitstreiter – nicht aus Überzeugung, aber in weisem Pragmatismus – darauf verzichtet, die Orthographie ernsthaft umzubauen. Sie beschränkten sich stattdessen darauf, bestehende Schreibungsvarianten zu vereinheitlichen. Die Reformer unserer Tage sind darüber hinausgegangen. Sie haben vor allem mit der Ausweitung der Groß- und Getrenntschreibung in ein sinnvolles System eingegriffen und dadurch mehr Schaden als Nutzen angerichtet.

Wir werden uns mit dem Großexperiment, das die jüngste Rechtschreibreform darstellt, noch genauer beschäftigen. Aber zunächst einmal erheben wir uns über das Tagesgeschehen der Gegenwart und nehmen die Vogelperspektive des Historikers ein. Aus dieser Höhe, die die großen Entwicklungslinien in den Blick bringt, zeigt sich, dass auch die jüngste Reform der jahrhundertealten Grundform der deutschen Orthographie nicht allzuviel anhaben konnte. Unsere heutige Schreibweise folgt im wesentlichen immer noch den Prinzipien, die Adelung und seine Zeitgenossen vor über 200 Jahren in Regelwerken und Wörterbüchern festhielten. Es scheint, dass diese Sprachgelehrten das Schriftsystem in einem historisch günstigen Moment fixierten, als es nämlich genügend ausgereift war, um über längere Zeit stabil zu bleiben. Doch trotzdem – oder gerade deshalb – begann schon damals eine bis heute nicht abreißende Kette von Rechtschreibdebatten und -experimenten. Das jüngste Reformprojekt ist nur das bislang letzte in einer langen Serie, die sich fortsetzen wird. Auch der Überdruss an diesem Thema, der den Höhepunkten der Erregungskurven regelmäßig folgt, ist nichts Neues. Entnervt stöhnte Wieland 1783 über die *orthographische Influenza*, die das Land heimsuche. Für sie war damals vor allem

Klopstock verantwortlich, dem wir schon im Zusammenhang mit den Diskussionen um die Aussprache begegnet sind (s. S. 124).

Gegen die Gemechlichen und Endrungsscheüen

Klopstock propagierte eine radikale phonetische Rechtschreibung, in der kein Laut *mer als Ein Zeichen; und kein Zeichen mer als Einen Laut haben* sollte. Die überkommene *Mönchsortografi* wünschte er zum Teufel, denn die Rechtschreibung sei eine Sache fürs Ohr, nicht fürs Auge. *Ich läugne äben so wenig, daß mein Auge durch alles dis Ungewönliche anfangs auch beleidigt wurde. Aber das war bald forbei. Jezt se ich es gern so rein for mir, wi mans hört und spricht.*

Klopstock war kein verschrobener Sonderling. Er war der Dichterfürst des 18. Jahrhunderts, der gefeierte Meister des hohen, mitunter auch hohlen Tons. Seine prunkenden Sprachbilder, der wogende Rhythmus seiner hymnischen Oden waren «Kult». Goethes «Werther» gibt einen Eindruck davon:

Sie stand auf ihrem Ellenbogen gestützt und ihr Blik durchdrang die Gegend, sie sah gen Himmel und auf mich, ich sah ihr Auge thränenvoll, sie legte ihre Hand auf die meinige und sagte – Klopstock! Ich versank in dem Strome von Empfindungen, den sie in dieser Loosung über mich ausgoß. Ich ertrugs nicht, neigte mich auf ihre Hand und küßte sie unter den wonnevollesten Thränen.

Klopstocks Rechtschreibideen riefen ebenfalls starke Gefühle hervor, allerdings von anderer Art. *Der alte stolze Narr ist dem delirio nahe,* raunzte Johann Gottfried Herder und erregte sich über dessen *lächerliche und unsere ganze Nation beschimpfende Sprachverwirrung.* Georg Christoph Lichtenberg, der scharfzüngige Physiker aus Göttingen, spottete über Klopstocks Vorhaben, es werde *file ferfüren, mich ferfürz nicht … Was die Engländer in der Füsik, die Franzosen in der Metafüsik sind, sind die Deutschen unstreitig in der Ortokrafi.*

Klopstock nahm die Sottisen und satirischen Flugblätter, die auf ihn herabregneten, gelassen: *Wider die Ortogafi, die ich forschlage [ist] noch kein Einwurf gemacht worden, dän ich nicht in der Ferne kommen gesen.* Der Virtuose des Pathos verachtete die Anhänger der grauen Konvention, allen voran Johann Christoph Adelung, einen dieser *Gemechlichen und Endrungsscheüen, di nichz untersuchen mögen, und kein höheres Gesez, als di Mode, kennen.* Da mochte allerdings auch Neid eine Rolle spielen, denn Klopstock, der jahrelang an einer Grammatik des Deutschen gearbeitet hatte, sah sich durch Adelungs Werk ausgestochen. Der verteidigte den eingebürgerten Schreibgebrauch: *Nichts ist unsern Neuerern in der Orthographie von je her so anstößig gewesen, als dieser Gebrauch, und sie haben nicht Schmähworte genug finden können, ihren Unmuth an ihm zu büßen. Allein ich sehe nicht ein, warum der Gebrauch in der Orthographie verächtlicher und unrechtmäßiger seyn sollte, als in andern Theilen der Sprache. Wir sagen im Plural Männer, Häuser, Felder, Bäume, Tische, wir conjugieren fallen, ich fiel, gefallen [...], wir nennen reiten reiten und nicht fahren, alles ohne einen anderen Grund angeben zu können, als den allgemeinen Sprachgebrauch.*

Klopstocks Motive waren vielschichtig. Für ihn, den rezitierenden Lyriker, war Sprache vor allem Klang, dem die Schrift zu dienen hatte. Hinzu kamen patriotische Motive: Die Reform sollte das Ansehen der deutschen Sprache, die *durch Zweifel, wi dis und das zu schreiben sei, ser oft ferdrüslich macht*, im Ausland steigern.

Natürlich wusste Klopstock, dass im Französischen und Englischen die Beziehungen zwischen Lauten und Buchstaben noch bedeutend unübersichtlicher waren als im Deutschen. Eben deshalb aber sollte die deutsche Orthographie den ja schon halb beschrittenen Weg zur Lautschrift konsequent zu Ende gehen und so zum internationalen Vorbild werden.

Klopstock fand auch einige Gleichgesinnte. Diese Bundesgenossen erweckten in ihm allerdings zwiespältige Gefühle. Sie wollten der neu zu schaffenden Schreibung ihre jeweils eigenen Mundarten zugrundlegen und machten dadurch deutlich, welche Tücken der Maxime «Schreib wie du sprichst» innewohnen. Einer dieser Neue-

rer war Jakob Hemmer aus Mannheim, im Hauptberuf Hofgeist-
licher, außerdem Sprachforscher und Meteorologe, der sich durch
die Verbesserung des Blitzableiters bleibende Verdienste erworben
hat. Hemmer wollte das *heutiche wichtiche Ferbesserungsgescheft*
der Rechtschreibreform auf der pfälzischen Sprachgrundlage seiner
Heimat betreiben und plädierte für das Recht aller Deutschen, in
den verschiedenen *gechenden* zu *schreiben, was di fon inen selbst
für deutsch erklerte Aussprache hören lest.*

Das kam für Klopstock selbstredend nicht in Frage. Seine Rechtschreibung war fest geknüpft an die von ihm propagierte norddeutsche Hochlautung. Dialektale Liberalität, das war ihm klar, würde
bei einer konsequent phonetischen Orthographie die gerade erst
mühsam erreichte Einheit der deutschen Schriftsprache wieder zerstören. Dann, so kritisierte er, dürfte man ja auch *Buach, ischt,
Mensgen, beite, beteren* (statt *betören*), *ibel, beflisen, Puch, lawen*
(statt *laufen*), *cheklaubt, keklaubt* oder *jejlaubt* schreiben.

Anfang der achtziger Jahre gab Klopstock nach einem knappen
Jahrzehnt sein Engagement für die Orthographiereform wieder auf.
Vielleicht aus Resignation, vielleicht weil ihm anderes wichtiger
war. Nur wenige seiner Werke erschienen in der reformierten Ortho-
graphie, dazu gehören einige Exemplare des «Messias», die 1780 in
Altona gedruckt wurden:

Sing, unsterbliche Sele, der sündigen Menschen Erlösung,
Di der Messias auf Ärden in seiner Menschheit follendet,
Und durch di är Adams Geschlechte di Libe der Gotheit
Mit dem Blute des heiligen Bundes fon neûem geschenkt hat.
Also gescha des Ewigen Wille. Fergäbens erhub sich
Satan wider den götlichen Son; umsonst stand Juda
Wider in auf: är taz, und folbrachte di grosse Fersönung.

Mönchsorthographie? Die Emanzipation des Schreibens vom Sprechen

Klopstocks Reformengagement blieb Episode, aber eine mit Folgen. Bis in die Gegenwart hinein berufen sich Orthographiereformer gern auf den Dichter als ehrwürdigen Ahnen im Geiste. Die von ihm propagierte Eins-zu-eins-Entsprechung von Lauten und Buchstaben ist ihr Ideal geblieben. Der Internationale Arbeitskreis für Orthographie, der die jüngsten Neuregelungungen erarbeitet hat, erklärte 1992: *Im Idealfall entspricht [..] einem Laut (oder einer Lautverbindung) genau ein Buchstabe (oder genau eine Buchstabenverbindung). [...] Bei der Arbeit an der Weiterentwicklung der deutschen Rechtschreibung ist man besonders in diesem Bereich auf eine Reihe von Problemen gestoßen. Sie haben ihren Grund darin, daß eine konsequente und systematische Eins-zu-eins-Entsprechung theoretisch zwar durchaus möglich wäre und auch eine erhebliche Vereinfachung vor allem bei der Erlernung der deutschen Rechtschreibung mit sich brächte. Der Preis dafür bestünde aber in erheblichen Eingriffen in das vertraute Schriftbild. Dazu scheint die Öffentlichkeit nicht bereit.*

Im Klartext: Geistige Trägheit hindert das Sprachvolk zu erkennen, was ihm frommt. Auch dieses Selbstbild als Fackelträger der Vernunft pflegen die Modernisierer seit Klopstocks Zeiten.

In Wahrheit stellt diese Sichtweise die Dinge auf den Kopf. Der verächtliche Begriff *Mönchsortografi*, mit dem Klopstock die vermeintlich altmodische Rechtschreibung seiner Zeit geißelte, passt viel eher auf seine eigenen Reformpläne, denn sie knüpften tatsächlich an die Schreibstuben des Mittelalters an. Dort praktizierten die Mönche eine Schreibweise, die bedeutend phonetischer war als die heutige, sie schrieben *gap, ere, bote, han, burc, geste, kint* statt *gab, Ehre, Boote, Hahn, Burg, Gäste, Kind.* Zu dieser Zeit war die Schrift nur die Magd des gesprochenen Wortes, der geschriebene Text nicht mehr als ein Zwischenlager, dessen Buchstaben Gesagtes speicherten, das erst lautes Lesen wieder zum Leben erweckte. Wenn noch heute vom «Wortlaut» schriftlicher Texte «die Rede» ist, dann vernehmen wir darin einen fernen Nachhall dieser oralen Kultur.

Häufig gab es eine Arbeitsteilung zwischen dem Autor, der den Text formulierte und diktierte, ohne selbst schreibkundig sein zu müssen, und dem Schreiber, der als Handwerker das Gehörte in Schriftzeichen umsetzte. Wer eigenhändig schrieb, sprach die Worte mit, die er aufs Pergament setzte. *Niemand kann ermessen, welche Anstrengungen verlangt werden. Drei Finger schreiben, zwei Augen sehen. Eine Zunge spricht, der ganze Körper arbeitet,* so ein Schreiber im 8. Jahrhundert.

Das Ohr, nicht das Auge war das Vorzimmer des Geistes. Texte dienten vor allem dazu, einem Publikum vorgetragen zu werden, für das ein Vorleser die *Stimmen der Buchseiten* ertönen ließ. Auch Verträge, Anordnungen und Bekanntmachungen wurden laut verlesen, um ihnen rechtliche Wirkung zu verleihen – noch heute tut das der Notar, bevor er einen Vertrag beglaubigt. Auch wer für sich allein las, tat das laut, denn erst die Stimme erschuf den Text. Ausnahmen wurden als erstaunliche Besonderheit wahrgenommen. Der Kirchenvater Augustinus hielt es für berichtenswert, dass ein befreundeter Bischof las, *während Stimme und Zunge ruhten.*

Im späten Mittelalter begann sich das zu ändern. Der Schriftverkehr nahm zu, ebenso die Zahl der Schreib- und Lesekundigen. Texte dienten nicht mehr in erster Linie als Vorlage für das Vorlesen und Auswendiglernen, sondern der alltäglichen Fixierung und Übermittlung von Gedanken und Informationen ohne ein zwischengeschaltetes «Sprachrohr». Immer mehr Autoren schrieben nun selbst, statt zu diktieren. Eine schnelle, flüssige Schreibschrift entstand und löste das umständliche Handwerk ab, bei dem jeder Buchstabe einzeln «gesetzt» wurde. Auch das laute «Lesen mit dem Mund» wich allmählich dem «Lesen mit dem Auge».

Für die Schriftsprache ergaben sich daraus einschneidende Änderungen. Sie emanzipierte sich vom Sprechen und übernahm neben der bloßen Kodierung der Laute zusätzliche Informationsfunktionen. Dazu gehört die visuelle Unterscheidung gleichlautender Wörter: (*malen / mahlen*), die Kennzeichnung gemeinsamer Wortstämme (*lieben → lieb* statt *liep, Kinder → Kind* statt *Kint*) und die Vermittlung grammatischer Informationen zum Beispiel durch die Substantivgroßschreibung. Die Interpunktion, die zunächst vor allem der rhythmischen Gliederung diente, richtete sich nun zunehmend nach logischen und grammatikalischen Kriterien. All diese Neuerungen machten das Schreiben komplizierter. Sie erleichterten aber das Lesen, weil sie die Sinnzusammenhänge verdeutlichten. Da die meisten Menschen bedeutend mehr lesen als schreiben, hat sich diese Leselastigkeit der Orthographie im Laufe der Zeit immer mehr verstärkt. Die Schrift ist dadurch von einem bloßen Laut-Speicher zu einem differenzierten System geworden, das durch seine grammatischen und semantischen Zusatzinformationen einen hohen Mehrwert liefert. Der Preis dafür sind die Mühen des Schreibenlernens.

Was man so höat – Der Abstand zwischen Schrift und Lautung

Wie groß der Abstand zwischen Schreiben und Sprechen ist, merkt man erst, wenn man alltägliche Worte einmal lautgetreu notiert, *so wie hia: Da kannsma lesn, was man orginal heutso höat. Willstu wükklich so schreibm? Kannsdoch vegessn! Odä nich?*

Selbst eine Orthographie, die zum Zeitpunkt ihrer Entstehung jedem Laut genau einen Buchstaben zuwiese, würde sich bald von der gesprochenen Sprache entfernen. Das liegt am unterschiedlichen Entwicklungstempo: Sprechen, auch in seiner gepflegtesten Hoch-Form, verändert sich viel schneller als das Schreiben, das fixierten Regeln und einer korrigierenden Kontrolle unterliegt. Je länger nun der Zeitpunkt zurückliegt, an dem die Orthographie normiert wurde, desto weiter geht diese Schere auseinander, desto unregelmäßiger und verwickelter gestaltet sich die Beziehung zwischen den Lauten und den Buchstaben. Ein Beispiel ist die englische Orthographie. Sie konserviert einen mittelalterlichen Lautstand, den es seit dem frühen 15. Jahrhundert nicht mehr gibt. Damals veränderten umfangreiche Vokalverschiebungen das gesprochene Englisch. Die Schriftsprache aber nahm diesen Lautwandel nicht auf. Die Schreibung des Wortes *Knight* zum Beispiel – verwandt mit dem deutschen *Knecht* – spiegelt die Aussprache aus der Zeit davor. Man kann sie wiederbeleben, wenn man das Wort deutsch und mit langem i ausspricht: Knicht. In der heutigen englischen Aussprache «Nait» ist davon kaum etwas übrig geblieben. Anders der deutsche *Knecht*: Bis auf die Buchstabenkombination *ch,* die erfunden wurde, weil es im lateinischen Alphabet kein Zeichen für den entsprechenden Laut gibt (vgl. S. 56), wird die deutsche Lautung durch die Buchstaben ein-zu-eins wiedergegeben.

Jacob Grimm und die Leffel-Partei

Der nächste Prominente, der nach Klopstock die Schreib-Bühne betrat, war kein Geringerer als Jacob Grimm, der nicht nur Märchen sammelte, sondern vor allem ein bedeutender Sprachwissenschaftler war. Grimm, der mit Klopstocks Ideen sympathisierte, fand die Orthographie seiner Zeit *unrichtig, barbarisch und schimpflich*: Er beklagte das *geschlepp und gespreize der buchstaben* und fragte: *laszen wir doch … aus den haaren das puder weg, warum soll in der schrift aller unrat bleiben?* Grimm propagierte nicht nur eine weitgehend phonetische Schreibung, sondern auch *die verbannung der einfältigen großen buchstaben aus den substantiven.* Klangtreue und Einfachheit waren für Grimm – anders als für Klopstock – aber kein Selbstzweck, sondern Wegweiser zurück in die gelobten Gefilde des Mittelhochdeutschen. Durchdrungen von den Ideen der Romantik, war Grimm überzeugt davon, dass die deutsche Sprache und Schreibung im Mittelalter einen Gipfelpunkt erreicht hatte und sich seitdem auf dem Abstieg befand. Um ihn aufzuhalten, entwarf Grimm eine Orthographie, die die Wörter wieder klingen und aussehen ließ wie in den Zeiten Walthers von der Vogelweyde. Einfacher wäre das Schreiben durch die Grimmschen Reformen gewiss nicht geworden: Die Doppelschreibung der Konsonanten wie *ff* oder *ss* wollte er nur noch dort dulden, wo sie sich auf zwei Silben verteilen, also *sie schaffen* aber *sie schaft*, *gewisses* aber *gewis*. Die Verdoppelung der Vokale kritisierte er ebenso wie das *h* als Längenzeichen: *wir schreiben grün und schön, warum nicht kün, sondern kühn? warum schere, aber beere und wehre?* In Wörtern wie *haar* und *leer* durften die Doppelvokale allerdings stehen bleiben, weil es sie dort auch in altdeutschen Zeiten schon gegeben hatte. Aus demselben Grund gewährte Grimm auch dem Dehnungs-h Bestandsschutz, wenn es in Wörtern wie *sehen* vorkam. Dort hatte es in alten Zeiten schon für einen *ch*-ähnlichen Laut gestanden. Verschwinden sollte es aber beispielsweise in *zahm* und *zähmen*, weil diese Wörter mit den h-losen Ausdrücken *ziemen, ziemlich* und *zunft* verwandt sind. Auch das *ie* behielt nur dort noch Heimatrecht, wo es bereits im Mittelalter geschrieben und gesprochen wurde: *er liebt*, aber *er stilt*, das *zil*, aber das *lied* . Das Wort *verwalten* würde «auf Grimmisch» *fervalten* geschrieben, denn das *w* sollte dem *v* weichen, dessen bisherigen Platz wiederum das *f* einnahm. Ohne deutsche Sprachgeschichte zu studieren, hätte man diese Orthographie kaum beherrschen können. Die Verwendung von Buchstaben zur Bedeutungsunterscheidung war für Grimm eine *pedantische Barbarei*: *Heer, her* und *hehr* verschmolz er zu *her*; *mehr* und *Meer* zu *mer, wieder* und *wider* zu *wider*, und was einst *wahr war*, wurde nun einheitlich *war*.

Indem Grimm die Schreibung der Wörter nach mittelalterlichen Vorlagen restaurierte, veränderte er auch ihre Laute. So sollte es statt *Mond, Licht* und *Baum* künftig *Mand, Liecht* und *Boum* heißen. Aus dem *Ereignis* wurde das *Eräugnis*, aus dem *Kissen* das *Küssen*. Die Forderung, *Löffel* durch *Leffel* zu ersetzen, trug Grimm und seinen Anhängern den Spottnamen «Leffel-Partei» ein.

Grimm wollte die Sprache zurückzüchten, weil er in den Frühformen des Deutschen die Quelle des reinen, echten Volksgeists sah. Dessen Wiedererweckung sollte Deutschlands politische Zersplitterung überwinden und seine verlorene Einheit und Freiheit wiederherstellen: [Es] *wäre fast allen übelständen abgeholfen, wenn sich, in der hauptsache, zu dem mhd. brauch zurückkehren ließe, wodurch auch die scheidewand zwischen gegenwart und vorzeit weggerissen und das lebendige studium unseres alterthums unsäglich gefördert würde.*

Was wäre geschehen, wenn sich Grimms Rechtschreibung durchgesetzt hätte? Seine Zeitgenossen hätten sich wohl kaum eine mittelhochdeutsche Aussprache angewöhnt. Es wäre also eine «englische» Situation mit einer breiten Kluft zwischen altertümlichem Schreiben und modernem Sprechen entstanden.

Grimm aber war sich sicher: *Hat nur ein einziges geschlecht der neuen schreibweise sich bequemt, so wird im nachfolgenden kein hahn nach der alten krähen.* Das geschah nicht, und so ist es Grimms Orthographie, nach der heute weder ein *Hahn* noch ein *han* kräht. Er selbst konnte sie nur begrenzt praktizieren – vor allem in seinen Aufsätzen findet sie sich in gemäßigter Form –, weil weder die Verleger noch sein Bruder und Ko-Autor Wilhelm ihm auf diesem Weg folgen mochten. In den Kinder- und Hausmärchen kommt die «mittelhochdeutsche» Schreibweise überhaupt nicht vor. Obwohl sie ja auch aus «alten Zeiten» stammt …

Konfusion in der Schule

So weltfremd Grimms Ideen heute anmuten, wirkungslos blieben sie keineswegs. Im Gegenteil: Sie fanden überzeugte Anhänger unter Germanisten und Deutschlehrern, sorgten für Streit und Konfusion in den Schulen und behinderten über viele Jahre die Rechtschreib-Entwicklung, die eigentlich auf gutem Wege gewesen war. Erst durch die Irritationen, die die Grimmsche «Leffel-Partei» in den Klassenzimmern stiftete, geriet die Schule überhaupt in den Fokus der Orthographiediskussionen, wurden die Bedürfnisse des Rechtschreibunterrichts zum entscheidenden Kriterium erhoben. Ungewollt erreichte Grimm, dem pädagogische Fragen ziemlich gleichgültig waren und der den Deutschunterricht für überflüssig hielt, dass die leichte Erlernbarkeit und nicht die Leistungsfähigkeit des Schriftsystems zum Maßstab aller Orthographiereformer wurde. Das Einfallstor für Grimms Ideen waren die Universitäten und die Gymnasien, deren Lehrer im Studium seine «historische Schule» kennengelernt hatten, während die Volksschulen meistens der eingebürgerten Adelungschen Rechtschreibung treu blieben.

1852 veröffentlichte der Grimm-Schüler Karl Weinhold aus Graz die Prinzipien seines Meisters in einer österreichischen Lehrerzeitschrift und erklärte schneidig, wenn auch in alter Orthographie: *Wen solche Aenderung zu gewaltsam dünkt, der erwäge, daß Krebßschäden nur durch Schnitt und brennen zu heilen sind; weichliche Behandlung ist ein Verbrechen gegen den Kranken.* Lehrer begannen mit der «historischen Schreibung» zu experimentieren, sie wurde zum Thema von Schulkonferenzen. Da es weder amtliche Orthographie-Regelungen noch didaktische Leitlinien gab, hatten die Lehrer und oft auch die Schüler freie Hand. *Die Schüler in den Gymnasien fingen an, sich jeder seine eigene Orthographie zu bilden, und die Grimmisch gebildeten Lehrer ließen es gerne geschehen,* erinnerte sich der Germanist Wilhelm Scherer im Jahr 1885. Eine Kluft öffnete sich zwischen der eingebürgerten Orthographie «für das Volk» und der «gelehrten» Orthographie der historischen Schule. *Es dauerte nicht lang, so waren die Setzer in solcher Verwirrung, daß es eine wahre Marter ward, ein Buch drucken zu lassen, und daß oft alle Bemühungen, 20 oder 30 Bogen hinter einander dieselbe Orthographie durchzuführen, vergeblich waren und sind,* so Wilhelm Scherer.

Die historische Schule fand unter Germanisten und Studienräten jedoch auch scharfe Gegner, die Grimms Schreibweise als «aristokratische Geheimwissenschaft» kritisierten. Neben denen, die einfach der herkömmlichen Schreibweise treu bleiben wollten, formierte sich ein drittes Lager, das zunehmend Einfluss gewinnen sollte: die «phonetische Schule», deren Ziel eine möglichst lautgetreue und zugleich gegenwartsorientierte Schreibweise war. Der Konflikt zwischen diesen Richtungen bestimmte auf Jahrzehnte hinaus die Rechtschreib-Szene. Er entstand aus theoretischen und ideologischen Gründen, nicht aus praktischer Notwendigkeit. Zu dieser Zeit existierte nämlich bereits eine funktionierende und halbwegs vereinheitlichte Schreibung, die allein aus der Praxis erwachsen war. Zwar gab es eine Reihe von Schwankungsfällen (z. B. *allmählich, allmählig; deshalb, deßhalb, desshalb; Los, Loos; verleumden, verläumden; Tabak, Taback; Fluth, Flut; Zitrone, Citrone*) Aber ihre Zahl war überschaubar, und um sie zu bereinigen, hätte es keines wissenschaftlichen Grundsatzstreits bedurft. Eben der aber unterminierte jetzt die bereits gewonnene Ordnung, ließ überwunden geglaubte Unsicherheiten neu entstehen und produzierte Probleme, die es zuvor nicht gegeben hatte. Die Orthographiekonferenz von 1901, die den amtlichen «Duden» hervorbrachte, diente nicht zuletzt dazu, solche hausgemachten Schwierigkeiten wieder zu beseitigen.

Bis dahin aber konnte sich keiner der deutschen Staaten zu einer gesetzlichen Regelung der Orthographie durchringen. Den Regierungen – so verordnungsfreudig sie sonst sein mochten – lag der Gedanke, die Sprache oder die Schreibung zu regulieren, völlig fern. Man beschränkte sich auf vereinzelte und zurückhaltende Versuche, der Entwicklung zu steuern. Nur in den Königreichen Württemberg und Hannover kam es vor der Gründung des Deutschen Reiches überhaupt in Ansätzen zu amtlichen Vorgaben. Für die Schulen hatten sie aber nur empfehlenden Charakter und beschränkten sich auf den Appell, nicht vom Usus abzuweichen. In Österreich und Preußen ergingen Aufforderungen an die Lehrer, sich zumindest innerhalb einer Schule auf eine gemeinsame Schreibung zu einigen. Der preußische Erlass von 1862 lässt die Hilflosigkeit erkennen: *Die in den Principien der deutschen Orthographie und Interpunktion noch herrschende Unsicherheit ist kein Grund, den Schülern darin Willkür oder Unachtsamkeit nachzusehen. Die Schule hat das auf diesem Gebiete durch das Herkommen Fixierte in den unteren und mittleren Klassen zu sicherer Anwendung einzuüben, und es ist dem einzelnen Lehrer derselben Anstalt nicht zu gestatten, die Übereinstimmung des Verfahrens, zu welchem die Lehrer derselben Anstalt sich vereinigen müssen, um theoretischer Gründe willen zu stören.* Doch selbst wenn die Lehrer «derselben Anstalt» sich geeinigt hatten – sobald ein Schüler die Schule wechselte, betrat er wieder orthographisch unsicheren Boden.

Hatten in den Auseinandersetzungen um die Rechtschreibung zunächst die «Grimmschen» dominiert, so bekam nach und nach die phonetische Schule die Oberhand. Ihre Ideen entsprachen dem wissenschaftlichen Zeitgeist. Phonetik und Lautphysiologie nahmen in diesen Jahren großen Aufschwung, die Sprachwissenschaftler entdeckten «Lautgesetze», nach denen sich die Sprachen entwickelten. «Sprache» bedeutete nun vor allem gesprochene Sprache, während der Eigencharakter des Schriftsystems aus dem Blick geriet oder als zweitrangig galt. Der renommierteste Orthographie-Reformer aus diesem Kreis war der Erlanger Germanistik-Professor Rudolf von Raumer. Er wusste wofür, aber auch wogegen er kämpfte, hatte er selbst doch bei Jacob Grimm in Göttingen studiert. Der ruhige, gesetzte Professor begab sich Mitte der fünfziger Jahre in die Niederungen der tagesaktuellen Auseinandersetzungen, weil ihn bedrückte, *welche Noth in den verschiedenartigsten Schulen die deutsche Rechtschreibung nicht nur dem Schüler, sondern auch dem Lehrer bereitet. Die Noth des Schülers besteht in der Schwierigkeit unserer Rechtschreibung überhaupt, die Noth des Lehrers in dem Schwanken, das auf diesem Gebiet theils schon eingerissen ist, theils immer mehr einzureißen droht.* Politische Motive kamen hinzu. *Derselbe Geist, welcher nach den Freiheitskriegen die* deutsche Burschenschaft hervorrief und beseelte, erfüllte auch ihn zeitlebens, heißt es in einer zeitgenössischen Biographie. Wie für alle Reformer war auch für Raumer die Orthographie eine vaterländische Angelegenheit, ihre Regelung ein Baustein der nationalen Einheit. Sein Ideal war eine Schreibung, bei der Laute und Buchstaben in einem genauen Eins-zu-eins-Verhältnis standen. In manchen Einzelheiten, wie dem Verzicht auf das Dehnungs-h (*Son, Jar*) stand er Grimm durchaus nahe, allerdings mit dem entscheidenden Unterschied, dass sein Bezugspunkt die Sprache des Industriezeitalters, nicht die der Minnesänger war. Manche von Raumers Vorschlägen finden sich in der heutigen Rechtschreibung verwirklicht, so die Ersetzung von *c* durch *k* oder durch *z* in Lehnwörtern wie *Casse* → *Kasse* oder *Circus* → *Zirkus* und die Abschaffung des *th* in Wörtern mit germanischen Wurzeln wie *Thau*.

Wichtiger aber erschien Raumer, dass die neu zu schaffende Rechtschreibung im gesamten Sprachgebiet übereinstimmte und von der großen Bevölkerungsmehrheit akzeptiert wurde. Dafür war er bereit, seine phonetischen Ideale zurückzustellen und an die Tradition anzuknüpfen: *Auch eine minder gute Orthographie, wofern nur ganz Deutschland darin übereinstimmt, ist einer vollkommnern vorzuziehen, wenn diese vollkommnere auf einen Theil Deutschlands beschränkt bleibt und dadurch eine neue, keineswegs gleichgiltige Spaltung hervorruft.*

Raumer erkannte an, dass sich abseits des Schulstreits, in der Sprachwirklichkeit der Druckereien, Kontore und Verwaltungen längst eine praktikable Orthographie herausgebildet hatte: *Man thut [..] bisweilen, als wäre die hergebrachte Orthographie durchweg so schwankend und unsicher, dass man von einer feststehenden, allgemein gültigen deutschen Orthographie kaum reden könnte. [...] Tatsächlich aber sei das streitige Gebiet nur ein schmaler Grenzsaum verglichen mit der großen Masse des Uebereinstimmenden.*

Raumers pragmatische Haltung, sein Ausgleich zwischen Tradition und Innovation verschaffte ihm die Sympathien der Kultusbehörden und vieler Lehrer, die nach einem Ausweg aus der festgefahrenen Orthographiedebatte suchten. Die Gründung des Deutschen Reiches 1871 gab den Hoffnungen auf Vereinheitlichung neue Nahrung. Eine schnelle Lösung war aber auch jetzt nicht in

Sicht, denn Schulangelegenheiten blieben Ländersache. Trotzdem gab es neuen Schwung: Den Anfang machten die Gymnasial- und Realschullehrer in Berlin. Sie nahmen die Sache nun selbst in die Hand und verfassten für die Schulen der Stadt ein gemeinsames orthographisches Regelbuch, das auf Raumers Konzepten aufbaute. Nur wenig später bekam der Erlanger Professor vom preußischen Kultusministerium den Auftrag, eine einheitliche Schulorthographie für ganz Deutschland zu entwerfen.

Der radikale Duden

In dieser Zeit machte, weitab der pulsierenden Hauptstadt, ein Lehrer von sich reden, dessen Name bald zum Markenzeichen der deutschen Rechtschreibung werden sollte: Konrad Duden, damals Gymnasialdirektor in Schleiz, einem beschaulichen Städtchen im Osten Thüringens. Duden, der neben Deutsch auch Geschichte und alte Sprachen unterrichtete, hatte das Schleizer Gymnasium, das vor seiner Amtsübernahme von der Schließung bedroht war, wieder flottgemacht. Seitdem verzeichnete die Lehranstalt stetig steigende Schülerzahlen. Schleiz gehörte zum Miniatur-Fürstentum Reuß «jüngerer Linie», das seine verschnarchte Duodez-Herrlichkeit hinüber ins neue Deutsche Reich gerettet hatte. Aber wenn das Leben hier auch einen gemächlichen Gang ging, so existierten Rechtschreibschwierigkeiten am Schleizer Gymnasium genauso wie überall im Reich. Und das bunte Durcheinander der Dialekte, das unter den Schülern im thüringisch-sächsischen Grenzgebiet herrschte, trug nicht gerade dazu bei, diese Probleme zu mindern.

Duden, der zuvor im westfälischen Soest unterrichtet hatte, empfand den Orthographiestreit, der seine Laufbahn von Anfang an begleitete, als einen Dauerskandal: *Nicht zwei Lehrer derselben Schule und nicht zwei Korrektoren derselben Offizin waren in allen Stücken über die Rechtschreibung einig und eine Autorität, die man hätte anrufen können, gab es nicht,* erinnerte er sich später. Die Rechtschreibung wurde für ihn immer mehr zum Lebensthema. Duden war kein Theoretiker, sondern ein Mann der Praxis, der den Sprachgebrauch seiner Schüler genau registrierte. Ihre Wörter,

Redensarten und Schreibweisen notierte er während des Unterrichts in ein kleines Notizheft, das immer auf seinem Katheder lag. Diese Bebachtungen waren der Rohstoff, aus dem er später Regeln für den Unterricht destillierte.

Im Orthographiestreit bezog Duden eindeutig Position *gegen das aristokratische historische Prinzip der Schreibung [und] zu Gunsten des demokratischen phonetischen.* Das Schriftsystem mit Zusatzinformationen zu bestücken, die über die Repräsentation der Laute hinausgingen, fand er überflüssig. Sein Ideal war *die Alleinherrschaft des phonetischen Prinzips ... Für jeden Laut bestände nur eine Schreibung, und wer richtig sprechen könnte würde richtig schreiben können, ohne etwas andres gelernt zu haben als das ABC, d. h. die Bedeutung der Buchstaben im Deutschen.* Aber eben nur – das verdient festgehalten zu werden – wer «richtig sprechen» kann... Auch die Kleinschreibung der Substantive gehörte zu Dudens Programm. Als Vorbild diente ihm die italienische Orthographie, die er während einer mehrjährigen Tätigkeit als Hauslehrer in Genua kennengelernt hat: *Siegen jene [die Anhänger Grimms], so nähert sich unsre Schreibung immer mehr der englischen, siegen wir, so nähert sie sich der italienischen. Und damit ist unser letztes Ziel bezeichnet; jene steuern rückwärts und lenken der mittelhochdeutschen Schreibweise zu, [...] wir lassen die Schrift der Sprache folgen und wollen so einfach und sparsam wie möglich schreiben was gesprochen wird, d. h. was als die richtige Aussprache des Neuhochdeutschen allgemein anerkannt wird.*

Duden formulierte noch eindeutiger als Raumer die Leitlinien und Kernbegriffe, welche die Orthographiereformer bis heute ins Feld führen: die Reduzierung des Schriftsystems auf einen Laut-Code, die Gleichsetzung von Demokratie mit Simplizität, die leichte Erlernbarkeit als allein entscheidendes Kriterium und die Konzentration auf die Schule als Transmissionsriemen der gesamtgesellschaftlichen Erneuerung. Für Duden stand fest, *daß wir niemals durch die Literatur ...sondern nur durch die Schule zu einer einfacheren Rechtschreibung gelangen werden.* Der Gegensatz zwischen Pädagogen und Schriftstellern, der sich in den neunziger Jahren des 20. Jahrhunders weit auftun wird, ist hier schon vorgezeichnet.

Doch so revolutionär Dudens Postulate klangen, seine praktische Haltung gegenüber der herkömmlichen Rechtschreibung war gespalten. Einerseits sah er in ihr eine *verdummend(e) ... Kraftvergeudung* und *den schlimmsten Hemmschuh unserer Volksbildung.* Zugleich aber erklärte er: *Was über Jahrhunderte gewachsen ist, muss bewahrt und darf nicht willkürlich verändert werden!* Damit näherte er sich der pragmatischen Position Raumers.

1871 fasste Duden die Ergebnisse seiner jahrelangen «Klassen-Arbeit» zusammen: Er stellte für das Schleizer Gymnasium einheitliche orthographische Regeln auf und veröffentlichte sie im Jahresbericht seiner Schule. Ermutigt durch die positive Resonanz, die diese Arbeit auch in anderen Schulen fand, brachte er seine Regeln ein Jahr später zusammen mit einem Wörterverzeichnis als Buch heraus: «Die deutsche Rechtschreibung. Abhandlung, Regeln und Wörterverzeichniß mit etymologischen Angaben. Für die oberen Klassen höherer Lehranstalten und zur Selbstbelehrung für Gebildete.» Das war der «Urduden» – mit 160 Seiten und 6000 Stichwörtern ein schlankes Werk. Sein Nachfolger von 2006 ist 1216 Seiten dick und führt 130 000 Stichwörter auf. Dudens Normen stimmten weitgehend mit dem Berliner Regelbuch und mit Raumers gemäßigtem Orthographie-Konzept überein. Dementsprechend verzichtete er auch auf die eigentlich angestrebte Substantivkleinschreibung.

Die gescheiterte Revolution

Der Thüringer Schuldirektor wuchs nun zu einer öffentlichen Rechtschreib-Autorität heran. Als der preußische Kultusminister Adalbert von Falk Anfang Januar 1876 eine «Konferenz zur Herstellung größerer Einigung auf dem Gebiete der deutschen Orthographie» einberief, gehörte neben Raumer auch Duden zu den vierzehn Teilnehmern. Eingeladen waren Germanisten, Lehrer, Kultusbeamte und Vertreter der Druckerei- und Buchhändlerbranche; Schriftsteller und Journalisten fehlten. Falk ging es nicht um eine echte Reform, sondern um eine Vereinheitlichung der bestehenden Rechtschreibung. Er wollte eine schnelle, einvernehmliche und vor allem unterrichtstaugliche Lösung. Deshalb lud er von vornherein nur Experten ein, die die gemäßigte Linie Raumers zumindest als Diskussionsgrundlage akzeptierten. Grimm-Anhänger blieben ebenso ausgeschlossen wie der radikale Flügel der phonetischen Schule. Nur zwei Konferenzteilnehmer gehörten nicht zu Raumers Parteigängern: der Germanist Wilhelm Scherer und der Lexikograph Daniel Sanders, dessen Name heute noch im englisch-deutschen Wörterbuch «Muret-Sanders» fortlebt. Sie wollten die überlieferte Rechtschreibung im wesentlichen unangetastet lassen, standen aber einer vorsichtigen Standardisierung nicht ablehnend gegenüber.

Die Vorschläge, die Raumer der Konferenz präsentierte, fassten zusammen, was er selbst, Duden und andere Orthographen in den vergangenen Jahren erarbeitet hatten. Dazu gehörte der Verzicht auf das *th* in den meisten deutschstämmigen Wörtern (*Thau, Thor, zutheil, Fluth*), die Beseitigung schwankender Einzelwortschreibungen (*todt/tot* → *tot, sammt/samt* → *samt, giebt/gibt* → *gibt, Silbe/Sylbe* → *Silbe, -iren/ieren* →*-ieren*). Ein größerer Bereich war die Fremdwortschreibung. Hier sollte je nach Aussprache *c* durch *k* oder durch *z* ersetzt werden (also einerseits: *Kasse, Klasse, Insekt, Konferenz* und andererseits *Zentimeter, Zitat, Prinzip*), sowie in einigen Fällen das *ch* dem *sch* weichen (*Chikane, Depeche* → *Schikane, Depesche*). Für Pronomen und Mengenadjektive, die an der Stelle von Substantiven verwendet wurden (*viele, alle, jemand*), sah Raumer die generelle Kleinschreibung vor. Bei der Regelung von *s* und *ß* entschied er sich für die «Heysesche s-Schreibung»: Doppel-s nach kurzem Vokal (*Fluss*) und *ß* nach langem Vokal und Diphthong (*Spaß, reißen*).

All diese Vorschläge waren unspektakulär. Es ging nur darum, aus bestehenden Varianten eine Auswahl zu treffen und sie verbindlich zu machen. Auch die zwei Traditionalisten fanden Raumers Konzept akzeptabel. Eine schnelle Einigung lag in greifbarer Nähe.

Doch es kam anders. Dem moderaten Raumer schlug noch ein zweites, ein radikaleres Herz in der Brust. Und es schlug so laut, dass er nicht anders konnte, als der offiziellen Konferenzvorlage noch ein Memorandum beizufügen, das sich als Sprengstoff erweisen sollte. Darin stand im visionären Konjunktiv, *welchen Weg wir einzuschlagen haben würden, wenn wir – und zwar jetzt gleich – in der Umwandlung unsrer jetzigen Schreibweise noch weiter gehende Schritte thun wollten.*

Diese Schritte gingen in der Tat weiter. Raumer träumte hier den alten Phonetiker-Traum von der Abschaffung der Dehnungszeichen (*Har, Sal, Stral, Son, Hun, faren, wülen*). Raumers Reform-Regel lautete kurz und knapp, dass ein Vokal vor einfachem Konsonantenbuchstaben lang, vor mehr als einem kurz gesprochen wird (*fülen, füllen, Wut, Wurst*). Nur bei Homonymie (*mahlen/malen*) wollte er Dehnungskennzeichnungen weiterhin erlauben sowie bei *i* und *e* (*Lehrer, ihn*). Da diese Laute sowohl in betonten als auch in unbetonten Silben vorkommen, würde die einfache Generalregel hier nicht greifen.

Diese Ideen gingen weit über das hinaus, was die Konferenz klären und beschließen sollte. Es war der Versuch einer Revolution durch die Hintertür, dem sich die Mehrheit, allen voran Duden und sein enger Mitstreiter, der Germanist Wilhelm Wilmanns, begeistert anschloss. Sanders und Scherer hingegen waren alarmiert, sahen sie doch unter dem Schafspelz orthographischer Harmlosigkeit nun den radikalphonetischen Wolf hervorlugen. Ihr Antrag, diese neuen Punkte von der Tagesordnung zu nehmen, wurde überstimmt.

Die orthographische Revolution verlief nach den Regeln der Gremiendemokratie. Der Wegfall der Dehnungszeichen wurde nicht pauschal beschlossen, stattdessen stimmen die Teilnehmer über einzelne Wörter und Schreibweisen gesondert ab. So bekam die *Färte* 12 von 14 Stimmen, der *Han* nur acht und das *Bot* lief bei Stimmengleichheit auf. Wilhelm Scherer spottete, er habe in Berlin die *orthographische Guillotine* niederfahren und *die Dehnungszeichen … in den Staub* rollen sehen: *Ich wohnte einer Versammlung bei von friedlichen, zu friedlichem Thun berufenen Männern, bei denen die Neigung zu revolutionären Acten bis dahin nie hervorgetreten war… Das Machtgefühl, das stets vom grünen Tisch ausgeht, wirkte begeisternd.* Duden gingen die Reformvorschläge noch nicht weit genug. Er wollte am liebsten auch beim *e* die Längenkennzeichnung opfern: *Mel, nemen, stelen*

Zu Dudens schärfstem Opponenten über die Konferenz hinaus wurde Daniel Sanders. Der Privatgelehrte aus dem mecklenburgischen Städtchen Neustrelitz war unter all den Professoren, Lehrern und Schulräten ein Außenseiter. Seine Fachkenntnis konnte indes niemand bestreiten. Sanders hatte Orthographien und Wörterbücher verfasst, die sich sehr gut verkauften, weil sie eine Marktlücke füllten. Dank seiner lexikographischen Arbeit gab es zum ersten Mal seit fast hundert Jahren wieder ein Nachschlagewerk, das den Wortschatz der Gegenwart detailliert dokumentierte. Modern war Sanders auch darin, dass er sich nicht darauf beschränkte, die Werke der Hochliteratur auszuwerten, sondern den Wortschatz der Zeitungen, der Technik und der Wissenschaft mit aufnahm. Sanders wurde von den Reformanhängern als Konservativer abgestempelt, der zur *äußersten Rechten* im *orthographischen Parlament* gehöre. Dem Selbstverständnis des ehemaligen 48er-Revolutionärs entsprach das keineswegs. Er beklagte, dass vor allem Duden versuche, *die Frage der Rechtschreibung auf das Gebiet der politischen Parteien hinüberzuspielen.* Die gleiche Taktik verfolgten allerdings auch die Traditionalisten, insbesondere Wilhelm Scherer, der durch gezielt gestreute Informationen die Presse gegen die Reform mobilisierte.

Der «rechte» Sanders fühlte sich, wie Duden, den Idealen der Märzrevolution von 1848 verbunden. Auch ihm ging es um eine «demokratische» Orthographie. Aber beide Männer verstanden darunter völlig Unterschiediches. Die lautgetreuen, leicht zu lernenden Regeln, die Duden anstrebte, fand Sanders «täppisch» und «roh». Demokratisch war für ihn die gewachsene Schreibung als Spiegel des volkstümlichen Sprachbewusstseins mit all seinen Nuancen. Sanders betrachtete die Schriftsteller und Journalisten, die Profis der Schriftsprache, als die eigentlich maßgebenden Stimmen in der Orthographiedebatte. Dass sie nicht zur Konferenz eingeladen wurden, stattdessen Schulmeister die neue Orthographie diktieren sollten, kritisierte er scharf: *Sollte der Mann* [gemeint war Duden] *wirklich keine Ahnung davon haben, dass das deutsche Volk in seiner Gesamtheit eine Berechtigung hat, sich nicht durch die Mehrheitsbeschlüsse unserer Versammlung vergewaltigen zu lassen?*

Trotzdem hatte Sanders sich mit Raumers moderateren Vorschlägen angefreundet. Durch den unerwarteten Konferenzverlauf sah

er sich aber nun in die merkwürdige Position versetzt, den gemäßigten gegen den radikalen Raumer verteidigen zu müssen.

Dem wurden die Geister, die er gerufen hatte, mittlerweile unheimlich. Schon während der elf Tage währenden Konferenz drangen einige Ergebnisse nach außen und wurden in der Presse äußerst
kritisch kommentiert. Die schwankenden Abstimmungsverhält-
nisse schürten das Misstrauen der Öffentlichkeit gegenüber der
Weisheit der Reformbeschlüsse. Raumer spürte den Gegenwind
und fürchtete nun das Scheitern des gesamten Projekts, auch der
gemäßigten Vorschläge. Seine Ahnung trügte ihn nicht – die Konferenz endete als Fiasko. Schreibweisen wie *Lon* und *Sal* ver-
schreckten den preußischen Kultusminister und seine Kollegen
aus den anderen deutschen Bundesstaaten so sehr, dass sie das
Regelwerk in Bausch und Bogen ablehnten. Sie fürchteten, dass sich
auf diesem Weg die Schulorthographie endgültig von der Schreibweise der Verlage und großer Teile der Bevölkerung abspalten
würde. Die wechselnden Mehrheiten hinter vielen Vorschlägen ver-
ringerten deren Überzeugungskraft noch zusätzlich. Falk glaubte
nicht dass, *von etwa weiter zu veranstaltenden Konferenzen Beseitigung der Schwierigkeiten zu hoffen* seien. Die Experten hatten
ihren Kredit verspielt.

Raumers Prinzipien setzen sich durch

Die ›Erste Orthographische Konferenz‹ war gründlich gescheitert
– aber nur auf den ersten Blick. Denn Raumers gemäßigte Prinzipien, die dort ursprünglich zur Diskussion gestanden hatten, setzten sich trotzdem durch. Die einzelnen deutschen Staaten legten
jetzt auf dieser Basis die Rechtschreibung für ihre Schulen in Eigen-
regie fest. Raumer selbst, der 1876 starb, konnte allerdings die
Früchte seiner Arbeit nicht mehr ernten. Drei Jahre nach der Konferenz veröffentlichte Bayern als erstes Bundesland Rechtschreibnormen. Sie stützten sich auf das Regelbuch, das die Berliner Lehrer
fünf Jahre zuvor verfasst hatten. Bald darauf erschienen in enger
Anlehnung daran Rechtschreibregeln für die preußischen Schulen.
Verfasser war der Sprachwissenschaftler Wilhelm Wilmanns, der

nach Raumers Tod dessen Rolle als Cheftheoretiker der Orthographiereform übernommen hatte, während ihm sein Freund Konrad Duden als tatkräftiger Praktiker zur Seite stand.

Duden hatte erkannt, dass die Zeiten für seine fundamental-phonetischen Reformziele ungünstig waren. Als Realpolitiker fand er keinen Geschmack an einem Sektendasein, wie es die «Radikalfonetiker» in ihrem neugegründeten «ferein für fereinfachte deutsche rechtschreibung» fristeten. Um den Einfluss auf die Entwicklung nicht zu verlieren, verzichtete Duden auf weitere «Optimierungsversuche» im phonetischen Geist und konzentrierte sich stattdessen auf sein zweites großes Ziel, die Vereinheitlichung der Rechtschreibung. Er hatte mittlerweile das krähenwinklige Fürstentum Reuß verlassen und war seit 1876 Gymnasialdirektor im preußischen Bad Hersfeld. Dort konnte er die Verbindungen zu den Behörden des Landes pflegen, dessen Rückhalt er brauchte, um sein Ziel zu erreichen: Preußen, der Staat mit den meisten deutschsprachigen Bürgern, musste der Schrittmacher für eine reichsweite Orthographieregelung werden. Zunächst einmal kam es aber darauf an, in Preußen selbst die dortige neue Schulorthographie auch außerhalb der Klassenzimmer zu verankern. Zu diesem Zweck verfasste Duden ein Rechtschreibwörterbuch für die Allgemeinheit. Es sollte denen, die sich nicht in die Regeln vertiefen wollten, ein schnelles Nachschlagen ermöglichen. Er ergänzte das schulamtliche Verzeichnis um zahlreiche Wörter. Auf sie wandte er jetzt zum ersten Mal die neuen Regeln an und legte damit ihre Schreibung fest. Am Ende stand das «Vollständige Orthographische Wörterbuch der deutschen Sprache». Es erschien 1880 mit 187 Seiten und rund 28 000 Stichwörtern und vermerkte auch die wenigen noch bestehenden Unterschiede zwischen der bayerischen und der preußischen Orthographie (z. B. *Litteratur / Literatur; Möwe / Möve, unstet / unstät*). Dieses Wörterbuch verbreitete sich schnell in ganz Deutschland. Es wurde von Auflage zu Auflage erweitert und präzisiert. Schon 1887 waren 220 000 Exemplare verkauft. Ein Jahr später veröffentlichte Duden noch eine Version, die weniger Varianten enthielt und sich vor allem an die Druckereien richtete.

Andere Bundesstaaten übernahmen die preußische Schulorthographie oder erließen eigene, aber sehr ähnliche Regelwerke. Die

Abweichungen waren so gering, dass Schulbücher, die nach ihnen gedruckt wurden, im ganzen Reich verwendet werden durften. Als Duden 1886 diverse Rechtschreibbücher aus unterschiedlichen Regionen verglich, stellte er fest, *daß es eigentlich schon jetzt eine «Orthographie für das Deutsche Reich» gibt*. Bereits 1892 erklärte der Schweizer Bundesrat den ‹Duden›, der noch nicht so hieß, zum amtlichen Referenzwerk in allen orthographischen Zweifelsfällen.

Die Ottographie

Nach den holprigen Anfängen geriet die Rechtschreiberneuerung nun also zu einer Erfolgsgeschichte. Nur in Preußen selbst, einem ihrer Kernländer, taten sich wieder Hindernisse auf. Mochte die neue Orthographie auch in allen Schulen des Landes gelehrt, mochten immer mehr Bücher und Zeitungen in ihr erscheinen – die preußischen Behörden beeindruckte das nicht. Als Kultusminister von Putkamer seine Ministerkollegen bat, ihren amtlichen Schriftverkehr auf die Schulorthographie umzustellen, erntete er indignierte Reaktionen. In den Amtsstuben empfand man die Abweichungen von der Tradition als anstößig. Vor allem die Kappung des *h* (wie in *Regierungsrath*) oder des *d* (wie in *todt*) wurde ungnädig aufgenommen. Am heftigsten protestierte Otto von Bismarck, als Reichskanzler und preußischer Ministerpräsident der mächtigste Mann im Reich. Sein polternder Widerwille speiste sich aus einem tief gefühlten Konservatismus, aber auch aus der Überzeugung, dass sich der Staat in die sprachliche Entwicklung nicht einmischen sollte. Bismarck hätte die neuen Regeln am liebsten kassiert und unterließ es nur, weil von Puttkamer mit seinem Rücktritt drohte. Dafür verbot der Reichskanzler die neue Schreibung in der gesamten Verwaltung Preußens und des Reichs. Seinen Beamten drohte er bei Zuwiderhandlung mit *sich steigernden Ordnungsstrafen*. Wer in Preußen die Schule verließ, um in den Staatsdienst seines Landes oder des Reichs einzutreten, musste die gerade erlernte Orthographie also gleich wieder ablegen. Selbst die Kultusbeamten durften die Rechtschreibung, die sie den Schulen verordneten, dienstlich nicht anwenden. In den Amtsstuben, so der Volksmund, herrschte die «Ottographie».

Doch auch wenn Akten, Amtsblätter und Gesetzestexte der neuen Schreibweise zunächst noch versperrt blieben, aufhalten ließ sie sich nicht. Immer mehr Druckereien und Verlage übernahmen sie und sorgten unter den Lesern für eine rasche Gewöhnung. Als 1890 Otto von Bismarck entlassen wurde – «der Lotse geht von Bord» – fielen auch die politischen Hindernisse auf dem Weg zu einer offiziellen reichsweiten Regelung.

Zweiter Versuch

Im Juni 1901, ein Vierteljahrhundert nach dem ersten, gescheiterten Versuch, fand in Berlin auf Einladung des Reichskanzlers wieder eine Orthographische Konferenz statt *betreffend Erzielung einer einheitlichen deutschen Rechtschreibung*. Vorbereitet wurde sie von Konrad Duden und Wilhelm Wilmanns, die ein Regelwerk und ein Wörterverzeichnis zusammenstellten. Sie waren bei der Konferenz die einzigen germanistischen Experten. Die anderen Teilnehmer, die sich im Gebäude des Reichsinnenministeriums ‹Unter den Linden› zusammenfanden, kamen als Vertreter der Reichsbehörden, der deutschen Bundesstaaten, des Druckgewerbes, des Buchhandels und der Lehrerschaft. Österreich hatte einen Abgesandten geschickt, die Schweiz verzichtete darauf und bekundete im vorhinein ihre Zustimmung.

Man wollte keine fachlichen Diskussionen mehr, sondern schnelle Beschlüsse. Ein Reichs-Rechtschreibungsgesetz war von vornherein nicht geplant. Es ging nur um die Grundlagen für ein möglichst einheitliches Vorgehen aller Länder. Im Gegensatz zur ersten Konferenz, die elf Tage gedauert hatte, kam man jetzt mit drei Tagen aus. Große Kontroversen unterblieben, denn im Großen und Ganzen wurden nur die Regeln festgeschrieben, die in den Schulorthographien der Bundesstaaten faktisch schon galten. Die bereits begonnene Ersetzung von *c* durch *k* oder *z* in assimilierten Lehnwörtern wurde fortgesetzt (z. B. *Accusativ* zu *Akkusativ*, *Cigarette* zu *Zigarette*). Die Heysesche s-Regelung (*Fass*, aber *Fuß*), die in Österreichs Schulen bereits eingeführt worden war, verlor gegen die konkurrierende Schreibweise à la Adelung (*Fuß, Faß, Fässer;* s. S. 116).

Die immer wieder geforderte Ersetzung von *ph, rh, th* durch *f, r, t* in den Lehnwörtern (*Filosof, Rytmus*) unterblieb. In der Groß- und Kleinschreibung blieb man ebenso wie in der Getrennt- und Zusammenschreibung beim Alten und verzichtete auf eine explizite Regelung schwankender Grenzfälle. Das zog die Kritik der Reformanhänger auf sich, die auf eine Systematisierung gehofft hatten. Angesichts der Probleme, die die Reformregeln von 1996 gerade in diesem Bereich erzeugt haben, erscheint der Verzicht von 1901 aber als weiser Entschluss. Auch die Zeichensetzung blieb so ungeregelt wie zuvor.

Tod eines Lautes

Eine Neuerung ging allerdings über das bereits Festgelegte hinaus: Das *Th* musste in den germanischen Erbwörtern nun auch am Wortanfang dem einfachen *T* weichen (statt *Thau* jetzt *Tau*). Diese Regelung veränderte das Schriftbild merklich. Sie gehörte zu den wenigen radikaleren Forderungen aus Dudens Sturm- und Drangzeit, die sich durchsetzten. Für ihn war diese Schreibung ein besonderer Stein des Anstoßes gewesen. *Das «h» in Tür, Tor oder Tau ist höfischer Firlefanz! Es ist völlig überflüssig, erschwert nur das Schreiben und muß weg!*

Der Wiener Sprachkritiker Karl Kraus sah das ganz anders. Für ihn war *die Ausmerzung des h aus einem Worte wie ‹Thau› [der] handgreiflichste Beweis für Barbarentum … unter allen Schandtaten der neuen Orthographie.*

Kraus, der in dieser Hinsicht ganz wie Bismarck fühlte, widmete dem Buchstaben eine *Elegie auf den Tod eines Lautes*

(…)

Wie haucht der werthe Laut den Thau zu Perlen / in Geistes Strahl. / Sie vor die Sau zu werfen, diesen Kerlen / ist es egal.

(…)

Nicht Wahn ist, was er tut, er ist kein Thor, / er müt sich brav. / Doch hat er wol für Gottes Wort kein Ohr; / der Ortograf.

(…)

Die Sprache aber denkt sich ihren Teil: / In diesem Land / parieren muß zum allgemeinen Heil / der Konsonant

Was 1901 beschlossen wurde, war die Grundlage der bis 1996 gültigen Rechtschreibung. Die Vereinheitlichung war gelungen, aber die von den Reformern gewünschte Vereinfachung blieb weitgehend auf der Strecke. Duden fand, bei aller Befriedigung über die erreichte «Einheitsorthographie», *daß die so entstandene ‹deutsche Rechtschreibung› weit davon entfernt ist, ein Meisterwerk zu sein.* Dieses Urteil teilten viele Reformer, während die Gegenseite sich über das *Meisterstück schulbureaukratischer Bevormundungssucht* ereiferte. Doch der große Streit blieb dieses Mal aus. Insgesamt überwog eine vorsichtig positive Grundstimmung gegenüber der Vereinheitlichung, zumal die neue Rechtschreibung nicht zentral oktroyiert wurde. In den Jahren 1902 und 1903 führten nacheinander alle Bundesstaaten des Deutschen Reiches sowie Österreich und die Schweiz die neue Orthographie im Schulunterricht und im behördlichen Schriftverkehr ein.

Als Fels im Strom erwies sich nur Kaiser Wilhelm II., der jetzt den Konservatismus Otto von Bismarcks weiterpflegte: Er ließ kund thun, *daß alle von Allerhöchstihren zu vollziehende Anordnungen und Verfügungen, gleichviel, ob sie der Gegenzeichnung bedürfen oder nicht, in der bisherigen Schreibweise anzufertigen und zu veröffentlichen seien.* Insbesondere die Verbannung des *th* erregte den Allerhöchsten Unwillen, obwohl es in Lehnwörtern – und damit auch im *Thron* – bestehen blieb. Von seiner Maximalforderung, in allen amtlichen Schriftstücken Preußens und des Reichs die alte Schreibung zu verwenden, ließ Wilhelm sich zwar wieder abbringen. Er beharrte aber darauf, dass zumindest Dokumente, die direkt an ihn gerichtet oder in seinem Namen verfasst wurden, nicht durch die neue Orthographie kontaminiert werden durften.

Die Sucht nach Genauigkeit

Druckern und Verlegern war die neue Orthographie immer noch nicht eindeutig genug. Sie störten sich daran, dass es für etliche Stichwörter nach wie vor zwei Varianten gab (*Accent / Akzent; Schikane / Chicane; außer stande / außerstande*). Ihnen missfiel der Entscheidungsspielraum, der dadurch den einzelnen Setzern und Korrektoren blieb. Auf diese Weise, so die Befürchtung, würden wechselnde Schreibweisen in die Bücher und Zeitungen gelangen und die Leser irritieren. Duden kam dem Wunsch nach einer Reduzierung der Varianten bereitwillig nach. Das bot ihm die Möglichkeit, auf diesem Umweg die Rechtschreibung stärker in die von ihm gewünschte Richtung zu lenken. Schon 1903 veröffentlichte er ein spezielles Rechtschreibwörterbuch, den später so genannten «Buchdrucker-Duden». Hier legte er sich in vielen Fällen auf eine einzige Schreibweise fest. Häufig handelte es sich dabei um Fremdwörter, bei denen Duden die eindeutschende Variante bevorzugte (*Akzent, Zivilist, Schikane*). Bei der Wahl zwischen Getrennt- und Zusammenschreibungen tendierte er dazu, klein- und zusammenzuschreiben (*imstande* statt *im Stande; instand setzen* statt *in Stand setzen*). Außerdem führte er hier auch Interpunktionsregeln auf, die in den amtlichen Normen fehlten.

Daniel Sanders: Grimms Feind und Dudens Gegner

Eine *spinne* nannte ihn Jacob Grimm, die *auf die kräuter dieses wortgartens gekrochen* sei und *ihr gift ausgelassen* habe. Mit dem «Wortgarten» meinte Jacob das «Deutsche Wörterbuch», das er gemeinsam mit seinem Bruder Wilhelm begonnen hatte. Das gehässige Spinnen-Etikett heftete er Daniel Sanders (1819–1897) an, einem der bedeutendsten Lexikographen des 19. Jahrhunderts. Es war eine Revanche für die scharfe Kritik, die sein ehemaliger Student am ersten, 1854 erschienenen Band des Deutschen Wörterbuchs geübt hatte. Sanders fand, das gesamte Projekt sei wegen seiner Praxisferne, seiner schwerfälligen Erscheinungsweise – der letzte Band sollte erst über ein Jahrhundert später erscheinen – und seiner romantisch-historischen Tendenz *in seiner ganzen Anlage und gro-*

163

ßentheils auch in seiner Ausführung durchaus verfehlt. Den immensen sprachgeschichtlichen Wert des Deutschen Wörterbuchs konnte oder wollte er nicht würdigen. Sanders konzentrierte sich lieber auf die Gegenwart und schuf Wörterbücher, Orthographielehren und Synonymenverzeichnisse, die das Deutsch seiner Zeit detailliert erfaßten und den inzwischen in die Jahre gekommenen «Adelung» ersetzten. Die Reise nach Berlin zur Orthographiekonferenz von 1876 war eine der wenigen Gelegenheiten, an denen Sanders sein mecklenburgisches Heimatstädtchen Neustrelitz verließ. Dort hatte er nach einem Studium der Mathematik und Philologie in Berlin und Halle die Leitung der jüdischen Gemeindeschule übernommen, die er selbst besucht hatte. 1852 jedoch verlor er seinen Beruf, die Schule wurde geschlossen. Der Grund waren demokratische «Umtriebe», an denen sich Sanders 1848 beteiligt hatte. Er gab die Schullaufbahn auf und arbeitete von da an als Privatgelehrter. Die Verlage nahmen den unermüdlich und effizient arbeitenden Lexikographen gern unter Vertrag. Nach dem Zeugnis seiner Freunde *ein herzensguter Mensch von milden Umgangsformen*, war Sanders doch scharfzüngig, wenn es um Sprache und Orthographie ging. Sowohl die historische Schule Grimms als auch den Reformeifer der «Phonetiker» um Raumer und Duden lehnte er ab. Stattdessen plädierte er für die Pflege und behutsame Weiterentwicklung der herkömmlichen Rechtschreibung. In der *volksthümlichen Orthographie*, die er anstrebte, sollte nur das eine Regel sein, *was im Volksbewußtsein bereits vorhanden oder doch angebahnt und vorbereitet ist*. Bis ins hohe Alter arbeitete Sanders gemeinsam mit Eduard Muret für den Langenscheidt-Verlag an einem großen englisch-deutschen Wörterbuch. Es erschien vier Jahre nach seinem Tod. Der «Muret-Sanders» ist seitdem ein Begriff.

Der Buchdrucker-Duden erlebte bald schon Neuauflagen. Er setzte eine Spirale in Gang, die zu einer immer größeren Regelungsdichte führte und die Ermessensspielräume des Einzelnen schrumpfen ließ. Das Bedürfnis nach genaueren Normen griff bald schon über die Druckeren hinaus auf die Schulen und alle anderen gesellschaftlichen Bereiche über. Immer spitzfindigere Abgrenzungen von «richtig» und «falsch» steigerten aber nur die Sucht nach noch größeren Exaktheits-Dosen und zementierten die Unentbehrlichkeit des «Duden». Seitdem man *auf die Mängel der überlieferten Rechtschreibung aufmerksam geworden ist, hat die harmlose Unbe-*

fangenheit im Gebrauch des Alten aufgehört, und doch gibt es noch nichts Neues, das sich an dessen Stelle hätte setzen können, hatte Konrad Duden 1872 geschrieben. Dieses Neue gab es nun: eine Korrektheits-Währung, die die 1907 gegründete Duden-Redaktion in immer kleinerer Münze prägte. Es war nur folgerichtig, dass der «Normalduden» bald mit dem «Buchdruckerduden» verschmolz. 1915, vier Jahre nach Konrad Dudens Tod, flossen beide in der 9. Auflage des «Orthographischen Wörterbuchs» zusammen. Jetzt erschien das Werk zum ersten Mal unter dem Titel «Duden». Seine Schreibvorschriften gingen mittlerweile weit über das ursprüngliche amtliche Regelwerk hinaus. In immer größerem Umfang wurden neben Grundwörtern nun auch Zusammensetzungen und Ableitungen aufgenommen. Zuvor hatten die Stichwörter eher als Beispiele gedient, um mit Hilfe der Regeln die Schreibungen für ähnliche Wörter herleiten zu können, wobei in Zweifelsfällen das Gebot der Toleranz galt. Doch nun entstand der Anspruch, möglichst jedes Wort im Verzeichnis nachschlagen zu können. So wuchs die Duden-Redaktion, obwohl privatwirtschaftlich arbeitend, in die Rolle der obersten Orthographie-Instanz des deutschen Sprachraums hinein. Diesen amtlichen Status verlor sie erst mit der Reform von 1996.

Konrad Duden: Aktivist im Klassen-Kampf

1848 ist das Jahr der Demonstrationen, Barrikaden und Straßenkämpfe. Auch in Bonn gehen Studenten für ein einiges Deutschland und eine freiheitliche Verfassung auf die Straße. Unter ihnen ist der neunzehnjährige Konrad Duden. Noch in späteren Jahren, als der revolutionäre Elan längst verflogen ist, erinnert er sich gern, wie ihm einst Ernst Moritz Arndt die Hand drückte. Nach vier Semestern bricht Duden das Studium der Philosophie, Klassischen Philologie, Geschichte und Germanistik erst einmal ab und nimmt eine Stelle als Hauslehrer in Frankfurt am Main an. Dort erlebt er das von vielen Hoffnungen getragene, doch bald gescheiterte Paulskirchenparlament. In den kommenden Jahren orientiert er sich wie viele andere Liberale politisch auf Preußen hin, in der Hoffnung, dass der mächtigste deutsche Staat zum Motor der deutschen Einheit werde. 1854 holt Duden das Staatsexamen an der Universität Bonn nach. In den alten Sprachen und Philosophie schließt er mit gutem Ergebnis ab, in der Germanistik nur mittelmäßig. *Er wird darauf zu achten haben, daß durch seine ästhetische Auffassung der streng grammatische Gesichtspunkt nicht beeinträchtigt werde*, empfehlen die Prüfer. So bekommt Duden zwar eine uneingeschränkte Lehrerlaubnis für Französisch, Griechisch, Latein und Philosophie. Deutsch jedoch darf er nur bis zur Mittelstufe unterrichten. Im selben Jahr wird er in Marburg mit einer Dissertation über die ‹Antigone› von Sophokles promoviert. Ein Referendariat in Soest bricht Duden bereits nach wenigen Wochen ab, um wiederum eine Stelle als Hauslehrer anzunehmen, dieses Mal bei einer deutschen Kaufmannsfamilie in Genua. Das Italienische, vor allem dessen Rechtschreibregeln, beeindrucken Duden. Sie liefern ihm später das Beispiel für eine «volksnahe» Orthographie. Einige Jahre später schlägt der Privatlehrer dann doch noch die Studienratslaufbahn ein und bekommt eine Stelle am Soester Gymnasium. Seine Reformfreudigkeit, gepaart mit Organisationstalent, stellt Duden unter Beweis, als er 1868 Direktor am Gymnasium im thüringischen Schleiz wird. Er verlängert die Gymnasialzeit von sieben auf neun Jahre, bringt mehr System in die Stundenpläne und verstärkt den Anteil der modernen Sprachen, der Mathematik und der Naturwissenschaften. In diesen Jahren beginnt sein Engagement für eine Orthographiereform. Die intensive Beschäftigung mit der deutschen Sprache trägt auch sonst vielfältige Früchte: Fünfzig Flaschen Wein gewinnt Duden, weil er einen korrekten Satz weiß, der am Anfang sechsmal «die» enthält: «Die, die die, die die Dietriche erfunden haben, tadeln, tun unrecht.» 1876 übernimmt Duden die Leitung des Gymnasiums in Bad Hersfeld. Es ist kein einfacher Posten, denn zu dieser Zeit treiben dort saufende und randalierende «Schülerverbindungen» ihr Unwesen. Deren Mitglieder, die sich gern von Volksschülern gegen Trinkgeld bedienen lassen, nehmen am Unterricht oft nur benebelt teil, wenn überhaupt. Duden greift zu strengen Disziplinarmaßnahmen bis hin zu Schulverweisen. Zugleich initiiert er Theatergruppen und Sportveranstaltungen, um die Aktivitäten der Schüler in produktivere Bahnen zu lenken. Schnell gewinnt der lädierte Ruf des Gymnasiums neuen Glanz. Dazu trägt auch Dudens Name bei, der als Orthographiereformer nun immer bekannter wird. Sein Arbeitspensum ist beeindruckend: Nicht nur die Rechtschreib-Aktivitäten betreibt er nebenberuflich, er engagiert sich auch in Wohltätigkeitsvereinen und organisiert Abendkurse, die zum Vorbild für die späteren Volkshochschulen werden. 1905, mit 72 Jahren, scheidet Duden hochgeehrt aus dem Schuldienst. Aber auch in seinem

Altersruhesitz in Wiesbaden-Sonnenberg bleibt er aktiv. Als er 1911 stirbt, hat er das Manuskipt zur neunten Auflage des «Duden» fertiggestellt, der vier Jahre später – und zum ersten Mal unter diesem Namen – erscheint.

Keine Ruhe

Die Rechtschreibregelungen von 1901 brachten nur eine vorübergehende Befriedung. Zu weit waren sie hinter den Erwartungen der Reformer zurückgeblieben. Duden hatte es vorausgesehen: *Und doch würde man irren, wenn man glaubte, die ‚Orthographische Frage' sei mit der Herausgabe der von den Regierungen aufgrund der Konferenzbeschlüsse veröffentlichten amtlichen Regelbücher glücklich zur Ruhe gelangt; sie ist vielmehr für verschiedene Kreise wieder lebhaft in Fluß gekommen. [...] Das Ergebnis der Orthographischen Konferenz von 1901 war nur dadurch zustande gekommen, daß die Anhänger verschiedener Richtungen sich gegenseitig Zugeständnisse machten. Das geschah meistens durch Zulassung von Doppelschreibungen.*

Schon während des 1. Weltkriegs, vor allem aber danach kamen immer wieder Forderungen nach Einführung der Substantivkleinschreibung, phonetisch begründeten Regeln (*Brif, Gewäks, Hekse*) und einer verstärkten Eindeutschung von Fremdwörtern (*Nazion, Karakter*) auf. Es waren vor allem Lehrer, gelegentlich auch Kultusbeamte, die diese Vorstöße unternahmen. In der krisengeschüttelten Weimarer Republik stießen sie jedoch in weiten Teilen der Gesellschaft auf heftige Abwehr. Der verlorene Krieg und die als Demütigung empfundenen Bestimmungen des Versailler Vertrags verstärkten die Rolle der Rechtschreibung als Identitätssymbol. Jede Änderung wurde als Schwächung des nationalen Bewusstseins und Kotau vor den Siegermächten empfunden. In der national-konservativen Presse galten die Reformer wahlweise als *gefällige Novemberdemokraten*, *Bolschewisten* oder auch *Dadaisten*. Aber auch einst reformfreundliche Medien gingen jetzt auf Distanz.

Rechtschreibreform im Nationalsozialismus

Rechtschreibreformen sind indes nicht mit einem bestimmten politischen Lager verknüpft, sondern mit einem Ideal von «Modernisierung» und «Effizienz», das nicht nur im linken, sondern auch im rechten Gewand auftreten kann. Das zeigte sich nach 1933. Viele reformfreudige Germanisten, Sprachpfleger und Schulleute setzten ihre Hoffnungen auf die nationalsozialistischen Machthaber, von denen sie zumindest die Einführung der Substantivkleinschreibung erwarteten. Zu ihnen gehörte Franz Thierfelder, Generalsekretär der «Akademie zur wissenschaftlichen Erforschung und zur Pflege des Deutschtums», der nach 1945 die Goethe-Institute ins Leben rief. Er warb für einen *Aufbruch der Sprache*, der auf den *völkischen Aufbruch* folgen müsse. Ein Mitarbeiter Hermann Görings rechnete aus, mit Einführung der Kleinschreibung könnte das aufrüstende Deutschen Reich 35 000 Tonnen Bleimetall einsparen.

Auch die Reformanhänger im «Dritten Reich» stellten die gesprochene über die geschriebene Sprache. Als Ausdruck echten Deutschtums sollte sie *kernig, hart, straff, bündig und wirksam* sein, die in ihrem Dienst stehende Rechtschreibung *klar, schlicht und stark*.

Doch erst 1941 sahen die Reformer ein echte Chance: In diesem Jahr wurden auf persönliche Anweisung von Hitler und Goebbels die Frakturschrift und die deutsche Schreibschrift abgeschafft (s. S. 197). Die Rechtschreibreformer glaubten, dass nun auch die Stunde der phonetischen Schreibung gekommen sei. Die *Autobahn der deutschen Sprache*, wie ein begeisterter Lehrer sie nannte, schien kurz vor der Eröffnung zu stehen. Im Oktober 1941 präsentierte Reichsbildungsminister Bernhard Rust Vorschläge, die an Radikalität nichts zu wünschen übrig ließen. Dazu gehörte neben der Substantivkleinschreibung die Abschaffung des *ß* und sämtlicher Dehnungszeichen (*das bot, di libe, di gefar*), die Ersetzung von *v* durch *f* (*fi, frefel, folk*) von *ai* durch *ei* (*keiser, leich*), von *x, chs, cks* durch *ks* (*hekse, akse, knaks*), von *qu* durch *kw* (*kwelle*), von *äu* durch *eu* (*leuterung*) und des stimmlosen *b* durch *p* (*erpse, herpst*). Hinzu kam die komplette Eindeutschung der Lehnwortschreibungen (*karakter, schossee, fosfor, scharmör, idülle, nazion*).

Doch die Reformvorschläge blieben im Kompetenzstreit mit dem Innenministerium stecken, und das gesamte Vorhaben geriet als «nicht kriegswichtig» aufs Abstellgleis. Minister Rust gab indessen nicht auf. Auch die sich bereits abzeichnende Niederlage Deutschlands brachte ihn von seiner Mission nicht ab. 1944 veröffentlichte er ein stark abgemildertes Regelwerk, das sich auf Lehnworteindeutschungen, eine liberalisierte Kommaregelung und eine vermehrte Getrennt- und Großschreibung beschränkte. Doch auch dieser «kleinen Reform» war kein Erfolg beschieden. Goebbels untersagte der Presse, über das Thema zu berichten, und Hitler ordnete an, alle Reformprojekte bis zum Kriegsende zurückzustellen. Eine Million neu gedruckter Regelbücher wurden daraufhin eingestampft.

«Stunde Null»

Kaum vorstellbar, dass sich im Jahr 1945 inmitten der Trümmer des materiellen und moralischen Zusammenbruchs irgendjemand den Kopf über die deutsche Rechtschreibung zerbrach. Doch es geschah: In der britischen Zone trafen sich 61 Schulvertreter und beschlossen die Einführung der gemäßigten Substantivkleinschreibung ab Anfang 1946. Vielleicht war es gerade das Bewusstsein, eine «Stunde Null» zu erleben, das sie ermutigte, auch die Orthographie neu aufzubauen. Allerdings rückten die Reformer von ihrem Vorschlag schon bald wieder ab. Sie fürchteten, dass Reformen angesichts der Aufteilung in Zonen zu einer Zersplitterung der deutschen Schriftsprache führen könnten. Auch aus der Sowjetischen Besatzungszone kamen Reformsignale. 1946 legte die dortige Volksbildungsverwaltung Vorschläge für eine radikalphonetische Rechtschreibung mit gemäßigter Kleinschreibung vor. Sie sollten auf einer gesamtdeutschen Konferenz diskutiert werden, zu der es jedoch nicht kam.

In den fünfziger Jahren bildete sich in der Bundesrepublik die Konstellation heraus, die bis zur Reform von 1996 die Rechtschreib-Szene in diesem Land bestimmte. Die Gruppe der Reformer setzte sich jetzt vor allem aus Universitätsgermanisten zusammen. Ein ausgesprochenes Sendungsbewusstsein erfüllte sie von Anfang an. So fand Leo Weisgerber, einer der einflussreichsten Sprachwissenschaftler jener Jahre, dass man *sinnvolle Reformen auch gegen eine Mehrheit* und trotz der *Unbeweglichkeit der Masse* durchsetzen müsse. Zu diesem Zweck organisierten sich die Reformer in Arbeitsgemeinschaften und Kommissionen, von denen aus sie versuchten, die Kultusminister der Bundesländer für ihre Ziele zu gewinnen. Die meisten Minister lehnten eine Rechtschreibreform nicht grundsätzlich ab. Sie fanden sie aber weder besonders wichtig, noch hatten sie eine klare Vorstellung davon, was genau reformbedürftig sein könnte.

Eine wichtige Rolle spielte auch die Duden-Redaktion, die nach der deutschen Teilung zweifach – in Leipzig und in Mannheim – existierte. Sie schaffte es, ihren quasi-offiziellen Status zu bewahren, indem sie das Schreckgespenst einer dudenlosen Rechtschreibanarchie und Sprachzersplitterung an die Wand malte. Unter diesem Eindruck erklärten die westdeutschen Kultus- und Innenminister den Duden bis zu einer zukünftigen Rechtschreibreform zur maßgebenden Instanz für die Schulen und Behörden der Bundesrepublik. Die Duden-Mitarbeiter entschieden also weiterhin, wie neue Wörter zu schreiben und wie die Orthographieregeln dem sich wandelnden Sprachgebrauch anzupassen waren. Ähnliche Befugnisse erhielt die Duden-Readaktion in der DDR. Die Einheit des Wörterbuchs zerbach allerdings: 1954 erschien erstmals eine separate westdeutsche Ausgabe des «Duden», nachdem die Leipziger Ausgabe von 1951 durch realsozialistische Stichwörter (*Volksdemokratie, Arbeiter- und Bauernfakultät*) und ein propagandistisches Vorwort bundesdeutschen Unmut erregt hatte. Bis zum Ende der deutschen Teilung gab es nun zwei Versionen des «Duden», die aber in den Rechtschreibregeln und im weitaus größten Teil des Wortschatzes weiterhin übereinstimmten. In Österreich galt ab 1951 das ‹Österreichische Wörterbuch› als amtliches Regelwerk. In der Schweiz blieb der «Duden» maßgeblich, auch wenn es gelegentlich Proteste gegen seine vermeintlich «großdeutschen» Ansprüche gab.

Orthographie im Kalten Krieg

Der erste Rechtschreibaufruhr der Nachkriegszeit brach 1954 los. In diesem Jahr präsentierten die westdeutschen Reformer, die unter dem gediegen klingenden Titel «Arbeitsgemeinschaft für Sprachpflege» firmierten, die «Stuttgarter Empfehlungen». Sie sahen die Abschaffung des ß und der Substantivgroßschreibung vor, die Ersetzung von *tz* durch *z* (*die heze*), die generelle Eindeutschung von Fremdwörtern (*nazion, filosof, rütmik*) und die ausnahmslose Trennung nach Sprechsilben (*he-rauf, Leis-tung*). In einem nächsten Schritt sollte auch das Dehnungs-h wegfallen. Unter der Schlagzeile *Die Hofräte sind für «di libe»* machte die «Süddeutsche Zeitung» diese Ideen bekannt. Heftige Proteste erhoben sich in beiden deutschen Staaten, und vor allem in Österreich und der Schweiz. Zu den einflussreichsten Reformgegnern in der Bundesrepublik gehörten die Sprachkritiker Dolf Sternberger, Gerhard Storz und Wilhelm E. Süskind, die Autoren des «Wörterbuchs des Unmenschen». Sie betrieben ihre Opposition nicht nur als Mitglieder der Akademie für Sprache und Dichtung und verschiedener Rechtschreibkommissionen, sondern vor allem als Publizisten. Süskind war Redakteur bei der «Süddeutschen Zeitung», Sternberger schrieb regelmäßig für die «Frankfurter Allgemeine Zeitung». Ihnen gesellte sich Karl Korn hinzu, als Feuilletonchef und Mitherausgeber der Frankfurter Allgemeinen Zeitung eine weitere wichtige Stimme in der öffentlichen Debatte. Er sah die Abwehr der Reform als die *Verteidigung einer Sache, die uns lebenswichtig ist* gegen *eine Minderheit, organisiert und entschlossen*. Vierzig Jahre später bildete die F.A.Z. wieder die Speerspitze des Widerstands gegen die neuen Reformbestrebungen.

Der Kalte Krieg heizte die Debatte der fünfziger Jahre noch zusätzlich auf: Westdeutsche Reformgegner sahen kommunistische Saboteure am Werk. Umgekehrt machten ihre ostdeutschen Brüder im (orthographischen) Geiste einen US-gesteuerten Kosmopolitismus verantwortlich, der das nationale Kulturerbe zerstören wolle. In der Schweiz schürte die Zeitschrift «Weltwoche» die Anti-Stimmung, indem sie auch über Regelungen berichtete, die gar nicht

geplant waren, wie die Ersetzung des *ck* durch *kk* (*bäkker*) oder des
-chs durch *-ks* (*fuks*). Der in der Schweiz lebende Thomas Mann
entrüstete sich daraufhin *gegen die geplante Verarmung, Verhäßlichung und Verundeutlichung des deutschen Schriftbildes*, Hermann
Hesse und Friedrich Dürrenmatt protestierten gegen das *reformwütige Schulmeisterdenken*. Die Donnerworte vom literarischen
Olymp, gemeinsam mit der ablehnenden Haltung der schweizerischen und österreichischen Rechtschreib-Kommissionen, versetzten der Reform den Todesstoß. Auch ein zweiter, vier Jahre später
unternommener Versuch scheiterte.

nieder mit der reaktionären großschreibung

Richtig Fahrt nahm das Reformprojekt erst zu Beginn der siebziger
Jahre wieder auf, als es von der Woge des linken Zeitgeistes nach
oben getragen wurde. Die 68er hatten aus «den Talaren den Muff
von tausend Jahren» gepustet, da lag es nahe, auch der Rechtschreibung die «alten Zöpfe» abzuschneiden. Die akademischen Kulturrevolutionäre attackierten die Hochsprache – in sehr hochprachlichen Formulierungen – als «Instrument der Klassenherrschaft», die
ihren sichtbarsten Ausdruck in der Orthographie finde. Deren radikale Vereinfachung, vor allem die Abschaffung der Substantivgroßschreibung, wurde zum entscheidenden Hebel für den Abbau der
Bildungsbarrieren stilisiert. Die alte Vorstellung der Orthographiereformer, Lernschwierigkeiten seien zu beseitigen, indem man die
Ansprüche senkt, – anstatt zum Beispiel den Unterricht zu verbessern – , kehrte hier unter dem Etikett «Chancengleichheit» zurück.
Das fand vor allem bei sozialdemokratischen Bildungspolitikern
und in der Gewerkschaft Erziehung und Wissenschaft (GEW)
Anklang. Ein Höhepunkt der Reformkampagne war der Kongress
«vernünftiger schreiben», den die GEW, das PEN-Zentrum der
Bundesrepublik und der Verband deutscher Schriftsteller 1973 veranstalteten. Es war eines der wenigen Male, dass sich Schriftsteller
für und nicht gegen die Rechtschreibreform stark machten. Die
«vernünftig schreibenden» Kongressteilnehmer forderten die Abschaffung des *ß*, eine Vereinfachung griechischstämmiger Wörter

(*Teater, Filologe, Retorik*), eine Kommasetzung nach Gefühl und vor allem die Substantivkleinschreibung. *Die reaktionäre groß-schreibung fällt nicht, wenn wir sie nicht niederschlagen,* verkün-dete die GEW und drohte den Kultusministern mit Diktat- und Zensurenboykott. In der Folge gab es, vor allem an den Universi-täten, noch eine Reihe von Inititiativen für die Kleinschreibung. Doch sie verpufften, denn die Bildungspolitiker nahmen bald wie-der Abstand von ihren sowieso nur vage formulierten Reform-absichten. Ähnliche Aktionen in den anderen deutschsprachigen Ländern blieben genauso wirkungslos.

Für die bundesdeutschen Reformer, die sich schon fast am Ziel gewähnt hatten, war das ein herber Rückschlag, aber kein Grund zum Aufgeben. Ihr organisatorisches Rückgrat bildeten mittler-weile das ‹Institut für deutsche Sprache› in Mannheim und die «Ge-sellschaft für deutsche Sprache», die Nachfolgeorganisation des Deutschen Sprachvereins (s. S. 234 ff.). Die bundesdeutschen Re-former intensivierten jetzt ihre Kontakte zu den Kollegen in der DDR, der Schweiz und in Österreich. Gemeinsam gründeten sie einen «Internationalen Arbeitskreis für Rechtschreibreform». In den folgenden Jahren fanden die entscheidenden Besprechungen und Planungen in Wien statt, wo das politische Klima reform-freundlicher war als in der Bundesrepublik. Durch diese Aktivi-täten entstand ein sanfter Druck auf die bundesdeutschen Kultus-ministerien. Dort sah man sich genötigt, die bislang gepflegte Zurückhaltung aufzugeben und das Thema wieder auf die Agenda zu setzen.

Die Reformer hatten aus der gescheiterten Agitprop-Phase der siebziger Jahre gelernt. Sie arbeiteten nun wieder, wie gehabt, hinter den verschlossenen Türen ihrer Sitzungszimmer. Die Reform wurde nach außen hin nicht mehr als gesellschaftspolitisches Projekt, son-dern nur noch als nüchterne Optimierung des bestehenden Schrift-systems präsentiert. Unterdessen schob sich ein weiteres Ziel in den Vordergrund: Im Zuge der Reform sollte das Regelungsmonopol des privatwirtschaftlichen Dudenverlags abgeschafft und in staat-liche Hände gelegt werden. Daran hatten die Politiker ebenso ein Interesse wie die mit dem «Duden» konkurrierenden Wörterbuch-verlage.

1986 kam es auf Einladung des österreichischen Unterrichts-
ministeriums in Wien zu einem ersten Treffen zwischen Reformern
und Kultusbeamten aus der Bundesrepublik, Österreich und der
Schweiz. Man war sich einig: Die Zeit für eine Reform war reif. Die
bundesdeutschen Kultusminister beauftragten das «Institut für
deutsche Sprache» und die «Gesellschaft für deutsche Sprache» damit, entsprechende Vorschläge auszuarbeiten. Nur die Groß- und
Kleinschreibung sollte dabei ausgespart bleiben. Abgesehen von
diesem heißen Eisen aber gab es, so meinten die Kultusbeamten, einen breiten gesellschaftlichen Konsens über die Notwendigkeit einer Reform. Wie falsch sie damit lagen, erwies sich zum
ersten Mal 1988, als die Öffentlichkeit die Reformideen näher
kennenlernte. Der Siegener Linguist Gerhard Augst, einer der führenden Reformer, veröffentlichte die beabsichtigten Neuerungen in
der Frankfurter Allgemeinen Zeitung: Die s- und ß-Schreibung
folgte der Heyse'schen Regelung (*Fluss, Füße*), allerdings mit dem
wichtigen Unterschied, dass es nur noch ein *das* mit einfachem *s*
gab. Doppelt -*a* und -*o* verschwanden (nur der *Zoo* blieb bestehen),
das lange -*i* wich dem -*ie* (*Bieber, Briese*), das -*ai* dem -*ei* (*Meis,
leichen*). Das -*ä* und das -*äu* standen nur noch bei Umlauten (*hät-
zen, überschwänglich*, aber *reuspern*). Hinzu kamen Fremdwort-
eindeutschungen (*Träning, Hobbi*) und einige besonders gewöh-
nungsbedürftige Einzelwortschreibungen wie *Fede, Apt, Frefel*.
Für die Presse waren das Steilvorlagen, die sie sofort in Schlag-
zeilen wie *Ein Frefel im Mei* oder *Ein Kapiten gedänkt Ale zu
fangen* verwandelte. Ungezählte Leserbriefe geißelten die *etzenden*
und *katastrofal unfären* Regelungen, die daraufhin wieder zurück-
gezogen wurden.

Vier Jahre später – die Rechtschreib-Gremien der DDR und der
Bundesrepublik waren mittlerweile «zusammengewachsen» – präsentierte der «Internationale Arbeitskreis für Orthographie» einen
neuen Vorschlag. Der Versuch, bei dieser Gelegenheit doch noch
die Substantivkleinschreibung durchzusetzen, scheiterte am Widerstand der deutschen Kultusminister. Reformer wie Politiker scheu-
ten nach den Erfahrungen von 1988 die Öffentlichkeit und schickten den Entwurf deshalb nur einigen Verbänden der Lehrerschaft,
der Druckerbranche, der Medien und Hochschulen mit einer Bitte

um Stellungnahme zu. Die bald darauf anberaumte Anhörung war eher eine Alibiveranstaltung als die Gelegenheit zu einer echten Erörterung: Die Zeit für die Abgabe der Stellungnahmen war knapp bemessen, zudem waren in einigen Fällen Gutachter mit den Reformern identisch und beurteilten nun also ihre eigene Arbeit. Massive Einwände gegen die Reform kamen von der «Deutschen Gesellschaft für Sprachwissenschaft» und dem «Deutschen Germanistenverband». Ihre Kritik traf einen entscheidenden Schwachpunkt: Dem ganzen Vorhaben fehlte das wissenschaftliche Fundament. Wie das Schriftsystem eigentlich funktioniert, wie Schreiber und Leser damit umgehen, welche didaktischen Probleme es tatsächlich aufwirft und wie sich der Unterricht verbessern lässt, hatten die Reformer weder selbst untersucht noch hatten sie existierende Forschungsergebnisse herangezogen. Doch diese Einwände verhallten ungehört.

Sand im Getriebe

Im Frühjahr 1995 übergaben die Reformer den zuständigen staatlichen Stellen eine Vorlage für ein amtliches Regelwerk. Sie legte die Grundzüge der heute gültigen Rechtschreibung fest. Zu den wichtigsten Neuerungen gehörte die Heyse'sche s-Regel (*Fuß* und *reißen*, aber *Fluss* und *lässt*) sowie die vermehrte Groß- und Getrenntschreibung. Da die Öffentlichkeit zu diesem Zeitpunkt noch nicht wusste, was sich hinter den Regeln im einzelnen verbarg, gab es kaum Reaktionen. Im April 1995 wurde die Reform in Österreich und der Schweiz beschlossen. Auch in Deutschland schien die Zustimmung nur noch Formsache zu sein – da streute die Vorsehung Sand ins Getriebe. Dem bayerischen Kultusminister Zehetmair (CSU) nämlich war zugetragen worden, dass die Reformer den *Heiligen Vater* zum *heiligen Vater* degradieren wollten. Zehetmair, der schon zuvor die geplante Eindeutschung lateinischer und griechischer Lehnwörter (*Katastrofe, Reuma*) moniert hatte, sah nun neben der Altphilologie auch noch die zweite Säule bayerischer Politik – den Katholizismus – bedroht und erhob lauten Einspruch. 45 Eindeutschungen (von *Zigarrette* bis *Tron*) wurden daraufhin rückgängig gemacht, die Adjektive in *Heiliger Vater*, *Letzte Ölung* und anderen festen Wortverbindungen wuchsen wieder zu alter Größe. Die Notbremsung hatte ihren Preis, denn sie machte die bereits gedruckte Neuausgabe des «Duden» zu Makulatur. Danach erhielt die Neuregelung auch in Deutschland den staatlichen Segen.

Als bald darauf die ersten neuen Wörterbücher erschienen, begann der Bevölkerung zu dämmern, welche Folgen die Rechtschreibreform für das tägliche Lesen und Schreiben tatsächlich hat. Ins Bewusstsein drang zunächst vor allem, *dass* das *ß* in die Teilberentung geschickt worden war. Diese Neuerung macht etwa 90 Prozent aller durch die Rechtschreibreform bewirkten Änderungen aus. Im Wettkampf Adelung gegen Heyse hatte letzterer sich durchgesetzt. Viele Schreiber schrieben das *ß* aber nun gleich ganz ab und schickten ihm voreilig einen letzten *Gruss* hinterher. Den bekamen sie als *Gruß* zurück, denn der totgeglaubte Buchstabe lebt nach Langvokalen und Diphthongen munter weiter. Auch die Notwendigkeit, bei *das/dass* zu erkennen, ob es sich um ein Pronomen oder einen Artikel einerseits oder eine Konjunktion andererseits handelt, wurde durch den Ersatz von *ß* durch *ss* nicht aufgehoben. Trotzdem gehörte die neue s-Schreibung zu den wenigen Reformregeln, die auf weitgehende Zustimmung stießen, weil viele Menschen sie als klarer und übersichtlicher empfanden.

Irritationen dagegen lösten Neuschreibungen wie *behände*, *Bändel*, *Gämse*, *Stängel* aus. Sie sollten die Verwandtschaft mit den Wortstämmen (*Stange* → *Stängel* statt *Stengel*) verdeutlichen und entsprachen angeblich den sowieso schon eingebürgerten Schreibgewohnheiten. In Wirklichkeit reaktivierten die Reformer etymologische Bezüge, die in der Sprachgemeinschaft längst in Vergessenheit geraten waren und erfanden gleich noch ein paar hinzu: beispielsweise das *Quäntchen* (alte Schreibung: *Quentchen*), das nicht von *Quantum*, sondern von der alten Maßeinheit *Quent* kommt, die wiederum auf das lateinische *quintus* zurückgeht. Oder *verbläuen* (alte Schreibung: *verbleuen*), das nichts mit ‹blauschlagen› zu tun hat, sondern mit *bleuen*. Das wiederum ist mit der *Pleuelstange* verwandt und wurzelt im althochdeutschen *bliuwan* ‹schlagen›. Weil die Reformer aber annahmen, dass die meisten Schreiber an Pseudo-Etymologien glaubten, praktizierten sie

Sprachgeschichte nach Mehrheitsentscheidung und erklärten die falsche Schreibweise zur richtigen.

Doch das waren Petitessen, die nur wenige Wörter betrafen und nicht allzu viele Menschen störten. Die echten Probleme der Rechtschreibreform traten im Bereich der Groß- und Kleinschreibung und vor allem der Getrennt- und Zusammenschreibung *zutage* und *zu Tage*, wo Wörter *auseinander gerissen* wurden, die längst zusammengewachsen waren. Dank der *frisch gebackenen* Orthographiereform gab es nun *selbst gebackenen* aber keinen *selbstgebackenen* Kuchen mehr. Einst *wohlversorgte* Existenzen stiegen ab ins *wohl* (vielleicht aber auch nicht) *versorgte* Prekariat. Deutschlehrer zu sein, wurde vom *meistgeschätzten* zum *meist geschätzten*, manchmal aber auch gehassten Beruf, denn die Schüler mussten *viel versprechende*, aber nur wenig haltende Rechtschreibregeln lernen. Die waren nicht *sehr Vertrauen erweckend*, weil *sehr Vertrauen* ungrammatisch ist. Andere Innovationen wie die *Satelliten gestützte* Kommunikation, *Millimeter genaue* Brückenkonstruktionen, *Unfall versicherte* Arbeitnehmer oder *Hitze beständige* Schutzschichten galten zwar auch nach den neuen Regeln als falsch, weil die abgetrennten Substantive ohne Präpositionen (*auf, gegen*) durch die Sprachlandschaft humpelten, aber das verhinderte nicht die rasante Ausbreitung solcher Schreibweisen. Wen interessieren noch grammatische Feinheiten, wenn die Wortsäge erst einmal sägt? Die mentalen Folgen waren *äußerst Besorgnis erregend*, weil das Sprachvolk die spitzfindigen Ge- und Verbote der Getrennt- und Zusammenschreibung kaum noch durchschaute: Termine zum Beispiel wurden jetzt *wahr genommen*, um sich *zusammen zu setzen,* statt sich wie früher *zusammenzusetzen*.

Einen ebenfalls heiklen Eingriff in das gewachsene Schreibsystem stellte die neue Großschreibung von Substantivierungen dar (*heute Abend, im Allgemeinen, vor Kurzem, im Voraus, alles Übrige*). Nun bekamen auch Wörter, die die Funktion von Adverbien oder Pronomen haben und deshalb früher kleingeschrieben wurden, große Anfangsbuchstaben. Das hatte den Vorteil formaler Eindeutigkeit: Was sich grammatisch wie ein Substantiv verhält, wird auch so geschrieben. Einige Unklarheiten der alten Rechtschreibung, wo man *alles Weitere* und *das Folgende* groß, aber *alles übrige* und *folgendes* klein schrieb, verschwanden dadurch. Das allerdings hätte man auch durch Einzelkorrekturen bewerkstelligen können.

Die generelle Großschreibung aller Substantivierungen verwischte den eigentlichen Sinn dieser Norm. Er liegt darin, «echte» Substantive, die sich auf Gegenstände oder Sachverhalte beziehen, hervorzuheben, um dem Leser optische und semantische Orientierungsmarken zu bieten (und deshalb werden in diesem Buch Ausdrücke wie «im wesentlichen» nach wie vor kleingeschrieben). Früher schwammen Fische *im allgemeinen im Wasser*. Heute schwimmen sie *im Allgemeinen im Wasser,* wenn sie nicht *seit Kurzem aufs Schrecklichste auf dem Land zappeln*. Die «erweiterte Großschreibung» war vor allem politisch motiviert. Durch sie ersetzten die Reformer ihr einstiges Lieblingsprojekt, die Substantivkleinschreibung. Nachdem diese endgültig an den politischen Instanzen gescheitert war, suchten die Akteure nun ihr Heil im Gegenteil. Um den Reformanspruch zu retten, sollten die unklaren Grenzbereiche zwischen Groß- und Kleinschreibung um jeden Preis vereinheitlicht werden – wenn nicht mit kleinen, dann eben mit großen Buchstaben. Dabei kreierten die Reformer auch Substantive, die es zuvor gar nicht gegeben hatte: Neue Großschreibungen wie *Leid tun, Recht tun, er ist ihm Feind, ihm ist Angst* oder *Pleite gehen* ignorierten, dass es sich um altgediente Adjektive handelte. *Er ist ihm feind* entspricht *er ist ihm fremd; ihm ist angst* entspricht *ihm ist schlecht*. Aber selbst ungrammatische Schreibweisen wie *ihm ist sehr Angst* vermochten den Großschreibungseifer nicht zu stoppen.

Pronomen und Mengen-Adjektive wie *viele* und *alle* wurden zwar auch nach den neuen Regeln weiterhin kleingeschrieben, aber wie schon bei der Getrenntschreibung setzte die Sprachgemeinschaft den durch die Reform eingeschlagenen Weg auf eigene Faust fort. In Zeitungsartikeln, Briefen und Internettexten tauchte nun immer öfter *Viele, Alle* oder *Einiges* auf. Damit näherte man sich wieder dem Stand des frühen 19. Jahrhunderts, als auch Pronomen wie *Dieser, Niemand* oder *Keiner* großgeschrieben wurden. Nur in zwei Bereichen gingen die Reformer vom Prinzip der Großschreibung ab und zwar gerade da, wo es sich mit guten Gründen eingebürgert hatte: Die Höflichkeitsgroßschreibung der Briefanrede (*Du, Ihr, Dein*) wurde abgeschafft, und in feststehenden Begriffen wie *der Blaue Brief* oder *das Schwarze Brett* sollten nun die Adjektive kleingeschrieben werden.

Einen geradezu altmodischen Charme entfaltete die Reform, wenn sie die Groß- und die Getrenntschreibung kombinierte, hievte sie auf diese Weise doch längst verblichene Substantive wieder ins Sprachbewusstsein: Man konnte nun wieder *zu Grunde* gehen oder etwas *zu Stande* bringen (allerdings nicht *zu Nichte* machen). Dadurch erwachte auch das gute alte Dativ-e, das schon auf der Liste der aussterbenden Formen stand, aus der Erstarrung. All die jetzt künstlich wieder getrennten Wörter waren im Laufe der Zeit im allgemeinen Sprachbewusstsein zu Bedeutungseinheiten verschmolzen. Die Veränderung der Schreibweisen seit dem 19. Jahrhundert zeigt das deutlich: *In Stand setzen* wandelte sich über *in stand setzen* bis zu *instand setzen* und sogar *instandsetzen*. Weil hier der Sprachwandel die Grenzen besonders fließend hält, ist Flexibilität gefordert. Bereits Adelung stellte 1782 fest, *daß fast kein Theil in der Orthographie schwankender und unbestimmter ist, als die Lehre von den zusammengesetzten Wörtern.* Konrad Duden verzichtete auf explizite Regeln und folgte in seinem Wörterbuch bei Zweifelsfällen dem Zug der Zeit zur Zusammen- und Kleinschreibung. Die Reform drehte nun im Namen der Zukunft das Rad wieder zurück.

Auf den Barrikaden

Schon bald zeigte sich, dass die Einführung der Rechtschreibreform nicht der Selbstläufer sein würde, den ihre Initiatoren sich erhofft hatten. Die verschiedenen Wörterbücher wichen ebenso voneinander wie von den amtlichen Regeln ab, deren Unklarheiten freilich viele Interpretationsspielräume ließen. Mitterweile formierte sich der Protest. Im Oktober 1996 unterzeichneten auf der Frankfurter Buchmesse rund hundert Schriftsteller die «Frankfurter Erklärung» gegen die Reform. Mehrere Bundestagsabgeordnete schlossen sich an. Der «Spiegel» machte mit einer Titelillustration auf, die Günter Grass, Martin Walser und andere Dichter als Märzrevolutionäre auf den Barrikaden zeigte. *Schwachsinn Rechtschreibreform. Rettet die deutsche Sprache! Der Aufstand der Dichter*, dröhnte die Schlagzeile. Im Inneren des Heftes zogen die Autoren alle Register der Betroffenheits- und Empörungsrhetorik. Für Hans Magnus Enzensberger war die Reform *überflüssig wie ein Kropf*, Siegfried Lenz sah sie als *kostspieligen Unsinn*, Martin Walser ging in den Widerstand (*Ich fahre so fort*), und Walter Kempowski fühlte sich gar *gedemütigt*. Solches Pathos veranlasste die Reformbefürworter zum Spott über spät erwachte Dichter, die doch in den Jahren zuvor genug Gelegenheit zum Einspruch gehabt hätten. Angesichts der geheimrätlichen Kabinettspolitik, mit der die Reform vorangetrieben worden war, fiel diese Häme allerdings auf ihre Urheber zurück.

Unterdessen konnte es den Kultusministern mit der Einführung der Reform an den Schulen nicht schnell genug gehen. Vorgesehen war sie eigentlich für den August 1998 mit einer Übergangsphase bis 2005. Doch um vollendete Tatsachen zu schaffen, wurden in vielen Bundesländern die neuen Schreibweisen schon 1996 den Schülern und Lehrern vorgesetzt, noch bevor überhaupt aktuelle Wörterbücher auf dem Markt waren. Schulbuchverleger und einige Lehrerverbände begrüßten die Eile. Die GEW forderte *den frühestmöglichen Vorgriff auf die Reform* und verstieg sich zu der Anklage, ein Unterrichten der alten Regeln *verstößt gegen die Würde der Lehrenden und der Lernenden*. Dass die Lehrerorganisationen die schnelle Einführung der Reform unterstützten, entsprang dem verständlichen Wunsch nach klaren Verhältnissen sowie der Illusion, die Reform werde das Unterrichten der Rechtschreibung vereinfachen. Hoffnungen auf eine Senkung der Fehlerzahl um bis zu 25 Prozent waren schon deshalb unrealistisch, weil die Neuregelungen nur einen Bruchteil der Fälle betrafen, die den Schülern tatsächlich Schwierigkeiten bereiteten.

Den Preis der kultusministeriellen Überrumpelungstaktik zahlten Schüler und Lehrer. Denn da die Reform in den folgenden Jahren ständig nachgebessert werden musste, unterlagen die Lehrmaterialien einer Dauerrevison, bei der niemand wusste, ob die gerade verwendeten Texte auch auf dem gerade aktuellen Stand waren. Das Ganze erinnerte an die Art großer Computerkonzerne, unausgereifte Betriebssysteme auf den Markt zu werfen und die Kunden als unfreiwillige Tester zu missbrauchen.

Eine mittlerweile gegründete «Zwischenstaatliche Kommission für deutsche Rechtschreibung», die die Einführung begleiten sollte, verlangte bereits 1997 Änderungen. Doch die Kultusminister blockten diese Forderungen ab. Die Rechtschreibreform war für sie zwar nie eine Herzenssache gewesen. Aber jetzt wurde sie zu einer Prestigeangelegenheit und ihre Durchsetzung zu einer Frage der Staatsraison. Unterdessen gründeten sich Bürgerinitiativen, wurden Volksentscheide angesetzt, Unterschriften gesammelt, Klagen eingereicht. Davon unberührt trat am 1. August 1998 die neue Rechtschreibung an allen Schulen Deutschlands, Österreichs, der Schweiz und Liechtensteins offiziell in Kraft. Auch die meisten Behörden übernahmen die neuen Regeln. Die Nachrichtenagenturen und die meisten Druckmedien folgten. Allerdings stellten viele Redaktionen für einzelne Wörter oder Bereiche Sonderregeln auf. Die frühe Neuzeit mit ihren Hausorthographien brach wieder an.

Die Reform der Reform

Die «Frankfurter Allgemeine Zeitung» scherte bereits nach einem Jahr aus der Reformspur wieder aus. Am 1. August 2000 kehrte die Redaktion, entnervt von den Widersprüchlichkeiten der neuen Regeln, zur alten Rechtschreibung zurück. Mittlerweile zeichnete sich ab, dass das letzte Wort noch nicht gesprochen war. Die Zwischenstaatliche Kommission versuchte gemeinsam mit den Wörterbuchverlagen, zu einer übereinstimmenden «Auslegung der Regeln» zu gelangen, als handele es sich um eine Bibelexegese. Immer deutlicher wurde, dass die Reform reformiert werden musste, wenn die Einheitlichkeit der Rechtschreibung nicht zerbrechen und sich in ein Gewirr widersprechender Schreibweisen auflösen sollte. Auch Politiker unterschiedlicher Parteien äußerten mittlerweile ihr Unbehagen an den bisherigen Ergebnissen der Rechtschreibreform.

2004 folgten der Verlag Axel Springer und die «Süddeutsche Zeitung» dem Beispiel der F.A.Z. und kehrten zur «bewährten» Rechtschreibung zurück. Kurz darauf zogen die Kultusminister die Notbremse: Auf ihr Betreiben hin bildete sich ein vierzigköpfiger «Rat für deutsche Rechtschreibung». Er ersetzte die bisherige Zwischenstaatliche Kommission mit dem Ziel, *die Einheitlichkeit der Rechtschreibung im deutschen Sprachraum zu bewahren*, strittige Punkte zu klären und das orthographische Regelwerk *weiterzuentwickeln*. Der Rat übernahm damit die einstige Rolle des «Duden» und ist seitdem die maßgebende Rechtschreib-Instanz für alle deutschsprachigen Länder. Seine Gründung bot die letzte Chance, die Reform noch aus der Sackgasse hinauszumanövrieren. Neben Sprachwissenschaftlern gehören dem Gremium auch Autoren, Journalisten, Lehrer sowie Vertreter der Buch- und Zeitungsverlage an. Zum Vorsitzenden wurde Hans Zehetmair gewählt, ehemaliger bayerischer Kultusminister und ebenso ehemaliger Reformpolitiker. Zehetmair, vom Saulus zum Paulus gewandelt, versprach nun, die Bevölkerung mit der Orthographie zu «versöhnen» und die Politik künftig herauszuhalten.

Der Rat, dem auch einige Reformkritiker angehören, stellte in Teilen den orthographischen Zustand von vor 1996 wieder her, jedenfalls als Wahlmöglichkeit. Diese Reparaturen, die 2006 in Kraft traten, ließen die 2004 erschienene Neuausgabe des Duden schon wieder alt aussehen.

Die Höflichkeitsschreibung (*Ihr, Du*) ist nun zumindet wieder als Variante aufgenommen und feststehende Begriffe wie der *Runde Tisch* werden wieder großgeschrieben. Die erweiterte Großschreibung blieb bestehen, wobei echte Fehlgriffe wie *Leid tun, Pleite gehen, Recht sein* kassiert oder zumindest die alten Schreibweisen als Alternativen wieder zugelassen wurden. Das reformerische Dogma der Getrenntschreibung hat der Rechtschreibrat gebrochen, indem er in vielen Fällen die Zusammenschreibung als Wahlmöglichkeit wieder eingeführt hat. Allerdings bietet dieser Bereich nach den Reparaturen nun ein verwirrendes Bild. Neben den wieder zugelassenen stehen die reformierten Schreibungen, die der Rat aus Rücksicht auf die Reformer nicht tilgen mochte. Hinzu kommen außerdem noch einige neue Schreibweisen, die der Rat beschlossen hat. Der Übergangscharakter des momentanen Regelwerks wird nirgends so deutlich wie hier.

Es will sich bloß strampeln. Die GetrenntZusammen-Schreibung

Vor der Reform hatte uns etwas *leid getan*, dann musste es uns *Leid tun*, seit 2006 soll es uns *leidtun*. Der Rat für Rechtschreibung hat viele Großschreibungen und Trennungen wieder rückgängig gemacht (*Leid tun, auseinander halten, lahm legen*), aber auch Zusammenschreibungen eingeführt, die es früher nicht gab (*leidtun, stattdessen, infrage, krankmelden, abhandenkommen*). Man kann jetzt die Kupplung *kommen-*, die Muskeln *spielen-* oder auch Blumen *sprechenlassen*. In vielen Fällen ist sowohl die Zusammen- als auch die Getrenntschreibung erlaubt – eine eigentlich begrüßenswerte Flexibilität, weil der Schreibende nun dem Kontext und der eigenen Intuition folgen kann. Verlassen darf er sich aber nicht auf sie, denn in anderen Fällen gilt dann doch wieder nur die eine oder die andere Schreibweise: Früher konnte man *abwärts gehen*, ohne dass es dabei gleich *abwärtsgehen* musste, heute gibt es gemeinsam mit *abwärtsfahren* und *abwärtssteigen* nur noch die zweite Variante. Begründet wird das mit dem gemeinsamen Hauptakzent, der zusammengesetzte Wörter wie *ábwärtsgehen* von Verbindungen wie *rückwärts éinparken* unterscheidet. Aber dieses Kriterium gilt nicht konsequent: Man kann zwar jemanden *totschlagen* oder *totschießen*, aber *totstellen* geht nicht mehr, nur noch *tot stellen*. Das Baby mag den Teller *leeressen*, es darf sich aber nicht *bloßstrampeln*, sondern *bloß strampeln*, was die Nerven der Eltern wiederum *bloßlegt*. Unerfindlich auch, warum *wieder aufarbeiten* nur getrennt, *wiederaufbereiten* aber nur zusammengeschrieben werden darf. Vorbildlich tolerant ist das integrative *wiedereingliedern*, das auch als *wieder eingliedern* möglich ist. *Zugutekommen* darf, *zuteilwerden* und *zustattenkommen* müssen sogar zusammengeschrieben werden, aber bei *zustande kommen* bleibt die alte Trennregel obligatorisch. Der unausgesprochene Grund liegt darin, dass sonst der Abstand zu Reformschreibweisen wie *zu Stande kommen* zu groß würde. Die aber lässt der Rat für Rechtschreibung als Varianten bestehen, um das Reformprojekt nicht zu desavouieren. Spitzfindigkeiten und Inkonsequenzen durchziehen den gesamten Bereich: So geht es bei der Großschreibung darum, die Anfangsbuchstaben der Substantive *großzuschreiben*. Beim Getrenntschreiben muss man hingegen immer *getrennt schreiben*. *Besorgnis erregend* kann neuerdings auch *besorgniserregend* sein, aber *Ehrfurcht gebietend* nur getrennt zu schreiben, gebietet offenbar die Ehrfurcht. Und die Lieblingsquizfragen aus der alten Orthographie sind auch geblieben: Warum muss man *eislaufen* während man gleichzeitig *Schlittschuh läuft*? Antwort: Weil der substantivische Charakter von *Eis* im Gegensatz zu *Schlittschuh* längst verblasst, um nicht zu sagen geschmolzen ist. Das gilt jedenfalls, solange man bloß vorhat, *einzulaufen.* Wer es dann wirklich tut, *läuft Eis.*

Die verwirrende Vielfalt der Varianten, die die aktuelle Rechtschreibung bestimmt, hat die Duden-Redaktion genutzt, um ein wenig von ihrer einstigen Autorität zurückzugewinnen: Sie nimmt den Wörterbuchnutzer an die Hand und leitet ihn mit gelb unterlegten «Empfehlungen» aus dem Labyrinth. Das steht in der Tradition des «Buchdruckerdudens», der auch aus dem Bedürfnis nach Eindeutigkeit entstanden war. Die gelben Vorzugs-Varianten beruhen zwar nur auf der privaten – und oft undurchsichtigen – Entscheidung der Duden-Redaktion, aber da sie Verlagen, Firmen und Verwaltungen die lästige Wahl abnehmen, bekommen sie einen quasi-amtlichen Status, an dem sich nun viele Profischreiber zu orientieren haben.

Nach der Reform ist vor der Reform

Manchmal scheint sich die Geschichte doch zu wiederholen: Die Berliner Orthographiekonferenz von 1901 diente vor allem dazu, eine Einheitlichkeit wiederherzustellen, die die Experimente der vorangegangenen Jahrzehnte untergraben hatten. Ein gutes Jahrhundert später ist die Situation ganz ähnlich: Die jüngsten Regeln des Rats für Rechtschreibung stellen den Versuch dar, die Defekte zu beseitigen, die die vorangegangenen Reformversuche verursacht haben. So hat man mit großem Aufwand viele bewährte Schreibweisen gerettet, doch gleichzeitig die Fehlschläge der Reform konserviert. Wie wird es weitergehen? Lassen wir einen Mann zu Wort kommen, der es wissen muss:

Es ist über diesen Gegenstand seit anderthalb hundert Jahren so viel gesprochen und geschrieben worden, daß man es einem ehrlichen Manne kaum zumuthen kann, noch eine Zeile mehr darüber zu lesen. Und doch ist die Sache bey weitem noch nicht erschöpft, und selbst diejenigen, welche unsere gewöhnliche

Orthographie so gern zu schmähen pflegen, haben die Grund-
sätze, wonach sie sich bestimmt, und bestimmen muß, nicht in
ihrem ganzen Zusammenhange eingesehen. Jeder von ihnen hat
etwas gesehen, aber nicht alles, und das, was er sahe, hat er
noch dazu nur halb gesehen; und daher rühren denn die vielen
Verirrungen, woran besonders unser gegenwärtiges Zeitalter so
fruchtbar ist.

Soweit Johann Christoph Adelung, der vor über zweihundert
Jahren die Basis unserer heutigen Rechtschreibung in Regeln gefasst
hat. Er liefert uns eine treffende Prognose: Nach der Reform ist vor
der Reform.

Schreibsprech digital

moin schatzi und sorry das ich mich nich eher gemeldet hab. stress und so.
booaaa, mein vater war voll eklich wg schule *stöhn*. haste morgen zeit?
hdgdl (= hab dich ganz doll lieb)

In den vergangenen zwei Jahrzehnten haben die Plauderforen des
Internets (Chatrooms) und die Textbotschaften der Handynutzer (SMS)
eine Sprechschreibe hervorgebracht, die zum orthographischen Imperium von Duden & Co. nur noch sehr lose Beziehungen unterhält. Da
man miteinander reden will, aber miteinander schreiben muss, ist das
mittelalterliche Prinzip «Schreib, wie Du sprichst» wiederauferstanden.
Doch nicht nur Dialektelemente, Umgangssprache und phonetische
Schreibungen *(Grias di; bist wieda da? infos kannsuham)*, prägen das
Digitaldeutsch dieser schwatzenden Schriftlichkeit, sondern auch Innovationen, von denen die Mönche in den Skriptorien des Mittelalters nicht
einmal träumen konnten. Die Verzahnung von Laut- und Schriftebene,
gepaart mit dem Wunsch, Zeit und Tippaufwand zu sparen, hat ein schil-
lerndes Zeichen-Reservoir aus Abkürzungen (*GuK* ‹Gruß und Kuss›,
mombi ‹Moment bitte›, *cu* ‹see you›), Lautmalereien (*AAAARGHH!*),
Nummernenglisch (*4get it*) und Comic-Formen (*griiins*) hervorgebracht. Graphische Symbole, Sterne, Klammern, Sperrungen ersetzen
bildschirmgerecht die Intonation. Herzlichkeit ist ein langer Tasten-
druck: *bruuuuuder!* geht ein Gruß an *Nashorn 2*, das sich mit noch mehr
Buchstaben revanchiert. Wer allerdings durch permanente Großschreibung visuell dröhnt, bekommt ein *Klappe!* auf den Monitor. Viele jüngere Leute kommunizieren täglich stundenlang per SMS und Internet.

Die Sprechschreibe ist ihr natürliches Medium, während die Standard-schriftsprache zu einer fremden Parallelwelt wird. Diese Entwicklung könnte langfristig viel gravierendere Folgen haben als jede Orthographiereform.

Warum schreibt man …? Besonderheiten der deutschen Orthographie

Röck Döts – Die lauten umlauts

Nicht nur *Kindergarten* und *Schadenfreude*, auch *ä, ö* und *ü* sind Exportartikel der deutschen Sprache. Sie finden ihre Liebhaber vor allem unter schwarz gewandeten und kettenbehangenen Rockmusi-kern, die inmitten ohrenbetäubender Klanggewitter düstere Lieder singen: Englische und amerikanische Heavy-Metal-Bands lieben die *Röck Döts,* die ‹Röck-Pünkte›, weil sie ihnen ein «teutonisches» Image verleihen. In den siebziger Jahren startete die amerikanische Rocktruppe ‹Blue Öyster Cult› mit der germanoiden Kraftmeier-Mode, es folgte ‹Motörhead›, deren Mitglieder sich für den Umlaut entschieden, *weil es einfach böse* und *etwas deutscher aussieht.* Andere Gruppen, nicht nur aus der Schwermetall-Branche, mit Namen wie ‹Lääz Rockit› oder ‹Hüsker Dü› folgten. In ihren angloameri-kanischen Heimatländern sind die *umlauts* allerdings nur optischer Dekor. Deshalb erlebte die Band ‹Mötley Crüe› eine phonetische Überraschung, als deutsche Fans sie mit ihrem buchstabengerecht skandierten Namen begrüßten. Die Band ‹Ümläüt› gibt es übrigens noch nicht, aber die Röck-Döt-Fäns arbeiten daran.

Wenden wir uns von der lauten Gegenwart der leiseren Vergangenheit zu. Die ersten Umlaute tauchen bereits in althochdeutschen Texten auf. Damals wandelten sich Wörter wie *gasti* ‹Gäste› oder *slagi* ‹Schläge› in *gesti* und *slegi, farit* wurde zu *ferit* ‹er fährt›, *langir* zu *lengir* ‹länger›. Verantwortlich war das *i* in der zweiten Silbe, das den Zungenrücken spannt und anhebt. Diese Artikulation nahmen die Sprecher schon am Wortanfang vorweg. Sie passten den ersten Vokal dem zweiten phonetisch an, er wurde «umgelautet». Den

Buchstaben *ä* gab es zunächst noch nicht, der a-Umlaut wurde *e* geschrieben. Wahrscheinlich wurde er auch wie unser heutiges *e*, also enger als das heutige *ä* gesprochen. Die Umlautung ergriff auch lateinische Lehnwörter wie *calix* → *kelich, angelus* → *engil* oder *catena* → *ketina*, deren *e* in der zweiten Silbe so eng gesprochen wurde, dass es germanischen Ohren wie *i* klang.

Die i-Laute, die diese Umlautung in Gang gesetzt hatten, verschwanden später oder schwächten sich zu einem gemurmelten *e* ab (*Gäste*), der Umlaut, den sie verursacht hatten, blieb aber bestehen. Nach einem ähnlichen Schema verwandelten sich auch o- und u-Laute in *ö* und *ü*. Der gesamte Prozess der Umlautung dauerte einige Jahrhunderte und verbreitete sich von Norden nach Süden. Dort allerdings setzte sich die Umlautung nur zögernd oder auch gar nicht durch. Deshalb wurde *Innsbruck* nicht zu *Innsbrück* im Gegensatz zum nördlichen *Osnabrück*. Konservativ sind auch der *Rucksack* (statt des *Rücksacks*) und die schwarze Kunst: Da die *Druck*technik im damals umlautlosen Mainz erfunden wurde, existiert bis heute neben dem allgemeinen *drücken* das *drucken* in der Spezialbedeutung ‹Drücken mit Bleilettern›. So kann man den *Drucker* vom *Drücker* unterscheiden. Aus der gleichen Wurzel kommen Varianten wie *nützen/nutzen* und *rucken/rücken*.

Zunächst schrieb man die o- und u-Umlaute mit einem kleinen hochgestellten *e* oder *i*, woraus dann die heutigen Punkte wurden. Der ä-Laut wurde noch lange mit einem *e* oder als Ligatur *æ* geschrieben. Erst der Wunsch, den Wortstamm (*lang* → *länger, Gast* → *Gäste*) durch die Schrift zu kennzeichnen, setzte den Buchstaben *ä* dauerhaft durch. Und erst mit ihm begann auch die sorgfältige Unterscheidung in der Aussprache von Wörten wie *Ähre* und *Ehre* oder *Geste* und *Gäste*. In manchen Fällen hat sich die ä-Schreibung allerdings nie durchgesetzt: Die *Eltern* sind eigentlich die *Älter(e)n* – «meine Alten» – und zu *kentern* bedeutet zu *käntern*, weil man über die Kante geht. Dafür hat sich die Umlautschreibung in Wörtern eingebürgert, die nie umgelautet wurden (*Ästhet, Präsident*). Umlaute gibt es auch in anderen Sprachen, zum Beispiel im Türkischen und – allerdings ohne bepunktete Buchstaben – im Französischen. Die Franken führten diese germanische Mode ein: Wörter wie *père, aimer, cœur* oder *dur* sind durch Umlautung aus den lateinischen Wurzeln (*pater, amare, cor, durum*) entstanden.

HAuptWörter – Wie die Substantive groß wurden

Zunächst standen Großbuchstaben nur am Anfang von Absätzen, Strophen, Versen, dann auch von einzelnen Sätzen. Im Spätmittelalter bekamen sie außerdem die Aufgabe, einzelne besonders wichtige Wörter im Text hervorzuheben. Das konnten auch Adjektive oder Pronomen sein (*Jüdisch, Keiserlich, Ewer, Ihr*), aber bald schon schoben sich die Substantive als «Hauptwörter» in den Vordergrund. Am schnellsten etablierte sich die Großschreibung bei Eigennamen und Titeln (*Bapst, Keiser, Churfürst*), bei Personen- und Kollektivbezeichnungen (*Apostel, Mensch, Mönch, Welt*) und bei religiösen Begriffen (*Christ, Geist, Evangelium, Sacrament*). Im 16. Jahrhundert rutschten die Großbuchstaben oft ins Wortinnere (*HErr; vAter uNser*), ein Gebrauch, der zurzeit eine Renaissance erlebt (*BürgerInnen UNOrdnung, PorNo, HERRschaft*). Wurden zunächst nur die Großen großgeschrieben (*Künig, Ritter, Held* gegenüber *knecht, pawr, schreiber*), so hielt doch bald schon die Egalité Einzug. Vor allem die Druckereien sorgten dafür, dass sich die generelle Substantivgroßschreibung allmählich etablierte. Setzer und Korrektoren schätzten sie, weil sie die Texte übersichtlicher und lesefreundlicher machte. Eine wichtige Rolle spielten dabei die Schriften Luthers. Der Reformator schrieb mit der Hand meistens klein, achtete aber in späteren Jahren immer stärker darauf, dass im Druck die Substantive großgeschrieben wurden. Grammatiker und Schulmeister hinkten dieser naturwüchsigen Entwicklung hinterher. Erst zu Beginn des 18. Jahrhunderts erklärte Gottsched die generelle Substantivgroßschreibung zur Regel. Heutzutage ist sie eine Besonderheit des Deutschen. Dass die Sprachgemeinschaft trotz vielfacher Abschaffungsversuche an ihr festhält, liegt nicht nur an der Liebe zu den Eigenheiten der ererbten Schriftkultur. Deutsch besitzt im Gegensatz zu anderen Sprachen die Möglichkeit, komplexe Satzstrukturen mit einer relativ freien Wortstellung zu kombinieren. Die Substantive können also sehr unterschiedliche

Positionen im Satz einnehmen. Die orthographische Kennzeichnung dient ihrer schnellen Identifizierung und der Unterscheidung gleichlautender Wörter (*Schloss / schloss, Trank / trank, Weg / weg, Tief / tief, Morgen / morgen, Fragen / fragen*). Dadurch werden die Sinnzusammenhänge beim Lesen schneller transparent. Wie ermüdend das Lesen kleingeschriebener Texte in deutscher Sprache ist, zeigt die Lektüre der Schriften Jacob Grimms, eines erklärten Gegners der Substantivgroßschreibung.

Auch im Französischen, Englischen, Niederländischen und in den skandinavischen Sprachen gab es Ansätze zur generellen Substantivgroßschreibung. Doch man gab sie dort bald wieder auf und beschränkte sie auf Satzanfänge, Eigennamen oder Titel. Das lag vor allem an der Kraft der lateinischen Tradition. Aber auch politische Gründe konnten eine Rolle spielen, wie das Beispiel Dänemarks zeigt. Dort existierte die Großschreibung bis in die vierziger Jahre des 20. Jahrhunderts. Doch während des Zweiten Weltkriegs unter der deutschen Besatzung entwickelte sich die Kleinschreibung zu einem Symbol des antideutschen Widerstands. Vom Herbst 1945 an führten dann viele Zeitungen und Zeitschriften die Kleinschreibung ein. 1948 wurde die Großschreibung auch in den Schulen abgeschafft. Die konservativen Blätter ließen sich mehr Zeit damit. Die letzte dänische Zeitung stellte erst 1965 auf die Kleinschreibung um.

Ist Missstand ein Mißstand? Wie das Buckel-s entstand

Das bukliche ß sei ein *höchst alberner Buchstab* fand Gottfried August Bürger, der Sturm-und-Drang-Dichter der «Lenore». Aber auch wenn man das «scharfe s» nicht albern findet, eigenartig ist es allemal. Es ist der einzige Buchstabe, den es bis vor kurzem nur «in klein» gab. Seit 2008 existiert nun auch ein Groß-ß, sogar mit DIN-Norm. Wer also auch in Versalien deutlich machen will, dass er «WEIß» heißt und nicht «WEISS», kann das jetzt tun.

Entwickelt hat sich das ß wahrscheinlich aus den gotischen Kursivschriften des Mittelalters. Die Schreiber verschmolzen, um den Schreibfluss zu beschleunigen, zwei Buchstaben, die oft zusammen vorkamen: Der erste war das ſ das sogenannte «lange s». An diesen «Pfosten» hängten sie ein geschwänztes z, daher der Name Ess-Zett. Dass es neben dem normalen s überhaupt eine solche sz-Kombination gab, liegt daran, dass im Mittelalter zwei verschiedene stimmlose s-Laute existierten. Der eine stammte aus dem Germanischen (z. B. *Glas*), der andere war durch die hochdeutsche Lautverschiebung entstanden (z. B. *Vasz* ‹Fass› ← *vat*). Diese beiden s-Laute wurden aber seit dem 13. Jahrhundert in der Aussprache nicht mehr konsequent auseinandergehalten, so dass die unterschiedlichen s-Buchstaben nun für andere Zwecke frei waren wie zum Beispiel für die im späten Mittelalter einsetzende, grammatische Unterscheidung von *das* und *daß* .

Die Verbindung aus langem s und z blieb nicht auf die Schreibschrift beschränkt. Sie wurde als Ligatur, also als feste Verbindung zweier Bleilettern, in die Frakturschriften des Buchdrucks übernommen. Die gotisch-spitzwinklige Fraktur gilt als typisch deutsch, war aber bis zum 19. Jahrhundert auch in anderen Sprachen gebräuchlich und mit ihr das ß. Sogar in die «lateinischen» Antiquaschriften – die heute auch in Deutschland üblich sind – fand das ß europaweit Einlass. Dort wurde es allerdings umgedeutet: Es galt nun als eine Kombination aus dem langen ſ, das am Anfang und im Inneren eines Wortes und dem runden s, das am Schluss eines Wortes odes Wortstamms stand.

Im 19. Jahrhundert verschwand das ß wieder aus den meisten europäischen Schriftsprachen. Nur im deutschen Sprachraum blieb es sowohl in der Fraktur als auch in der Antiqua erhalten und wurde so, neben der Substantivgroßschreibung, zum Symbol der deutschen Orthographie. Lange Zeit gab es keine einheitliche Regelung für seine Verwendung, außer der, dass es nicht am Wortanfang stehen durfte. Schreibweisen wie *hauß, auß, alß, Zeugniß, beschloßen; wißen* waren üblich. Ende des 18. Jahrhunderts formulierte Adelung dann die Regeln, die bis zur Rechtschreibreform von 1996 die s- und ß-Schreibung festlegten: Danach steht ß im Inlaut nach Langvokal und Diphthong (*Maße, fleißig*), am Ende eines Wortes (*Faß*) oder Teilwortes (*Nußbaum*) und am Ende eines Wortstamms, wenn ein Konsonant folgt (*faßt*). Ausgenommen sind Wörter, in denen das Schluss-s in der Flexion stimmhaft wird (*Haus* wegen

Häuser), kurze grammatische Wörter wie *aus* oder *was* und die Endsilbe *-nis*. Ein Sonderfall ist die Markierung der Konjunktion *daß* gegenüber *das* als Artikel und Pronomen. Die Adelungsche s-Schreibung birgt einige Komplikationen, weil man beim Konjugieren und Deklinieren wechseln muss: *er muß, sie müssen; Flüsse, der Fluß, beißen, er biß, gebissen.* Das *ss* bezeichnet in diesen Wortformen ein Silbengelenk. Der s-Laut erstreckt sich vom Ende der ersten zum Anfang der zweiten Silbe: Man spricht *bei-ßen*, aber *gebis-sen*.

Um diese Komplikationen zu umgehen, stellte der Magdeburger Grammatiker Johann Christian August Heyse im frühen 19. Jahrhundert die Regel auf, das *ß* nach kurzen Vokalen durch *ss* zu ersetzen. Diese Heyse'sche s-Schreibung gilt seit 1996. Sie ist einfacher, bringt aber Schreibungen wie *Flussaue* oder *Missstand* hervor. Zur Zeit Heyses stellte das noch kein Problem dar: Nach den Regeln der Fraktur, die über das lange und das kurze *s* verfügte, schrieb man *Miſsſtand*. Als 1901 die deutsche Einheitsorthographie verabschiedet wurde, entschied man sich für die Adelung'sche und gegen die Heyse'sche s-Schreibung, obwohl sie zwanzig Jahre zuvor bereits in den Schulen Österreichs eingeführt worden war. Heyses berühmter Enkel Paul, der 1910 den Literatur-Nobelpreis gewann, hielt von den Regeln seines Großvaters offenbar nicht allzuviel. Er richtete sich nach der Adelung'schen s-Schreibung.

Einen Sonderweg schlugen die Schweizer Orthographen ein, indem sie sich unter den verschiedenen Möglichkeiten für die Null-Lösung entschieden und das *ß* komplett abschafften. Aus dem amtlichen Schriftverkehr verschwand es schon Ende des 19. Jahrhunderts, als dort Schreibmaschinen eingeführt wurden, deren Tastaturen das Zeichen nicht hatten. In den dreißiger Jahren des 20. Jahrhunderts wurde das *ß* dann auch der Schule verwiesen. Die Zeitungen gewährten ihm länger Heimatrecht, die «Neue Zürcher Zeitung» sogar bis Mitte der siebziger Jahre. Dass die Schweizer das *ß* so leichten Herzens mit dem Doppel-s vertauschen, hängt auch mit Eigenheiten der schweizerdeutschen Dialekte bei der Silbenbetonung zusammen, denen die Doppel-s-Schreibung entgegenkommt. Wenn einem kurzen Vokal ein s-Laut folgt, dann betonen standarddeutsche wie schweizerdeutsche Sprecher so, dass der s-Laut die erste Silbe beendet und die zweite einleitet: *Mas-se*. Schweizerdeutsche tun das aber auch nach einem langen Vokal, wie in *Maße* oder *Grüße*. Sie sprechen nicht *Ma-ße*, *Grü-ße*, sondern *Maß-ße*, *Grüß-ße*.

Mittlerweile erlebt das *ß* ausgerechnet in der SMS-Kommunikation einen zweiten Frühling. Die Simser nutzen es als platz- und tastendrucksparenden Ersatz für das *ss*. Und so taucht *ß* auch dort auf, wo es nach den aktuellen Regeln nicht stehen dürfte, im 17. Jahrhundert aber schon mal stand: *beßer*, *Küße*, *Waßer*. Selbst Schweizer Mobiltelefone versenden das *ß: cha di nid vergäße!*

Über kurz oder lang – Warum Botfaren nicht di Rehgel ist.

Preisfrage: Warum schreibt man *Haar* aber nicht *Haan*, *Biene* aber nicht *Tieger*, *lesen* aber nicht *nemen*, *Mann* aber nicht *herann*, *stumm* aber nicht *zumm*, *grün* aber nicht *Süne*?

Immer wieder haben die Reformer versucht, die verwickelten Regeln zur Kennzeichnung der langen und kurzen Vokale zu entwirren. Ein einfaches Prinzip bietet sich an: Langen Vokalen folgt immer nur ein Konsonantenbuchstabe (*mager, Lüge, rot, nur*), kurze Vokale haben hingegen mehr als einen Konsonantenbuchstaben im Schlepptau (*Mitte, satt, All, Wurst, endlich.*) Grammatische Endungen zählen nicht mit: *feg-t* hat ein langes e, denn der zweite Konsonant, das *t*, gehört nicht zum Wortstamm. Wie die Beispiele zeigen, folgen viele Wörter dieser Regel sowieso schon. Aber eben längst nicht alle: Sonst müssten wir uns auch an Schreibweisen wie *Mite, Sat, Al, ler, sit, zumm* oder *binn* gewöhnen. (Haben Sie alle Wörter auf Anhieb erkannt? *Miete, Saat, Aal, leer, sieht, zum, bin.*) Reformvorschläge, die in diese Richtung weisen, stoßen regelmäßig auf heftige Ablehnung. Tatsächlich würden sie nicht nur das vertraute Schriftbild stark verändern, sondern auch viele Spuren der Sprachgeschichte unwiederbringlich löschen.

Schon den schreibenden Mönchen des frühen Mittelalters bereiteten die langen und kurzen Vokale Probleme. Für die Verschriftung ihrer deutschen Texte mussten sie auf die lateinische Orthographie zurückgreifen. Regeln oder besondere Buchstaben, um die

Länge und Kürze der Vokale zu bezeichnen, fanden sie dort nicht. Dass schon antike Grammatiker diesen Mangel kritisiert hatten, war nur ein schwacher Trost. Doch sie wussten sich zu helfen und verdoppelten einfach die Vokal-Buchstaben, um die Länge des Lauts zu markieren. Schreibweisen wie *Klee, Moos, Aas* oder *Boot* reichen in diese Anfänge deutscher Schreibtradition zurück. Obwohl diese Vokalmarkierung unmittelbar einleuchtet, weil sie so sinnfällig ist, hat sie sich nur in etwas über zwei Dutzend Wörtern erhalten, und zwar häufig dort, wo gleichlautende Wörter zu unterscheiden sind: *Leere / Lehre; Boote / Bote; Aas / er aß, wage / Waage, Rede / Reede.* Zur generellen Regel wurde die Doppel-Vokal-Schreibung nicht, denn sie konkurrierte mit anderen Schreibweisen. Teilweise blieben die Langvokale einfach unmarkiert (wie in *rot* oder *Mut*) oder sie wurden durch Hilfszeichen über den Buchstaben angezeigt.

Doch daneben öffnete sich noch ein anderer Entwicklungspfad, der in der Orthographiegeschichte häufig beschritten wird: Weil die Laute der Wörter sich im Laufe der Zeit verändern, verlieren Buchstaben ihre ursprüngliche Aufgabe. Sie werden dadurch aber nicht arbeitslos, sondern übernehmen neue Rollen. So kam auch das *h* zu seiner heutigen Funktion als Signal für gedehnte Vokale: Im Alt- und Mittelhochdeutschen wurde der Buchstabe *h* so gesprochen wie heute das *ch*. Das althochdeutsche *sehan* ‹sehen› klang wie *sechan*. Wo dieser ch-Laut zwischen Vokalen stand, schwächte er sich allmählich zu einem Hauchlaut ab und verschwand schießlich ganz. Ein Relikt des alten Rachenlautes findet sich noch im umgangssprachlichen *Viech*, wo er nach heutiger Orthographie mit *ch* geschrieben wird. Im hochsprachlichen *Vieh* hingegen verschwand der Rachenlaut, während der Buchstabe *h* bestehen blieb. Hier wie in vielen anderen Wörtern wurde er nun als Längenzeichen neu interpretiert. Ein Wort wie *sehen* wird zwar noch heute mit *h* geschrieben, aber *sé-en* gesprochen. Als neues Längenzeichen eignete sich das h nun auch zur Übertragung auf Wörter, die den alten ch-Laut nie gehabt hatten, dafür aber lange Vokale enthielten. Häufig waren sie erst im Spätmittelalter durch die Dehnung ursprünglich kurzer Vokale entstanden. Aus der einst kurzen *zal* war die lange *zahl* geworden, ebenso wie *lam* sich zu *lahm*, *varn* zu *fahren* oder *stelen* zu *stehlen* gedehnt hatten. Das *h* kam gerade recht, um diese Entwicklung auch in der Schrift deutlich zu machen. Und es übernahm noch eine weitere Aufgabe: Bei zweisilbigen Wörtern wie *drohen, leihen, Höhe* oder *Kühe* diente es auch dazu, die Trennung zwischen der betonten und der unbetonten Silbe sichtbar zu machen (*dró:-en*). Um ein einheitliches Schriftbild zu wahren, wurde dieses h auch in Wortformen übernommen, die nur eine Silbe haben (*Kühe* → *Kuh, sehen* → *sieht*). In Wörtern wie *sieht* ist das lange *i* deshalb nicht nur durch das *ie,* sondern auch durch das *h* gekennzeichnet.

Das letzte Beispiel führt uns in einen Bereich, wo es besonders bunt zugeht, die Verschriftungsregeln für den langen i-Laut. Da gibt es zunächst einmal den einfachen Buchstaben *i* wie in *Bibel, Tiger* oder *wir.* Diese Schreibweise orientiert sich an der schon genannten simplen Regel, dass Vokale, denen nur ein Konsonantenbuchstabe folgt, lang ausgesprochen werden. Dann gibt es das *-ih* (*ihm, ihnen*), das *-ie* (*Riese, lieb*) und schließlich als Kombipackung das gerade erwähnte *-ie* (*flieht, sieht*). Das *-ie* wurde ähnlich wie das *h* zum Längenzeichen erst umgeschult. Wörter wie *lieb* sprach man zunächst buchstabengetreu aus, also li-eb (wie noch heute im Bairischen und Hochalemannischen). Aber der Diphthong *i-e* wandelte sich in ein gedehntes *i,* und Schreiber wie Leser betrachteten die Buchstabenkombination *-ie* nun als Zeichen für diese Vokallänge. Sie übertrugen das *-ie* auch auf Wörter, die vorher nie einen Diphthong hatten, deren einst kurzes *i* aber im Mittelhochdeutschen gedehnt wurde: *rise* → *Riese, vride* → *Friede.* Bei *ihr, ihm* und *ihn* kam statt des *-ie* das *h* zum Zug, und bei *flieht* oder *zieht* übernehmen beide die Dehnarbeit.

Wie kommt es nun aber, dass viele Wörter mit langen Vokalen auf diese reiche Auswahl an Dehnungszeichen völlig verzichten: Warum *kühn* aber nicht *grühn, Rahm* aber nicht *Grahm*? Es scheint, dass, abgesehen von lautgeschichtlichen Ursachen und dem Wunsch, Homonyme zu unterscheiden (*Lid/Lied, Bote/Boote*), auch visuelle Gründe eine Rolle spielen. Auffallend häufig werden nämlich kurze Wörter und Wortstämme, die nur aus zwei oder drei Lauten bestehen, mit Längenzeichen geschrieben: *Uhr, Aal, Reh, Zahn, Teer, lahm, kühn, Lohn, sied-en, sieb-en,* während Wörter mit einer größeren Zahl an Lauten häufig ohne auskommen: *Pferd, Träne, Schnur, grün, krön-en, Wert.* Dem liegt allerdings keine durchgängige Regel zugrunde. Das zeigen Gegenbeispiele mit mehreren Lauten wie *Stuhl, Strahl* oder *Bohne,* die gleichwohl über Längenzeichen verfügen. Trotzdem handelt es sich um eine Tendenz, die auf viele Fälle zutrifft. Wahrscheinlich wollten die Schreiber durch die Längenkennzeichnungen das optische Gewicht der kurzen, aber sinnwichtigen Substantive und Verben erhöhen, so dass sie sich zumindest nicht vor den grammatischen Funktionswörtern (*sie, der, am, als*) verstecken mussten. Diese fleißigen Helferlein werden traditionell kurzgehalten, so dass sie sich nicht in den Vordergrund drängen: Die zweilautigen Pronomen *du* und *er* müssen ohne Längenkennzeichnung auskommen, ebenso wie die dreilautigen *wir, dir, mir, der, wen, wem, dem, den.* Nur *sie* und *die* bekamen ein Längenzeichen spendiert, ebenso wie *ihr, ihn* und *ihm,* wodurch sich die letzten beiden von *in* und *im* unterscheiden lassen. Die Kurzschreibweise der grammatischen Wörter wurde allerdings noch durch einen anderen Umstand begünstigt. Bei den meisten von ihnen wurden die Vokale ursprünglich kurz ausgesprochen und entsprechend geschrieben. Dass sie ihre alte Schreibung konserviert haben, liegt auch daran, dass sie so häufig benutzt werden. Starker Gebrauch, das zeigt sich auch bei anderen grammatischen Wörtern, macht gegen Änderungen resistent.

Eine umgekehrte Tendenz, von der einstigen Lang- zur heutigen Kurz-Aussprache, zeigt sich übrigens bei vielen norddeutschen Namen wie *Lübeck* und *Mecklenburg,* die korrekt *Lübeek* und *Meeklenburg* ausgesprochen werden. Heute wird das *ck* als Zeichen für Kürze verwendet, früher konnte es aber auch nach langen Vokalen stehen. Die Kombination von *c* und *k* war ursprünglich nur eine der vielen funktionslosen Buchstabenhäufungen, die in der Barockzeit beliebt waren (*vnndt, mercken, vernunfft*).

Der Gegenpol zu den Längenzeichen sind Doppelkonsonanten, die einen kurzen Vokal anzeigen (*kommen, Klasse, Nüsse*). Auch sie hatten – wir ahnen es schon – in früheren Zeiten eine andere Aufgabe. Doppelte Konsonantenbuchstaben dienten dazu, einen gedehnt gesprochenen Konsonanten wiederzugeben. Im heutigen Standarddeutsch gibt es diese Aussprache nicht mehr. Wenn man sich aber vorstellt, wie ein Schweizer *Appppenzell* sagt, hat man eine Idee davon, wie es sich anhörte, wenn Wörter wie *brennen, fällen, Stimme, bitten* oder *Wasser* gesprochen wurden. Häufig dehnte man nur bestimmte Flexionsformen eines Wortes. So stand *stam* neben *stammes, ran* neben *rinnen*. Gedehnte Konsonanten kamen ursprünglich nicht nur hinter kurzen, sondern auch hinter langen Vokalen und Diphthongen vor, wie zum Beispiel in *eittar* ‹Gift, Eiter›. Doch auf Dauer hielt sich die Konsonantendehnung nur hinter den Kurzvokalen, bis sie am Ende auch dort verschwand. Zurück blieben die Zwillingsbuchstaben als leere Hülle, die das Sprachbewusstsein aber schnell mit neuem Inhalt füllte: Zunächst wurden sie als Kennzeichen für Silbengelenke (*bit-ten*) interpretiert, dann bekamen sie die Bedeutung «vor uns steht ein kurzer Vokal». Auch dieses orthographische Mittel übertrugen die Schreiber bald auf Wortformen, die eine solche Lautgeschichte gar nicht hatten (*Himmel, immer*) und auch nicht über ein Silbengelenk verfügten (*satt, glatt, schlimm, fromm*). Häufig ging es auch darum, den gemeinsamen Stamm unterschiedlicher Wortformen deutlich zu machen: So wurde beispielsweise im 15. Jahrhundert aus dem mittelhochdeutschen *solte* und *kante* das heutige *sollte* und *kannte*, um den Zusammenhang mit *sollen* und *können* zu unterstreichen.

Ausgenommen von der doppelten Konsonantenschreibung bleiben bis heute grammatische Wörter wie *zum, im, ab, an, bis, bin, ob*. Das liegt zum einen daran, dass sie nicht flektierbar sind und keine zweisilbigen Formen bilden können, für die Doppelkonsonanten nötig wären. Wichtiger noch ist aber auch hier, dass die Schreibung solcher häufig genutzten Funktionswörter gegen Änderungen recht resistent ist. Das gleiche Beharrungsvermögen zeigen nämlich auch die Formen flektierbarer Pronomen wie *was, das, des* und das Hilfsverb *hat*. Obwohl sich mit diesen Stämmen sogar zweisilbige Formen bilden lassen (*dessen, hatte, wessen*), bekamen sie für ihre Wortenden keinen Doppelkonsonanten. Eine Ausnahme macht die Konjunktion *dass*.

Im Spinnwebwald – Fraktur und Sütterlin

Sütterlinschrift kroch bösartig spitzig und in den Rundungen falsch, weil ausgestopft, über die Schultafel. In Günter Grass' «Blechtrommel» erscheint die Sütterlinschrift wie ein übles Gewächs der NS-Zeit, ein Ruf, der ihr auch sonst vielfach anhaftet. Durchaus zu Unrecht, denn die Nationalsozialisten haben diese Schrift weder erfunden noch eingeführt. Im Gegenteil: Sie verbannten sie 1941 aus den Schulen, wo von da an nur noch die lateinische Schreibschrift unterrichtet wurde. Ein ähnliches Schicksal war der Schwesterschrift Fraktur beschieden, die nach dem Willen der braunen Machthaber aus den Druckereien zu verschwinden hatte.

«Sütterlin» wird oft mit der «deutschen Schreibschrift» schlechthin gleichgesetzt, ist aber nur eine ihrer jüngeren Varianten. Sie verdankt ihren Namen dem Grafiker Ludwig Sütterlin, der 1911 eine Lernschrift für Schulanfänger entwickelte, die der kindlichen Körperhaltung und Motorik entgegenkommen sollte. Er verringerte die Ober- und Unterlängen der bisherigen deutschen Schreibschrift, befreite sie von überflüssigem Zierrat und stellte die stark geneigten Buchstaben aufrecht. Neben einer deutschen entwickelte Sütterlin nach den gleichen Prinzipien auch eine lateinische Schrift. Beide wurden zuerst in den preußischen Schulen eingeführt und setzten sich nach dem Ersten Weltkrieg auch in den meisten anderen deutschen Ländern durch.

Das Neben- und Gegeneinander von «deutscher» und «lateinischer» Druck- und Schreibschrift hat die deutsche Sprachgeschichte jahrhundertelang bestimmt. Seit dem Ende des Zweiten Weltkriegs ist diese Konkurrenz entschieden. Die heute übliche Druckschrift ist die «lateinische» Antiqua, die Schreibschrift eine davon abgeleitete Kursivschrift.

Deutsche und lateinische Schrift haben dieselbe Wurzel: Es ist die «karolingische Minuskel», eine Schrift aus Kleinbuchstaben (Minuskel), die unseren heutigen recht ähnlich sind. Sie wurde Ende des 8. Jahrhunderts im Umfeld Karls des Großen auf der Basis spätrömischer Vorgängerschriften entwickelt. Als dann vom 12. Jahrhundert an die Rundbögen der romanischen Kirchenarchitektur von den emporstrebenden Spitzbögen der Gotik abgelöst wurden, schlug sich das auch in der Schrift nieder. Die Bögen in den Buchstaben der karolingischen Minuskel wurden «gebrochen», an die Stelle ihrer Rundungen traten spitz zulaufende Auf- und Abstriche. Diese neue Schriftmode begann in Nordfrankreich und verbreitete sich bald in den Skriptorien und Kanzleien vieler europäischer Länder. Der «gebrochene», auch «gotisch» genannte Schrifttyp brachte in den folgenden Jahrhunderten viele Ableger hervor, darunter auch die später «deutsch» genannten Druck- und Schreibschriften des deutschen Sprachraums. Die Druckschriften werden heute umgangssprachlich unter dem Sammelbegriff «Fraktur» zusammengefasst. Historisch ist das nicht ganz korrekt, denn eigentlich bezeichnet «Fraktur» nur eine bestimmte Unterart der gebrochenen Schriften, die im 16. Jahrhundert am Hofe Kaiser Maximilians I. entstand. Wir verwenden den Begriff trotzdem in der heute üblichen weiteren Bedeutung. Aus der Fraktur – in diesem Sinne – entwickelte sich eine kursive Verkehrsschrift, deren Buchstaben beim schnellen Schreiben miteinander verbunden wurden. Sie war die Vorläuferin der deutschen Schreibschrift.

Im 14. Jahrhundert erwuchs der Fraktur in Italien eine Konkurrenz. Dort entdeckten die Humanisten nicht nur die Antike wieder, sondern auch die karolingische Minuskel. Diese Verbindung ergab sich, weil die ältesten verfügbaren Überlieferungen klassischer Texte vielfach in dieser Schrift geschrieben waren. Die Humanisten kombinierten diese karolingischen Klein- mit den römisch-antiken Großbuchstaben und schufen auf diese Weise eine neue Schrift, die sie aus Respekt vor dem Altertum «Antiqua» oder «lateinische Schrift» nannten. Die ersten Druckschriften dieser Art wurden Mitte des 15. Jahrhunderts von deutschen und französischen Druckern, die in Italien arbeiteten, geschaffen. Schon in der ersten Hälfte des 16. Jahrhunderts fasste die Antiqua in Frankreich und

Spanien Fuß. Im 17. und 18. Jahrhundert folgten andere Länder, darunter England, Schweden und die Niederlande.

Der deutsche Sprachraum blieb hingegen der Fraktur treu. Das lag zu einem Gutteil daran, dass die lutherischen Schriften in ihr gedruckt waren. Sie spielten in den protestantischen Gebieten für das Lesen- und Schreibenlernen eine enorm wichtige Rolle. Deutsche Sprache und Fraktur verschmolzen im Bewusstsein vieler Menschen, auch in den katholischen Gebieten. Mehr als in anderen Ländern haftete der Antiqua deshalb im gesamten deutschen Sprachraum die Aura des Lateinisch-Fremden an. So wurde Deutschland «zweischriftig»: Die Fraktur – und mit ihr die deutsche Schreibschrift – diente der Verschriftung der deutschen Sprache. In der heute schon halb vergessenen Redewendung *Fraktur sprechen* – klares Deutsch reden – klingt diese Tradition noch nach. Die Antiqua war dagegen fremdsprachlichen Texten, beispielsweise gelehrten Abhandlungen auf Latein, vorbehalten. Gerade weil der Einfluss anderer Sprachen im deutschen Sprachraum besonders stark war, bestand ein Bedürfnis, das «Eigene» vom «Fremden» abzugrenzen. Der Schriftseparatismus ging so weit, dass fremdsprachige Wörter und Wortteile in deutschen Texten durch lateinische Schrift von der Fraktur abgehoben wurden. Sogar innerhalb eines Wortes kam es zum Wechsel der Schriftart: Unter-*Officiers*, Heyraths-*Consensus*, *distribuir*en, Kriegs-*Etat*

Die Schulkinder lernten zunächst die deutsche Schreibschrift, in den oberen Klassen kam die lateinische Schrift hinzu. Im Adel und im Bildungsbürgertum, wo Latein und Französisch zum Programm gehörten, beherrschte man beides. Obwohl die Fürsten der Barockzeit sich so französisch wie möglich gaben, hielten sie an der Fraktur als Repräsentationsschrift fest. Sie ließ sich besser zur verschnörkelten Prunkschrift ausbauen als die klassisch-kühle Antiqua.

Im 18. Jahrhundert gewann die Antiqua im deutschen Sprachraum etwas an Boden, auch einzelne deutschsprachige Bücher wurden jetzt in ihr gedruckt. Den Anfang machte ein Band mit Liedern von Johann Wilhelm Gleim, der 1744 erschien. Unter Sprachpflegern, Schriftstellern und Lesern gingen die Meinungen über den Wert der lateinischen Schrift auseinander. Während die einen, wie Goethes Mutter, in ihr eine *neumodische Fratze* sahen, schätzten andere ihre Klarheit und stießen sich an den *mönchischen, eckichten* Buchstaben der Fraktur. Manche Verleger und Autoren kritisierten die Fraktur, weil sie dem Absatz deutschsprachiger Bücher im Ausland schade. Trotzdem konnte sich die Antiqua gegen die deutsche Schrift nicht durchsetzen.

Die antinapoleonischen Kriege, vor allem aber die Romantik luden die Fraktur emotional und ideologisch stark auf. In ihren verwinkelten, «gotischen» Formen erkannten die Romantiker einen Widerschein des verehrten Mittelalters, ihr Spinnwebmuster gemahnte sie an einen verwunschenen Märchenwald. Der oberste Märchenerzähler und Mittelalter-Freund Jacob Grimm allerdings fand diese Schrift *unförmlich und das auge beleidigend*. Das monumentale «Deutsche Wörterbuch», das immerhin das *heiligthum der sprache gründen* sollte, erschien in Antiqua.

Zum sprachpolitischen Streit wuchs sich die Auseinandersetzung nach der Gründung des Deutschen Reiches aus, in der Epoche also, in der auch die Orthographie und das Fremdwortthema zu leidenschaftlich diskutierten Fragen nationaler Selbstfindung wurden. Die Rechtschreibkommission von 1876, der Konrad Duden angehörte, hatte mehrheitlich die Einführung der lateinischen Schrift in den Elementarunterricht empfohlen, fand damit jedoch keine Resonanz. Als besonders aktiver Verfechter der Antiqua tat sich der Bonner Schreibfeder- und Büromittelfabrikant Friedrich Soennecken hervor, dessen Name noch heute als Marke für Schreibwaren fortlebt. Für Soennecken war die deutsche Schrift eine *missgestaltete* und *wurmstichige Frucht am Baume des Schriftwesens der europäischen Kulturvölker*, dem mittelalterlichen Federkiel, nicht jedoch der modernen Stahlfeder oder der Drucktechnik angemessen. Soennecken gründete gemeinsam mit Konrad Duden 1885 den «Verein für Altschrift (sogenannte Lateinschrift)». Die «Altschrift» im Namen stellte für die Fraktur-Anhänger, die sich als Siegelbewahrer des altdeutschen Erbes sahen, eine Provokation dar. Sie organisierten sich daraufhin im «Allgemeinen deutschen Schriftverein», in dem nationalkonservative und völkische Vertreter den Ton angaben. Mit Unterschriftenaktionen, Zeitungsanzeigen und Eingaben an den Reichstag wollten die «Altschriftanhänger» erreichen, dass die lateinische Schrift für den Gebrauch in den Behörden zugelassen und zur Erstschrift in den Schulen wurde. Die Fraktur-freunde reagierten mit Gegenpropaganda und einem «Ausschuß zur Abwehr des Lateinschriftzwanges». Im Mai 1911 wurde die Frage im Reichstag debattiert, wo prominente Politiker wie Gustav Stresemann (für Antiqua) und Friedrich Naumann (für Fraktur) das Wort ergriffen. Im Oktober kam es zur Abstimmung – die Antiqua-Anhänger verloren. In der Realität aber war der Siegeszug der lateinischen Schrift zu diesem Zeitpunkt schon vorgezeichnet, denn in den Firmen und Behörden hatten mittlerweile die Schreibmaschinen Einzug gehalten. Sie gab es fast nur mit Antiqua-Lettern, Fraktur-Schreibmaschinen setzten sich aus technischen und typographischen Gründen nicht durch. So kam es zu der absurden Situation, dass behördliche Verordnungen, sich gegenüber den Behörden der deutschen Schrift zu bedienen, in lateinischer Schreibmaschinen-Schrift abgefasst wurden.

Als die Nationalsozialisten an die Macht kamen, sahen die Freunde der deutschen Schrift in ihnen ihre selbstverständlichen Alliierten. Genau wie die Fremdwortpuristen erlagen sie einer Fehleinschätzung. Zwar gab es zunächst in den oberen Rängen der Nazi-Hierarchie viele überzeugte Anhänger der «artgerechten» Fraktur. Aber Hitler – weniger den Germanen als den ebenfalls «arischen» Griechen und Römern zugetan – kritisierte schon 1934 *jene Rückwärtse*, die im Zeitalter von Stahl, Glas und Beton *Straßenbenennungen und Maschinenschrift in echt gotischen Lettern* anstrebten. Zwar verbot Goebbels 1937 jüdischen Verlegern die Verwendung der «deutschen» Fraktur. Ab 1940 aber ließ er Parteipublikationen, darunter die neue Propagandazeitung «Das Reich» und den «Völkischen Beobachter» sowie Auslandspropaganda in Antiqua drucken. Im nationalsozialistischen Europa der Zukunft sollte Deutsch die internationale Verkehrssprache sein. Vor diesem Horizont galt die Fraktur nur noch als deutschtümelndes Relikt, das die Kommunikation behinderte. Zudem passte die lateinische Schrift besser zum Propagandazweck der Nationalsozialisten, die sich nach dem Ende des Hitler-Stalin-Pakts als «Retter des Abendlandes vor dem Bolschewismus» präsentieren wollten.

Im Januar 1941 ordnete Hitler persönlich die Umstellung auf die jetzt «Normalschrift» genannte Antiqua an. Für amtliche Schriftstücke sowie Zeitungen und Zeitschriften mit Verbreitung im Ausland galt der «Führerbefehl» sofort, die anderen Druckwerke sollten nach und nach folgen. Kurz darauf wurde den Schulen der Unterricht in der deutschen Schreibschrift verboten. Die offizielle Begründung all dieser Maßnahmen kam antisemitisch daher: Danach handelte es sich bei der Fraktur in Wahrheit um «Judenlettern». Quelle dieser Erfindung war wahrscheinlich der antisemitische Journalist und Verleger Rudolf Lebius (1868–1946), der Anfang des Jahrhunderts durch Diffamierungskampagnen gegen Karl May traurige Berühmtheit erlangt hatte. Ähnlich wie beim Purismus verpasste das Propagandaministerium der Presse auch beim Thema ‹Schrift› einen Maulkorb.

Für die Sütterlinschrift war es der Anfang eines langsamen Endes. Diejenigen, die sie gelernt hatten, benutzten sie zwar auch nach dem Zweiten Weltkrieg noch jahrzehntelang, zumindest im privaten Schriftverkehr. Aber den Weg zurück in den Schulunterricht fand die deutsche Schreibschrift nicht mehr. Die Fraktur als Buchschrift hingegen war bis in die sechziger Jahre hinein im literarischen Leben noch durchaus präsent. Klassikerausgaben ebenso wie die Bibel erschienen noch längere Zeit in dieser Schrift. Hermann Hesse stimmte erst 1958 auf Drängen seines Verlegers einem Wechsel zur Antiqua zu. Heutzutage erscheint die Fraktur fast nur noch als Signal für Traditionsverbundenheit in Titelköpfen, Zeitungsüberschriften und auf Firmen- und Wirtshausschildern. Traditionspflege der eigenen Art betreiben viele Schwermetall-Rockbands, die sich von der gebrochenen Schrift eine «gotische» Aura erhoffen. Im Gewand der Popkultur kehrt die Fraktur zu ihren Wurzeln zurück.

4. Frengleutsch – Was die fremden Sprachen bringen

Wer früher mit dem Zug fahren wollte, löste ein *Billet*, wartete auf dem *Perron* und setzte sich dann ins *Coupé*. Auch bei der Post klang es ausländisch. Man verschickte *Correspondenzkarten*, schrieb *poste restante* und versandte wichtige Briefe per *Recommandation*. Erst als Post und Bahn nach der Gründung des Deutschen Reiches 1871 einen Großteil ihres Lehnwortschatzes verdeutschten, entstanden *Fahrkarte, Bahnsteig, Postkarte, Einschreiben, postlagernd* und viele andere Neuprägungen. Noch *Rundfunk* und *Fernsehen* für *Radio* und *Television* entstammen dieser Wortbildungsschule.

Waren Post und Bahn zu wilhelminischen Zeiten Vorreiter der Verdeutschung, so sind ihre heutigen Nachfolger *Trendsetter* der Anglisierung. *Fahrkarten* gibt es zwar noch, aber man kauft sie jetzt nicht mehr am *Schalter*, sondern – mit *BahnCard* – am *Ticket Counter* im *Mobility Center*. Dann geht man zum *Service Point* und besteigt den *Intercity-Express*, vielleicht auch den – die? – *City-NightLine*. Dessen – deren? – Türen schließen allerdings noch auf rührend altdeutsche Weise, nämlich *selbsttätig*.

Der Postkunde wiederum kann bei der *Deutschen Post World Net* den *DHL Ship Now Service*, das *Businesspaket International* oder das/die/den *DHL Freight* buchen. Die echten *Top-Seller* des deutsch-englischen Kauderwelschs aber hält die Deutsche Telekom bereit: Hier gibt es *Flatrates* und *Complete Tarife* – warum nicht *Komplett Tarifs*? –, im Angebot sind *My Faves, Realtones, Musik Tones, Games* und *CombiCards, Young, web 'n' walk, City Call* und *Call by Call, T-Online eco* oder *T-Online by day and night*. Wer diese Wahl hat, hat die Qual.

Die Gewalt einer Sprache ist nicht, daß sie das Fremde abweist, sondern, daß sie es verschlingt. Goethes gern zitiertem Wort folgend, muss man sagen, dass das Fremde hier zwar verschlungen, aber nicht verdaut wurde. Die Fremdwörter stehen als sperrige Fremdkörper in zusammengestoppelten Textfragmenten. Das entspricht dem Kalkül deutscher Reklame-Strategen, wonach Fremdheit, wenn sie nur englisch genug klingt, Modernität und große weite Welt verheißt. Wer nicht versteht, was Bahn, Post oder Telefongesellschaft ihm mitteilen, hat eben Pech gehabt und wer fürchtet, sich zu blamieren, weil er die korrekte Aussprache der Wörter nicht kennt, bleibt besser stumm. In sprachlicher Hinsicht spielt die sonst so gern beschworene «Barrierefreiheit» keine Rolle. Oder doch – für die ungehinderte Globanglisierung.

Diese Entwicklung erzeugt bei vielen Menschen ein berechtigtes Unbehagen. Das liegt nicht nur an den Verständnisproblemen oder am Sprachgefühl, das gegen den Flickwerk-Stil des «Denglisch» revoltiert. Was übel aufstößt, ist vor allem die zugrunde liegende Mischung aus Imponiergehabe, Gedankenlosigkeit und Anbiederei an die angloamerikanische «Leitkultur», eine Haltung, die sich aus der provinziellen Angst speist, provinziell zu wirken. Dieses verdruckste Verhältnis zur eigenen Sprache ist nicht neu. Der Diplomat, Mäzen und Publizist Harry Graf Kessler notierte 1895: *Ich glaube, dass wir Deutschen, namentlich der Mittelstand, das affektierteste Volk der Welt sind. Daher verlieren oder verläugnen wir so bald im Auslande unsere Nationalität. Der junge Deutschamerikaner z. B. macht dem jungen angelsächsischen Amerikaner sein gebrochenes Deutsch nach. Ich habe aber noch nie einen in Deutschland geborenen Franzosen oder Engländer, nicht einmal einen in Deutschland geborenen Chilenen getroffen, der versucht hätte gebrochen Französisch oder Englisch oder Spanisch zu sprechen.*

Die Kehrseite dieser Mentalität waren immer wieder Phasen, in denen solche Minderwertigkeitsgefühle in ihr Gegenteil umschlugen. Dann gewann eine deutschtümelnde Großmannssucht die Oberhand, gepaart mit einem puristischen Putzwahn, der das Deutsche von allen fremden Einflüssen zu «reinigen» suchte. Seit den Versuchen, aus dem *Kloster* den *Jungfernzwinger* und der *Zigarre* die *Rauchrolle* zu machen, stehen auch seriöse Verdeutschungsversuche unter dem Generalverdacht der Lächerlichkeit.

Doch trotz solch extremer Ausschläge haben die Sprecher des Deutschen über weite Strecken ihrer Geschichte einen durchaus produktiven und bereichernden Umgang mit Fremdwörtern gepflegt. Auch wer auf das *Mobility Center* gut verzichten kann, möchte verwandte Wörter wie *mobil, Mobilität* oder *mobilisieren* nicht missen. Grammatisch und orthographisch integriert, sind sie feste Bestandteile des Deutschen geworden und erfüllen wichtige Funktionen im Wortschatz. Vielen Wörtern mit fremden Wurzeln wie *Mauer* (lateinisch *murus*), *Streik* (englisch *strike*) oder *Matratze* (arabisch *matrah*) merken wir die fremde Herkunft gar nicht mehr an. Deshalb empfiehlt es sich, die Bezeichnung «Fremdwort» auf Ausdrücke zu beschränken, die tatsächlich (noch) als fremd wahrgenommen werden. Geht es allgemein um Wörter, die nicht germanisch-deutschen Ursprungs sind, unabhängig davon wie fremd oder vertraut sie erscheinen, wählen wir den neutraleren Ausdruck «Entlehnung» oder «Lehnwort».

Wie viele Lehnwörter gibt es im Deutschen?

Diese Frage klingt simpler, als sie ist. Man weiß nämlich nicht einmal genau, wie viele Wörter der deutsche Wortschatz insgesamt umfasst. Das hängt mit den Wortbildungsregeln der deutschen Sprache zusammen, die es leicht machen, für jede Situation und jeden Bedarf neue Wörter zu prägen. Vor allem in den Fachsprachen wird davon reger Gebrauch gemacht, um den Bennnungsbedarf zu decken: So werden beispielsweise *Sand* und *Strahl* zu *Sandstrahl* zusammengesetzt und dann zu *Sandstrahlgebläse, Sandstrahlgebläseschlauch* und *Sandstrahlschutzbekleidung* ausgebaut. Eine angehängte Endung macht aus dem Substantiv *Sandstrahl* das Verb *sandstrahlen*, das wiederum zu *sandstrahlentrosten* und *sandstrahlentgraten* erweitert wird. Zehntausende solcher Wortbildungen haben sich dauerhaft im Wortschatz etabliert und immer neue kommen hinzu. Andere sind Augenblicksbildungen, die mit der nächsten Mode wieder verschwinden (*Warmduscher, Weichei, frischwärts, unkaputtbar, hüpfgesund, formstabil*) oder das verborgene Leben eines Bandwurms führen, wie das mecklenburgvorpommersche *Rindfleischetikettierungsüberwachungsaufgaben-übertragungsgesetz.*

Je nachdem, welche solcher Ableitungen und Zusammensetzungen man mitzählt, schwankt die Gesamtzahl der Wörter, zu der man gelangt. Diese Unsicherheiten in Rechnung gestellt, ergibt sich ein Allgemeinwortschatz, der 450 000 bis 500 000 Wörter umfasst. Selbst ein sehr wortreicher Sprecher verwendet aber nur zehn bis fünfzehn Prozent davon aktiv. Der große Rest besteht aus Fach-, Regional- oder Jargon-Wörtern, denen der «Normalsprecher» gelegentlich in den Medien, bei der Buchlektüre oder im Gespräch begegnet. Zählt man allerdings auch all die Fachwörter hinzu, die über kleine Spezialistenzirkel nie hinausgelangen, schnellt die Zahl auf schätzungsweise zehn Millionen. Schon die Terminologien einzelner Disziplinen wie der Medizin oder der Chemie umfassen Hunderttausende von Einträgen.

Legt man nun den Allgemeinwortschatz von etwa 500 000 Wörtern zugrunde, dann sind um die 100 000 davon Lehnwörter. Ein knappes Drittel von ihnen stammt aus dem Griechischen und Lateinischen, zwanzig Prozent sind aus dem Französischen und etwa vier Prozent aus dem Englischen entlehnt. Andere wichtige Spendersprachen sind Italienisch, Spanisch, Niederländisch, Jiddisch und Arabisch. Dabei handelt es um die Sprachen, aus denen die Lehnwörter unmittelbar ins Deutsche übernommen wurden. Betrachtet man nur die Ursprungssprachen, erhöht sich der griechisch-lateinische Anteil noch stark, denn viele Lehnwörter aus dem Englischen und den romanischen Sprachen haben dort ihre Wurzeln.

Interessant ist nun nicht nur, wie viele Stichwörter im deutschen Wortschatz aus anderen Sprachen stammen, sondern wie häufig sie im realen Sprachgebrauch vorkommen. In Zeitungstexten beispielsweise erreicht der Lehnwortanteil der Substantive, Adjektive und Verben um die 17 Prozent. In wissenschaftlichen Texten mit ihren vielen griechisch-lateinischen Termini liegt die Zahl noch wesentlich höher.

Indogermanische Entlehnungen

Wörter aus anderen Sprachen zu übernehmen, ist eine uralte Praxis, die wahrscheinlich bereits einsetzte, nachdem die erste Sprache der Menschheit eine Schwester bekommen hatte. Sicher ist jedenfalls, dass sich schon die Germanen und ihre indogermanischen Vorfahren kräftig bei anderen Sprachen bedienten. Etliche germanische Wörter haben keine indogermanischen Wurzeln, bei anderen ist eine solche Abstammung zumindest fraglich. Zusammengenommen machen diese frühen Lehnwörter ungefähr ein Drittel des überlieferten germanischen Wortschatzes aus.

Dazu gehören Bezeichnungen aus der Schifffahrt (*Mast, Kiel, Schiff, Strom, Ebbe*), aus dem Recht und der Politik (*Volk, Adel, König, Sühne, schwören*), dem Kriegswesen (*Krieg, Friede, Schwert, Schild, Helm, Bogen*) und dem Ackerbau (*Pflug*). Diese Entlehnungen bedeuten nicht unbedingt, dass die Indogermanen keine eigenen Wörter dafür hatten oder die bezeichneten Dinge zuvor nicht kannten. Schließlich gibt es das *Jogging* (wörtlich das «Trotten»), die *Airline*, das *Equipment*, den *Fun* und den *Meeting Point*

im neudeutschen Wortschatz, ohne dass der Dauerlauf, die Flugge-
sellschaft, die Ausrüstung oder der Treffpunkt aus England impor-
tiert worden wären. Aber die Wirkung der Fremdsprachen, mit denen die indo- oder frühgermanischen Stämme in Berührung kamen,
war offenbar so groß, dass sie zentrale Bezeichnungen und auch
manche grammatikalischen Eigenheiten von dort übernahmen.
Welche Sprachen das waren, wird unter Linguisten kontrovers
diskutiert. Zur Auswahl stehen finno-ugrische, semitische und bas-
kische Spracheinflüsse. Zur finno-ugrischen Sprachfamilie gehören
unter anderem Finnisch und Ungarisch, zur semitischen Phöni-
zisch, Hebräisch und Arabisch. Baskisch, das heute nur noch in
Nordspanien und Südwestfrankreich existiert, war in früheren
Zeiten möglicherweise über ganz Europa verbreitet.

Festeren Boden betreten wir, wenn wir einen Schritt weiter gehen und uns anschauen, aus welchen indogermanischen Schwester-
sprachen die Germanen ihre Lehnwörter bezogen. Zu den ältesten
Lieferanten gehören die Kelten. Von ihnen übernahmen sie die wichtigen politischen Begriffe *Amt* (althochdeutsch *ambahti*, keltisch
ambaktos ‹Dienstmann›) und *Reich* (althochdeutsch *rihhi*, keltisch
rig ‹Herrschaft›, *rigs* ‹König›, davon abgeleitet: *Vercingetorix*). Ob
auch *Eid, Geisel, Erbe, Lot* und *Mähre* (ursprünglich ‹Schlachtross›)
aus dem Keltischen stammen, oder ob sich diese Wörter in beiden
Sprachen parallel aus einer gemeinsamen indogermanischen Wurzel
entwickelten, ist ungewiss. Garantiert keltisch ist *Glocke*, ein Wort,
das im frühen Mittelalter durch irische Missionare ins Deutsche
gelangte.

Latein: Sprachliche Entwicklungshilfe für Germanien

Kaum zu überschätzen ist der Einfluss, den die Hochkultur des
römischen Imperiums auf die germanische und dadurch auch auf
die deutsche Sprache ausübte. Vom ersten Jahrhundert vor Christus
an kamen die Germanen am Rhein, später auch im Bereich des
Limes und der Donau in engen Kontakt mit römischen Legionären,
Händlern und Handwerkern. Von ihnen übernahmen sie Waren,
Geräte, Fertigkeiten und damit auch deren Bezeichnungen. Das

Spektrum der Entlehnungen umfasst nahezu alle Bereiche des täglichen Lebens:

Bauwesen und Wohnen: *Schindel, Ziegel, Kalk, Mörtel, Mauer, Wall, Estrich, Pflaster, Pfeiler, Pfosten, Pfahl, Fenster, Pforte, Küche, Kammer, Keller, Stube, Spiegel, Speicher*

Handwerk und Geräte: *Schrein, Karren, Kissen, Schemel, Socke, Sohle, Tisch, Kelter, Presse, Torkel, Trichter, Spund, Kufe, Fackel, Kerze, Kette, Bottich, Bütte, Schüssel, Kessel, Pfanne, Becken, Becher, Kelch, Kiste, Sichel, (Dresch-)flegel, Korb, Sack, Mühle, Presse*

Nutzpflanzen und Lebensmittel: *Frucht, Pflanze, Kohl, Kappes, Rettich, Zwiebel, Kürbis, Pfeffer, Pilz, Borretsch, Kerbel, Kümmel, Senf, Baldrian, Enzian, Pflaume, Feige, Birne, Kirsche, Pfirsich, Wein, Most, Semmel, Käse*

Krieg: *Pfeil, Kampf*

Verkehr: *Straße, Meile*

Berufe: *Winzer, Müller, Pfister (‹Bäcker›), Koch, Kaufmann (‹caupo ‹Schankwirt, Marketender›)*

Handel: *Münze, Pfund, Zoll, Eichung*

Den meisten dieser einstigen Fremdwörter hören wir nicht mehr an, woher sie kommen. Die Germanen passten die lateinischen Ausdrücke ihrer eigenen Artikulation mundgerecht an. Seitdem machten diese Wörter alle lautlichen und grammatischen Veränderungen des Deutschen mit.

Einige Jahrhunderte später gab es einen zweiten Schub lateinischer Lehnwörter, dieses Mal im Zeichen des Kreuzes. Hatten die Germanen von den Römern der Antike vor allem Bezeichnungen materieller Gegenstände übernommen, so brachte das Kirchenlatein nun die Begriffe der christlichen Spiritualität und Moral. Für die Sprachentwicklung war diese religiöse Umwälzung außerordentlich befruchtend, denn sie motivierte die Mönche, deutsche Wörter nach dem Vorbild des fremden Vokabulars zu formen.

Vorreiter der Christianisierung unter den germanischen Völkern waren die Westgoten. Sie lernten die noch junge Religion schon im dritten Jahrhundert durch römische Kriegsgefangene kennen, die sie in ihr damaliges Siedlungsgebiet nördlich der Donau verschleppten. Um die Mitte des 4. Jahrhunderts übersetzte Bischof Wulfila, Sohn eines Goten und einer Römerin, die vier Evangelien aus dem Griechischen ins Gotische und ebnete damit der Missionierung in der Volkssprache den Weg (s. S. 15). Wulfila hing der arianischen Glaubensrichtung an: Danach war Jesus Gott zwar ähnlich, aber nicht gleich. Obwohl der Arianismus schon bald als Ketzerei verdammt wurde, verbreitete er sich vom 4. Jahrhundert an unter vielen germanischen Völkern, die auf dem Boden des römischen Imperiums oder an seinen Grenzen lebten. Zu den mächtigen arianischen Herrschaftsgebieten gehörten das Reich der Wandalen in Nordafrika und das ostgotische Reich Theoderichs des Großen, der als «Dietrich von Bern (= Verona)» und Held der «Rabenschlacht» (= Ravenna) in die deutsche Sagenwelt eingegangen ist. Die eingesessene römische Bevölkerung hing allerdings dem katholischen Glauben an. Religiöse «Mischehen» gab es kaum, so dass die germanische Oberschicht isoliert blieb. Theoderichs germanischer Gegenspieler, der Frankenkönig Chlodwig, vermied diese gesellschaftliche Spaltung, indem er sich 495 katholisch taufen ließ. Als die Franken im frühen Mittelalter zur beherrschenden Macht in Mitteleuropa und Frankreich wurden, setzte sich der Katholizismus gegen die arianische Konfession durch.

Die Christianisierung der Germanen und frühen Deutschen war ein lang andauernder Prozess, der sich über viele Jahrhunderte hinzog. Neben gallisch-römischen Geistlichen waren es vor allem irische und angelsächsische Mönche, die vom 6. bis zum 8. Jahrhundert im deutschen Sprachraum missionierten. Zu dieser Zeit regierte in Norddeutschland bei den dort siedelnden Sachsen und Friesen noch der Glaube an die alten Götter. Missionare wie der Angelsachse Bonifatius machten sich auf, diese «wilden Völker Germaniens zu besuchen und zu erforschen, ob die unbebauten Gefilde ihrer Herzen von der Pflugschar des Evangeliums zu beackern seien und den Samen der Predigt aufnehmen wollten», wie es in einer zeitgenössischen Beschreibung heißt. Die Mönche, die die unzugänglichen Waldgebiete oft im Boot auf dem Flussweg durchquerten, erblickten tagelang nichts «außer Himmel und Erde und gewaltige Bäume». In dieser Ödnis Wege zu bahnen, Klöster zu gründen und Felder anzulegen, erforderte neben Glaubensstärke vor allem Tatkraft und Organisationstalent. Aber nicht nur um die Bekehrung ungetaufter Heiden ging es den Priestern, sondern auch um eine festere Verankerung des Christentums in den offiziell bereits bekehrten Gebieten. Mochten deren Bewohner auch getauft sein, so beherrschten doch immer noch die altgermanischen Götter, Riesen, Zauberer und Elfen auch ihre Vorstellungswelt, während das kirchliche Leben vielerorts vor sich hin dämmerte. Zahlreiche Klostergründungen gehen auf den Missionierungseifer der Iren und Angelsachsen zurück. Sie ermutigten ihre deutschsprachigen Glaubensbrüder, ein eigenes volkssprachliches Vokabular zu schaffen, um das Wort Gottes zu verbreiten.

Die Begriffe dieses katholischen Glaubens wurzeln in der lateinischen Kirchensprache, die ihrerseits viel aus dem Griechischen übernommen hat. Das Zentralwort der neuen Religion kam allerdings ohne lateinische Vermittlung direkt aus dem Griechischen ins Deutsche: *Kirche* (althochdeutsch *cirihha*, griechisch *kyrikón* ‹Gotteshaus›) verbreitete sich im 4. Jahrhundert wahrscheinlich von Trier und der niederrheinischen Region aus, wo griechische Gemeinden lebten. Seitdem gibt es im Deutschen und anderen germanischen Sprachen die *Kirche, church, kyrkan* oder *kerk* und nicht wie in den romanischen Sprachen eine Variante des lateinischen

Wortes *ecclesia* (frz. *église*, span. *eglesia*, ursprünglich ‹Versammlung›), das ebenfalls im Griechischen wurzelt.

Die Liste der griechisch-lateinischen Lehnwörter im deutsch-christlichen Vokabular ist lang. Bei *Bischof* (althochdeutsch *biscof*, griechisch *epískopos*), *Almosen* (griechisch *eleemosýne* ‹Mitleid›, ‹barmherzige Tat›), *Christus* (griechisch *christós* ‹Gesalbter›) *Evangelium* (griechisch *euangélion* ‹gute Botschaft›) und *Apostel* (griechisch *apóstolos* ‹Bote›, ‹Abgesandter›) ahnt man die fremde Herkunft noch. Andere Wörter aber verhüllen sie hinter einem deutsch anmutenden Lautgewand: *Segnen* (althochdeutsch *seganon*, lateinisch *signare*, eigentlich ‹(be-)zeichnen›, später ‹mit dem Kreuzeszeichen versehen›), *predigen* (althochdeutsch *bredigôn*, lateinisch *praedicare* ursprgl. ‹aussagen›), *opfern*, (althochdeutsch *opharôn*, lateinisch *operari* ursprgl. ‹arbeiten, verrichten›), *Pfarrer* (althochdeutsch *pfarra*, griechisch *paroikía*), *Priester* (althochdeutsch *prêstar*, lateinisch *presbyter*, griechisch *presbýteros* ursprgl. ‹der Ältere›), *Kreuz* (althochdeutsch *kruzi*, lateinisch *crux*), *Zelle* (althochdeutsch *zella*, lateinisch *cella* ‹enger Raum›), *Kloster* (althochdeutsch *klostar*, la-teinisch *claustrum* ‹abgetrennter Bereich, Riegel›), *Münster* (althochdeutsch *munistiuri*, lateinisch *monasterium* ursprgl. ‹Kloster›, später: ‹Kloster- oder Bischofskirche›), *Mönch* (althochdeutsch *munih*, lateinisch *monicus* ursprgl. ‹Einsiedler›), *Dom* (althochdeutsch *tuom*, lateinisch *domus* ‹[Gottes-]Haus›), *Pfingsten* (griechisch *pentekosté* ‹der 50. Tag [nach Ostern›]).

Vor allem die äußerlichen Bestandteile der Religion – Gebäude, Rituale, Ämter und konkrete Handlungen – wurden mit Lehnwörtern bezeichnet. Deren Bedeutung war sichtbar und deshalb leicht zu erfassen. Ging es aber um die Inhalte, den geistigen Kern also, war es mit einem bloßen Wort-Import nicht getan. Den Germanen war die christliche Gedankenwelt völlig fremd: Um ihnen Konzepte wie ‹Gnade›, ‹Feindesliebe›, ‹Reue›, ‹Gewissen› überhaupt verständlich zu machen, mussten die Missionare Wörter finden oder schaffen, die an bekannte Vorstellungen anknüpften. Dafür entnahmen sie dem heimischen Sprachmaterial Bausteine, mit denen sie die kirchenlateinischen Begriffe nachbildeten. Viele dieser Kreationen existieren noch heute, auch außerhalb der religiösen Sphäre. Sie zeugen vom schöpferischen Geist der klösterlichen Wortprägestätten, die eine kulturelle und intellektuelle Vermittlungsleistung ersten Ranges vollbrachten.

Häufig übersetzten die Mönche die lateinischen Ausdrücke Glied für Glied, indem sie in analoger Weise deutsche Wortstämme aneinanderfügten oder mit Vor- oder Nachsilben versahen und so zu neuen Begriffen montierten: *super-fluitas* → *ubar-fleozzida; com-munio* → *ge-meinida; bene-ficium* → *wola-tât; miseri-cors* → *barma-herzi; con-scientia* → *gi-wizzanî; trini-tas* → *drîn-issa; uni-tas* → *eini-ssa; veri-tas* → *wâr-heit; omni-potens* → *al-mahtîg; saecul-aris* → *weralt-lîh.* Auch so unscheinbare Wörter wie *an-kommen* (*ad-venire*) und *um-geben* (*circum-dare*) sind als Lehnübersetzungen entstanden.

Je abstrakter und spezieller die theologischen Begriffe waren, desto schwerer fiel die Verdeutschung. Nicht weniger als zwölf verschiedene Übersetzungsanläufe für *resurrectio* ‹Auferstehung› und für *redemptio* ‹Erlösung› finden sich in den Handschriften. Es bedeutete eine Herausforderung, die Sinnbezirke, die solche Worte aufspannen, in eine geistige Sphäre zu übertragen, wo die Welt eine Esche war, an deren Wurzeln ein Drache nagte, wo sich Riesen, Zwerge und Elfen tummelten und Thor mit der monströsen Midgardschlange kämpfte. Um ihre «Herde» zu erreichen, griffen die Missionare manchmal auch zu Wörtern, die in der heidnischen Vorstellungswelt wurzelten, und deuteten sie für ihre Zwecke um. So wurde *infernum* mit *hella* ‹Hölle› übersetzt. Dahinter steckt *hel*, das Reich der Unterwelt aus der germanischen Mythologie, das sich nun in einen Ort christlicher Verdammnis verwandelte. Offensichtlich wirkte das Wort aber nicht abschreckend genug auf die Germanen, so dass die Geistlichen für ‹Hölle› noch *pech* (lateinisch *pix*) einführten. Die Vorstellung, in brennendes Pech gestoßen zu werden, mochte auch dem verstocktesten Sünder den Ernst seiner Lage vor Augen führen. *Hriuwa* ‹Reue›, die Übersetzung von *poenitentia*, bedeutete ursprünglich einfach ‹Trauer, seelischer Schmerz› und wurde erst im christlichen Kontext mit der Bedeutung ‹Zerknirschung über eigenes Fehlverhalten› versehen. Ähnlich verhält es sich mit *buoza* ‹Buße›, der zweiten Übersetzungsmöglichkeit für *poenitentia.* Dieses Wort bezeichnete zunächst nur die Ausbesserung oder die Auffüllung von etwas Fehlendem, wie noch heute im

Lückenbüßer. Für *consolatio* wählten die Missionare *trost* mit der Ursprungsbedeutung ‹Festigkeit, Schutz›, das nun zur ‹seelischen Unterstützung› erhöht wurde. *Ginada,* eigentlich ‹Ruhe, Glück›, wandelte sich erst als Übersetzung von *gratia* und *misericordia* zur heutigen *Gnade* im Sinne der Sündenvergebung.

Ältere Herren, rüstige Senioren

Der *Herr* ist auf Latein der *dominus.* Doch im 6. Jahrhundert wurde dieses Wort in den romanischen Sprachen unmodern. Stattdessen gewöhnte man sich jetzt an, *senior* ‹der Ältere / Reifere› zu sagen, eine Steigerungsform zu *senex* ‹alt›. Diese Anrede hat sich im italienischen *signore,* im spanischen *señor* und im französischen *seigneur* bis heute gehalten. Die Franken übernahmen das Muster in ihre Sprache und bildeten zu *hêr* ‹altehrwürdig, erhaben, hehr› den Komparativ *hêrro* ‹der Ältere, Ehrwürdigere›. Ihm entstammt unser heutiger *Herr.* Die Übersetzung des griechischen Wortes *Apostel,* das wörtlich ‹Abgesandter› heißt, mit *jungiro* ‹Jünger› (eigentlich ‹der Jüngere›) folgt der Logik dieses Wortfelds: Wenn Jesus, der *hêrro,* also ‹der Ältere› ist, dann sind seine Gefolgleute ‹die Jüngeren›. *Hêrro* ersetzte allmählich das ältere Herrenwort *truhtin,* das sich von *truht* ‹Gefolge› herleitet. *Truhtin* büßte zunächst nur seine weltliche Bedeutung ein und wurde für Gott und Gottes Sohn reserviert. Schließlich verschwand es aber völlig aus dem Wortschatz. *Truhtin* hatte seinerseits zuvor das noch ältere Wort *frô* (‹Herr›) verdrängt. Es findet sich noch heute in *Frondienst* und *Fronleichnam* (‹der Leib des Herren›), aber auch in *Frau,* die sich von *frouwe* (‹Herrin›) herleitet.

Wie die Wochentagsnamen entstanden

Unsere Wochentagsnamen sind «sprachgeologisch» besonders interessant, denn in ihnen überlagern sich die verschiedenen römischen, germanischen und christlichen Schichten:

Sonntag und *Montag* sind direkte Übersetzungen der lateinischen Namen *solis dies* ‹Tag der Sonne› und *lunae dies* ‹Tag des Mondes›.

Für den *Dienstag* lieferte der römische *Martis dies* ‹Tag des Kriegsgottes Mars› das Vorbild. Wahrscheinlich liegt dem Wort *Dienstag* der latinisierte germanische Göttername *Thingsus* zugrunde (‹Beschützer der Thingversammlung›), der ein Beiname des germanischen Kriegsgottes **Tiwaz* war. Dieser Name – althochdeutsch *Ziu* und altenglisch *Tiw* – findet sich noch im alemannischen *Zistig* ebenso wie im englischen *Tuesday*. Die moderne Form *Dienstag*, die sich erst im 17. Jahrhundert im ganzen deutschen Sprachraum durchsetzte, geht wahrscheinlich auf kirchliche Bestrebungen zurück, den heidnischen Götternamen lautlich zu verschleiern.

Den darauf folgenden Tag benannten die Römer nach Merkur *Mercurii dies*, was sich in den romanischen Sprachen als *Mercredi* oder *Miercoles* niederschlägt. Die Germanen setzten für Merkur ihren Götterchef Wodan ein. Dieser Wodanstag existiert als *Wednesday* und als *woensdag* noch heute im Englischen und im Niederländischen. Im deutschen Sprachraum hingegen ersetzten die Geistlichen den heidnischen Namen durch *Mittwoch*, die einfallslose, aber unverfängliche ‹Wochenmitte›.

Den *Iovis dies* der Römer (‹Tag des Jupiter›, französisch *jeudi*, spanisch *jueves*) reservierten die Germanen für ihren Donar und nannten ihn *donarestag / Donnerstag*.

Den lateinischen ‹Tag der Venus› (*Veneri dies*, französisch *vendredi*, spanisch *viernes*) widmeten sie der Göttin Freia, auf althochdeutsch *Frîa*, woraus der *frîatag* und dann der *Freitag* wurde.

Etwas komplizierter verhält es sich mit den beiden Konkurrenzformen *Samstag* und *Sonnabend*. Die Römer benannten diesen Tag nach Saturn (*Saturni dies*), und da die Germanen in der eigenen Götterwelt offenbar niemanden fanden, der dem entsprach, übernahmen sie das lateinische Wort. Es hat sich im englischen *Saturday*, im niederländischen *Zaterdag* und im friesisch-westfälischen *Saterdag* bis heute gehalten. Im übrigen deutschen Sprachraum musste Saturn den beiden heutigen Namen weichen: Der ältere ist *Samstag*. Er kommt vom althochdeutschen *sambaztag* her, dem wiederum das hebräische Wort *sabbat* zugrunde liegt. Als *sabaton* und *sambaton* gelangte es ins Griechische und wurde von gotischen Missionaren im Süden und Westen des germanisch-deutschen Sprachraums verbreitet.

Anders der *Sonnabend*: Er kam im 7. Jahrhundert durch angelsächsische Missionare nach Norddeutschland und ins östliche Mitteldeutschland. Sie hatten das Wort *Sunnanaefen* geprägt, das ursprünglich nur den Vorabend des Sonntags (*aefen* → *eve* ‹Vorabend›) bezeichnete, aber bald auf den ganzen Tag ausgedehnt wurde. So konnten die frommen Männer im deutschen Sprachraum den heidnischen Saturn vom Kalender verdrängen, was ihnen in ihrem angelsächsischen Heimatland nicht gelang.

Weiße Ostern, heiliger Rauch

Ostern (althochdeutsch *ôstarun*) bezeichnete ursprünglich die östliche Richtung sowie den Tagesanbruch. Zu dieser frühen Stunde hielt man den Ostergottesdienst ab. In dessen Verlauf wurden die in weiße Gewänder gehüllten und nach Osten gewandten Neubekehrten getauft. Der kirchenlateinische Name – mit hebräisch-griechischen Beimischungen – lautete *Albae paschales*, wobei *alba* sich sowohl auf das weiße Gewand als auch auf den lichter werdenden Himmel der Morgendämmerung bezog. Das übersetzende Wort *Ostern* geht möglicherweise auf *Eostra*, den alten Namen einer Göttin der Morgenröte und des Frühlings zurück. Auch grammatisch trägt unser *Ostern* noch die Spuren der Vergangenheit an sich. Es ist ebenso wie *Pfingsten* und *Weihnachten* ein erstarrter Dativ Plural, der von der Zeitbestimmung *ze den ostern* übriggeblieben ist.

Weihnachten in der Form *ze wihen nachten* (‹zu den heiligen Nächten›) erscheint in den Quellen erst Ende des 12. Jahrhunderts zum ersten Mal. Wahrscheinlich existierte der Ausdruck in der mündlichen Volkssprache schon viel länger, aber die Geistlichen zogen in ihren Schriften das ebenfalls germanische *heilag* dem Wort *wih* vor, das heute noch in den Ausdrücken *weihen* und *weihevoll* existiert. Älter als *Weihnacht* ist *Weihrauch* (althochdeutsch *wîhrouh* ‹heiliger Rauch›). Dieses Wort wurde bereits im 8. Jahrhundert geprägt, um das griechisch-lateinische *thus* zu verdeutschen, mit dem das duftende Harz bezeichnet wird, das den Rauch hervorbringt. Der Vorläufer des Weihnachtsfests, das heidnische Mittwinterfest, hieß *Jul* (‹Zeit der Schneestürme›). In Skandinavien, England und im niederdeutschen Raum wurde dieser Name auf das Weihnachtsfest übertragen.

Die Welt der Ritter – Modesprache Französisch

Etliche Relikte aus der Sprachwelt der Germanen hielten sich bis in das hohe Mittelalter. Doch mit dem aufkommenden Rittertum gerieten sie außer Mode. Vor allem das kriegerische Vokabular landete beim alten Eisen. Bei Hofe, auf den Turnierplätzen und in den Kemenaten war jetzt der edle *ritter*, der elegante *aventiure* gefragt. Gegen diese neuen Begriffe wirkten *recke, degen, wigânt* (‹Held›, ‹Kämpfer›, ‹Krieger›) nun wie wuchtige Veteranen aus einer alten, fast schon sagenhaften Zeit. Auch *hervart* ‹Kriegszug› oder *wal* ‹Kampfplatz› setzten Patina an. In Vergessenheit gerieten diese Wörter nicht, aber sie umgab nun eine archaische Aura. In Namen wie *Wiegand, Herwig* (‹Heer + Kampf›) oder *Brunhild* (‹Kämpferin im Panzer›) leben sie bis heute fort – und natürlich in den Opern Richard Wagners.

Attraktiver als das altgermanische Wortgerümpel fanden die deutschen Ritter das Französische, das sie zur Modesprache des Hochmittelalters machten. Es war die erste von mehreren Französisch-Wellen, die in den kommenden Jahrhunderten noch über die deutsche Sprachlandschaft hinwegbranden sollten, sozusagen der *premier cri*. Dass er zwischen Burgmauern erschallte, wundert nicht, denn im Grunde war die gesamte Ritterkultur eine französische Mode. Schon für die Zentralbegriffe *Ritter* und *höfisch* standen die französischen Wörter *chevalier* und *courtois* Pate. Die deutschen Adligen lernten die Lebensweise und Sprache der französischen Chevaliers auf den gemeinsamen Kreuzzügen kennen und schätzen. Auch über Flandern und Burgund gelangten ritterliche Sitten, Kleidermoden, Wörter und Wendungen nach Deutschland. Viele Stoffe und Motive der mittelhochdeutschen Klassik – vor allem die Geschichten um König Artus und seine Tafelrunde – gehen auf französische Vorlagen zurück. Vielleicht wäre Friedrichs des Großen Urteil über die mittelhochdeutsche Literatur günstiger ausgefallen, wenn er gewusst hätte, dass die Urahnen Voltaires an ihrer Wiege standen (vgl. S. 59).

Wer etwas auf sich hielt im ritterlichen Milieu, garnierte seine Rede mit französischen Einsprengseln. In Gottfried von Straßburgs «Tristan», sagt der tragische Held, als er gebeten wird, in geselliger Runde ein Lied vorzutragen: «*Mû voluntiers!*» und hebt an, *de la cûrtoise Tispê* ‹von der vornehmen Thisbe›) zu singen. Auch andere mittelhochdeutsche Epen sind gespickt mit französischen Ausdrücken wie *fiz* ‹Sohn›, *roi* ‹König›, *prîsûn* ‹Gewahrsam›, *crûieren* ‹schreien›, *cumpânie* ‹Verwandtschaft›, ‹Gefolgschaft›, *cûrtoisie* ‹Höflichkeit, Anstand›, *forest* ‹Wald›, *poinder* ‹Anrennen des Reiters beim Zweikampf›, *fianze* ‹Unterwerfungserklärung des besiegten Kämpfers›.

Viele französische Lehnwörter gingen mit dem Rittertum wieder unter, doch einige haben sich in eingedeutschter Form bis heute im Wortschatz gehalten:

aventure ‹Abenteuer›; *adieu* ‹ade›; *fin* ‹fein›; *faus* ‹falsch›, *flaüte* ‹Flöte›, *harneis* ‹Harnisch›; *hurt* ‹Stoß› → ‹hurtig›; *cler* ‹klar›; *lampe* ‹Lampe›; *lance* ‹Lanze›; *palais* ‹Palast›, *pancier* ‹Panzer›; *paveillon* ‹Pavillon›; *prîs* ‹Preis›; *raie* ‹Reigen›; *rime* ‹Reim›; *solt* ‹Sold›; *estival* ‹Stiefel›; *dance* ‹Tanz›; *tailleoir* ‹Teller›; *tornei* ‹Turnier›; *vassal* ‹Vasall›; *forêt* ‹Forst›.

Französische Importe sind auch die Endungen *-ieren*, *-ie* und *-ei*, die bis heute der Wortbildung dienen. Die Endung *-ieren* entstand, indem an den französischen Infinitiv *-ier* noch der deutsche Infinitiv *-en* angehängt wurde. Typische Ritter-Wörter wie *turnieren* ‹am Turnier teilnehmen›, *tjostieren* ‹an einem Zweikampf teilnehmen› oder *buhurdieren* ‹an einem Mannschaftskampf teilnehmen› machten sie populär. Bald klebte man *-ieren* auch lateinischen und deutschen Verb- und Substantivstämmen an: So entstanden *disponieren*, *deponieren*, *fingieren*, *stolzieren*, *hofieren*, *hausieren*, *glasieren*, *halbieren*.

Die Endung -ie gelangte zunächst durch Wörter wie *partîe* ‹Partei› i. S. v. ‹Gruppierung›, *temperîe* ‹Mischung›, *massenîe* ‹Hofstaat, Dienerschaft› oder *fantasîe* ‹Trugbild, Einbildung› ins Deutsche. Dann wurde sie auch an deutsche Erbwörter oder ältere Lehnwörter angehängt, und es entstanden *ketzerîe, zouberîe, jegerîe, frezzerîe, raserîe*. Später wurde das -*ie* häufig zu -*ei*, wie wir es heute noch in *Zauberei, Ketzerei, Raserei, Bäckerei* oder *Sauerei* finden.

Die fremde Herkunft ist diesen Suffixen noch immer anzuhören, denn in den entsprechenden Wörtern tragen sie die Betonung (*Glaseréi*). Bei deutschen Wörtern liegt der Akzent sonst typischerweise auf der ersten Silbe oder auf der zweiten, wenn ein Präfix wie *be-* oder *ver-* vorgeschaltet ist (vgl. S. 269 ff.).

Imponieren auf Flämisch

Da Flandern und Brabant wichtige Zwischenstationen bei der Verbreitung der ritterlichen Kultur nach Deutschland waren, wurde neben dem Französischen auch das Niederländische zur Modesprache der deutschen Ritter. *Ritter* selbst ist vom französischen *chevalier* erst über das niederländische *riddere* ins Deutsche gelangt. Wäre das Wort mittelhochdeutsch gebildet worden, hätte es **rîtaere* geheißen und wäre heute nichts anderes als unser *Reiter*. Auch das *Wappen* ist ein ursprünglich niederländisches Wort für ‹Waffen›, das umgedeutet wurde. Aus derselben ritterlichen Sprachwelt kommen *höflich* und *hübsch*, die beide eine Übersetzung von *hövesch* sind.

Zu *vlaemen*, also flämische (= niederländische) Wörter einzustreuen, gehörte zum guten Ritter-Ton. Oft waren diese Ausdrücke vom Niederdeutschen kaum zu unterscheiden. Trotzdem mühten sich die niederdeutschen Dichter zur gleichen Zeit ab, hochdeutsch zu schreiben (vgl. S. 60).

Das sprachliche Imponiergehabe der Ritterzeit nimmt der Versroman «Helmbrecht» – verfasst Mitte des 13. Jahrhunderts von Wernher dem Gartenaere – aufs Korn: Der Bauernsohn Helmbrecht will etwas Besseres sein als sein Vater, er schließt sich einer Bande von Raubrittern an und nimmt an deren Untaten ebenso teil wie an ihren Modetorheiten. Als er auf den väterlichen Hof zurückkehrt, gibt er den welterfahrenen Edelmann und spreizt sich gegenüber Knecht und Magd mit seinen niederländischen Brocken:

vil liebe soete kindekîn
got lâte iuch immer saelec sîn!
Ganz liebe süße Kinderlein, lasse Gott euch immer glücklich sein!

Nachdem er die Schwester auf Latein, den Vater auf Französisch und die Mutter auf Böhmisch begrüßt hat, bittet der Vater ihn, «um ein deutsches Wort» als Beweis, dass er «sein Helmbrecht» sei. Er wolle ihm dann sogar persönlich sein Pferd putzen. Doch Helmbrecht zeigt den Eltern in «flämelndem» Kauderwelsch die kalte Schulter:

Ey waz snacket ir, gebûrekin
und jenez gunêrte wif?
Min parit, minen klâren lîf
sol dehein gebûric man
zewâre nimmer gegrîpen an.

Was redet Ihr da, Bäuerchen,
und dieses toll gewordene Weib?
Mein Pferd und meinen sauberen Leib
die soll kein Bauersmann
jemals fassen an.

Klar, dass solcher Hochmut zum tiefen Fall führt. Helmbrecht, der Bauer, der nicht bei seinem Pflug bleiben will, versündigt sich nicht allein gegen die Eltern, sondern auch gegen die gottgewollte Ständeordnung. Die Strafe ist schrecklich: Helmbrecht verelendet und wird am Ende von den Bauern, die er einst plünderte, verprügelt und aufgehängt.

Barockzeit – Der alamodische Cavalier

Der Sprach-Blender Helmbrecht erlebte einige Jahrhunderte später, in der Barock-Zeit, seine Wiederauferstehung als Typus des «Alamode»-Kavaliers. *Da gibt's Teutsche Spanier, Teutsche Franzosen, Teutsche Italiener, Teutsche Egerländer* (= Böhmen), *Summa: der Teutsche Mann ein Allemodisch Mann* heißt es in einem Traktat von 1629. *Alamodisch*, vom französischen *à la mode* stammend, war im Deutschen zu ‹alle Moden› umgedeutet worden und bezeichnete ein *Potpourri* ausländischer Attitüden, Kleidungsstücke und Sprechweisen. Sich mit dem erborgten Glanz zu spreizen, um darunter die eigene als dürftig empfundene Existenz zu verbergen, wurde zu einer Grundhaltung, die in der ersten Hälfte des 17. Jahrhunderts in Deutschland ihren Höhepunkt erreichte.

Wer auf sich hielt, mischte fremde Brocken unter seine Sätze. Wörter wie *Serviteur, Chosen, changiren waren nunmehr in Teutschland so sehr in Gebrauch kommen, daß sich auch die Spinnmägde damit erlustigen, ja die Bauerjungen hinter dem Pflug von ‹Serviteur› und ‹Monsieur› wissen.* Neben Französisch und Latein dienten vor allem Spanisch und Italienisch als Quellen. Da die Lehnwörter Weltläufigkeit demonstrieren sollten, wurden sie lautlich nicht angepasst, sondern in ihrer prestigeträchtigen Fremdheit belassen. *Die Herrschafften meynen nicht, daz ein Diener was wisse oder gelernet habe, wan er seine Schrifften nicht der gestalt mit Wälschen und Lateinischen Wörtern ziere und schmücke*, klagte der Satiriker und Amtmann Johann Michael Moscherosch 1650.

Ein typisches Beispiel für den Stil der Zeit bietet ein Brief, den Wallenstein 1627 an einen seiner Obristen schrieb, wobei er die Fremdwörter der Gewohnheit entsprechend durch eine andere Schrift absetzte:

Aus Warschau werde ich bericht das die Polen bewilligt haben dem Künig auf 3 jahr eine starcke contribucion *den krieg wieder Schweden zu* continuieren, *der Schwed sucht unser freundtschaft nicht* virtutis amore *sondern* coactus necessitate *darhero wir ihn müssen mit worten* nutriren.

Den Höhepunkt erreichte diese Entlehnungsphase im Dreißigjährigen Krieg, begonnen hatte sie jedoch lange vorher. In der Mitte Europas gelegen, stand das Deutsche Reich seit seinem Bestehen im Schnittpunkt unterschiedlichster kultureller, wirtschaftlicher und machtpolitischer Einflüsse. Die Politik der kaiserlichen Habsburger verstärkte diese Internationalisierung. Am Hof Karls V., in dessen Reich «die Sonne nicht unterging», verkehrten der Kaiser, die Minister und die Höflinge auf Latein und Französisch miteinander, nicht zu vergessen Spanisch, das uns Wörter des Hofzeremoniells wie *Gala* oder *Kompliment* hinterlassen hat.

Eine wichtige Rolle für den deutschen Wortschatz spielte auch Italienisch. Viele seiner Wörter gelangten durch die Literatur der Humanisten, vor allem aber durch die Handelsbeziehungen zu Städten wie Venedig und Genua ins Deutsche. Der hochentwickelten Geldwirtschaft dieser reichen italienischen Stadtstaaten verdankt das Deutsche einen Gutteil seines Bank-Vokabulars: *Giro, Risiko, Saldo, saldieren, Konto, Disagio, Lombard, Wechsel* (als Lehnübersetzung von *Cambio*). Ein Re-Import ist die *Bank*, die in ihrer ursprünglichen Bedeutung ‹Sitzmöbel› aus dem Germanischen in die romanischen Sprachen kam. In Italien verengte sie sich zur Spezialbedeutung ‹Tisch der Geldwechsler / Wechselbank›, woraus dann in einem weiteren Schritt ‹Geldinstitut› wurde. In dieser Bedeutung gelangte das italienisierte Wort *banco* zurück ins Deutsche zusammen mit *bankrott*, das als *banco rotto* ursprünglich den zerbrochenen Wechseltisch bezeichnete. Vom 17. Jahrhundert an begann der Import italienischer Musikbegriffe, die sich großenteils bis heute erhalten haben (*allegro, vivace, Cembalo, Tenor, Piano*).

Die verfrömdete Sprache

Entlehnungen gelangten auf vielen Wegen ins Deutsche, zum Beispiel durch literarische Übersetzungen. Sie kamen vom 16. Jahrhundert an in großer Zahl auf den deutschen Markt und behielten viele fremdsprachige Wörter bei. Lehnwortimporteure waren auch Händler, Handwerker, Soldaten, Gelehrte und Studenten, die aus dem Ausland zurückkehrten. Sie stellten in der Heimat gern die in der Fremde aufgelesenen Wörter und Wendungen zur Schau. Eine unerschöpfliche Quelle war schließlich das Lateinische, das auch dem banalsten Alltagsgespräch eine akademische Aura verlieh. Diese *Sprachmengerey* fand schon bald ihre Kritiker, wie den Juristen Johann Baptist Fischart (1547–1591), der sich über den *gelahrt-akadämlichen Bombast* seiner Landsleute mokierte.

Im Dreißigjährigen Krieg bekam das sprachkritische Bewusstsein vieler deutscher Schriftsteller und Grammatiker einen stark politischen Unterton. Angesichts marodierender Landsknechte aus aller Herren Länder erschien ihnen die fremdwortdurchsetzte Muttersprache nun als ein Spiegelbild Deutschlands, das in seiner Ohnmacht und Zerrissenheit ein Spielball der europäischen Mächte und der fürstlichen Partikularinteressen geworden war.

Als 1648 das Blutvergießen, Pündern und Brennen endlich aufgehört hatte, zog der Nürnberger Johannes Güntzel, Autor eines deutsch-italienischen Wörterbuchs, ein bedrücktes Resümee: *Vnd gleichwohl in diesen letzten 30. Jahren her / bey dem beharrlichen Lassterhafften Kriegswesen / wie in Kleydung, Essen / vnd Trincken / also auch in diser vnserer Teutschen Sprach / vil vnsaegliche Mißbraeuche mit eingeschlichen / daß solche Sprach / fast ganz vnd gar von denen Außlaendischen Woertern vnd Arten zureden / verschluckt: oder zum wenigsten auff das schaendlichste befleckt werden will. Daß man schier kein Wort mehr reden / keinen Brieff mehr schreiben kan / wann nicht der halbe theil mit dergleichen frembden woerter vnd Reden eingemenget werden / daß man beydertheils / kaum den halben theil davon ohne Dolmetscher / vernemmen oder verstehen kan.*

Über die *verfrömdete* und *verschandflekkete* Sprache wurde vielfach geklagt. *Wer teutschet und das Teutsche?*, fragte 1668 der Dichter und Komponist Georg Neumark («Wer nur den lieben Gott lässt walten»). *Es ist ohne einen Dolmetscher / der etlicher Sprachen mächtig ist / nicht zu verstehen / wie diese reden; soll das Teutsch heissen / was aus so vielen fremden Sprachen / ohne Noth / zusammengelumpet ist.* Nicht selten führte die Sprachmischung zu echten Verständnisproblemen. Deshalb verfasste der fürstliche Sekretär und Lexikograph Kaspar Stieler im Jahr 1695 ein Fremdwortglossar für Zeitungsleser unter dem Titel «Erklärung Derer in den Zeitungen gemeiniglich vorkommenden fremden und tunklen Wörter».

Vor allem war es die mangelnde Loyalität gegenüber der Muttersprache und die damit einhergehende Selbstmissachtung, die viele Sprachkritiker nicht ruhen ließ: *Ja ist es nicht eine große Leichtfertigkeit / daß die Teutschen ihre teutsche Sprach also verachten vnd so vil an ihnen vnder die füß tretten? ... Lieber wo findet man andere Völcker / die da etwas von den Teutschen / so wohl ihrer Sprachen als auch der Kleidung entlehnen? zwar keine / es seye dann die Teutschen damit zu verachten und ihrer zu spotten,* schrieb der Straßburger Jurist Johann Heinrich Schill (1644) und fragte: *Halten wir Teutschen dann gantz und gar nichts von uns selbsten / wer will dann etwas von uns halten?*

Grammatik im Herrenclub – Die Sprachgesellschaften

Im gebildeten Bürgertum und auch bei einigen Adligen wuchs das Unbehagen angesichts dieser sprachlich-kulturellen Selbstentwertung. Um ihr etwas entgegenzusetzen, gründeten sich von Beginn des 17. Jahrhunderts an kulturpatriotische Sprachgesellschaften, denen es darum ging, das Deutsche zu einer vollwertigen Literatursprache auszubauen. Dabei war die Zurückdrängung des Fremdwortgebrauchs zwar nicht das einzige, aber ein wichtiges Ziel.

Man muss sich diese Vereinigungen als eine Mischung aus Akademie, Loge und Herrenclub vorstellen. Es gab festgelegte Aufnahme-, Versammlungs- und Diskussionsrituale. Die Gesellschaften trugen sprechende Namen (‹Elbschwanenorden›, ‹Fruchtbringende Gesellschaft›, ‹Deutschgesinnte Gesellschaft›), ebenso ihre Mitglieder (‹der Spate›, ‹der Wohlsetzende›). Leitsprüche und Embleme, oft aus dem Pflanzenreich und Gartenbau, versinnbildlichten die Sprachpflege als eine Kultivierung des muttersprachlichen Bodens. Wer Mitglied werden wollte, brauchte Empfehlungen und die Gunst der Vorsitzenden. Die adligen und bürgerlichen Mäzene, Gelehrten, Schriftsteller und Grammatiker, die sich hier zu-

sammenfanden, verhandelten nicht nur sprachliche Fragen im engeren Sinne, sondern auch künstlerische und literarische Themen.

Ein Vorbild fanden die deutschen Sprachgesellschaften im Patriotismus der Niederländer, die ihre Sprache als stolzes Symbol ihrer
Unabhängigkeit kultivierten. Noch wichtiger war Italien, wo es Organisationen zur Pflege der Sprache und Literatur bereits seit dem
15. Jahrhundert gab. Zu den bedeutendsten gehörte die Accademia
della Crusca, gegründet 1582 in Florenz. *Crusca* ‹Kleie› stand für
das Ziel der Sprachgesellschaft, das reine Mehl der Sprache von der
Kleie zu trennen. Zu den Mitgliedern der Accademia gehörte Herzog Ludwig von Anhalt-Köthen.

Er gründete 1617 gemeinsam mit einem Kreis von Gleichgesinn-
ten die «Fruchtbringende Gesellschaft», die erste und bedeutendste
Organisation dieser Art in Deutschland. Zu ihren knapp 900 Mitgliedern gehörte die Elite der literarischen und gelehrten Welt, darunter Dichter wie Andreas Gryphius, Martin Opitz und Friedrich
von Logau.

Die Gesellschaft führte das Motto «Alles zu Nutzen». Drei
Viertel der Mitglieder waren Adelige. Dadurch unterschied sich die
«Fruchtbringende» von den anderen Gesellschaften, deren Angehö-
rige meistens aus dem Bürgertum kamen. Aber auch in der «Fruchtbringenden Gesellschaft» machten die Bürgerlichen die eigentliche
Arbeit. Sie schrieben Grammatiken, Wörterbücher und Stillehren,
stellten Verdeutschungslisten auf, entwarfen Rechtschreibregeln
und verfassten Lehrbücher der Poesie und Metrik. Echte Gemein-
schaftswerke entstanden allerdings nur selten. Die Bedeutung der
Gesellschaften lag vielmehr darin, dass sie ihren Mitgliedern ein Fo-
rum des Austauschs boten, sie zu eigenen Arbeiten ermutigten und
so der kulturpatriotischen Sprachpflege eine Stimme verliehen, die
gehört wurde.

Treffen in Telgte

Da die Mitglieder der Sprachgesellschaften weit verstreut lebten, mussten sie sich meistens mit brieflichem Austausch begnügen. Wie es zugegangen sein mochte, wenn sie sich doch einmal trafen, davon zeichnet

Günter Grass in seinem Roman «Das Treffen in Telgte» ein lebendiges Bild, das zugleich die Nachkriegssituation der «Gruppe 47» im barocken Literaturbetrieb am Ende des Dreißigjährigen Krieges spiegelt. Grass lässt im Jahr 1647 die bedeutendsten deutschen Dichter und Grammatiker im Städtchen Telgte bei Münster zusammenkommen. Im Gasthof «Zur Brücke» wollen sie sich einige Tage lang gegenseitig aus ihren Werken vorlesen und über die Zukunft der deutschen Sprache und Literatur diskutieren. Sie alle haben große Strapazen und Risiken auf sich genommen, um in dieses westfälische Nest zu gelangen. Noch ist der Krieg, der später der Dreißigjährige heißen wird, nicht zu Ende. Ihr Weg hat die Literaten an verstümmelten Leichen, niedergebrannten Dörfern und verwüsteten Feldern vorbeigeführt. Sie selbst schwebten auf ihrer Reise unablässig in Gefahr, marodierenden Soldatenhorden in die Hände zu fallen. Doch das Bedürfnis, sich auszutauschen, hatte die Furcht besiegt. Im Gasthof rezitieren und kritisieren, tafeln und trinken die Poeten, sie streiten und versöhnen sich, sie loten die Möglichkeiten aus, die das Deutsche bietet, und sorgen sich um die Zukunft des darniederliegenden Reiches. Mal geht es derb und sinnenfroh zu, mal spitzfindig und gelehrt. Zur feuchtfröhlichen Schunkelrunde wird der akademische Diskurs, als alle gemeinsam das – real existierende – «New Klaglied, Teutsche Michel genannt, wider alle Sprachverderber» anstimmen:

Fast jeder Schneider / will jetzund leyder
Der Sprach erfahren sein / vundt redt Latein,
Wälsch vund Frantzösisch / halb Japonesisch,
Wan er ist doll vnd voll, / der grobe Knoll.

Am Ende steht die Katastrophe und zugleich der Neuanfang: Der Gasthof geht in Flammen auf, und die Dichterschar zerstreut sich wieder in alle Winde. Kein Geschichtsbuch verzeichnet dieses Treffen, aber da es gut hätte stattfinden können, wurde es gut erfunden.

Die Sprachgesellschaften beließen es nicht dabei, die alamodische «Sprachflickerei» mit ihrem erborgten Glanz von Weltläufigkeit aufzuspießen, sie präsentierten auch ein Gegenmodell. Das war, wie konnte es anders sein, das «reine» Deutsch, das sie zur Sprache der Ehrlichkeit und Aufrichtigkeit erklärten. Der Raffinesse der «welschen» Hofkultur mit ihren Intrigen und Verstellungskünsten, ihrer complimentierenden Sprache, in der die gedrechselte Umschreibung der Normalfall, das direkte Wort eine Geschmacklosigkeit war, stellten die Sprachpatrioten den «biederen» Deutschen entgegen, der schon von Natur aus immer genau das sagt, was er meint. *Welsche Untrew gegen Teutsche Redlichkeit*, verkündete Johann Michael Moscherosch und wetterte gegen *Geberden und Grammanzen*, die *keim Teutschen angebohren* seien. Dieser Ideologie lag die Vorstellung zugrunde, der Sprache selbst – und nicht etwa nur ihren Benutzern – sei eine volkstümliche Ehrlichkeit eingeschrieben.

Diesen aufrichtigen Nationalcharakter leiteten die Sprachwächter aus einer mythischen Urzeit her: In Germaniens Wäldern, so die Vorstellung, beruhte das Gemeinwesen nicht auf Gesetzen, sondern auf Vertrauen, auf «alt-Teutscher Auffrichtigkeit» – eine rückwärtsgewandte Utopie der direkten Kommunikation, wie sie bis heute jede Kommunengründung beflügelt. Die Sprachgesellschaften selbst verstanden sich und ihre Form der Geselligkeit als Modell eines solch offenen, ungekünstelten Umgangs. Ein eigentümlicher Sprachmystizismus machte sich breit: Deutsch erschien als Medium der Eigentlichkeit, in dem keine Verstellung möglich ist, weil sich schon in seinen Wörtern die Dinge spiegeln, wie sie wirklich sind. Justus Georg Schottel meinte, dass die *Grundrichtigkeit* den deutschen Wörtern *von der Natur gleichsam eingepflanzet* sei. Auch Philipp von Zesen vermutete, dass die Wörter von *der natur und eigenschaft des benennten dinges selbst* herrühren. Man musste also nur zu den Wurzeln zurückkehren, um die kommunikative Unschuld wiederherzustellen. *Altes Wesen her! Alte Geberden her! Alte Hertzen her! Alt Gelt her!*, rief Johann Michael Moscherosch.

Und im Jargon der Einfalt forderte Rompler von Löwenhalt die völlige Identität von Zeichen und Bezeichnetem: *Teutsch Teutsch / Mann ein Mann / Wort ein Wort.*

Es ist eine ironische Pointe, dass es gerade die treu-teutschen Sprachpfleger waren, die dafür sorgten, dass das Deutsch in ihrer Zeit sich von den Idealen der Klarheit und Einfachheit weit entfernte. Sie nämlich schufen als Dichter und Verfasser rhetorischer Handbücher jenen Sprachstil, der als «barocker Schwulst» bis heute berüchtigt ist. Sie selbst nannten ihn *hochtrabend* und meinten das durchaus positiv: *Die hocherhabene / scharfe / gewaltige / oder / wie sie weiter genennet werden könnte / die durchleuchtige / donnernde / durchdringende / töhnende / herrliche ergießende und prallende Schreibart. …. mit durchdringenden gewaltigen und prächtigen Worten / verzieret sich mit Bluhmwerk und auserlesenen Übersätzen und ist / die Gemüter herzergreiflich zu bewegen / und mit Gewalt auf ihre Meynung zu reißen / bemühet.* Die Wortmeister züchteten gezielt eine Sprache überbordender Metaphern und ausladender Satzkonstruktionen. Wem beispielsweise das Wort *Sonne* zu schlicht war, der konnte im Katalog auf Dutzende von Umschreibungen zurückgreifen: vom *Auge der Welt* über die *Haar= flammige* und *Phöbus Laterne* bis zum *durchleuchteten Sternenfürst* reichte das Angebot. Viel ist gut, war das Motto: Nicht *leicht, schwer und groß*, sondern mindestens *federleicht, felsenschwer und hochmächtiggroß* musste es heißen, nicht *Keuschheit*, sondern *der Keuschheit reiner Schnee*, nicht *Alter*, sondern *des Alters Eis.* Wer die schwelgende Pracht barocker Bilder und Skulpturen mag, kann diese Sprachgebilde auch heute noch durchaus schätzen.

Fremdwortverdeutschungen: Weltall und Zeugemutter

Die Aktivitäten der kulturpatriotischen Sprachpfleger beschränkten sich nicht auf theoretische Traktate und Spottgedichte. Der Dichter und Jurist Georg Philipp Harsdörffer (1607–1658), Mitglied der «Deutschgesinnten» und der «Fruchtbringenden Gesellschaft» (dort hieß er «der Spielende»), schuf eine Reihe von Fremdwort-Verdeutschungen, die noch heute existieren: *Akt : Aufzug,* obser-

vieren : beobachten, Korrespondenz : Briefwechsel, Teleskop : Fernglas, Duell : Zweikampf.

Besonders eifrig war der Erfolgsschriftsteller Philipp von Zesen (1619–1689). «Der Wohlsetzende», wie er in der «Fruchtbringenden Gesellschaft» genannt wurde, produzierte viele erfolgreiche Verdeutschungen. Die meisten verdrängten allerdings nicht, wie beabsichtigt, die Lehnwörter, sondern siedelten sich neben ihnen an und erlaubten dadurch semantische und stilistische Nuancierungen: *Derivation : Ableitung, Distanz : Abstand, Adresse : Anschrift, Moment : Augenblick, Exkursion : Ausflug, Rezension : Besprechung, Bibliothek : Bücherei, Projekt : Entwurf, Kolorit : Farbgebung, Horizont : Gesichtskreis, Credo: Glaubensbekenntnis, Fundament : Grundstein, Insekt : Kerbtier, Annalen : Jahrbuch, Zirkulation: Kreislauf, Passion : Leidenschaft, Testament : Letzter Wille, Dialekt : Mundart, Nekrolog : Nachruf, Orthographie : Rechtschreibung, Epigramm : Sinngedicht, Mortalität : Sterblichkeit, Autor : Verfasser, Plenipotenz : Vollmacht, Devise : Wahlspruch, Universum : Weltall.*

Andere Verdeutschungen Zesens und gleichgesinnter Sprachpfleger wie *Dörrleiche (Mumie), Entgliederer (Anatom), Jungfernzwinger (Kloster), Reitpuffer (Pistole), Tageleuchter (Fenster)* oder *Zeugemutter (Natur)* wirkten schon auf die Zeitgenossen befremdlicher als die «Fremdwörter», die sie ersetzen sollten. *Schendlich ist es, der alten Haubt-Sprache dieses Wort Natur entziehen zu wollen und eine große Zeugemutter mit Zitzen daraus zu machen,* empörte sich Justus Georg Schottel, der selbst Verdeutschungen wie *Einzahl, Fall, Geschlecht* (für *Singular, Kasus, Genus*) oder *Wörterbuch* für *Lexikon* oder *Diktionär* geschaffen hat.

Die große Zeit der Sprachgesellschaften ging im Spätbarock zu Ende. Am Ausgang des 17. Jahrhunderts hatten sie sich fast alle aufgelöst. Zwar entstanden im 18. Jahrhundert neue Vereinigungen, die sich der Sprachpflege widmeten, aber diese «Deutschen Gesellschaften» waren lockerer organisiert und meistens mit Universitäten verbunden. Auf ihre barocken Vorgängerorganisationen, vor allem auf radikale Fremdwortpuristen wie Zesen, blickten sie mit kritischer Distanz. Die einflussreichen Grammatiker des 18. Jahrhunderts wie Gottsched und Adelung vertraten in der Fremdwortfrage gemäßigtere Positionen.

Potschamperl – Die Dominanz des Französischen

Von der Mitte des 17. Jahrhunderts an schob sich unter den Fremd-
wortspendern immer stärker das Französische in den Vordergrund.
Der deutsche Adel wollte teilhaben am Glanz, den Frankreich als
absolutistische Großmacht und Zentralgestirn der europäischen
Hofkultur ausstrahlte. Vielen genügte es allerdings, ihre Rede hier
und da mit passenden Wörtern und Wendungen zu spicken. Die
deutschen Junker würden nur noch mit *ventre Dieu, par ma foy,
Corbleu, morbleu, Sambieu* um sich werfen, statt in ihrer Muttersprache zu fluchen, stellte ein Sprachkritiker 1644 fest. Der Dichter
Sigmund von Birken machte die Sprachmischungen in einem Gedicht *schertzweis vorstellig*:

> *Ich bin nun deschargirt von dem maladen Leben,*
> *Mir hat der Maur facon genug disgousto geben.*
> *Wo Einfalt avancirt, und Unschuld mit raison*
> *Die retrogarde hat, da ist die Sache bon.*

Die Wörter aus dem Nachbarland bekamen die Adligen umsonst,
dessen Luxusgüter allerdings nicht. Ein Zehntel des Jahreseinkom-
mens aller deutschen Länder werde für französische Importe aus-
gegeben, klagte Leibniz Ende des 17. Jahrhunderts.

Mit ihrem Französisch verstärkten Adel und gebildetes Bürgertums die Distanz zu den niederen Ständen. Gerade das aber verlieh
dieser Sprache in den Augen des einfachen Volkes ein Prestige, an
dem es auch teilhaben wollte. So gelangten viele französische Ausdrücke in die Dialekte, wo sie sich oft bedeutend länger als in der
Hochsprache hielten (z. B. *paraplue, trottoir, chaiselongue*). Oft
passten die Menschen die Entlehnungen mundartgerecht ein:

Bairisch: *Potschamperl / pot de chambre*

Hessisch: *Deeds / tête; Boberdät / propreté; Frässage / Visage;*

Berlinisch: *Budike / Boutique ‹Kneipe›; mit Cislaweng / ainsi cela
vint; Kinkerlitzen / quincailleries: aus der Lameng / à la main; in*

die Bredulje kommen / bredouille; direktemang / directement;
blümerant (unwohl, benommen) / bleu mourant

Der Hofgeistliche Jakob Hemmer beobachtete 1769, dass in der gesprochenen Sprache mehr Fremdwörter als in der geschriebenen auftauchten: Nicht ihre Verwendung, sondern ihre Vermeidung erforderte mittlerweile eine geistige Anstrengung, die im reflektierten Medium der Schriftlichkeit eher als in der Spontaneität des Gesprächs möglich war. *Man durchgehe nur unsere Stadt Mannheim; und höre die verschiedenen Stände, die sich darin aufhalten, einen nach dem anderen sprechen: so wird man wenig Sinne* (= Sätze) *wahrnehmen, wo nicht französische, italienische oder lateinische Wörter in das Deutsche eingehaspelt werden. Unsere Hofleute werden es mir hoffentlich vergeben, wenn ich sie in die öberste Reihe dieser Sprachflicker setze. Sie reden überhaupt von keinem einzigen Gegenstande, wo sie nicht eine ungeheure Menge von fremden Wörtern einstreuen.*

Der französische Spracheinfluss überschritt mit der Niederlage Napoleons seinen Zenit, blieb aber bis zum Ende des 19. Jahrhunderts immer noch stark. Seine Auswirkungen sind bis heute spürbar. Viele französische Importe sind aus dem Wortschatz des Deutschen nicht mehr wegzudenken, sie haben sich seiner Grammatik, Lautung und Orthographie in unterschiedlichen Graden angepasst (*Fassade, Onkel, Möbel, Balkon, Krawatte, Zigarette, Marsch, Perücke, Neffe, Nische, Fiaker, Garderobe, Frisur, Parfüm, Rampe, engagieren, blond, prompt*). Andere Entlehnungen haben ihre ursprüngliche Form in der Schrift bewahrt, aber nicht unbedingt in der Aussprache (*Saison, Coiffure, Souterrain, Buffet, Gelee, Toilette, Baguette, Restaurant, Ingenieur*). Vor allem die nasalen Vokale werden im Deutschen gern in Vokal-Konsonant-Verbindungen umgewandelt (*Balkong, Restorang*).

Einige Wörter, die bereits orthographisch eingedeutscht waren, wurden später wieder entdeutscht, um vom immer noch vorhandenen *Flair* (eigentlich ‹Witterung, Spürsinn›) des Französischen zu profitieren: *Krem* → *Creme, Frisör* → *Friseur, Parfüm* → *Parfum. Chic* – das Schlüsselwort französischen Sprachprestiges – stammt übrigens vom deutschen *schick* ab, das in der ersten Hälfte des 19. Jahrhunderts ins Französische entlehnt und von dort ein halbes Jahrhundert später aufge*chic*t ins Deutsche reimportiert wurde.

Manche der französischen Lehnwörter haben in ihrer neuen Umgebung beträchtliche Bedeutungsveränderungen vollzogen: So wurde aus dem französischen *prégnant* ‹trächtig› das deutsche *prägnant*, das zunächst die übertragene Bedeutung ‹inhaltsvoll› bekam, woraus dann unter dem Einfluss von *prägen* ‹scharf umrissen› wurde. *Partout* bedeutet im Deutschen ‹durchaus›, im Französischen ‹überall›. *Souterrain* ist im Deutschen das Kellergeschoss, im Französischen der Stollen oder Tunnel. Die französische *Bagage* ‹Gepäcktross› sank im Deutschen zum ‹Gesindel› herab.

Schweißloch mit Feingefühl – Campes Kreationen

Wenn wir heute nicht nur im *Parterre,* sondern zugleich im *Erdgeschoss* wohnen, das *Feingefühl* von der wohlschmeckenden *Delikatesse* unterscheiden, statt in einer *Kompilation* in einem *Sammelwerk* blättern und nicht nur *panisch*, sondern auch *kopflos* reagieren, dann haben wir das *faktisch* wie *tatsächlich* Joachim Heinrich Campe (1746–1818) zu verdanken. Der Theologe und Pädagoge, Erzieher von Wilhelm und Alexander von Humboldt, gehörte zu den großen Lexikographen, Puristen und Verdeutschern der Aufklärung.

Campe veröffentlichte ein spezielles «Wörterbuch zur Erklärung und Verdeutschung der unserer Sprache aufgedrungenen fremden Wörter» mit 11 000 Einträgen. Die meisten seiner Lehnübersetzungen gerieten bald wieder in Vergessenheit, weil sie umständlich, konstruiert, manchmal auch unfreiwillig komisch wirkten (*Kunststrom / Kanal; Schweißlöcher / Poren; Geistesanbau / Kultur, Zwischenstille / Pause, Blitzfeuererregung / Elektrisierung, architektonisch / baukünstig; logisch / denklehrig*). Manche fielen auch durch, weil sie Wertungen ausdrückten, die zwar Campes Weltsicht entsprachen, aber alles andere als originalgetreu waren (*Katholik / Zwangsgläubiger, Protestant / Freigläubiger, Soldat / Menschenschlachter, Reliquie / Heiltümelei*). Doch Campe glückten auch einige Wortschöpfungen, die sich durchsetzten. Freilich verdrängten sie, ähnlich wie schon die barocken Verdeutschungen, ihre fremden Pendants nur selten. Stattdessen bildeten sie bedeutungsähnliche Paare, die auf diese Weise den Wortschatz erweiterten und bereicherten:

altertümlich / antik; auswerten / evaluieren; befähigen / qualifizieren; Bittsteller / Supplikant; dienstunfähig / invalid; einschließlich / inklusive; Erdgeschoss / Parterre; Erwerb / Aquisition; Feingefühl / Delikatesse; Lehrgang / Kursus; Sammelwerk / Kompilation; Randbemerkung / Glosse; kopflos / panisch; Schreckensherrschaft / Terrorismus; Stelldichein / Rendezvous; tatsächlich / faktisch; verweltlichen / säkularisieren; verwirklichen / realisieren; vervollständigen / komplettieren; Voraussage / Prophezeiung; Zerrbild / Karikatur; Hochschule / Universität; Besonderheit / Kuriosum.

Campe war kein deutschtümelnder Chauvinist, sondern ein überzeugter Verfechter der Aufklärung und der Pressefreiheit. Seine Wortschatzarbeit betrachtete er als Teil einer *allgemeinen Volksaufklärung* und *Geistes-Ausdehnung*, die auch den Schichten ohne höhere Schulbildung die Teilhabe an politischen und kulturellen Informationen und öffentlichen Debatten ermöglichen sollte. Seit 1786 braunschweigisch-lüneburgischer Schulrat, versuchte Campe pädagogische Reformen umzusetzen, die in den herrschenden Kreisen allerdings auf wenig Gegenliebe stießen. Dass er 1789 nach Paris reiste, um *dem Leichenbegängnis des französischen Despotismus* beizuwohnen und drei Jahre später zum Ehrenbürger der Französischen Revolution ernannt wurde, schuf ihm in seiner Heimat ebenfalls keine Freunde. Hier war er bald als «Revolutionsrath» und Volksverführer verschrien.

Campe war ein erfolgreicher Autor von Kinder- und Jugendbüchern – seine Jugendversion des «Robinson Crusoe» wurde in viele Sprachen übersetzt – und fühlte sich berufen, seine berühmten Dichterkollegen unter die sprachkritische Lupe nehmen. Er durchforstete die Werke von Wieland, Herder, Voß und Goethe und veröffentlichte allerlei Verbesserungsvorschläge zur Wortwahl und Grammatik. Die Geschulmeisterten dankten es ihm nicht. Wieland erregte sich über Campes «Sprach-Jakobinismus», Goethe und Schiller stichelten ihn mit Zweizeilern:

Der Purist
Sinnreich bist Du, die Sprache von fremden Wörtern zu säubern;
Nun, so sage doch, Freund, wie man Pedant uns verdeutscht?

Eridanus
An des Eridanus Ufern umgeht mir die furchtbare Waschfrau,
Welche die Sprache des Teuts säubert mit Lauge und Sand.

(Der Eridanus ist ein Fluss aus der griechischen Mythologie, der hier die Oker bezeichnet, an der Braunschweig, Campes Wohnort, liegt.)

Wilhelminische Fremdwortjäger: Der Allgemeine Deutsche Sprachverein

Im Laufe des 19. Jahrhunderts ließ der Einfluss des Französischen auf das Deutsche allmählich nach. Gerade in dieser Zeit aber bildete sich ein heftiger Fremdwortpurismus mit antifranzösischer Stoßrichtung heraus. Der Zusammenbruch des Heiligen Römischen Reiches Deutscher Nation, die napoleonische Herrschaft über große Teile Deutschlands und die anschließenden Befreiungskriege ließen puristische Gruppierungen entstehen, die das «Fremdwort» als solches zum Feind erklärten. Mit den sprachpatriotischen und aufklärerischen Motiven der Sprachgesellschaften und Verdeutscher des 17. und 18. Jahrhunderts hatte diese Strömung nur noch wenig zu tun. War es zuvor darum gegangen, das Deutsche «auf Augenhöhe» mit den anderen Sprachen zu bringen, seine Ausdrucksmöglichkeit und Reichweite zu erhöhen, so predigten die nationalistischen Fremdwort-Puristen nun seine Überlegenheit. Zu den bekanntesten Gruppierungen gehörte die Bewegung des *Turnvaters* und *Sprachfegers* Friedrich Wilhelm Jahn, der gegen das *Seelengift* der *Wälschworte* wetterte. Die meisten von Jahns Verdeutschungsversuchen (*gausässig / regional; Nenne / Titel; Prahlplatz / Paradeplatz*) verschwanden schnell wieder in der Versenkung. Was sich gehalten hat, sind vor allem Wörter des Sports wie *Barren, Grätsche, Dauerlauf, Reck* oder *Hantel*, die Jahn oft aus alten oder mundartlichen Wortstämmen ableitete und mit neuer Bedeutung versah. Jahns Hauptwort *turnen* freilich verdankt seine Existenz einem Irrtum des Turnvaters. Er hielt es für «urdeutsch», tatsächlich kommt der Wortstamm *turn* (*Turnier*) jedoch aus dem Französischen.

Da diese Sprachvereine aus der nationalliberalen Bewegung hervorgegangen waren, galten ihre Anhänger in der Restaurationszeit nach dem Wiener Kongress als potentielle Umstürzler. Die Sorgen der fürstlichen Geheimpolizisten waren allerdings unbegründet. Die Radikalpuristen fanden kein Echo in der breiteren Bevölkerung. An den sprachlichen Bedürfnissen des Alltags gingen ihre oft lebensfremden Verdeutschungsvorschläge vorbei, und die Mitte des 19. Jahrhunderts entstehenden politischen Parteien hatten kein Interesse an einer ideologisch aufgeladenen Fremdwortjagd. In der Nationalversammlung, die 1848 in der Frankfurter Paulskirche tagte, um eine Verfassung für ein geeintes Deutschland auszuarbeiten, spielte der Purismus keine Rolle. Jacob Grimm, selbst Abgeordneter in der Paulskirche, stand ihm mit Abneigung gegenüber: *Deutschland pflegt einen schwarm von puristen zu erzeugen, die sich gleich fliegen an den rand unserer sprache setzen und mit dünnen fühlhörnen sie betasten.*

Die Situation änderte sich mit der Gründung des Deutschen Reiches. Aus einer Marotte verschrobener Außenseiter wurde nun eine Angelegenheit des Staates. Getragen von einer Welle nationaler Euphorie gingen die Behörden daran, ihren Sprachgebrauch reichsweit zu vereinheitlichen. In diesem Zuge wurden Hunderte von Lehnwörtern verdeutscht. Im Gegensatz zu den Versuchen der vorangegangenen Jahrzehnte erwiesen sie sich als durchaus praxistauglich und lebensfähig. Neben den Ausdrücken von Post und Eisenbahn, für die wir bereits Beispiele kennengelernt haben (vgl. S. 203), wurden vor allem die Terminologien des Militärs und der Verwaltung verdeutscht (*Dienstgrad / Charge; Beförderung / Avancement; Oberleutnant / Premier Lieutenant; Fahnenjunker / Offizier-Aspirant; Dienstalter / Anciennität; Zustellungsurkunde / Insinuationsdokument; Reinschrift / Mundum*). In einigen Fällen führten die Lehnübersetzungen zu einer eigentlich nicht beabsichtigten Trennung zwischen dienstlichem und allgemeinsprachlichem Vokabular: *Fernsprecher / Telefon; Kraftfahrzeug / Automobil; Urschrift / Original; Abschrift / Kopie; Ruhegehalt / Pension; Anschrift / Adresse; freimachen / frankieren.* In Österreich und der Schweiz blieben etliche der alten Lehnwörter erhalten (*Kuvert, Kupee, Perron, Retourbillet*).

1885 wurde der wilhelminische Purismus zu einer sprachpolitischen Bewegung, die schnell viele Anhänger gewann. In diesem Jahr gründeten der Braunschweiger Kunsthistoriker und Museumsdirektor Hermann Riegel und der Dresdner Germanist Hermann Dunger den «Allgemeinen Deutschen Sprachverein» (ADSV). Riegel sah die Sprache *keineswegs vom sprachwissenschaftlichen Standpunkte, sondern ganz und gar vom nationalen Boden aus.* Zwar verfolgte der Sprachverein auch nicht-puristische Ziele – allgemein den Kampf gegen «Sprachsünden» und «sprachliche Dummheiten» – aber seine hauptsächliche Stoßrichtung ging gegen Fremdwörter, theoretisch nur gegen die «entbehrlichen», zu denen *national* offensichtlich nicht gehörte. Stand zunächst noch der Kampf gegen die «Wälscherei», also vor allem französische, in geringerem Maße auch italienische und lateinische Wörter im Vordergrund, so nahm der Verein auch bald schon die steigende Zahl der Anglizismen, die «Engländerei», ins Visier. Obwohl auch sprachpraktische und bildungspolitische Begründungen für die «Sprachreinigung» angeführt wurden, blieben doch die nationalen Motive bestimmend. Dabei bestand innerhalb des Vereins jedoch zu keinem Zeitpunkt Einigkeit darüber, welche «Fremdwörter» man ersetzen und welche man erhalten wollte, ja was überhaupt als «Fremdwort» zu gelten habe. Als Reservoir für neue Wortbildungen versuchte man die Dialekte, mitunter auch das Mittelhochdeutsche zu nutzen. Trotz der großen Resonanz, die der Sprachverein erzielte, waren seine konkreten Verdeutschungserfolge bescheiden. Das hing auch damit zusammen, dass die größten Aktionen in dieser Richtung bereits vor seiner Gründung stattgefunden hatten. Die Wirkung des Vereins lag vor allem darin, dass er in in weiten Kreisen der Bevölkerung überhaupt ein Sprachbewusstsein erzeugte. Er versammelte zwar vor allem puristische Eiferer um sich, weckte aber bei vielen Menschen auch das Interesse an grammatikalischen, etymologischen oder namenkundlichen Themen.

Über die Hälfte der – fast ausschließlich männlichen – Mitglieder des ADSV waren Kaufleute und andere Gewerbetreibende, weitere 20 Prozent waren Lehrer, die vor allem an Volks-, Real- und Berufsschulen unterrichteten. Stark vertreten waren auch Techniker, Ingenieure und höhere Verwaltungsbeamte. Journalisten und Schriftsteller fühlten sich hingegen vom ADSV kaum angezogen. Auch Gymnasiallehrer und Wissenschaftler, Germanisten eingeschlossen, begegneten dem Treiben des Vereins mit Reserve. Dessen rabiate Töne, gepaart mit oft dilettantischen «Fremdwort-Analysen» und verdrehten Verdeutschungsversuchen, wirkten auf das humanistisch geprägte Bildungsbürgertum abschreckend. 1889 veröffentlichten 41 Gelehrte und Dichter, unter ihnen Theodor Fontane und Gustav Freytag, eine Protesterklärung, in der sie die Aktivitäten des Sprachvereins als unsinnig, sprachschädlich und bevormundend brandmarkten. Den Erfolg des Vereins konnte das nicht aufhalten. Bereits 1891 hatte er 11 000 Mitglieder und 160 Zweigvereine. Einen ersten Höchststand verzeichnete er 1919 mit 39 000 Mitgliedern und 330 Zweigstellen im gesamten deutschen Sprachraum. Ihren Gipfelpunkt erreichte die Mitgliederzahl zwanzig Jahre später mit fast 50 000.

Entscheidend für die Wirkung des Sprachvereins war seine äußerst aktive Presse- und Öffentlichkeitsarbeit. Sie vermochte auch über die «Fremdwörter» hinaus Begeisterung für Sprachfragen zu wecken. Die Zweigvereine veröffentlichten Aufrufe, initiierten Leserbriefkampagnen, veranstalteten Preisausschreiben, stellten Sprachfragekästen in öffentlichen Gebäuden auf, machten Eingaben an die Behörden und arbeiteten mit den Schulen zusammen. Besonders erfolgreich waren Sprachglossen, die regelmäßig an die Presse verschickt wurden und die neben den «Fremdwörtern» auch grammatische, stilistische und etymologische Themen behandelten. Das Material zu diesen «Sprachecken», die auch im Schulunterricht eingesetzt wurden, kam von den Zweigvereinen und wurde von einem eigens eingesetzten Ausschuss aus Lehrern und Germanisten bearbeitet. Vorsitzender war ab 1907 Ernst Wülfing, der auch die Duden-Redaktion begründete.

Nicht überall stießen die Sprachecken auf Wohlwollen. Nicht zu ihren Freunden gehörte die Kulturzeitschrift «Der Zwiebelfisch», wo 1911 zu lesen war:

Ich wußte lange nicht, weshalb mir immer so mau um den Magen wird, so direkt appetitlos, wenn ich irgendwo auf eines jener Häufchen stoße, die von Zeit zu Zeit dieser ‹rührige Ver-

ein› unter der Spitzmarke ‹Sprachecke› in die Winkel der Zei-
tungen ‹unterm Strich› setzt: ausnahmslos übel pedantische,
völlig geist- und witzlose, nasale Dogmatik über irgend eine
kleine, manchmal wohl wirkliche törichte Sprachunart, vor-
getragen in der öligen Schäkerei eines didaktischen Neckboldes
oder mit der Patriotenbrustkastenresonanz müffiger Oberlehrer.

Doch diese ablehnende Haltung war eher die Ausnahme. 1916
druckten fast 3000 Zeitungen und Zeitschriften die Sprachecken
ab. Etliche Redaktionen veröffentlichten mittlerweile unter dem
Schriftkopf des ADSV auch eigene, vom Verein nicht autorisierte
Glossen, was zeigt, wie populär dessen Markenzeichen geworden
war. Ab 1917 brachten kriegsbedingte Papierrationierungen die Pro-
duktion zum Erliegen. Erst von 1926 an erschienen wieder Sprachglossen, ab 1935 unter dem dröhnenden Titel «Der Weckruf. Deut-
schem Wort zu Wehr und Ehr». Die Verbreitung und den Erfolg
ihrer Vorläufer erreichten sie jedoch nicht mehr.

Den Ersten Weltkrieg begrüßte der ADSV begeistert. Es sah in
ihm einen Wegbereiter seiner Ziele, die zunehmend sprachimperia-
listische Züge annahmen. War zuvor noch allen Sprachen das Recht
auf Entfaltung innerhalb ihrer Grenzen zugestanden worden, so
forderte der ADSV jetzt die Dominanz des Deutschen in Europa.
Die mäßigenden Töne, die bis dahin noch ab und zu geäußert wurden, fielen nun weg. Nach dem verlorenen Krieg stilisierte der Verein, der jetzt «Deutscher Sprachverein» (DSV) hieß, die Sprache
noch stärker zum Symbol einer überstaatlichen Volksgemeinschaft.
Sie sollte als «rettendes Band» alle deutschsprachigen Gebiete umfassen, auch und gerade diejenigen, die dem Deutschen Reich und dem
übrig gebliebenen Rumpf-Österreich verloren gegangen waren.

1933 stellte sich der DSV als selbsternannte *SA unserer Muttersprache* sofort in den Dienst des Nationalsozialismus, den er als natürlichen Verbündeten ansah. Bis dahin hatte der Sprachverein bei
aller völkisch-nationalistischen Rhetorik auf antisemitische Töne
verzichtet. Einer der radikalsten «Sprachreiniger», der Indogerma-
nist und Literaturwissenschaftler Eduard Engel, war Jude und Eh-
renmitglied des Sprachvereins. Jetzt wurde Engel, der gegen *auslän-
dernde Sprachsudeleien* als *krankhafte Entartung* zu Felde gezogen

war, ausgeschlossen. Der Sprachverein schaltete um auf einen rassistisch und antisemitisch begründeten Purismus. Die Muttersprache mutierte nun zum *arthaften und artechten Erbe* aus der Zeit der *Urrassen*. Die Fremdworthatz richtete sich jetzt auch auf tatsächlich oder vermeintlich jiddische Ausdrücke, die als *Ghetto- und Kaschemmenwörter* diffamiert wurden.

In der nationalsozialistischen Führungsschicht stießen die Aktivitäten des DSV zunächst auf wohlwollende bis gleichgültige Duldung, die sich aber bald in deutlichen Unmut verwandelte. Die Sprachreiniger, ebenso beflissen wie naiv, versuchten nämlich, auch den mit Lehnwörtern reich versehenen Sprachgebrauch der Machthaber – deren Name sich ja schon aus zwei «Fremdwörtern» zusammensetzte – zu verdeutschen. Mit ihrer Kritik an Ausdrücken wie *arisieren, Garant, Synthese* und dem Vorschlag, Wörter wie *Konzentrationslager, Propaganda* oder *sterilisieren* durch *Zwangslager, Werbung* und *unfruchtbar machen* zu ersetzen, machten sich die Puristen äußerst unbeliebt. Goebbels höhnte über den Germanisierungswahn der *deutschtümelnden Sprachakrobaten* und *völkischen Propheten*, die *sich am liebsten wieder mit Bärenfellen bekleiden* wollten.

In ihrer praxisfernen Idolisierung der Sprache verkannten die «Sprachreiniger», dass die Nationalsozialisten Sprache nicht als sakrales Symbol, sondern als ein Propagandainstrument betrachteten, dessen «Fremdwörter» sich für unterschiedlichste Zwecke einsetzen ließen. Der Dresdner Romanist Victor Klemperer, der wegen seiner jüdischen Abstammung verfolgt wurde, durchschaute diese Motive: Hitlers Vorliebe für Fremdwörter entspringe zwar auch dem Renommierbedürfnis des Halbgebildeten, vor allem aber dem Wissen um die *Psyche der nicht denkenden und in Denkunfähigkeit zu erhaltenden Masse. Das Fremdwort imponiert, es imponiert um so mehr, je weniger es verstanden wird.* Auch Goebbels setzte nach Klemperers Beobachtung auf *diese Magie des Fremdworts. Das Volk hört es gern und wendet es selber gern an. Und es erwartet es von seinem ‹Doktor›.*

Für den Purismus bedeutete die feindselige Haltung der obersten Nationalsozialisten das Ende. Um die Existenz des Sprachvereins zu retten, distanzierten sich seine Vorsitzenden von ihren früheren

Zielen und rückten das Fremdwort-Thema in den Hintergrund. Auch aus der Presse, die nach der nationalsozialistischen Machtübernahme in vielen Artikeln den Anbruch einer neuen Ära der «Sprachreinheit» gefeiert hatte, verschwand das Thema. Dafür sorgte 1938 ein Erlass des Propagandaministeriums, der alle Berichte und Kommentare zu puristischen Aktivitäten wie auch zum DSV verbot und die Redaktionen aufforderte, Leserbriefe von Puristen dem Propagandaministerium zu übergeben. Ein Jahr später musste der DSV seine Zeitschrift «Muttersprache» als vereinseigene Publikation einstellen. Unter veränderter Herausgeberschaft konnte sie noch bis 1943 erscheinen. Endültig zum Erliegen kamen die puristischen Aktivitäten, als Hitler 1940 per Erlass seinen Unmut über die *künstliche Ersetzung längst ins Deutsche eingebürgerter Fremdworte* bekanntgab. Zwei Jahre später wiederholte das Propagandaministerium das Verbot, in der Presse über Fremdwortthemen zu berichten.

Nach dem Ende des Zweiten Weltkriegs gründete sich zwar eine Nachfolgeorganisation des Sprachvereins, die «Gesellschaft für deutsche Sprache». Der Fremdwortpurismus fand aber weder hier noch an anderer Stelle eine Fortsetzung. Die schrille Deutschtümelei und die – wenn auch erfolglose – Anbiederung an den Nationalsozialismus hatten nicht nur den Purismus diskreditiert, sondern überhaupt jede Beschäftigung mit dem Lehnwort-Thema, die über eine rein wissenschaftliche Bestandsaufnahme hinausging. Kritik an der stetig wachsenden Zahl von Anglizismen stand nun von vornherein unter dem Verdacht einer gestrigen, wenn nicht gar rechtsextremen Gesinnung. Akzeptabel waren allenfalls mild-ironische Bemerkungen über amerikanische «Modewörter», wie sie in den Sprachglossen der Zeitungen gelegentlich erschienen. Diese permissive bis gleichgültige Einstellung entspricht der Lehrmeinung, die die meisten Sprachwissenschaftler bis heute gegenüber den Lehnwörtern vertreten. Danach reguliert sich deren Zustrom auf quasi-natürliche Weise von selbst. Angst vor einer Gefährdung der Kommunikation oder der sprachlichen Identität gilt als Ausfluss laienhafter Hysterie, die jeder sachlichen Grundlage entbehre. Diese entspannte Haltung wirkt auf den ersten Blick überzeugend: Schließlich hat der massive lateinische und französische Spracheinfluss das Deutsche nicht nur intakt gelassen, sondern außerordentlich bereichert. Auf den zweiten Blick zeigt sich aber, dass dieses Argument nicht sticht, denn es setzt stillschweigend voraus, dass dieses Ergebnis sich von selbst eingestellt habe. Das ist nicht der Fall: Die gesellschaftlichen Eliten des 17. und 18. Jahrhunderts hatten durch die Art, wie sie Latein und Französisch einsetzten, durchaus ernstzunehmende Kommunikationsbarrieren zwischen sich und den unteren Sozial- und Bildungsschichten des deutschen Sprachraums errichtet. Dass sie abgebaut wurden, war das Werk von Sprachpflegern, Schriftstellern und Dozenten, die das Deutsche zur Kultur- und Wissenschaftssprache ausbauten und es im wahrsten Sinne des Wortes salonfähig machten. Ihre sprachkritische Arbeit sorgte auch dafür, dass die Flut unreflektierter Entlehnungen zurückging und viele der übernommenen Fremdwörter semantisch, grammatisch, phonetisch und orthographisch eingepasst wurden. Diese Entwicklung folgte keinem natürlichen Automatismus, sondern war zumindest bis zu einem gewissen Grad das Resultat bewusster Spracharbeit. Ob die gegenwärtige Anglisierung des Deutschen, der wir uns jetzt zuwenden wollen, ähnliche Aktivitäten noch hervorrufen wird, bleibt abzuwarten.

Deutsch wird upgedatet

«Englisch reicht nicht weit jenseits unserer Insel», seufzte Ende des 16. Jahrhunderts der Pädagoge Richard Mulcaster, der sich als einer der ersten um eine Standardisierung der englischen Aussprache (und um verbindliche Fußballregeln) bemühte. Damals sprachen etwa vier Millionen Menschen diese Sprache. Vier Jahrhunderte später sind es schätzungsweise 1,3 Milliarden, verteilt über alle Erdteile. Für 400 Millionen von ihnen ist Englisch die Muttersprache, für noch einmal so viele die Zweitsprache, die zugleich die öffentliche Verkehrssprache ihres Landes ist. Insgesamt beherrscht etwa ein Viertel der Weltbevölkerung Englisch zumindest halbwegs. Keine Sprache wurde jemals in so vielen Ländern und von so vielen Menschen gesprochen – eingeschlossen das Chinesische, dessen schriftsprachliche Form etwas über eine Milliarde Menschen beherrschen. Im historischen Vergleich hat Latein, auch an den Bevölkerungsdimensionen der Antike gemessen, eine solche Ausdehnung nie erreicht. Das Englische schickt sich also an, die erste echte Weltsprache der Geschichte zu werden.

Sein Aufstieg hat nichts mit seiner angeblichen Einfachheit zu tun, dafür alles mit der politischen und ökonomischen Macht zunächst des britischen Kolonialreichs und später der Vereinigten Staaten. Dass die Nordamerikaner englisch sprechen, sah schon Bismarck als geschichtsmächtigen Faktor. Die letzten Jahrzehnte mit ihrer rasant wachsenden Zahl internationaler Organisationen und den immer schneller und breiter werdenden Informationsströmen rund um den Erdball haben der Sprache endgültig Weltformat gegeben.

Zu den frühesten englischen Lehnwörtern, die bereits im Mittelalter ins Deutsche gelangten, gehören Fachausdrücke aus der Schifffahrt (*Brise, Steward, Log, Schoner, Kutter, Brigg*). Im 17. und 18. Jahrhundert kamen Bezeichnungen wie *Plantation, Puritaner, Separatist, elektrisch, stoppen, Barometer, Pudding* (ursprünglich eine Art Kloß) oder *Schal* (*shawl*) hinzu. Frühe Lehnübersetzungen sind *Blitzableiter / lightning-conductor*; *Freimaurer / freemason*; *Pferderennen / Horserace*; *Pressefreiheit / freedom of press, zweites Gesicht / second sight.* Dass das ach so deutsche *Volkslied* dem englischen *popular song* nachgebildet wurde (von Herder), mag ebenso überraschen wie der *Zeitgeist*, der dem *genius of the time* entsprang, sich mittlerweile aber wiederum als deutsches Lehnwort im Englischen wiederfindet.

Stammte Anfang des 17. Jahrhunderts nur ein Prozent der in dieser Zeit neu aufgenommenen Fremdwörter aus dem Englischen, so stieg deren Anteil in der Mitte des 18. Jahrhunderts auf nahezu zehn Prozent. In dieser allmählichen Zunahme spiegelte sich nicht nur der Status einer führenden europäischen Kolonialmacht, den England inzwischen erlangt hatte, sondern auch die stark gewachsene Bedeutung seiner Wissenschaftler und Philosophen. Trotzdem gehörte Englisch auch im beginnenden 19. Jahrhundert noch nicht zu den Sprachen, die man in den gebildeten Kreisen Deutschlands oder Österreichs beherrschen musste. *Englisch* bedeutete noch ‹engelhaft›, während *engländisch* alles benannte, was Land und Sprache betraf.

Bis zum Ende des Jahrhunderts hatte sich die Situation völlig gewandelt. Niemand dachte bei *Englisch* mehr an die himmlischen Heerscharen. Stattdessen war Englisch auf dem Weg zur Modesprache. In Theodor Fontanes Roman «Der Stechlin» von 1899 fragt der alte Dubslav von Stechlin anlässlich einer Einladung zum Gabelfrühstück seinen Sohn:

– Sagt man noch Déjeuner à la fourchette?
– Kaum, Papa. Wie du weißt, es ist jetzt alles englisch.
– Natürlich. Die Franzosen sind abgesetzt. Und ist auch recht
gut so, wiewohl unsre Vettern drüben erst recht nichts taugen.
Selbst ist der Mann. Aber ich glaube, das Frühstück wartet.

Wie dieses Frühstück denn nun auf Englisch genannt wurde, erfahren wir leider nicht. Heute jedenfalls müsste der alte Stechlin zum *Brunch* bitten, um *up to date* zu sein.

Im selben Jahr, in dem Fontanes Roman erschien, fand in Zittau die Jahresversammlung des «Allgemeinen Deutschen Sprachvereins» statt. Bis dahin hatte er vor allem gegen französische Lehnwörter agitiert. Jetzt hielt der Vorsitzende Hermann Dunger einen Vortrag *Wider die Engländerei in der deutschen Sprache*. Die Deutschen, so wetterte er, würden mittlerweile die Engländer genauso «nachäffen» wie früher die Franzosen.

Großbritannien als Vorreiter der industriellen Revolution hatte im Laufe des 19. Jahrhunderts eine Fülle von Lehnwörtern aus Wirtschaft, Politik, Industrie, Transport- und Pressewesen geliefert: *Lokomotive, Tender, Tunnel, Tübbing, Waggon* (irrtümlich französisch ausgesprochen), *Demonstration, radikal, Streik (strike), Untergrund-Bahn (underground railway), Kartell, Trust, Standard, Imperialismus, Mob, Stimmvieh (voting cattle), dumping, Arbeiterklasse (working class), Arbeiterbewegung (working men's movement), Leitartikel (leading article), Essay, Reporter, Interview.*

Englisch löste Französisch als Renommiersprache der höheren Gesellschaftskreise ab. Man gab sich als *Gentleman, Dandy, Snob*, gehörte einem *Club* an, um kein *Outsider* zu sein, man spielte *fair* oder versuchte einen *Bluff*, trug *Cutaway, Frack (frock), Smoking (smoking jacket)* und *Pumps*, aß *Beefsteak, Roastbeef, Keks (cakes)*, brachte einen *Toast* aus, trank *Cocktail, Punsch (punch)* oder *Bowle*, man trieb *Sport* und *trainierte Tennis, Hockey, Crockett, Golf* oder *Fußball (football)*, man genoss das *Picknick, Lunch* oder *Dinner*, *startete* einen *Flirt*, pflegte seinen *Spleen* und fand so manches *shocking*.

In den zwanziger Jahren des 20. Jahrhunderts wurden Anglizismen wie *Jazz, Blues, Swing, Boogie-Woogie, Foxtrott, Pullover, Bestseller, Film, Test* heimisch. In den fünfziger Jahren erreichte die Anglisierung dann nicht nur Otto Normalverbraucher, sondern auch Gottfried Benn: *Ich bin ja kein Backfisch, Teenager, sondern ein vernünftiger Mann*, schreibt der 68-jährige Dichter 1954 an seine 35-jährige Freundin Ursula Ziebarth und fährt im nächsten Brief fort:

> *Ich war so stolz auf ‹Teenager›, hatte es gerade in einer Konfektionsannonce in der Zeitung gelesen und mit Hilfe meines Lexikons identifiziert und nun bist Du gar nicht überrascht und wischst es einfach weg. Und wenn Du nun auch noch die Comics kennst, bin ich geschlagen.*

Die angloamerikanische *Pop*kultur, die den heute schon wieder verschwindenden *Teenager* lieferte, brachte *Rock n' Roll, Twist, Make-up, Musikbox, Party, Beat, Sex-Appeal, Callgirl, Playboy, Striptease* ins Deutsche und ist bis zum *Rap, Rave, Heavy Metal* und *Dancefloor* unserer Tage eine der größten Quellen für Anglizismen geblieben. Eine andere ist der wissenschaftlich-technische Bereich, für den nur beispielhaft das riesige Wortfeld der elektronischen Datenverarbeitung genannt sei. Das Zentralwort *Computer* begann sich in der ersten Hälfte der sechziger Jahre durchzusetzen und löste die *elektronische Rechenmaschine* und den *Elektronenrechner* ab. Die Kurzform *Rechner* hat sich allerdings als Gegenstück zu *Computer* bis heute gehalten, daneben auch einige andere deutsche Termini wie *Speicher, Festplatte* oder *Laufwerk*. Der überwältigende Teil des informationstechnologischen Fachvokabulars von *bit* und *byte*, *software* und *hardware* über den *Server* bis zu *Internet* und *Chatroom* ist jedoch englisch.

Eine lautliche oder orthographische Eindeutschung englischer Wörter fand nur vereinzelt und wenn, dann meistens vor 1945 statt.

Beispiele sind *Koks* (*cokes*), *Klub, Schal, Schock, kraulen* (*to crawl*) oder *Streik*, dessen verdeutschende Schreibweise in den 80er Jahren des 19. Jahrhunderts eingeführt wurde, damit Arbeiter und Gewerkschafter es richtig aussprechen konnten. Solche Hilfs-Schreibungen würden heutigen *Global players* nur noch als Zeichen peinlicher Hinterwäldlerei gelten. Allerdings bilden profane Ausspracheprobleme nach wie vor eine Barriere beim Import: Das zeigt sich an der geringen Zahl der englischen Lehnwörter mit *th*, dessen zungenstolperndes Lispeln vielen Deutschsprachigen schwerfällt. Zu den Ausnahmen gehört der *Thriller*, der vereinzelt schon in den zwanziger Jahren des 20. Jahrhunderts im Deutschen vorkam und dessen große Karriere in den fünfziger Jahren startete.

Man muss übrigens gar nicht unbedingt Englisch sprechen, um von dessen *Image* zu profitieren, oft reicht schon der *Touch*. Das zeigen die vielen Pseudo-Anglizismen, mit denen sich der deutsche *Talker* putzt und die es im Englischen entweder nicht gibt (*Dressman, Show-, Quiz-, Talkmaster, Cutter, Intershop, (Werbe-)spot, Twen*) oder nur in anderer Form oder Bedeutung (*Happy End, Handy, Oldtimer, City, Oldie, killen*). Englisch beeinflusst ist auch die Apostroph-»Seuche«, die sich trotz allen Wettern's der Sprachkritiker in der gesamten deutschen Schreiblandschaft ausgebreitet hat und längst nicht mehr bloß das Genitiv-s heimsucht. In *Werner's Backstube* zum Beispiel gibt es *stet's frische Donut's*.

Denglisch's Zukunft

Wer auf ein Ende der Anglizismen-Mode hofft, muss sich wohl noch ein wenig gedulden: In etwa dreihundert Jahren, schätzen Sprachwissenschaftler, wird diese Fremdwort-Welle ausgelaufen sein. Was wie eine reichlich kühne Prognose anmutet, stützt sich auf eine Fülle sprachhistorischer Untersuchungen: Sie zeigen für unterschiedlichste Sprachen, dass die Übernahme von Fremdwörtern, wenn sie über einen längeren Zeitraum stattfindet, immer dem gleichen statistischen Muster folgt. Natürlich unterscheiden sich die absoluten Zahlen arabischer, englischer oder lateinischer Lehnwörter beträchtlich. Aber die statistische Kurve, die abbildet, wie sie sich im Deutschen verbreiten, verläuft immer gleich. Nach einer Anfangsphase, in der nur vereinzelte Wörter aus der Fremdsprache einsickern, steigt ihre Zahl zuerst sehr langsam, dann aber immer rasanter. Schließlich jedoch erlahmt der Zuwachs, bis er irgendwann fast zum Erliegen kommt. Jedes Mal ergibt sich eine Kurve, die dem mittleren Teil eines leicht nach vorn gekippten S ähnelt. Dahinter steckt, dass eine Sprachveränderung sich nur dann ausbreiten kann, wenn jemand, der neue Wörter benutzt, mit anderen Menschen in Kontakt kommt, die sie ihrerseits weitergeben. Je mehr dieser neuen Formen dann kursieren, desto stärker beschleunigt sich auch ihre weitere Verbreitung. Der «Eroberungszug» endet, wenn die Neuheit sich durchgesetzt hat oder auf nachhaltigen Widerstand stößt. Irgendwann versiegt der Zustrom, erreicht das Wachstum sein Ende. Dann halten neu hinzukommende und aussterbende Fremdwörter aus dieser Sprache sich die Waage.

Dieses Muster gibt den quantitativen Fremdwort-Einfluss, den Sprachen wie Latein, Französisch oder Italienisch auf das Deutsche ausgeübt haben, korrekt wieder und es findet sich auch in den Entlehnungsprozessen, die andere Sprachen durchlaufen haben. Hier handelt es sich um Entwicklungen, die sich über Jahrhunderte erstreckten, mittlerweile so gut wie abgeschlossen sind und sich deshalb in der Rückschau erschließen lassen. Dabei geht es um statistische Gesetzmäßigkeiten, nicht um naturgesetzliche Kausalitäten. In die Zukunft gerichtet, bieten sie nur Wahrscheinlichkeiten; durch außergewöhnliche politische oder soziale Ereignisse können sie ausgehebelt werden. Diese Möglichkeit besteht auch für die gegenwärtige Anglisierungsphase, die erst im 17. Jahrhundert einsetzte, und sich noch in vollem Gange befindet. Bisher allerdings hat sich der Trend vorbildlich an die statistische Prognose gehalten. Bleibt es dabei, dann ist die Periode des stärksten angloamerikanischen Zustroms bereits erreicht, möglicherweise sogar schon überschritten.

Die Dequalifizierung des Deutschen

Der Anteil der Lehnwörter am Gesamtwortschatz ist nur ein und nicht einmal der wichtigste Anzeiger für den Einfluss einer Fremdsprache. Bedeutsamer ist, wie sich die Situation in den Fachsprachen der Wissenschaft, der Technik, des Rechts oder der Wirtschaft darstellt. Hier kann der Einfluss einer Fremdsprache so massiv werden, dass sie die Muttersprache schließlich völlig verdrängt. In dieser Position des Rückzugs befindet sich seit einigen Jahrzehnten das Deutsche. Fachgebiete, die es sich seit dem Ende des 17. Jahrhunderts erschlossen hatte, entgleiten ihm wieder. An die Position, die einst Latein und Französisch innehatten, tritt nun Englisch.

Sprache des Rechts

Ein Bereich, in dem sich gerade der Beginn einer solchen Entwicklung abzeichnet, ist das Recht. Der juristische Fachjargon ist für sich genommen schon schwierig genug, aber immerhin kann der Recht suchende Bürger seit dem 18. Jahrhundert Gesetze, Urteile und Gutachten lesen, ohne lateinkundig sein zu müssen. Davor war er auf den Advokaten nicht nur als Rechtsexperten, sondern auch als Übersetzer angewiesen, ohne den er hilflos vor der Tür des Gesetzes stand. Eine ähnliche Situation könnte demnächst wieder entstehen, wobei jetzt Englisch die Stelle des Lateins einnimmt. Immer mehr Verträge zwischen deutschen und ausländischen Partnern werden nach britischem oder US-amerikanischem Recht geschlossen. Ähnliches gilt für Firmengründungen. Die Sprache dieser Verträge, der zugrunde liegenden Gesetze und der Prozesse ist Englisch, der Gerichtsstandort liegt in einem angloamerikanischen Land. Britische und amerikanische Lobbyisten und Großkanzleien werben offensiv für die Übernahme ihres Rechts mit der Behauptung, es sei verlässlicher und besser als alle anderen Jurisdiktionen. Die Probe aufs Exempel machen zurzeit zahlreiche deutsche Kommunen. Sie haben Teile ihrer Infrastruktur – von Wasserversorgungseinrichtungen bis zu Schienennetzen – an US-Investoren verkauft und gleich darauf wieder zurückgemietet. Das vermeintlich gute Geschäft dieses *Cross-Border-Leasings* stellt sich mittlerweile als verlustreiche Angelegenheit heraus, die die Steuer- und Gebührenzahler noch lange belasten wird. Viele brave Bürgermeister und Kämmerer in *good old Germany* sitzen nun ratlos vor dickleibigen Vertragswerken, die sie sich erst einmal aus dem Juristenenglisch übersetzen lassen müssen, um zu erfahren, was im Kleingedruckten steht. Aufgeschreckt von der angloamerikanischen Konkurrenz haben Bundesjustizministerium und Juristenverbände eine Werbe- und Informationskampagne gestartet, um die Stärken des deutschen Rechtssystems ins rechte Licht zu rücken. Ihr *Slogan* spricht allerdings (Gesetzes-)Bände: *Law made in Germany*.

Wissenschaftssprache – Globalization and the Future of German

Was sich im Rechtswesen erst ankündigt, hat sich in weiten Teilen der Wissenschaft längst vollzogen. Mehr als 90 Prozent aller naturwissenschaftlichen Originalveröffentlichungen erscheinen heutzutage auf Englisch, und in dieser Sprache werden selbstverständlich auch fast alle internationalen Konferenzen abgehalten. Deutsch sprechen und schreiben deutsche, österreichische oder schweizerische Forscher nur noch, wenn es um die praktische Umsetzung wissenschaftlicher Ergebnisse für den einheimischen Markt geht oder wenn sie sich populärwissenschaftlich an das Laienpublikum ihrer Heimatländer wenden. Ihr wissenschaftliches Denken, Argumentieren, Publizieren und Diskutieren aber verläuft in den Bahnen des Englischen. Die Vorstellung, sich wissenschaftlich auf Deutsch zu artikulieren, dürfte ihnen fast schon so abwegig erscheinen wie den gelehrten Mönchen des Mittelalters. In den Geisteswissenschaften, in denen oft die sprachliche Form selbst einen Teil des Forschungsgegenstandes bildet, ist die Dominanz des Englischen noch nicht so stark, aber sie wächst auch hier. Selbst in der Germanistik erscheinen immer mehr Arbeiten auf Englisch, was an die frühe Barockzeit erinnert, als die Gelehrten über die deutsche Sprache am liebsten auf Latein disputierten. Der Titel eines kürzlich in Deutschland erschienenen Sammelbandes zur Situation der deutschen Sprache – vorwiegend bestückt von deutschsprachigen Linguisten – illustriert die Situation in aller wünschenswerten Deutlichkeit: «Globalization and the Future of German».

Noch vor hundert Jahren war Deutsch neben Englisch und Französisch die weltweit bedeutendste Wissenschaftssprache. Diesen Rang verdankte es vor allem den deutschen Naturwissenschaften, die eine international führende Position einnahmen. Von einem Studenten der Physik oder Chemie in England oder Amerika wurde erwartet, dass er Deutsch zumindest verstehen konnte. Ähnliches galt für die philologisch-historischen Fächer. Einen scharfen Einschnitt für das internationale Ansehen der deutschen Sprache brachte der Erste Weltkrieg. In den Vereinigten Staaten war Deutsch bis dahin die nach Englisch meistverbreitete Sprache mit zahlreichen zweisprachigen Schulen, in denen ein Teil der Fächer auf Deutsch unterrichtet wurde. Jetzt wurde es als «Feindsprache» aus vielen Schulen verbannt, begleitet von Kampagnen gegen den Deutschunterricht bis hin zur öffentlichen Verbrennung von Schulbüchern. Während 1915 noch ein Viertel der amerikanischen High-School-Schüler Deutsch lernte, war es 1922 nicht einmal mehr ein Prozent.

Ähnlich verlief die Entwicklung im internationalen Wissenschaftsbetrieb. Nach dem Ersten Weltkrieg initiierten französische und belgische Wissenschaftsorganisationen einen Boykott, dem sich die meisten anderen alliierten Länder anschlossen: Bis in die Mitte der zwanziger Jahre wurden deutsche und österreichische Wissenschaftler von der Teilnahme an fast allen ausländischen Kongressen ausgeschlossen. Zugleich verbannte man auch die deutsche Sprache aus internationalen wissenschaftlichen Vereinigungen, Kongressen und Publikationen. Begründet wurde die Ächtung damit, dass die Wissenschaftler die deutsch-österreichische Kriegspolitik unterstützt hätten. Als nach der Aufhebung des Boykotts im Jahr 1926 deutsche und österreichische Wissenschaftler samt ihrer Sprache wieder zugelassen waren, bestand keine Chance mehr, den Vorsprung aufzuholen, den Englisch und Französisch als internationale Wissenschaftssprachen in der Zwischenzeit erlangt hatten. Einen noch viel größeren Ansehens- und Substanzverlust für die deutsche und später auch die österreichische Wissenschaft brachte die Machtübernahme durch die Nationalsozialisten, deren Terrorherrschaft einen riesigen *brain drain* auslöste: Schon in den ersten drei Jahren mussten über 1600 Wissenschaftler Deutschland wegen ihrer jüdischen Abstammung oder als politische Gegner verlassen. Die meisten emigrierten in englischsprachige Länder, in erster Linie in die USA. Allerdings war weder der Boykott nach dem Ersten Weltkrieg noch die Emigration der verfolgten Wissenschaftler die entscheidende Ursache für den Bedeutungsverlust der deutschen Wissenschaftssprache. Dies beschleunigte und verstärkte nur eine Tendenz, die durch die weltweite Verbreitung des Englischen und die ökonomisch-militärische Machtentfaltung der USA vorgezeichnet war. In den sechziger Jahren des 20. Jahrhunderts hatte die amerikanische Forschung ihre bis heute dominierende Position erlangt. Die Universitäten in den USA reduzierten von da an ihre Anforderungen an die Fremdsprachenkenntnisse ihrer Studenten oder erließen sie ihnen ganz. Kurse in «Scientific German», wie sie früher durchaus üblich waren, konnten niemanden mehr locken. Spätestens seit dieser Zeit muss auf Englisch publizieren, wer international wahrgenommen werden will.

Auf den ersten Blick scheint das Englische die einstige Rolle der lateinischen Sprache übernommen zu haben. Doch dieser Eindruck täuscht. Latein funktionierte nach dem Untergang des römischen Imperiums als «lingua franca», als ein Medium des internationalen Verkehrs und der Bildung, das niemandes Muttersprache mehr war und das sich alle gleichermaßen aneignen mussten. Ganz anders Englisch – die Muttersprache von vielen Millionen Menschen, die in ihr aufwachsen, denken und leben. Es ist kein neutraler Code, sondern mit den kulturellen Werten und rhetorischen Praktiken der angloamerikanischen Gesellschaften aufs engste verwoben. Wer auf Englisch Erfolg haben will, muss diesen Hintergrund verinnerlichen. Das verschafft Muttersprachlern einen Vorsprung, den Wissenschaftler, die Englisch als Fremdsprache erlernt haben, nur schwer aufholen können. Auch wer es gut zu beherrschen meint, stellt oft fest, dass er doch nicht so nuanciert formulieren, so differenziert argumentieren und so schlagfertig diskutieren kann wie in der Muttersprache. Nicht wenige englischsprachige Wissenschaftler nutzen ihren sprachlichen Heimvorteil, indem sie Beiträge von Kollegen, die die englischen Sprachnormen und kommunikativen Strategien nicht perfekt beherrschen, abwerten oder gänzlich ignorieren.

Schwerer noch als der internationale Geltungsverlust wiegen die kulturellen und intellektuellen Einbußen, die mit der Stilllegung vieler deutscher Fachsprachen einhergehen. Abgeschnitten vom wissenschaftlichen Diskurs und dem Zustrom neuer Begriffe und Definitionen veralten sie schnell. Ihre Terminologien, Präzisionswerkzeuge des Denkens und Sprechen, verrosten. Damit endet auch der fruchtbare Austausch, den es zwischen der Wissenschafts- und Alltagssprache immer gegeben hat durch die wechselseitige Entlehnung, Metaphorisierung und Umdeutung von Begriffen und Wendungen (*Schwerkraft, Beschleunigung, Elektronengehirn, Leitmotiv, schwarzes Loch, Verkehrsinfarkt, auf einer Wellenlänge liegen, der Funke springt über*). Die Verständnisbarrieren zwischen Wissenschaft und Öffentlichkeit, die durch die Fachlichkeit ohnehin bestehen, werden durch die Fremdsprache noch einmal erhöht. Unterdessen tun deutsche Wissenschaftseinrichtungen alles, um in der Öffentlichkeit den Eindruck zu zementieren, Forschung sei nur noch auf Englisch interessant: *Public Understanding of the Sciences and Humanities* heißt ein Popularisierungsprogramm, das die Deutsche Forschungsgemeinschaft ins Leben gerufen hat. Dabei herausgekommen ist das *DFG Science TV*. Unterdessen veranstalten die Universitäten *Open Unis* für die Bevölkerung mit *Girls' Days* und *Hands on*-Demonstrationen. Da kann man nur noch rufen: *Brain up!* Mit diesem Motto hat sich das deutsche Bundesforschungsministerium für einen *Excellence Cluster Award* qualifiziert – in der Sparte *German Science Comedy*.

Eine Sprache, die als Medium der Forschung, der Diskussion und der Publikation abdankt, wird auch in der universitären Lehre an Boden verlieren. Oberseminare und Doktorandenkolloquien finden schon jetzt häufig auf Englisch statt. Das gleiche gilt für immer mehr der neu eingeführten *Master*-Studiengänge, die auf den *Bachelor* aufbauen – der Import dieser akademischen Titel ist nur ein weiterer Ausdruck der beflissenen Selbst-Anglifizierung des deutschen Universitätsbetriebs. Es könnte sein, dass die Zeiten eines Christian Thomasius, als Deutsch in deutschen Hörsälen eine exotische Sprache war, in nicht allzu ferner Zukunft wiederkehren. Später wird man dann vielleicht feststellen, dass der Preis dafür sehr hoch war, denn wenn eine Wissenschaftssprache erst einmal abgestorben ist, lässt sie sich nicht auf Knopfdruck reaktivieren. Sie muss neu aufgebaut werden. Welch ein mühsames und langwieriges Geschäft das sein kann, zeigen die Anfänge der deutschen Wissenschaftssprache vor etwa drei Jahrhunderten.

5. Deutsch im Formtief? Grammatisches End(ungs)spiel

Die Sprache von unsere Vorfahr war mehr kompliziert wie heut.

Klingt so das Hochdeutsch der Zukunft? Einiges spricht dafür, denn in der Grammatik geraten immer mehr Formen und Regeln ins Rutschen: Im neuesten Deutsch der Talkshows, TV-Magazine, Pressemitteilungen und E-Mails sind die Aussichten *für die nächste Jahren* nicht so gut, man *ratet ab* und zwar auch *unabhängig dieses Kriteriums*, zieht Bilanz *über die Arbeit*, setzt jemanden *auf freiem Fuß*, ist *mehr aufgeregt* als sonst, sucht *auf dem Kunden seinen Wunsch hin* nach einer Lösung und *bespricht der Rest des Problems* lieber ein andermal. Was Deutschlehrer ihren Schülern (vielleicht) noch anstreichen, treibt schon längst massenhaft im täglichen Sprachfluss.

Vertauschte Fälle, ver-beugte Verben, falsche Präpositionen und andere Irrläufer sind nur ein Symptom für die langsame Erosion des gesamten Systems. Sprachpfleger bitten vor allem, sich des Genitivs zu erbarmen. Seines Bleibens, so fürchten sie, sei nicht mehr lang, seit der dumpfe Dativ ihm auf die Pelle rücke. Solcher Anzeichen gibt es einige: Sätze wie *Dafür bedarf es einem präzisen Regulierungsapparat* oder *Sie ist die Erbin Henry Turners, dem texanischen Öl-Millionär* scheinen die Befürchtungen zu bestätigen. Wer in der Kneipe heutzutage noch ein Glas *kühlen Bieres* bestellt, bekommt einen komischen Blick und ein Glas *kühles Bier*. Und wer *erinnert sich* denn noch *der Jugend, bedarf der Hilfe* oder *schämt sich seiner Dummheit*? Stattdessen erinnert man sich *an die Jugend, braucht Hilfe* und schämt sich *für seine Dummheit*. Die Umgangssprache in ihren rustikaleren Varianten meidet sogar den Genitiv als Besitzanzeiger: Aus *das Haus meines Vaters* wird *das Haus von meim Vater*. Am Ende *von diesem Weg* steht *das Haus von mein*

Vater und direkt gegenüber *mein Bruder sein Haus.* Doch der Genitiv revanchiert sich und schubst umgekehrt den Dativ von seinem angestammten Platz, was zu neudeutschen Konstruktionen wie *gegenüber des Hauses, entgegen seines Bekenntnisses* und *gemäß des beiliegenden Angebots* führt. Der Grund: Seit wir gelernt haben, dass *wegen des* besseres Deutsch sei als *wegen dem,* dehnen wir den Genitiv vorsichtshalber auch auf Präpositionen aus, bei denen er eigentlich nichts zu suchen hat.

Also auch der Dativ hat es nicht leicht, zumal es ihm zunehmend an die Endung geht: *Dem Patient* steht die Operation *am Herz* bevor. Währenddessen (oder währenddem?) entsteht am Stadtrand ein Hotel *mit 120 Zimmer,* und zur Einweihungsfeier tritt ein Orchester *mit Dirigent* auf – täte es das *mit Dirigenten* würden die meisten Gäste inzwischen wohl mehrere Taktstockschwinger erwarten. Bei einer Schlagzeile wie *Mehr Umweltgift in Lebensmittel* kommt man allerdings ins Grübeln: Ist das Umweltgift noch auf dem Weg in die Nahrung oder dort schon angekommen?

Auch der Akkusativ bleibt nicht unversehrt. Längst schon trifft man auf dem Feld *den Bauer,* auf dem Campus *den Student* und im Wald – mit Pech – *den Bär.* Vielleicht trifft man aber auch *niemand* – bei Pronomina wie *jemand* oder *niemand* sind die Endungen (*niemandes, niemandem, niemanden*) nahezu gänzlich verschwunden. Das kann mitunter zu Missverständnissen führen: Ob sie *niemand* heiraten will oder ob sie *niemanden* heiraten will, macht für sie (und die Männerwelt) schon einen Unterschied.

Der allmähliche Niedergang der Endungskultur wird durch aktuelle Einflüsse verstärkt: Als Schleifstein wirkt das Vorbild des weitgehend endungsfreien Englisch (oder Englischen). Aber auch die vielfältigen Sprachmischungen der Einwanderer hinterlassen ihre Spuren. Die Schrumpf-Grammatik der türkisch-deutschen «Kiez-Sprache», die sich unter Jugendlichen aus Migrantenfamilien herausgebildet hat (*Ich geh Schule. Lassma treffn. Üsch hab müde. Der macht disch Messer!*) wird mittlerweile auch von deutschstämmigen Altersgenossen kopiert, und Fernsehkomiker nutzen sie als Fundus für ihre Ethno-Scherzchen. Hinzu kommt, dass die Bindewirkung der hochsprachlichen Standards nachlässt. Wer auf ihnen beharrt, gilt leicht als verspannter Spießer. In einem gesellschaftlichen Klima obligatorischer Lockerheit kommt man umgangssprachlich einfach «besser rüber».

Doch all diese Faktoren, so wichtig sie sein mögen, sind nicht die Ursache, sondern nur die Beschleuniger eines Trends, der viel älter ist. So ist das Dativ-e (*dem Kinde, im Walde*) bereits seit mehr als einem halben Jahrhundert nahezu ausgestorben. Es existiert im Hochdeutschen nur noch in einigen formelhaften Wendungen wie *in diesem Sinne, auf halbem Wege* oder *zu Kreuze kriechen* und in manchen Mundarten. Lautschwund ist auch beim Verb zu verzeichnen: Bis ins 20. Jahrhundert hinein galten volltönende Endungen (*gehet, sehet, wisset*) als erlesener Stil. Zusammen mit dem Kanzel- und Kathederpathos starben sie aus.

Auch Eigennamen leiden schon seit langem unter Endungsausfall. In Länder-, Marken- und Firmennamen fehlen sie immer häufiger, wenn ein Artikel davorsteht: *des künftigen Europa, des Irak, des Dollar, des «Spiegel», des Duden.* Auch in festen Verbindungen bleibt das Substantiv vielfach ungebeugt: *die Katastrophe des Schwarzen Freitag; wegen des Tanz in den Mai.* Bei Personennamen fällt uns der Verlust schon gar nicht mehr auf: Die Leiden des jungen *Werther* hießen bei Goethe noch die Leiden des jungen *Werthers*, die von Gottsched verfasste Grammatik war eine von *Gottscheden* verfasste Grammatik, und Wilhelm Buschs Vetter Franz schrieb ein Gedicht für *Helenen, die darob / Gar hocherfreut und voller Lob.* Längst verblichen ist auch eine Kasus-Endung, die noch in Wörtern wie *Sonnenschein* als Fossil erhalten ist. Nicht mehrere Sonnen scheinen hier, stattdessen ist *Sonnen* ein alter Genitiv Singular (*Es ist nichts so fein gesponnen, es kommt doch ans Licht der Sonnen*). Ebenso ist die *Liebfrauenkirche* keine Frauenkirche, sondern die Kirche unserer Lieben Frau, nämlich Marias.

Einst boll der Hund

Aber nicht nur das System der Substantive, auch die grammatische Tektonik der Verben verschiebt sich. Schauen wir einmal, wie es einst im Grimm'schen Märchenwald zuging: Da *buk* der Bäcker, es *wob* das Weib und Sendboten *sandte* der König. Heute kommt dem industrialisierten Sprachvolk nur noch serienmäßiges *backte*, *webte* und *sendete* über die Lippen. Man kann geradewegs zusehen, wie manche eben noch starke Verbform immer schwächer wird, zum Beispiel *ficht* und *focht* im Kampf gegen *fechtet* und *fechtete*. Viele Sprachliebhaber zucken zusammen, wenn sie solches hören oder gar lesen. Allerdings: Sehnen sie sich wirklich zurück in die Zeiten, als der Hund noch *boll*, der Recke sich *rach*, und die Medizin *geschlocken* wurde? Bis ins 18. Jahrhundert hinein waren diese Formen üblich. Jacob Grimm nannte die Verben, die mit Ablaut gebildet werden (*singen – sang – gesungen*) die «starken» Verben. Er glaubte, dass sie die Kraft zur Tempusbildung aus sich selbst heraus entwickelten, während die «schwachen» Verben (*sagen – sagte – gesagt*) dazu die Krücke der -*te*-Endung benötigten. Natürlich gehörte Grimms ganze Sympathie den starken Verben, denn deren Flexion war älter und damit in seinen Augen ehrwürdiger. Seine romantische Vorstellung, dass die Sprache ein lebender Organismus sei, der aufblüht und abstirbt, hat heute zwar ausgedient. Die Unterscheidung zwischen «starker» und «schwacher» Flexion hat sich aber in der Grammatik gehalten. In germanischen Zeiten machten die stark gebeugten etwa ein Drittel der Verben aus, im Althochdeutschen noch über 12 Prozent. Heute überwindet ihr Anteil kaum mehr die Fünf-Prozent-Hürde, ein nonkonformistisches Häuflein, das in den Grammatiken in die Ecke der «unregelmäßigen» Formen gestellt wird.

Der gefühlte Verfall

Der vermeintliche Verfall und die gefühlte Nivellierung der Sprache provozieren manch apokalyptische Vision: *Verkürzung, Vereinfachung, Vergröberung bilden die Trias einer gespenstischen Abwärtsdynamik der gesprochenen und geschriebenen Sprache,* barmte Matthias Schreiber 2006 im «Spiegel». Das Magazin, das sich seit seinem Bestehen oft selbst heftiger Sprachkritik ausgesetzt sieht, fällt ein vernichtendes Urteil: *Die deutsche Sprache wird so schlampig gesprochen und geschrieben wie wohl nie zuvor.*

Dassselbe empfand Karl Korn, Feuilletonchef der «Frankfurter Allgemeinen Zeitung», schon dreißig Jahre zuvor, als er den *Matsch aus verrotteten Dialekten und neudeutschem Slang* geißelte und per Schlagzeile die Note *Deutsch: mangelhaft* vergab. Seinen Redakteurskollegen Nikolas Benckiser irritierte schon, dass Sprachformen sich überhaupt wandeln. *Man meint heute, der Sprachentwicklung bis in die Grammatik hinein Raum geben zu müssen,* bemerkte er 1969 in indigniertem Ton, als stünde die basisdemokratisch reformierte Deklination bevor.

Ähnlich, nur viel grantiger, polterte mehr als ein Jahrhundert zuvor Arthur Schopenhauer. Der Pessimist aus Berufung sah das Deutsche seiner Zeit *methodisch zu Grunde gerichtet* und ereiferte sich über *die Verhunzung der Grammatik und des Geistes* durch das *Kleinhacken der Sprache mittels Abschneiden der Präfixa und Affixa.* Ganz aktuell wirken seine Klagen über die Verwechslung der Präpostionen, die Verwendung von Konjunktiv-Umschreibungen (*er käme > er würde kommen*) und die Verdrängung des Genitivs durch Hilfskonstruktionen mit *von.* Für die *Sprachschändung* und *Verhunzung* machte Schopenhauer *hirnlose Tintenkleckser, feile Zeitungsschreiber, greulich unwissende Literaten, Sudler und Skribler* verantwortlich, die sich in einem *Wettstreit der Dummheit* befänden. Selbst den Brüdern Grimm (*Es sind Esel, die keine Ohren haben*) warf er *schlechte[s] Deutsch* vor.

Jacob Grimm seinerseits hatte 1819 geklagt: *Vor sechshundert Jahren hat jeder gemeine Bauer Vollkommenheiten und Feinheiten der deutschen Sprache gewußt, d. h. täglich ausgeübt, von denen sich die besten heutigen Sprachlehrer nichts mehr träumen lassen.*

Die Zahl solcher Tiraden ist Legion, und man neigt dazu, sie als grundlose Dauernörgelei abzutun. Schließlich hat die Sprache ja schon viele Jahrtausende auf dem Buckel und ist immer noch gesund und munter. Wenn man aber einmal die eifernden und moralisierenden Beimischungen aus den sprachkritischen Traktaten herausfiltert, bleibt ein wahrer Kern zurück: Die grammatischen Wortformen des Deutschen – und vieler verwandter Sprachen – werden tatsächlich immer simpler, sie schleifen sich ab oder verschwinden ganz. Es handelt sich dabei allerdings um einen «Verfall», der nicht erst seit der Erfindung der Zeitung, des Fernsehens oder des Internet(s) stattfindet, sondern seit mehreren tausend Jahren. Um ihn zurückzuverfolgen, müssen wir die Stufen der Sprachgeschichte hinabsteigen bis zum Indogermanischen, wo das Ende der Endungen seinen Anfang nahm. Vorweg zur Beruhigung: Wir werden sehen, dass der Abbau von Wortformen noch nicht den Verfall der Sprache bedeutet. Das beliebte Hölderlin-Zitat passt auch hier: *Wo aber Gefahr ist, wächst das Rettende auch.* Im Fall der Sprache heißt das: Was die Sprachgemeinschaft verschleißt, kompensiert sie auch wieder, indem sie neue grammatische Formen und Strukturen hervorbringt. Diese sorgen dafür, dass die Sprache nichts von ihrer Ausdruckskraft und Geschmeidigkeit einbüßt.

Hinab in die Vergangenheit

Bei unserem Abstieg in die grammatische Vergangenheit halten wir auf der Stufe des Althochdeutschen und schauen uns an, wie es damals, also vor etwa 1200 Jahren, um die Substantive und ihre Kasus bestellt war. Als Beispiel greifen wir uns das Wort *gomo* heraus. Es hat dieselbe Wurzel wie das lateinische *homo* und bedeutet ‹Mensch› oder ‹Mann›. Überdauert hat es im *Bräutigam*. Da unser heutiges Wort *Mensch* ebenso wie *gomo* zur «schwachen» Deklination gehört, lässt es sich gut für einen Vergleich des Althochdeutschen mit dem Hochdeutsch der Gegenwart heranziehen.

Singular		
Nominativ	*gom-o-*	*Mensch*
Genitiv	*gom-in*	*Mensch-en*
Dativ	*gom-in*	*Mensch-en*
Akkusativ	*gom-un*	*Mensch-en*
Plural		
Nominativ	*gom-un*	*Mensch-en*
Genitiv	*gom-ôno*	*Mensch-en*
Dativ	*gom-ôm*	*Mensch-en*
Akkusativ	*gom-un*	*Mensch-en*

Kein Zweifel, der Vergleich lässt das neue Deutsch «alt aussehen»: Was die Formenvielfalt angeht, trägt das Althochdeutsche einen deutlichen Sieg davon. Während *gomo* fünf verschiedene Kasusendungen aufweist, bietet *Mensch* gerade mal zwei. Jenseits des Nominativs Singular herrscht große Einförmigkeit.

Nun klettern wir noch ein wenig tiefer hinab und schauen, was die Vorstufe des Althochdeutschen, das Germanische, in dieser Hinsicht zu bieten hat. Wir ziehen dafür das Gotische heran, das dank der Bibelübersetzung des Bischofs Wulfila aus dem 4. Jahrhundert gut dokumentiert ist (vgl. S. 210). Zwar entstand das Gotische erst, nachdem sich das Urgermanische bereits in unterschiedliche Zweige aufgegliedert hatte, aber die gotische Grammatik hat dessen grundlegende Merkmale bewahrt.

	Gotisch	Althdt.	Gegenwartsdt.
Singular			
Nominativ	*gum-a*	*gom-o*	*Mensch*
Genitiv	*gum-in-s*	*gom-in*	*Mensch-en*
Dativ	*gum-in*	*gom-in*	*Mensch-en*
Akkusativ	*gum-an*	*gom-un*	*Mensch-en*
Plural			
Nominativ	*gum-ans*	*gom-un*	*Mensch-en*
Genitiv	*gum-ane*	*gom-ôno*	*Mensch-en*
Dativ	*gum-am*	*gom-ôm*	*Mensch-en*
Akkusativ	*gum-ans*	*gom-un*	*Mensch-en*

Das Gotische kann mit sieben unterschiedlichen Kasusendungen punkten, lediglich Nominativ und Akkusativ Plural sind zusammengefallen. Verglichen damit steht das Althochdeutsche schon nicht mehr so glänzend da. Es zeigt bereits erste Anzeichen jenes Verfalls, der im heutigen Deutsch sein Endstadium erreicht hat.

Nun ist der gesamte Vergleich zugegebenermaßen etwas unfair, denn *Mensch* steht ohne Artikel, sozusagen nackt da. Im Gegenwartsdeutschen sind die Artikel für die Kennzeichnung der Kasus wichtiger als die Endungen. Noch deutlicher als bei *Mensch* wird das bei einem Wort wie *Frau*. Hier hat die Endung *-en* gar nichts mehr mit den Kasus zu tun. Sie dient nur noch zur Unterscheidung von Singular und Plural.

Die Entstehung der Artikel als Träger der Kasusmarkierung ist eine der «Ausgleichsmaßnahmen», mit denen die Erosion der Endungen kompensiert wurde. Solange jeder – oder fast jeder – Kasus eine eigene Endung hat, sind Artikel unnötig. Das Germanische kam weitgehend ohne sie aus, und im Lateinischen gibt es sie überhaupt nicht:

homo	*homini*	*lupus*
(der) Mensch	*(dem) Menschen*	*(ein) Wolf*

Erst wenn die Endungen wegfallen oder sich so angleichen, dass sie ununterscheidbar werden, kommen die Artikel als Hilfsmittel ins Spiel. Dabei geht es dann allerdings nicht einfach nur um die Einführung einiger neuer Wörter, sondern um einen grundsätzlichen Wechsel der grammatischen Bauweise. Sie betrifft nicht nur die Substantive, sondern auch die Verben. Das lateinische Beispiel steht für das Prinzip, mit Hilfe von Endungen oder durch Vokalwechsel möglichst viele grammatische Informationen in das Wort selbst zu packen. Man nennt diese Bauweise «synthetisch». Sie herrscht im Lateinischen und in den älteren Stufen der germanischen Sprachen vor. So stecken in *homini* die Bedeutung ‹Mensch› und die Angaben ‹Dativ› und ‹Singular›. Diese Informationen verteilen sich im modernen Deutsch auf zwei Wörter: *dem Menschen*. Im Fall des lateinischen Verbs *laborabit* (‹arbeiten› + 3. Person + Singular + Futur + Indikativ + Aktiv) teilen sich im Deutschen sogar drei Wörter die Aufgabe: *er wird arbeiten*. Dieses Verteiler-Prinzip heißt «analytisch»: Die kompakten synthetischen Formen werden aufgelöst und ihre grammatischen Informationen ganz oder teilweise auf Funktionswörter verlagert. Im Fall des Substantivs sind das vor allem Artikel und Präpositionen (*der, die, das, mit, durch, in …*), im Fall des Verbs sind es Personalpronomen und Hilfsverben (*ich, du er, sein, haben, werden*).

Im heutigen Deutsch überwiegt die analytische Bauweise. Das Althochdeutsche ist eine Zone des Übergangs vom synthetischen zum analytischen Sprachbau. Dabei entstanden die neuen Funktionswörter nicht aus dem Nichts. Wie alle sprachlichen Innovationen bestehen auch sie aus schon vorher vorhandenem Material, das umgeformt und für neue Zwecke eingesetzt wurde. Im Fall des Artikels wurde das altgediente Demonstrativpronomen *ther* umfunktioniert. Stand *ther* früher nur in Vertretung des Substantivs oder in hinweisender Funktion wie unser betontes *der* oder *dieser* (*Der soll bleiben wo er ist. Diese Jacke gehört mir nicht.*), so bekam es nun eine zweite Aufgabe als substantivbegleitender Artikel. Zunächst war seine Verwendung aber noch ins Belieben des einzelnen Sprechers oder Schreibers gestellt. Im Althochdeutschen finden sich anfangs noch Varianten mit und ohne Artikel nebeneinander, wie die folgenden Beispiele zeigen.

*In **demo** tage genc Jesus ûz fona hûs. saz bî sêwe*
An diesem Tag ging Jesus aus von (dem) Haus (und) setzte sich bei (dem) See nieder.

*Inti ûzgangenti fon **themo** hûse saz nâh **themo** sêwe*
Und nachdem er ausgegangen war von **dem** Haus, setzte er sich nahe **dem** See nieder.

Moderne Übersetzung:
An diesem Tag verließ Jesus das Haus und setzte sich an das Ufer des Sees.

Beide Sätze, geschrieben im frühen 9. Jahrhundert, übersetzen dieselbe Stelle aus dem lateinischen Matthäus-Evangelium: *In illo die exiens de domo sedebat secus mare.*
Im ersten Satz gibt es nur ein Demonstrativpronomen (*demo tage*). Sowohl *hûs* als auch *sêwe* stehen allein. Das kommt dem artikellosen Latein des Originals sehr nahe. Im zweiten Beispiel dagegen gehen beiden Substantiven Artikel voraus. Das entspricht unserem heutigen Deutsch, wo die Artikel nur in besonderen Fällen weggelassen werden, beispielsweise im unbestimmten Plural (*Wir haben Probleme*), bei Unzählbarem oder Verallgemeinerungen (*Überall gab es nur Sand; Krieg ist schrecklich*).
Bereits um 1000, als Notker der Deutsche (vgl. S. 37) den folgenden Psalm (125,3 / 124,3) übersetzte, hatte sich der Artikel als ständiger Begleiter des Substantivs festgesetzt:

non dimisit virgam peccatorum super sortem iustorum.
*er nelâzet **den** gewalt **dero** sundigon uber **den** têil **dero** réhton*
Er lässt nicht die Macht der Sünder über den Teil der Gerechten
richten.

Nicht nur der bestimmte, sondern auch sein Gegenpol, der unbe-
stimmte Artikel, entstand im Althochdeutschen. Ihm liegt das Zahl-
wort *eins* zugrunde. Der Nuancenreichtum des Deutschen wuchs
durch die beiden Artikelarten beträchtlich, zumal jetzt auch die
Abwesenheit des Artikels eine Bedeutung bekam: Man kann zwischen der Sache an sich (*Sturm*), einer bestimmten Sache (*der Sturm*)
und dem unbestimmten Mitglied einer Gattung (*ein Sturm*) unterscheiden. Der Artikel begünstigte auch eine typische Stilform des
Deutschen, die nominale Klammer, die zwischen Artikel und Substantiv eine ganze Strecke an Informationen spannt: ***Der** gewaltige,
die Wellen der eisigen Nordsee meterhoch auftürmende **Sturm** …*
Bei unserem epochenübergreifenden Endungswettbewerb zwischen *guma*, *gomo* und *Mensch* hatten wir einen Kasus unterschla-
gen, weil er im Deutsch der Gegenwart nicht mehr vorkommt:
den Instrumentalis. Er ist besonders kompakt: Seine Endung, ein
schlichtes *-u*, steht für eine Kombination aus Präposition und Artikel, beispielsweise *mit dem*, *durch eine* oder *an dem*. Der alte Recke
Hildebrandt benutzt den Instrumentalis *suertu* ‹mit dem Schwert›,
als er auf die Herausforderung seines Sohnes Hadubrant zum Zweikampf betrübt antwortet:

Nu scal mih suasat chind suertu hauwan
Nun soll mich das eigene Kind mit dem / einem Schwerte
schlagen

Hadubrant, der seinem Vater wenig fürsorgliche Absichten unter-
stellt, benutzt die gleiche Konstruktion, allerdings mit besitzanzei-
gendem Pronomen:

wili mih dinu speru werpan
Du willst nach mir mit deinem Speer werfen

Der Instrumentalis ist ein Relikt aus indogermanischen Zeiten, das im Althochdeutschen allmählich aus der Mode kam. Im Hildebrandslied finden sich bereits Beispiele für den Übergang zu moderneren Konstruktionen: *mit geru* ‹mit dem Speer›, *mit sinu billiu* ‹mit seiner Klinge›, *mit dinem wortun* ‹mit deinen Worten›. Hier wird der Instrumentalis zwar noch verwendet, aber das Nomen ist schon mit der Präposition *mit* verbunden, der Artikel allerdings fehlt noch wie bei *mit geru*.

Wer einmal das Vergnügen hatte, lateinische Deklinationen zu lernen, wird den Instrumentalis im «Ablativ» wiedererkennen. Im Deutschen ging der Kasus im 11. Jahrhundert unter. Seine Endung verschmolz mit der des Dativs, weil seine Bedeutung sich oft mit einer Kombination aus Dativ und Präposition wiedergeben lässt (*mit dem Schwerte*). Außerdem mag das lateinische Vorbild eine Rolle gespielt haben, wo Dativ und Ablativ oft dieselbe Endung haben. Einige «versteinerte» Reste des Instrumentalis existieren noch heute, nämlich *heute*, das sich von *hiu tagu* ‹an diesem Tag› und *heuer*, das sich von *hiu iaru* ‹in diesem Jahr› herleitet.

Eine ähnliche Entwicklung wie bei den Substantiven vollzog sich bei den Verben. Allerdings sind ihre Formen auch im heutigen Deutsch noch viel stärker vom alten synthetischen Bauprinzip geprägt. So unterscheiden wir viele Personalformen immer noch mit Hilfe der Endungen: *singe, singst, singt, singen*. Bedeutend ärmer ist in dieser Hinsicht Englisch, wo als Personalendung nur das -*s* der dritten Person Singular Präsens (*he works*) dem Zahn der Zeit widerstanden hat. Doch auch im Deutschen sind einige Verbendungen untergegangen: So lautete die erste Person Plural Präsens im Althochdeutschen *suochemes* / *(wir) suchen* und unterschied sich von der dritten Person *suochent* / *(sie) suchen*. Im heutigen Deutsch fallen diese Endungen (*wir/sie suchen*) zusammen. Im Althochdeutschen unterschieden wurden auch die Endungen von *(ich) suche* / *suochu* und *Suche!/suochi*.

So wie beim Substantiv der Artikel (und die Präposition) gebräuchlich wurde, bürgerte sich beim Verb das Personalpronomen (*ich, du, er, sie, es*) als Platzhalter für das Subjekt des Satzes ein. Heute ist dieses Subjektspronomen im Deutschen obligatorisch. In dem Satz *Sie arbeitet in einem Büro* kann man auf das *sie* nicht verzichten. Anders in manchen romanischen Sprachen wie dem Spanischen: Der Satz *(Ella) trabaja en una officina* ist auch ohne das Pronomen *ella* grammatisch korrekt. Man kann es zum Zweck der Verdeutlichung hinzufügen.

Die Situation im Althochdeutschen war dem nicht unähnlich. Es gab eine lange Übergangsphase, in der die Verwendung des Subjektpronomens freigestellt war. So finden sich in den althochdeutschen Texten Formen wie *quat* ‹sie sagt›, *wellemês* ‹wir wollen› oder *suochis* ‹suchst du› ebenso wie ihre Pendants **siu** *quat,* **wir** *uuollên,* *suochest* **du.**

Doch im Lauf der Zeit erschien das Verb immer häufiger in Begleitung des Subjektpronomens. Aus der Gelegenheits-Liaison wurde eine feste Beziehung. Den Wandel zeigen die beiden Versionen eines Satzes aus dem Gleichnis vom verlorenen Sohn.

> *inti* **neo** *in altre thîn bibot ni ubargêng, inti neo in altre ni gâbi mir zikîn.*
> *unt* **ib** *en ubergie nîe din gebot. unt* **du** *ne gabe mir nîe* **ein** *chize.*
> Ich habe nie dein Gebot übertreten und nie gabst du mir ein Zicklein.

Die erste Variante stammt aus der Zeit um 830: Das Ich steckt in der Verbform *ubargêng* und das Du in der Verbform *gabi.* In der zweiten Variante, die etwa 170 Jahre später geschrieben wurde, gehören die Pronomen schon selbstverständlich dazu.

Indogermanische Anfänge

Wir sind, aus dem Heute kommend, zum Althochdeutschen und Germanischen hinabgestiegen und haben den Übergang vom synthetischen zum analytischen Sprachbau beobachtet, gewissermaßen das grammatische Mittelalter, das das germanische Altertum mit den ersten Anfängen des neuzeitlichen Deutsch verbindet. Um nun die Entwicklung vollständiger in den Blick zu bekommen, bewegen wir uns noch tiefer hinab, bis in die indogermanischen Anfänge.

Das Indogermanische ist die früheste Sprachstufe in der Vorgeschichte des Deutschen, von der wir gesichertes Wissen haben. Wir sind hier bereits sechs Jahrtausende von der Gegenwart entfernt. Das Indogermanische als einheitliche Sprache begann sich nämlich schon im 4. Jahrtausend vor Christus in unterschiedliche Zweige zu zergliedern. Das Ergebnis dieses Spaltprozesses sind die heutigen indogermanischen Sprachfamilien: Dazu gehören neben indischen und iranischen Sprachen auch die germanische, die romanische und die slawische Sprachfamilie.

Leider haben uns die Indogermanen keine Schrifttafeln hinterlassen. Die ältesten überlieferten Inschriften stammen aus Zeiten, als die Aufspaltung in unterschiedliche Sprachen schon lange vollzogen war. Was wir über das Ur-Indogermanische wissen, beruht auf den Rekonstruktionen der Linguisten. Sie haben anhand der überlieferten Zeugnisse der verschiedenen indogermanischen Sprachen herausgearbeitet, welchen Mustern der Sprachwandel folgte. Diese Bahnen haben sie nach rückwärts in die Vergangenheit ausgezogen und sich so bis in die Anfänge des Indogermanischen vorgetastet. In akribischer Forschungsarbeit ist es gelungen, viele Wörter und große Teile der Grammatik des Indogermanischen zu rekonstruieren. Während wir immer noch recht wenig darüber wissen, was für Menschen die Indogermanen eigentlich waren und wie sie lebten, sind wir über ihre Sprache recht gut informiert.

Müssten wir Indogermanisch heute als Fremdprache lernen, würde uns einiges abverlangt. Das indogermanische Substantiv hatte acht Fälle, neben Nominativ, Genitiv, Dativ und Akkusativ noch den Vokativ für die Anrede, den Lokativ für die Position in Raum und Zeit, den Ablativ, der den Ausgangspunkt einer Bewegung wie auch der Abstammung anzeigte, sowie den Instrumentalis, dem wir bereits begegnet sind und der vor allem für die Bezeichnung von Mittel-Zweck-Beziehungen eingesetzt wurde. Jeder Kasus hatte seine eigene Endung. Dadurch waren die Wortstrukturen komplizierter als im heutigen Deutsch, wo, wie wir gesehen haben, oft Artikel diese Funktion übernehmen. Neben dem Singular und Plural existierte im Indogermanischen noch ein Dual für Paare von Personen und Gegenständen. Er lieferte spezielle grammatische Formen für Ausdrücke wie *wir zwei* oder *beide Männer*.

Die Substantive teilten sich ursprünglich wahrscheinlich in die Kategorien ‹Belebtes› und ‹Unbelebtes›, aus denen dann noch zu indogermanischer Zeit die drei Genera («Geschlechter») Maskulinum, Femininum und Neutrum hervorgingen.

Auch die Verben brächten heutige Indogermanisch-Schüler zum Schwitzen. Es gab nur «unregelmäßige» Verben, die in Wirklichkeit aber durchaus Regeln – nur eben ziemlich vertrackten – gehorchten. Konjugiert wurde nach einem komplizierten System, in dem Verbendungen, Ablaute und wechselnde Akzente ineinanderspielten. Es gab fünf Zeitformen, darunter allerdings nur zwei Zeitstufen, nämlich Vergangenheit und Gegenwart. Dafür unterschieden die Verbformen zeitliche Verläufe: Man drückte mit ihnen aus, ob ein Vorgang punktuell, kontinuierlich oder abgeschlossen war, ob er noch andauerte oder sich gerade im Übergang befand. Neben dem Aktiv entwickelte sich noch zu indogermanischer Zeit das Passiv.

Parallel zum Substantiv verfügte auch das indogermanische Verb über einen Dual: In einem Satz wie *Die Eltern essen* stand das Wort *essen* im Dual, in dem Satz *Viele Leute essen* im Plural. Jedes Verb konnte in neun Personalformen (je drei im Singular, Dual und Plural), in fünf Zeitformen sowie im Aktiv oder Passiv vorkommen. Das Ganze spielte sich außerdem noch im Indikativ, Konjunktiv, Optativ oder Imperativ ab, mit denen sich Tatsächlichkeit, Möglichkeit, Wunsch, Wille und Aufforderung ausdrücken ließen.

Indogermanen und Germanen

Die Urheimat der Indogermanen lag nach Ansicht vieler Wissenschaftler nördlich des Schwarzen Meeres. Andere Theorien verorten sie im Gebiet zwischen Weichsel und Oder, in den zentralasiatischen Steppen oder in Anatolien. Doch wo auch immer sie siedelten, gewiss ist, dass die Indogermanen sich irgendwann zwischen dem 5. und dem 4. Jahrtausend vor Christus in alle Himmelsrichtungen zu zerstreuen begannen.

Von da an zogen indogermanische Verbände auf großen Wanderungen durch Europa und Asien und ließen sich in weit voneinander entfernten Regionen nieder. Die Kontakte zwischen den Sippen und Stämmen brachen ab. Das gemeinsame Indogermanisch zerfiel in Dialekte, die sich immer weiter auseinander entwickelten, bis sie zu unterschiedlichen

Sprachen geworden waren. Diese Sprachgemeinschaften hätten sich nicht mehr miteinander verständigen können, selbst wenn sie einander irgendwo zwischen Portugal und Indien begegnet wären.

Die Vorgeschichte der Germanen und ihrer Sprache begann, als sich indogermanische Gruppen im norddeutsch-südskandinavischen Raum niederließen. Ältere Theorien gingen davon aus, dass das ursprüngliche Siedlungsgebiet eher in Skandinavien lag und dann eine Wanderung ins heutige Deutschland einsetzte. Aktuelle namenkundliche Forschungen kehren das Bild aber um: Alte germanische Orts- und Gewässernamen, die sich in abgewandelter Form bis heute gehalten haben, lassen vermuten, dass die Urheimat der Germanen in Südniedersachsen lag, von wo aus sie sich dann in den Norden aufmachten. Wo auch immer sich die indogermanischen Vorfahren der Germanen nun zuerst angesiedelt haben mögen – entscheidend ist, dass sie zu einer Kommunikationsgemeinschaft zusammenwuchsen, die neben eigenen Sitten und Gebräuchen auch sprachliche Besonderheiten herausbildete, durch sie sich immer stärker von anderen indogermanischen Verbänden unterschieden. Die ersten Konturen dieser später «germanisch» genannten Sprache und Kultur bildeten sich im ersten Jahrtausend vor Christus heraus. Ihre größte Ausdehnung erlebte sie während der Völkerwanderungszeit, als sich germanische Reiche in ganz Mitteleuropa, auf dem Balkan, in Italien, Frankreich, Spanien und Nordafrika bildeten. Tiefe kulturelle Spuren hinterließen die Germanen dort allerdings nicht.

Das Germanische und die daraus hervorgewachsenen Sprachen heben sich innerhalb der indogermanischen Sprachfamilie vor allem durch bestimmte lautliche Besonderheiten ab. Sie entstanden durch die erste, auch «germanisch» genannte Lautverschiebung, die das gesamte System der indogermanischen Konsonanten erfasste. Dieser Prozess ähnelt der zweiten, der «hochdeutschen», Lautverschiebung (vgl. S. 49 f.), fand aber mehr als tausend Jahre früher statt. Einen genauen Zeitraum hat man bisher nicht ermitteln können. Es gilt aber als sicher, dass die germanische Lautverschiebung um 500 v. Chr. noch im Gang war, jedoch bereits vor dem ersten Kontakt mit den Römern im 1. Jahrhundert v. Chr. zu Ende ging. Die lateinischen Lehnwörter, die von da an in das Germanische gelangten, machten nämlich die Veränderungen der ersten Lautverschiebung nicht mehr mit.

Entdeckt hat diese Wandlungsvorgänge der Däne Rasmus Rask, systematisch erforscht wurden sie von Jacob Grimm. Deshalb heißt die germanische Lautverschiebung im angloamerikanischen Raum «Grimm's Law». Bei der germanischen Lautverschiebung geht es, wie bei der hochdeutschen, um eine Veränderung des Konsonantensystems. Die Details mit all ihren Verzweigungen sind recht kompliziert. Wir beschränken uns auf die sechs wichtigsten Verschiebungen und illustrieren sie mit Beispielen. Die Sternchen besagen, dass die indogermanischen und die germanischen Wörter Rekonstruktionen sind. Die lateinischen und griechischen Wörter dienen dem Vergleich. Sie stehen stellvertretend für die indogermanischen Sprachen, in denen die Lautverschiebung nicht stattfand.

*Indogermanisch	*Germanisch	Deutsch	Latein/Griechisch
1) p > f/v:			
pətér	fader	Vater	pater (lat.)
pisk	fisk	Fisch	piscis (lat.)
2) t > þ (= engl. th), später im Deutschen: þ > d			
treies	þreis (engl. three)	drei	tres (lat.)
bhráter	broþar (engl. brother)	Bruder	frater (lat.)
3) k > ch/h			
okto	achtau	acht	octo (lat.)
kerd	hertan	Herz	kardía (gr.)
4) g > k			
werg	werka	Werk	ergon (gr.)
5) b > p , später im Hochdeutschen oft p > f			
leb	lepjan	Lippe/Lefze	labium (lat.)
6) d > t (und p > f) später im Hochdeutschen oft t > s/ß			
pod	fot	Fuß	pes/Gen: pedis (lat.)

Die Lautverschiebungen sorgten für einen ziemlich einschneidenden Klangwechsel. Voher bestand das Inventar der indogermanischen Konsonanten fast nur aus Verschlusslauten wie *p* oder *k*. Sie werden gebildet, indem der Luftstrom durch Lippen oder Zunge kurz blockiert wird. Nun kamen zahlreiche Reibelaute wie *f* oder *ch* hinzu. Sie entstehen, indem der Mundraum den Luftstrom nicht unterbricht, sondern durch eine Verengung nach außen treten lässt, so dass die Reibung einen Laut erzeugt.

Die Ursachen der germanischen Lautverschiebung liegen wie die der hochdeutschen im Dunkeln. Möglicherweise übernahmen die Indogermanen, als sie in ihren Siedlungsgebieten ankamen, Lautmuster einer alteingesessenen Bevölkerung. Wie bei der Akzentverlagerung (s. u.) könnte finnischer Spracheinfluss eine Rolle gespielt haben. Vielleicht war aber an der Lautverschiebung wie an vielen anderen Sprachveränderungen auch nur die «Maulfaulheit» schuld. Die ersten drei Verschiebungen in der Liste beschreiben nämlich eine Abschwächung: Die Reibelaute *f* und *ch/h* verlangen den Lippen und der Zunge weniger Arbeit ab als die Verschlusslaute *p* und *k*. Beim *þ*, dem «englischen» *th*, dürften allerdings viele heutige Deutsch-Sprecher anderer Ansicht sein. Loriot-Freunde erinnern sich an Evelyn Hamanns virtuose Zungenverknotungen, während sie die Ereignisse in «North Cothelstone Hall» resümiert …

Auch die Lautverschiebungen (4) – (6) kann man als energiesparende Maßnahmen interpretieren. Die Laute *g*, *b* und *d* sind «stimmhafte» Konsonanten: Wenn man sie erzeugt, vibrieren die Stimmbänder. Bei den Lauten *k*, *p* und *t* ist das nicht der Fall, sie heißen deshalb «stimmlos». Abgesehen von der gesparten Mühe gibt es auch interne Gründe für einige der Lautveränderungen: Durch die Verschiebungen von *g*, *b* und *d* standen neue und alte *k*-, *p*- und *t*-Laute plötzlich nebeneinander. In einigen Fällen lauteten unterschiedliche Wörter nun gleich, wie wenn im heutigen Deutsch aus *Guss Kuss* würde. Der Wunsch, solch einen Zusammenfall zu vermeiden, verstärkte die Tendenz, die alten *k*, *p* und *t*-Laute in *ch*, *f* und *þ* zu verwandeln.

Neue Akzente, bröckelnde Endungen

Wer heute eine germanische Nachfolgesprache wie Deutsch, Englisch oder Niederländisch lernt, hat es also vergleichsweise leicht. Verantwortlich dafür ist ein jahrtausendelanger Prozess der Vereinfachung und Systematisierung. Den Stein ins Rollen brachten Veränderungen in der Wortbetonung, die auf den ersten Blick unscheinbar wirken, aber tiefgreifende grammatische Entwicklungen in Gang setzten. Ursprünglich war der Wort-Akzent im Indogermanischen «frei». Das heißt nicht, dass man ihn setzen durfte, wo man wollte, sondern dass grammatisch verwandte Wortformen den Akzent auf unterschiedlichen Silben tragen konnten. Nicht-germanische Wörter illustrieren das Prinzip: *Róma, Románus, Romanórum*; *Musík, Músiker, Musikánten.*

Im Germanischen nun wanderte der Akzent in fast allen Wörtern auf die erste Silbe und setzte sich dort fest. Auch heute noch werden die meisten deutschen Wörter mit germanischen Wurzeln auf der Anfangssilbe betont (*sprechen, stehen, Arbeit, Erde, Name*). Ausnahmen sind manche Lehnwörter sowie Verben mit Präfixen wie *bespréchen* oder *entstéhen* und daraus abgeleitete Nomen. Diese Wörter entstanden, indem eine Vorsilbe an ein schon bestehendes Grundwort angefügt wurde. Die Grundwörter behielten ihre Akzente am angestammten Platz, so dass sie in den neugebildeten Ausdrücken auf der zweiten Silbe saßen.

Die germanische Akzentverlagerung hatte zur Folge, dass die Sprecher den Großteil ihrer Artikulationsenergie nun auf den Anfang des Wortes verwendeten und das Ende vernachlässigten. Das Resultat war der allmähliche Verfall der einstmals bunten Endsilbenvokale *(namun, uuillo, erdu)*. Sie verkümmerten zu einem schwach gemurmelten *-e* (*Name, Wille, Erde*) oder verschwanden ganz, wie wir am Beispiel des Dativ-e (*dem Kinde* → *dem Kind*) gesehen haben. Damit war die Bahn beschritten, die vom synthetischen zum (vorwiegend) analytischen Sprachbau führte. Warum die Germanen den Akzent nach vorn holten, ist unklar. Möglicherweise ahmten sie die Lautmuster von Völkern nach, mit denen sie in Kontakt kamen. Manche Sprachwissenschaftler tippen auf einen finnischen Einfluss.

Nun ist die Wanderung des Akzents nicht der einzige Grund für das Abbröckeln der Endsilben. Das findet nämlich auch in Sprachen statt, in denen es keine Akzentverlagerung gab. Man nehme Latein, dessen vielfältige Endungen sich in den romanischen Nachfolgesprachen nur noch spurenweise finden. Verantwortlich dafür ist ein mächtiger Motor des Sprachwandels: die Sprachökonomie, die man weniger vornehm auch Maulfaulheit nennen kann. Überall auf der Welt neigen die Menschen dazu, oft verwendete Wörter zu verkürzen und so weit abzuschleifen, wie es eben geht, ohne dass die Verständigung zusammenbricht. Dieser eingebaute Verschleiß ist nun in den germanischen Sprachen durch die Akzentverlagerung noch deutlich verstärkt worden.

Die germanische Anfangsbetonung hatte noch einen anderen Effekt: Sie begünstigte die Entstehung des Stabreims, dessen gleichklingende Anfangslaute jetzt stark ins Ohr fielen und zum rhythmischen Prinzip wurden. In der Hochliteratur spielt der bei den Germanen so beliebte Stabreim zwar kaum noch eine Rolle. In der Poesie des Alltags und der Werbesprache erfreut er sich aber ungebrochener Zuneigung. *Kind und Kegel, Kopf und Kragen, Heim und Herd, Haus und Hof, Geiz ist geil, Mann und Maus, Wind und Wetter, grasgrün, stocksteif, bitterböse, Stock und Stein, Media Markt; Titel, Thesen, Temperamente.*

Ablaut im Umbau – Die Erfindung der schwachen Verben

Das Indogermanische verfügte über eine große Vielfalt an Ablauten. Häufig waren sie allerdings rein phonetisch bedingt und ohne grammatische Funktion. Die Germanen reduzierten ihre Zahl und setzten die übrig gebliebenen konsequent für die Tempusbildung ein. Dazu dienen sie auch im heutigen Deutsch (*springen – sprang – gesprungen*). Während diese Umbildungen sich noch in vorgegebenen Bahnen bewegten, kreierten die Germanen daneben eine völlig neue Form der Verbflexion: Sie «erfanden» die schwachen Verben, die die Vergangenheitsform mit der Endsilbe *-te* bilden. Dazu nahmen sie die Wortstämme von Substantiven, Adjektiven oder starken Verben und hängten das Wort ‹tun› an. Das übernahm nun die Beugung: *Wir retteten* beispielsweise geht auf eine Form zurück, die nach dem Prinzip *rett-tat-en wir* konstruiert war. Auch heute wird *tun* für formbildende Hilfsleistungen genutzt. Sie finden sich im Englischen: *Did he leave?*, wie auch im Niederdeutschen: *Dat weer allns, wat he seggen dee* (Das war alles, was er sagte; wörtlich ‹sagen tat›) und in der deutschen Umgangssprache: *Sparen tut er schon, aber das Geld reicht trotzdem nicht.* Im Germanischen verschmolz das angehängte *tun* allmählich mit dem Verb, es verlor seine eigenständige Bedeutung und schrumpfte zusammen. Am Ende war aus dem einst vollwertigen Verb *tun* ein bloßes grammatisches Anhängsel geworden.

Die schwache Verbflexion erweist sich bis heute als echtes Erfolgsmodell, weil sie einfach, übersichtlich und regelmäßig ist. Die Wortstämme bleiben konstant, statt wie beim Ablaut ihre Vokale zu verändern, und man muss nur ein einheitliches Element ankoppeln, um in die Vergangenheit zu gelangen (*sagte, machtest, suchtet*). Hinter der Entstehung der schwachen Verben steckt ein grundlegendes Muster des Sprachwandels. Es wird «Grammatikalisierung» genannt, weil es beschreibt, wie sich neue grammatische Formen bilden: Die Sprecher benutzen ein Verb oder Substantiv so, dass es seines konkreten sachlichen Inhalts zunehmend entleert wird: Aus *tun* im Vollsinn von ‹machen› (*Wir müssen etwas tun*) wird eine bloße Krücke zur Unterstützung anderer Verben. Dadurch «bleicht» es aus, bis es nur noch eine abstrakte grammatische Funktion erfüllt und schließlich sogar seinen Status als Wort verliert – wie bei der Endung -*te*.

Dank der Grammatikalisierung

Einem anderen Beispiel für Grammatikalisierung kommen wir auf die Spur, wenn wir Goethes Faust hören, der angesichts des wahnsinnig gewordenen Gretchens ausruft: *Der Menschheit ganzer Jammer faßt mich an.* Gemeint ist hier nicht die Gesamtheit aller Menschen, sondern das Wesen des Menschen, die Art seiner Existenz. In gleicher Bedeutung taucht das Wort auch beim Gang zu den Müttern im zweiten Teil des «Faust» auf: *Das Schaudern ist der Menschheit bestes Teil.* Darin steckt die ältere Bedeutung von -*heit* ‹Gestalt, Art und Weise›. Was heute nur noch eine Wortbildungssilbe ist, war im Gotischen das eigenständige Wort *haidus*, das ‹Ehre, Art und Weise, Geschlecht, Stand, Eigenschaft› bedeutete. Im Althochdeutschen wurde daraus das Substantiv *heid* oder *heit*, das im 8. und 9. Jahrhundert als Übersetzungsmöglichkeit für die lateinischen Wörter *persona* und *sexus* diente. Im Mittelhochdeutschen verlor *heit* seine Selbstständigkeit, es wurde zum Suffix mit der Bedeutung ‹Art und Weise, Beschaffenheit› reduziert.

Auch die Endung -lich, die mit *Leiche* verwandt ist, entstand auf diese Art. Zugrunde liegt das germanische Substantiv *lika* ‹Körper, Leiche›, aus dem sich dann ein Ausdruck für ‹Erscheinung› und ‹Art und Weise› entwickelte. Im *Reich-tum* schließlich steckt *tuom*, das mit ‹Urteil, Fähigkeit, Macht, Ansehen› ein breites Bedeutungsspektrum abdeckte (*rîhhituom* ‹Herrschaft›), bevor es zu einer abstrakten Endung wurde, die Zustände oder Kollektive bezeichnet.

Auch Konjunktionen und Präpositionen sind Resultate von Grammatikalisierungsprozessen: Bei *dank* und *trotz* erkennt man die Substantive, von denen sie herkommen, noch deutlich, bei *weil* (*die Weile*) oder *wegen* (*der Weg*) schon nicht mehr so gut. Die Vielfalt der Präpositionen und vor allem der Konjunktionen (*weil, dass, ob, wenn, da, obwohl*), ist übrigens eine neuere Entwicklung. Ihr verdanken wir, dass das moderne Deutsch logische Beziehungen zwischen den Sätzen bedeutend differenzierter und präziser ausdrücken kann als seine mittelalterlichen und frühneuzeitlichen Vorläufer. Auch dieser Zugewinn an Ausdrucksfähigkeit widerlegt die These vom Niedergang der Sprache.

Die Germanen vereinfachten nicht nur die ererbten Vergangenheitsformen, sondern das gesamte Tempusgefüge. Die indogermanische Formenvielfalt, mit der sich die unterschiedlichen Zeitverläufe anzeigen ließen, verschwand. Übrig blieben nur die beiden Zeitstufen Präteritum und Präsens, wobei das Präteritum für alle Vergangenheitsstufen genutzt wurde und das Präsens nicht nur die Gegenwart, sondern auch die Zukunft ausdrücken konnte, ähnlich wie im heutigen Deutsch (*Ich reise übermorgen nach Wien*).

Doch auf Dauer genügte diese Spar-Version den Ansprüchen nicht, so dass das System in der althochdeutschen Zeit wieder ausgebaut wurde. Dabei mag auch das Latein, aus dem häufig übersetzt wurde, eine Rolle gespielt haben. Die Formen, die jetzt entstanden, orientierten sich allerdings grammatikalisch weder an den lateinischen noch an den untergegangenen indogermanischen Formen, die synthetisch gebildet wurden. Die Sprecher und Schreiber folgten vielmehr dem Zug der Zeit und bildeten die neuen Tempora analytisch, nämlich mit Hilfe der Verben *haben* und *sein*. Im späteren Mittelalter kam noch *werden* dazu. Es sind die «zusammengesetzten Zeiten», die wir als Perfekt, Plusquamperfekt und Futur kennen.

Auch die Entstehung dieser grammatischen Formen folgte dem bekannten Muster von Sinnentleerung und Zweckentfremdung. Der folgende Satz zeigt das am Beispiel von *haben*.

phigboum habeta sum giflanzotan in sinemo wingarten.
Einen Feigenbaum hatte einer als einen gepflanzten in seinem Weingarten.

Die unbeholfen klingende Übersetzung verdeutlicht, wie sich hier das künftige Plusquamperfekt herausbildet: *Haben* wird zwar formal noch wie ein Vollverb verwendet, das Besitz bedeutet (*Er hatte einen Feigenbaum*), aber seine semantische Verdünnung zum Hilfsverb zeichnet sich schon ab. Am Ende der Entwicklung steht das heutige Plusquamperfekt: *Einer hatte einen Feigenbaum in seinem Weingarten gepflanzt.* Das analytische Prinzip bewies auch hier seine Vorzüge: Wer die Beugung der Hilfsverben erst einmal beherrschte, konnte sie mit allen Verben koppeln und so nach immer demselben Muster die entsprechenden Zeiten bilden. Die kognitive Entlastung überwiegt den artikulatorischen Mehraufwand, der in der Benutzung des zusätzlichen Hilfsworts besteht. Aus demselben Grund wird auch das einst synthetische Passiv seit althochdeutschen Zeiten analytisch, nämlich mit den Hilfsverben *werden* und *sein* gebildet. Ein ähnlicher Trend zeigt sich in jüngerer Zeit beim Konjunktiv. Formen wie *ich fröre* oder *er ginge* werden zunehmend mit *würde* umschrieben: *ich würde frieren; er würde gehen.*

Zukunftsaussichten – Die Schriftbremse

Kennen Sie einen Satz mit *hamsamsam* und *hattatta*?

Hamsamsamstach Schalkenullvier gesehn? Hattatta gerechnet!

Der Kalauer zeigt die große Kluft zwischen der Schriftsprache und der eindampfenden und verschleifenden Umgangssprache. Wenn wir Sprachwandel in weit zurückliegenden Zeiten betrachten, sind wir notgedrungen auf schriftliche Texte beschränkt. Die Schrift nun wirkt konservierend, geschriebene Sprache wandelt sich langsamer als die schnelllebige und flüchtige Sprechsprache. Das bedeutet, nur Sprachwandelphänomene, die wirklich dauerhaft sind, setzen sich auch in der Schriftsprache langfristig durch.

Manchmal wirkt die Schriftsprache nicht nur konservativ, sondern geradezu «reaktionär» und macht eigene Tendenzen wieder rückgängig. So finden sich in mittelhochdeutschen Texten Verschmelzungen, die später wieder aufgehoben wurden: *vander > vant er; zir > ze ir; mohten > mohte in; umben > umbe den.*

Ein anderes Beispiel für die bremsende Wirkung der Schriftsprache bietet das Endungs-e (*machte, Boote*), das uns als «lutherisches e» und konfessioneller Zankapfel bereits begegnet ist (vgl. S. 85 ff.). Dieses -e war im 16. Jahrhundert aus dem süddeutschen Sprech- und Schreibgebrauch weitgehend verschwunden. In den anderen Regionen hielt es sich etwas besser, war aber auch dort gefährdet. Nach der Reformation aber rehabilitierten Drucker, Korrektoren, Schriftsteller und Sprachgelehrte das *e* nach und nach im ganzen deutschen Sprachraum. Dass dieser zum Symbol des Protestantismus stilisierte Laut auch in den katholischen Schreibstuben wieder Fuß fassen konnte, hatte neben dem Streben nach sprachlicher Vereinheitlichung auch funktionale Gründe: Das Endungs-*e* erleichtert die Unterscheidung von Singular und Plural (*Tag / Tage*) und von Präsens und Präteritum (*sucht / suchte*). Allerdings beschränkte sich die flächendeckende Wiedergeburt des -*e* auf die Schriftsprache. In den Mundarten südlich des Mains wurde die einmal eingeschlagene Entwicklung nach dem Motto «weg ist weg» nicht rückgängig gemacht. Mit gravierenden grammatischen Konsequenzen: Da ohne das -*e* die Unterscheidung zwischen Präsens und Präteritum bei den schwachen Verben der dritten Person Singular nicht mehr möglich war (*lacht – lacht'*), verabschiedeten die Sprecher das Präteritum gleich ganz. Damit entfiel es dann auch bei den starken Verben, obwohl das -*e* dort gar keine Rolle spielt (*geht – ging*). Stattdessen griffen Rheinfranken, Schwaben, Badener und Bayern zum Perfekt als universaler Vergangenheitsform. Landestypisch gesagt: *Sie haben gegriffen* – und tun es noch heute. Aber auch in der Umgangssprache anderer Landstriche erfreut sich das

Perfekt großer Beliebtheit, so großer, dass sich sogar ein «Ultraperfekt» herausgebildet hat: *Ich habe mir das schon gedacht gehabt.*

Wie stark der Damm ist, den die Schriftsprache einer Unterspülung der grammatischen Formen entgegensetzt, zeigt sich an umgangssprachlichen Formen wie *hamwa, könnse, biste, s'klar, weitä, wir bringn, sie liebm.* Diese Formen sind überall zu hören, gelten aber trotzdem nach wie vor als nachlässiges, wenn nicht falsches Deutsch. Das liegt daran, dass die Schriftsprache die Maßstäbe für das setzt, was als Hochsprache gilt, auch in der mündlichen Kommunikation. Wie es aussieht, wenn die schriftsprachlichen Deiche brechen, zeigt ein Couplet, mit dem die Chanson-Sängerin Claire Waldoff im Berlin der zwanziger Jahre Erfolge feierte:

Wer schmeißt denn da mit Lehm?
Der sollte sich was schem!
Der sollte doch was anders nehm
als ausgerechnet Lehm.

Andere Verschmelzungen allerdings haben sich in der Schriftsprache tatsächlich durchgesetzt. Dazu gehören *im, am* und *zum,* die bis vor nicht allzu langer Zeit in formelleren Schriftstücken noch gemieden wurden. Inzwischen haben sie gegenüber den ursprünglichen Formen eine eigene Bedeutungsnuance herausgebildet: *An dem Dienstag* bezieht sich auf einen ganz bestimmten Tag, während *am Dienstag* auch dasselbe wie *dienstags* bedeuten kann.

Ein kleines, aber deutliches Zeichen für die hochsprachliche Akzeptanz solcher Veränderungen sind die liberalisierten Regeln für die Verwendung des Apostrophs. Er darf mittlerweile bei vielen Verschmelzungen und Kürzungen fehlen (*nimms, wie gehts, ans, übers, wenns, untern, ran, raus*), ein Zeichen dafür, dass die Sprachgemeinschaft sie kaum noch als solche registriert.

Der starke Einfluss des Schriftdeutschen, das auch als Leitbild für das gepflegtere Sprechen wirkt, ist ein Grund dafür, dass die deutsche Hochsprache heute trotz allem noch flexionsreicher ist als viele Mundarten, aber auch als benachbarte Sprachen wie Englisch, Niederländisch oder Jiddisch. Allerdings wirkt die Schrift nur verzögernd, sie kann grundlegende Trends nicht aufhalten oder gar umkehren. Die Beispiele, die wir ganz am Anfang dieses Kapitels angeschaut haben, könnten Anzeichen dafür sein, dass es im mündlichen Deutsch einen Veränderungsschub gibt, dessen Vorboten nun auch in die papierene Welt der Schriftsprache gelangen. Dort mahlen die Mühlen des Wandels zwar langsamer, aber auch sie mahlen. Was passiert, wenn man versucht sie anzuhalten, wenn also die Normen der Schriftsprache einfrieren und die Sprechsprache weiterzieht, kann man am Französischen sehen: Dort existieren viele Wortendungen (*travailles, travaillons, travaillent, travaillerez, travailerais, couteaux, maisons*) nur noch als Buchstaben. Zu hören sind sie selbst in der kultiviertesten Konversation nicht mehr.

Durchgewunken – Ein Lob der Unregelmäßigkeit

Der zweite große Bereich des Sprachwandels, dem wir uns noch einmal zuwenden wollen, betrifft den Rückgang der unregelmäßigen Verben und Substantive. Auch hier steckt kein geheimer Plan zum Umbau des Deutschen dahinter, sondern das unbewusste Sprachverhalten von ungezählten Individuen. Ihr Motiv ist in diesem Fall aber nicht artikulatorische Faulheit – Laute werden ja nicht eingespart –, sondern das Bedürfnis nach größerer grammatischer Regelmäßigkeit. Wer sich die Sprache als rechtwinkligen Zweckbau wünscht, empfindet die starken Verben als überflüssige Relikte einer versunkenen Zeit, die Deutschlernern das Leben unnötig schwer machen. Doch der Wunsch, dass sie ganz verschwinden, dass *ging* geht und *gehte* kommt, wird sich auf absehbare Zeit nicht erfüllen. Das liegt am handfesten Nutzen, den die Irregulären haben: Die schwachen Verben machen zwar durch ihre Regeltreue den Wechsel zwischen Gegenwart und Vergangenheit leicht, aber das bescheidene Endungs-e, das *küsst* zu *küsste* und *liebt* zu *liebte* macht, ist auch leicht zu überhören, was ja tragische Folgen haben kann.

Die starken Verben hingegen lassen durch den Vokalwechsel deutlich erklingen, was *bleibt* und *blieb*, *kam* und noch *kommt*, *geht* und *ging*. Auch wenn seit althochdeutschen Zeiten viele Verben schwach geworden sind, so ist die verbliebene Minderheit der

Starken doch äußerst aktiv. Sie liefert nämlich die Ausdrücke des Kommens und Gehens, Essens, Trinkens, Schlafens, Denkens, Verstehens, Gebens und Nehmens – Wörter, die im Alltag besonders häufig verwendet werden. Der Mehraufwand, ihre Formen zu lernen, lohnt sich also: Mit vergleichsweise wenigen irregulären Formen lassen sich viele Missverständnisse – zumindest zeitlicher Art – vermeiden. Die Gebrauchshäufigkeit dieser Verben ist das Geheimnis ihrer Langlebigkeit: Kinder, die ihre Muttersprache lernen, bekommen solche Formen von morgens bis abends zu hören. Sie brauchen keine Regeln, denn ihr fabelhaftes Gedächtnis – das jeder kennt, der einmal gehört hat, wie Vierjährige ganze Geschichten auswendig hersagen – hat über Tausende von Stunden hinweg Zeit und Gelegenheit, diese Formen aufzusaugen und komplett abzuspeichern. Anders dagegen gehen Kinder mit den regelmäßigen Verben um: Ihnen lauschen sie die zugrundeliegenden Regeln ab, wenden sie auf neue Wörter an und schießen anfangs auch über das Ziel hinaus: *Kommte* und *singte* sind auf richtige Weise falsch gebildet.

Um den Bestand der starken Verben muss man also nicht bangen, zumal sie nicht selten mit ihren schwachen Brüdern koexistieren und sich die Aufgaben teilen: Jemand *hängte* die Jacke an den Haken, wo sie dann *hing*. Der Sack wird über den Boden *geschleift*, aber der Diamant wird *geschliffen*, der Staubsauger *saugte*, das Baby *sog*, ab und zu *saugte* es aber auch schon. Dann und wann erhält der exklusive Club der Irregulären sogar Neuzugang. Zu den Individualisten, die gegen den Strom des anschwellenden Regelmaßes schwimmen, gehört *pries*, das ursprünglich *preiste* hieß, was sich in der zusammengesetzten Form *lobpreiste* noch gehalten hat. Ein aktuellerer Überläufer ist *winken*. Es wird von altersher schwach gebeugt (*winkte, gewinkt*), doch nun hat die Umgangssprache das starke Partizip *gewunken* hervorgebracht. Noch akzeptieren es die Wörterbücher nicht. Aber es ist nur eine Frage der Zeit, dann haben sie es *durchgewunken*.

Auch bei den Substantiven gibt es irritierende Unregelmäßigkeiten: Warum heißt es *Hund / Hunde*, aber *Mund / Münder*, warum *Schuh / Schuhe*, aber *Strumpf / Strümpfe*? Aber auch hier hat längst eine Vereinfachung eingesetzt: Aus *Schlüchte* wurde *Schluchten*, aus *Beiner Beine*, aus *Hemder Hemden*. Allerdings widersteht auch unter den Substantiven eine kleine Schar dem Nivellierungsdruck. Ähnlich wie bei den Verben sind es Wörter der alltäglichen, persönlichen Kommunikation. Auch sie verdanken ihr Weiterleben einem grammatischen Mehrwert, in diesem Fall der klaren lautlichen Trennung von Ein- und Mehrzahl: *Häuser* unterscheidet sich deutlicher von *Haus*, *Hände* von *Hand* als *Boote* von *Boot* oder *Straßen* von *Straße*. Die Pluralendungen *-en, -er, -e* sind übrigens ein weiteres Beispiel für das Wiederverwertungsprinzip der Sprache: Sie steckten einst als Silben im Inneren des Wortes und hatten mit dem Numerus gar nichts zu tun. Doch dann wurde das gesamte Endungssystem umgebaut und sie verloren ihre alten Positionen. Statt nun arbeitslos zu werden, übernahmen sie ihre heutigen Aufgaben.

Als Krönung aller sprachlichen Wirrnis gilt vielen das deutsche Genus: Dass es *der Löffel*, aber *die Gabel* und *das Messer* sein muss, spottet jeder Logik. Doch gerade hier wird wohl alles beim Alten bleiben. Denn das grammatische Geschlecht ist zwar sprachlicher Luxus, aber von der nützlichen Art: Weil sich Adjektive, Artikel und Pronomen nach dem Maskulinum, Femininum oder Neutrum der Substantive richten müssen, sind die Bezüge im Satz schneller zu durchschauen. Zum Beispiel bei Tisch, wo man drei Werkzeuge benutzt – *ihn*, *sie* und *es*.

Anmerkungen

1. Was heißt hier «Deutsch»?

Prolog im schweigenden Wald
Pariser Gesprächsbüchlein. In: Althochdeutsche Literatur S. 136; Spottvers. In: Althochdeutsche poetische Texte, S. 52; Zweiter Merseburger Zauberspruch. In: Althochdeutsche poetische Texte, S. 64 f.

Germanische Wurzeln
Tschirch Bd. I S. 25; Fried (1994, 1998); Meineke / Schwerdt S. 55, 95; Düwel S. 32; Schwerdt S. 64 f.; Schmidt S. 53 f.; Eggers Bd. I S. 256; Wolfram S. 42 ff.

Gud-Run raunt
Düwel S. 8, 23 ff., 56, 63 ff.; Vennemann (2006); Simek (1995) S. 235; Seebold; Lerchner (2001) S. 523; Meineke / Schwerdt S. 53 ff., 79; Simek (2006) S. 47 f.; Ernst S. 63

Forsaichistu diobolae? Gebete und Beschwörungen
Ludwigslied, in: Althochdeutsche poetische Texte, S. 160; Altsächsisches Taufgelöbnis, in: Althochdeutsche Literatur, S. 40; Contra malum malannum, in: Althochdeutsche poetische Texte, S. 88; Vaterunser, in: Eggers Bd. 1, S. 257 ff.; Sonderegger (2003) S. 82 ff.

Schneisen ins Dickicht: Die ersten deutschen Wörter werden geschrieben
Schreibvers, in: Althochdeutsche poetische Texte, S. 52; Otfrid, Ad Liutbertum, in: Evangelienbuch, S. 21; Das Georgslied, in: Althochdeutsche poetische Texte, S. 166 ff.; Splett; Scheuringer / Stang S. 13; Eggers Bd. 1, S. 182 f.; Ernst Sp. 1557 ff.; Sonderegger (2003) S. 82 ff., 244 ff.; Ernst (2005) S. 77

Das älteste deutsche Buch
Bischoff / Duft / Sonderegger; Splett; Bergmann / Stricker; Eggers Bd. 1, S. 259; Kartschoke S. 96 ff.; Glaser / Nievergelt; Datenbank ahd. Griffelglos-

sen (www.philhist.uni-augsburg.de); St. Galler Abrogans (www.e-codices.unifr.ch/en/csg/0911/4)

Im Namen die Tochter
Tatian, zit.n. Bergmann, R. et al., S. 169; Eggers Bd. 1, S. 48, 200 ff.; Kartschoke S. 23 ff. ; Meineke/Schwerdt S. 95 ff.

Das Wort «deutsch» und seine Wurzeln
Otfrid in: Evangelienbuch, S. 36; zu Otfrid s. G. Vollmann-Profe in: Otfrid, Evangelienbuch, S. 250 ff.; zu Notker: s. Luginbühl, Die Altdeutsche Kirchensprache; Götz/Sehrt (1997); Pézsa; Kartschoke 199 f.; zu «deutsch»: Jakobs; Strasser; Weisgerber; Eggers Bd. 1, S. 40 ff, 256 f.; Reiffenstein (1998 a); Thomas; Krause S. 260, Grimm J. u. W.; Duden (2005); Gottschald; Kluge; Friedrich (1999); Zitate n. Röhrich Bd. 1, S. 313

Gerührt und geschüttelt
Gardt S. 689; Davies/Langer S. 83; Sanders (1969); Tschirch (1983/1989) Bd. II, S. 135, 171; Reiffenstein (1998 b) S. 2207 ff.; Knoop (1988) S. 339 ff.; Stellmacher (1990); Eggers Bd. 2, S. 248, Thomas S. 87; Polenz Bd. 1 S. 104

«Wir können alles. Außer Hochdeutsch.»
Sanders (1982) S. 20; Reiffenstein (1998 b) S. 2207;

Neue Töne: Die Lautverschiebung
Einhard in: Das Leben Karls des Großen, übertr. v. Johannes Bühler, Leipzig 1924, S. 15; Schwerdt (2000) S. 266 f.; Schwerdt (Hg.) (2002) S. 266; Sonderegger (1979); Ernst (2005) S. 93; Venema S. 6 f.; Meinecke/Schwerdt S. 227, 232; Schmidt S. 230 ff.; Schwerdt (2000) S. 177 ff; S. 379; Krischke (2006); Deppermann; Krause S. 223 ff.; Sanders (1982) S. 26, 48, 99; Niebaum S. 9 ff.; König S. 56; Pfeifer (1995) S. 1017 f.

Plattdeutsch: Zwischen Dialekt und Sprache
Simek (2006) S. 145 f.; Schwerdt (2000) S. 73; Sanders (1982) S. 192; Besch (2001); Eggers Bd. 1 S. 56 ff:, Wolf (1983); Wiesinger (1983)

S-pitze Schprache Schtonk/Muatta, ein Bri-ef!
Munske (2005) S. 52 f.; Ernst (2005) S. 87 f.; Besch (2001)S. 544 ff.; Sanders (1982) S. 40; Sonderegger 16 ff; Tschirch (1983/1989) S. 184 f.

2. Unterwegs zur Hochsprache

Exklusiv: Die Sprache der Ritterlichkeit
Wolfram von Eschenbach S. 334 ff.; Gottfried von Staßburg, zit.n. Schmidt S. 98; Friedrich II. zit. n. Kühn, S. 19; Clemens Brentano an Joseph Görres, Anfang 1810. In: ders.: Briefe. 2 Bde., hg. v. Friedrich Seebaß. Nürnberg

1951, S. 24–33; Fleckenstein S. 104, 138; Tschirch Bd. I, S. 162; Tschirch Bd. II S. 87 ff.; Reiffenstein (1998 b) S. 2207; Sanders (1982) S. 124; Bumke; Eggers Bd. 1, S. 362 ff., Lerchner (2001), S. 556 ff. ; Schmidt S. 90 ff.

Bürgerlich: Die Sprache des Kontors
Schmidt S. 105 ff.; Polenz Bd. 1 S. 117 ff., 183; Sanders (1982) S. 165; Maas (2003) S. 2408; Ernst (2005) S. 158 ff.; Lerchner (2006) 585 ff.;

Pionier des Deutschunterrichts
Dünnhaupt (1991 a); Kordes, S. 86 ff.

Der Sog der Schriftlichkeit
Tschirch (1983 / 1989) Bd. 2, S. 92; Schmidt S. 105 ff., Polenz Bd. 1, S. 100 ff.; Ernst S. 111, 131

Standardisierung – Die Evolution in der Schreibstube
König S. 95; Menke; Polenz Bd. 1 S. 168, 214; Eggers Bd. 2, S. 78, 135; Reiffenstein (1998 b) S. 2209; Tucholsky S. 51

Der niederdeutsche Weg zur Hochsprache
Thomas Mann, Buddenbrooks S. 9; Sanders (1982) S. 135 f., 189 ff; Polenz Bd. 1, S. 179; Tschirch (1983 / 1989) Bd. 2, S. 122 f.

Der hochdeutsche Weg zur Hochsprache
König S. 91 ff; Polenz Bd. I S. 167; 180; Eggers Bd. 2, S. 171; Bentzinger

Martin Luther: Klar vnd gewaltiglich verteutschen / Junker Jörg im Reich der Vögel
Luther, Tischreden (2, Nr. 2785 b) zit. n. Polenz Bd. 1 S. 175; Schmidt 118 ff.; Josten S. 48 ff.; Polenz Bd. 2 S. 142; Mann, Deutschland und die Deutschen, S. 1133 f.

Wortwahlqual: Kahn oder Nachen?
Tschirch (1983 / 1989) Bd. 2, S. 142, 166; König S. 97; Schmidt S. 118 ff.; Ernst (2005) S. 167 f.

Schweizerdeutsch: Vom «filzicht deütsch» zur Prestigemundart
Koller S. 582 ff.; Besch (2001) S. 422; Polenz Bd. 1, S. 172, 273; Bd. 3, S. 341; Eggers Bd. 2, S. 174

Der Buchdruck: Die Heilige Schrift als Medienereignis
Erasmus zit. n. Polenz Bd. 1 S. 140; Ickelsamer zit.n. Prowatke S. 177; Tschirch Bd. II S. 97, 103; Polenz Bd. I S. 138 ff, 181; Ernst (2005) 160 f.; Schmidt 114 ff., Besch (2000); Benzinger (2000)

Die katholische Gaiß: Sprachstreit der Konfessionen
Luther zit. n. Schmidt S. 122; Tschirch Bd. 2, S. 106 ff.; «Es klang doch ...»
zit. n. Köppchen; Eggers Bd. 2 S. 186; Schmidt S. 118 ff., Ernst (2005)
S. 138 ff; Arndt S. 68

Das Niederdeutsche sinkt ab zum Dialekt
Sanders (1982) S. 162; Josten S. 58, 267; Sackmann S. 55; König S. 103;
Sanders (1982) S. 33, 153 ff.; Besch (2001) S. 409, 421; Tucholsky S. 10;
Schmitt; Wienbarg (1834) S. 28

Richtig schön falsch – Hochdeutsch wird «korrekt»
Reiffenstein (1998 b) S. 2211; Schottelius (1663) Vorrede Bl. b iij v; zit.n.
Haß-Zumkehr (2001) S. 71

Skandal im Hörsaal: Deutsch contra Latein
Thomasius zit. n. Schiewe (1998) S. 81; Schiewe (1998) S. 60–95; Polenz
Bd. 2, S. 54 ff., Tschirch Bd. 2, S. 244; Roelcke S. 158; Polenz Bd. 2, S. 356 ff.

Salon-Französisch und Gassen-Deutsch
Zitate August d. Starke, Friedrich II. n. Polenz Bd. 2, S. 208 ff.; Petersilka;
Schmidt 124 ff.; Herder «Briefe zur Beförderung der Humanität» (1793–97)
zit. n. Lerchner (1984) S. 111

Die Grammatiker bringen Deutsch zur Sprache
Schottel in: Ausführliche Arbeit, S. 174, zit. n. Polenz Bd. 2, S. 154; Stieler
zit.n. Schmidt S. 134; Goethe/Schiller zit.n. Polenz Bd. 2, S. 143; Schmidt
S. 124 ff.; Reiffenstein (1998 b) S. 2211; Polenz Bd. 1, S.171 ff; Bd. 2, S. 138 ff.,
140 ff; Scheu/Stang S. 32; Sanders (1982) S. 159

Der Jacob Grimm des Barock: Justus Georg Schottel
Schottel in: Ausführliche Arbeit S. 174, zit. n. Polenz Bd. 2, S. 154; Schottel
zit. n. Schmidt S. 126; Reiffenstein (1998 b) S. 2224; Eggers Bd. 2, S. 199 ff.;
Opitz zit. nach Schmidt S. 126 f.

Der hochdeutsche Polterer: Johann Christoph Gottsched
zu Gottscheds Biographie s. Bernays; Gottsched in: Vorrede S. 199; ders.
(1725) S. 389; ders.: Brief aus den «Vernünftigen Tadlerinnen», zit. n. Lerchner (2001) S. 611; ders.:‹Die Oberpfalz› in: Ausgewählte Werke. Band 1,
S. 407–413; ders.: Über Friedrich II. im Brief an Christian Coelestin Flott-
well, 22. 10. 1757, zit. n. Petersilka S. 54; Otto S. 376 ff.; Eggers Bd. 2, S. 312;
Wiesinger S. 528 f.; Polenz Bd. 2 S. 157 ff., 175; Goethe, Aus meinem Leben.
Dichtung und Wahrheit, S. 293 f.; Gottsched (1762) S. 47 f.

Johann Christoph Adelung – Der Duden vor dem Duden
Heinrich Heine S. 28; Schiller/Goethe Briefe in: dies. Briefwechsel. Bd. 2:
Briefe der Jahre 1798–1805 S. S. 477 f.; Sickel S. 47; E. T. A. Hoffmann, Fan-

tasiestücke S. 88 f.; Walther zit. n. Scheu / Stang S. 29; Adelung zit. n. Ewald S. 73; Schiewe 1998 S. 98 ff.; Goethe zit. n. Nerius / Scharnhorst S. 7; zu Goethes sprachl. Veränderungen in den Neuaufl. s. Ernst (2005) S. 202

«Dem Johann sein Weib ihr Großvater» – Das richtige und das wirkliche Deutsch

Polenz Bd 1, S. 186 ff., Bd 2, S. 144, 203; Gottsched (1762) zit. n. Ewald S. 62; Orth. Übungstext zit. n. Koliwer S. 358; Klopstock Sprachwissenschaftliche Schriften; S. 360, 13; Baudusch S. 174; Ewald S. 69; König S. 101, 136; Knigge zit. n. Lerchner (2001) S. 611; König 109 f.; Hirschfeld / Stock; Davies / Langer S. 30; Tschirch (1983 / 89) S. 168 ff.

Hannovers raanes Deutsch; Blume S. 26 f.; Fallada zit. n. Blume S. 24; Lessing (1919) S. 18

3. Buchstabenkämpfe – Der Streit um die rechte Schreibung

Gegen die Gemechlichen und Endrungsscheüen
Denk S. 121; Wieland zit. n. Baudusch-Walker (1958) S. 37; Klopstock 1855, S. 325 ff.; Goethe «Werther» , Fassung A in: Gesammelte Werke, S. 52 f.; Polenz Bd. 2, S. 179, Klopstock «Ueber di deutsche Rechtschreibung» zit. n. Ewald S. 86; Adelung 1782 S. 71 f.; Klopstock zit. n. Baudusch-Walker (1958) pass.; Baudusch-Walker 107 ff.

Mönchsorthographie? Die Emanzipation des Schreibens vom Sprechen
Intern. Arbeitskreis für Orthographie zit.n. Kuhlmann S. 23; Manguel S. 65; Ludwig S. 45 ff.; Eisenberg (2006) S. 136; Polenz Bd. 1, S. 115 ff.

Was man so höat: Der Abstand zwischen Schrift und Lautung
Scheuringer / Stang S. 10, Crystal (1995) S. 55; Speyer S. 58 ff.

Jacob Grimm und die Leffel-Partei
Scharnhorst S. 110; Scheu / Stang S. 52 ff.; Grimm zit.n. Garbe S. 51;

Konfusion in der Schule
Weinhold zit. n. Jansen-Tang S. 48; Wilhelm Scherer zit. n. Nerius / Scharnhorst 10; Nerius (2000), 71 ff.; K. Bartsch: «Die orthographische Reform» in: Schlaefer (1984), S. 58 f.; Scheuringer (1996), S. 58; Küppers (1984), S. 61; Raumer zit. n. Möller (1992), S. 192; Steinmeyer; Raumer S. 116

Der radikale Duden / Die gescheiterte Revolution
Duden zit. n. Wurzel S. 51; Duden (1872) S. 36; Scheu / Stang S. 55 f.; Raumer zit. n. Möller S. 192; Nerius (2000) S. 75; Nerius (1992) S. 250 ff.; Küppers S. 67 ff.; Scheu / Stang S. 63 ff.

Raumers Prinzipien setzen sich durch
Nerius (2000) S. 257; Duden zit. n. Jansen-Tang S. 60

Die Ottographie / Zweiter Versuch / Tod eines Lautes
Küppers S. 77, 90 ff.; Kraus S. 234 ff.

Die Sucht nach Genauigkeit
Duden zit. n. Wurzel, S. 7

Daniel Sanders – Grimms Feind und Dudens Gegner
Grimm in: Vorwort zum Wörterbuch. S. LXVIII; Haß-Zumkehr (1995)
S. 124 ff.; Schröder (1907); Scheu / Stang S. 57; Rahnenführer

Konrad Duden: Aktivist im Klassen-Kampf
zu Dudens Biographie s. Wurzel

Keine Ruhe
Küppers S. 101

Rechtschreibreform im Nationalsozialismus
Birken-Bertsch / Markner

«Stunde Null»
Küppers S. 113 ff.; Kuhlmann S. 42 ff.; Weisgerber zit. n. Strunk (1998)
Bd. 2, S. 52; Eisenberg (2006) S. 148

Orthographie im Kalten Krieg / nieder mit der reaktionären großschreibung
Krischke (1984) S. 104 ff, 138 ff ; ders. (1985) S. 40 ff.; andere Zitate nach
Küppers 122 ff.; Kuhlmann S. 67 ff.

Sand im Getriebe
Munske (1997) 92, Adelung zit. n. Munske (2005) S. 101

Auf den Barrikaden
«Spiegel»- Artikel s. N. N. (1996); Stellungnahme der GEW für das Bundes-
verfassungsgericht, Nov. 1997 zit. n. Ickler (www.korrekturen.de); zur
Chronologie s. Scheuringer / Stang; Schneider

Die Reform der Reform
Adelung (1782) S. 59; zur Chronologie vgl. Scheuringer / Stang; Schneider

Röck Döts: Die lauten umlauts
N. N. Lemmy; Campbell; Tschirch (1983 / 89) Bd. 2, S. 23 ff., 186; Munske
(2005); Ernst (2005) S. 88 ff.

HAuptWörter – Wie die Substantive groß wurden
Tschirch (1983/89) Bd. 2, S. 184 f.; Scheu/Stang S. 25 ff.; Polenz Bd. 3,
S. 248 ff. Maas (2003) S. 2412; Hamburger S. 52

Ist Missstand ein Mißstand? Wie das Buckel-s entstand
Bürger zit. n. Schmidt (2007) S. 129; Munske (2005) S. 64 ff); Brekle; Munske
S. 64 ff.; Maas S. 2413; Killius S. 120; Gallmann

Über kurz oder lang: Warum Botfaren nicht di Rehgel ist
Maas 2411; Eggers Bd. 1, S.; Tschirch (1983/89) Bd. 2, S. 182 ff.; Schmidt
S. 284, Munske (2005); Polenz Bd. 1, S. 243

Im Spinnwebwald: Fraktur und Sütterlin
Grass (1962) S. 66; Grimm in: WB, Bd. 1, S. LIII; Hesse/ Suhrkamp
S. 386 ff.; Killius; Hartmann; Rück; Pflug; Polenz Bd. 3, S. 37 ff.

4. Frengleutsch – Was die fremden Sprachen bringen

Goethe, Wilhelm Meisters Wanderjahre. Maximen und Reflexionen, S. 886;
Kessler S. 335

Wie viele Lehnwörter gibt es im Deutschen?
Kettemann S. 61; Best (2000) S. 37; Haß-Zumkehr (2001) S. 382 f.;
Muhr S. 25; Munske (1988) S. 63; Duden (2005)

Krauses Fremdwort
Doval Reixa; Kettemann S. 56; Jean Paul S. 477

Indogermanische Entlehnungen
Schmidt-Brandt S. 309; Meier-Brügger S. 41 f.; König S. 43; Schmidt S. 50 ff.

Latein: Sprachliche Entwicklungshilfe für Germanien
Simek (2006) S. 82 f., 199; Wolfram S. 82; zu Bonifatius zit. n. Padberg S. 34;
Eggers Bd. 1, S. 92 ff., S. 249

Wie die Wochentagsnamen entstanden / Weiße Ostern, heiliger Rauch
Schmidt S. 84; Simek (1995) S. 88; Eggers Bd. 1, S. 102

Die Welt der Ritter: Modesprache Französisch
Eggers Bd. 1, S. 382 ff.; Tschirch Bd. 2, S. 57 ff., Schmidt S. 97; Ernst (2005)
S. 125

Imponieren auf Flämisch
Wernher der Gärtner S. 98

Barockzeit: Der alamodische Cavalier
Wallenstein zit. n. Polenz Bd. 2, S. 60 f.; ebd.: Zitat: Alamodisch Mann;
Polenz Bd. 2, S. 74

Die verfrömdete Sprache
Günzel zit. n. Polenz Bd. 2, S. 68; Neumark zit. n. Roelcke S. 159; Polenz Bd. 2, S. 377; Schmidt 117; Schill zit. n. Roelcke S. 158

Grammatik im Herrenclub: Die Sprachgesellschaften
Schmidt S. 131; Grass (1979/2006)

Welsche Untrew gegen Teutsche Redlichkeit
Stöckmann; Polenz Bd. 2 S. 300 ff.

Fremdwortverdeutschungen: Weltall und Zeugemutter
Schmidt 132; Hundt; Schiewe (1998) S. 106

Potschamperl: Die Dominanz des Französischen
Munske (1988); Kettemann 70 ff.; Polenz Bd. 2, S. 59 ff.; ders. Bd. 3 S. 392 f.; v. Birken zit. n. Schiewe (1998) S. 294, Anm. 8; Hemmer zit. n. Davies/Langer S. 83

Schweißloch mit Feingefühl – Campes Kreationen
Muhr S. 21, Polenz Bd. 2, S. 126 ff.; Schiewe (1998) S. 100 ff., 125 ff.; Schiewe (2000); Goethe/Schiller, Xenien in: Goethe, Gedichte, S. 506, 536

Wilhelminische Fremdwortjäger: Der Allgemeine Deutsche Sprachverein
Muhr S. 22 ff.; Polenz Bd. 3, S. 264 ff.; Grimm (1847) S. 140; Kirkness S. 372; Bernsmeier (1980) S. 137); Krischke (1984) S. 30 ff., 59; Sauter; Klemperer S. 268 f.; Glunk S. 60 ff.; Polenz Bd 3, S. 280 f.

Deutsch wird upgedatet
Crystal (1997) S. 24 ff.; Fontane, S. 465; Dunger (1903); Benn, S. 144 Polenz Bd. 3, S. 400 ff.; Muhr; Kettemann

Denglisch's Zukunft
Best (2001); ders. (2003)

Die Dequalifizierung des Deutschen
Kilger, Kirbach; Reinbothe; Zimmerman; Kettemann S. 61; Ammon 164 ff; Clyne 1993

5. Deutsch im Formtief? Grammatisches End(ungs)spiel

König S. 159

Der gefühlte Verfall
Schreiber; Korn zit. n. Krischke S. 110; Benckiser zit. n. Krischke S. 111; Schopenhauer S. 40 ff., 72 ff.; Grimm (1819) S. X

Hinab in die Vergangenheit
Tschirch (1983 / 89) Bd. 1, S. 76, 172; ders.(1968) S. 110 ff., 124; Speyer S. 68; Lerchner S. 530

Indogermanische Anfänge
Meier-Brügger pass.; Tschirch (1983 / 89) Bd. 1, S. 53 ff.

Indogermanen und Germanen
Meineke / Schwerdt S. 204; Ernst S. 67 f.; Lerchner S. 518; Meier-Brügger S. 64, Schmidt S. 42 ff.; Wiese; Speyer S. 29 ff.

Neue Akzente, bröckelnde Endungen
Meier-Brügger S. 151, Tschirch (1983 / 89) S. 41; Meineke / Schwerdt S. 273 ff.; Goethe Faust I, S. 667, Faust II, S. 157; Leiss S. 22; Diewald (1997) S. 6; dies. (2005) S. 240 f.

Zukunftsaussichten: Die Schriftbremse
nach Diewald (1997) S. 13, Nübling S. 121; König S. 163

Durchgewunken: Ein Lob der Unregelmäßigkeit
Wegener (2005); dies. (2007)

Literatur

Adelung, Johann Christoph (1782): Grundgesetz der Deutschen Orthographie. In: Ders.: Magazin für die Deutsche Sprache. Ersten Jahrganges erstes Stück. Leipzig. Neudr. Hildesheim / New York 1969, S. 59–83

Althochdeutsche Literatur – eine Textauswahl. Hg. v. Dieter Schlosser. Berlin 1998

Althochdeutsche poetische Texte. Althochdeutsch / Neuhochdeutsch. Ausgewählt, übersetzt und kommentiert von Karl A. Wipf. Stuttgart 1992

Ammon, Ulrich (2004): German as an International Language of the Sciences – Recent Past and Present. In: Gardt / Hüppauf, S. 157–172

Arndt, E. (1984): Luthers Bibelübersetzung – eine revolutionäre Tat. In: Schildt, Bd. 1, S. 59–76

Augst, Gerhard / Schaeder, Burkhard (Hg.) (1991): Rechtschreibwörterbücher in der Diskussion. Geschichte – Analyse – Perspektiven. Frankfurt/M. etc.

Bahner, Werner (Hg.) (1984): Sprache und Kulturentwicklung im Blickfeld der deutschen Spätaufklärung. Der Beitrag Johann Christoph Adelungs. Abhdlg. d. sächs. Akademie der Wissenschaften zu Leipzig, Bd. 70, H. 4, Berlin

Bahner, Werner (1984): Johann Christoph Adelung. Zum historischen Stellenwert seines wissenschaftlichen und publizistischen Wirkens. In: Bahner (Hg.) (1984), S. 7–24

Baudusch, Renate (1984): Klopstock und Adelung. Ein Beitrag zur Geschichte der Sprachwissenschaft im 18. Jahrhundert. In Bahner (Hg.) (1984), S. 173–179

Baudusch-Walker, Renate (1958): Klopstock als Sprachwissenschaftler und Orthographiereformer. Ein Beitrag zur Geschichte der deutschen Grammatik im 18. Jahrhundert. Berlin

Baurmann, Jürgen / Günther, Hartmut / Knoop, Ulrich (Hg.) (1993): Homo Scribens. Perspektiven der Schriftlichkeitsforschung. Tübingen

Bramann, Klaus-Wilhelm (1987): Der Weg zur heutigen Rechtschreibnorm: Abbau orthographischer und lexikalischer Doppelformen im 19. und 20. Jahrhundert. Frankfurt/M. etc.

Benn, Gottfried / Ziebarth, Ursula (2001): Hernach. Gottfried Benns Briefe an Ursula Ziebarth mit einem Kommentar von Jochen Meyer. Göttingen, 2. durchges. Aufl.

Bentzinger, Rudolf (2000): Die Kanzleisprachen. In: Besch et. al. (Hg.) (1998/2004), S. 1665–1673

Bergmann, Rolf / Pauly, Peter / Moulin-Frankhänel, Claudine (2004): Alt- und Mittelhochdeutsch. Arbeitsbuch zur Grammatik der älteren deutschen Sprachstufen und zur deutschen Sprachgeschichte. 6. neu bearb. Aufl.

Bergmann, Rolf / Stricker, Stefanie (2005): Katalog der althochdeutschen und altsächsischen Glossenhandschriften. Unter Mitarbeit von Yvonne Goldammer und Claudia Wich-Reif. Berlin etc.

Bernays, Michael (1879): Gottsched, Johann Christoph. In: Allgemeine Deutsche Biographie. Bd. 9, S. 497–508

Berns, Jörg Jochen (Hg.) (1976): Justus Georg Schottelius 1612–1676. Ein teutscher Gelehrter am Wolfenbütteler Hof. Wolfenbüttel

Bernsmeier, Helmut (1977): Der Allgemeine Deutsche Sprachverein in seiner Gründungsphase. In: Muttersprache, 87, S. 369–395

– (1980): Der Allgemeine Deutsche Sprachverein in der Zeit von 1912–1932. In: Muttersprache, 90, S. 117–140

Besch, Werner / Knoop, Ulrich / Putschke, Wolfgang / Wiegand, Herbert E. (Hg.) (1983): Dialektologie. Ein Handbuch zur deutschen und allgemeinen Dialektforschung. HSK; 2 Teilbde. Berlin etc.

Besch, Werner / Betten, Anne / Reichmann, Oskar / Sonderegger, Stefan (1998 / 2004): Sprachgeschichte. Ein Handbuch zur Geschichte der deutschen Sprache und ihrer Erforschung. HSK; 4 Teilbde. 2., vollständig neu bearbeitete und erweiterte Aufl. Berlin etc.

Besch, Werner (1983): Dialekt, Schreibdialekt, Schriftsprache, Standardsprache. Exemplarische Skizze ihrer historischen Ausprägung im Deutschen. In: Besch/Knoop/Putschke/Wiegand (Hg.) (1983), S. 961–990

– (2000): Die Rolle Luthers für die deutsche Sprachgeschichte. In: Besch/Betten/Reichmann/Sonderegger (1998 / 2004), S. 1713–1745

– (2001): Regionale Varietäten. In: Fleischer / Helbig / Lerchner (Hg.), S. 383–423

Best, Karl-Heinz (2000): Unser Wortschatz. Sprachstatistische Untersuchungen. In: Karin Eichhoff-Cyrus / Rudolf Hoberg (Hg.): Die deutsche Sprache zur Jahrtausendwende. Sprachkultur oder Sprachverfall? Mannheim etc., S. 35–52

– (2001): Wo kommen die deutschen Fremdwörter her? In: Göttinger Beiträge zur Sprachwissenschaft. 5, S. 7–20

– (2003): Anglizismen – quantitativ. In: Göttinger Beiträge zur Sprachwissenschaft. 8, S. 7–23

Birken-Bertsch, Hanno / Markner, Reinhard (2000): Rechtschreibreform und Nationalsozialismus. Ein Kapitel aus der politischen Geschichte der deutschen Sprache. Göttingen

Bischoff, Bernhard / Duft, Johannes / Sonderegger, Stefan (1977): Die «Abrogans»-Handschrift der Stiftsbibliothek St. Gallen : das älteste deutsche Buch. 2 Bde. St. Gallen

Blume, Herbert (1987): Gesprochenes Hochdeutsch in Braunschweig und Hannover. Zum Wandel ostfälischer Stadtsprachen vom 18. bis ins 20. Jahrhundert. In: Braunschweigische Heimat. Bd. 73, H. 1, S. 21–32

Braune, Wilhelm (1987): Althochdeutsche Grammatik. 14. Aufl., bearb. von Hans Eggers. Tübingen

Brekle, Herbert E. (2001) : Zur handschriftlichen und typographischen Geschichte der Buchstabenligatur ß* aus gotisch-deutschen und humanistisch-italienischen Kontexten. In: Gutenberg-Jahrbuch, Mainz, S. 67–76

Bumke, Joachim (1990): Geschichte der deutschen Literatur im hohen Mittelalter. München

Campbell, Bruce (2003): Would you like umlauts with that? (www.clicknation.de)

Clyne, Michael G. (1993): Pragmatik, Textstruktur und kulturelle Werte. Eine interkulturelle Perspektive. In: Schröder, Hartmut (Hg.): Fachtextpragmatik. Tübingen, S. 3–18

Cordes, Gerhard / Möhn, Dieter (1983) (Hg.): Handbuch zur niederdeutschen Sprach- und Literaturwissenschaft. Berlin

Crystal, David (1995): The Cambridge encyclopedia of the English Language. Cambridge

– (1997): English as a Global Language. Cambridge

Davies, Winifred V. / Nils Langer (2006): The Making of Bad Language. Lay Linguistic Stigmatisations in German: Past and Present. Frankfurt / M. etc.

Denk, Wolfgang (2006): 10 Jahre Rechtschreibreform. Überlegungen zu einer Kosten-Nutzen-Analyse. (Master-Arbeit, FH München) (www. reformkosten.de)

Deppermann, Arnulf (2007): Stilisiertes Türkendeutsch in Gesprächen deutscher Jugendlicher. In: Zeitschrift für Literaturwissenschaft und Linguistik. H. 148 / Dez.. S. 43–62

Diewald, Gabriele (1997): Grammatikalisierung. Eine Einführung in Sein und Werden grammatischer Formen. Tübingen

Diewald, Gabriele / Habermann, Mechthild (2005): Die Entwicklung von *werden* + Infinitiv als Futurgrammem. In: Leuschner et al. (Hg.) (2005), S. 229–250

Dittmar, Norbert / Steckbauer, Daniel (2007): Urbane Linguotope: am Puls der Polyphonie. In: Zeitschrift für Literaturwissenschaft und Linguistik. H. 148 / Dez., S. 63–88

Doval Reixa, Irene (2005): Una cala en las olas germanizadoras de la historia de la lengua alemana. In: Revista de Filología Alemana 28, 115–128

Duden, Konrad (1872): Die deutsche Rechtschreibung. Abhandlung, Regeln und Wörterverzeichniß mit etymologischen Angaben. Für die oberen Klassen höherer Lehranstalten und zur Selbstbelehrung für Gebildete. Leipzig

Duden (2005): Familiennamen. Herkunft und Bedeutung. Bearb. v. Volker Kohlheim. Mannheim etc.

Dunger, Hermann (1903): Engländerei in der deutschen Sprache. Berlin

– (1910): Die deutsche Sprachbewegung und der Allgemeine deutsche Sprachverein 1885–1910. Berlin

Dünnhaupt, Gerhard (1991 a): Wolfgang Ratke (1571–1635). In: Personalbibliographien zu den Drucken des Barock. Bd. 5., Stuttgart, S. 3267–83

– (1991 b): Justus Georg Schottelius (1612–1676). In: Personalbibliographien zu den Drucken des Barock. Band 5. Stuttgart, S. 3824–3846

Düwel, Klaus (2001): Runenkunde. Stuttgart, 3., vollst. neu bearb. Aufl.

Eggers, Hans (1986): Deutsche Sprachgeschichte. Bd. 1: Das Althochdeutsche und das Mittelhochdeutsche. Bd. 2: Das Frühneuhochdeutsche und das Neuhochdeutsche. Reinbek bei Hamburg

Eichinger, Ludwig M./ Kallmeyer, Werner (Hg.) (2004): Standardvariation. Wieviel Variation verträgt die deutsche Sprache? Berlin etc.

Eisenberg, Peter (2006): Orthographie ohne Literalität. Blinde Flecken der Rechtschreibreform. In: Zs. f. Germanistische Linguistik, S. 131–154

Elspaß, Stephan (2004): Standardisierung des Deutschen. Ansichten aus der neueren Sprachgeschichte ‹von unten›. In: Eichinger, Ludwig M./ Kallmeyer, Werner (Hg.) (2004) S. 63–99

Ernst, Peter (2005): Deutsche Sprachgeschichte. Eine Einführung in die diachrone Sprachwissenschaft des Deutschen. Wien

Ernst, Ulrich: Otfrid von Weißenburg. In: Lexikon des Mittelalters Band 6, Spalte 1557 ff.

Ewald, Petra (1992): Das «Grundgesetz der Deutschen Orthographie» bei Johann Christoph Adelung. Darstellung und Wertung. In: Nerius, Dieter/Scharnhorst, Jürgen (1992) (Hg.), S. 61–89

Fallada, Hans (1941): Damals bei uns daheim : Erlebtes, Erfahrenes und Erfundenes. Stuttgart 1955

Fleckenstein, Josef (2002): Rittertum und ritterliche Welt. (Unter Mitwirkung von Thomas Zotz). Berlin

Fleischer, Wolfgang/Helbig, Gerhard/Lerchner Gotthard (Hg.) (2001): Kleine Enyklopädie – Deutsche Sprache. Frankfurt/M. etc.

Föllner, Ursula (2004): Zum Gebrauch des Niederdeutschen in der Gegenwart – Soziolinguistische und pragmatische Aspekte. In: Stellmacher (Hg.) (2004), S. 99–148.

Fontane, Theodor (1899): Der Stechlin. Werke in drei Bänden, 2. Bd., hg. v. Kurt Schreinert. München 1968

Fried, Johannes (1994): Der Weg in die Geschichte: die Ursprünge Deutschlands bis 1024. Berlin

– (1998): Die Formierung Europas. München

Gallmann, Peter (1996): Warum die Schweizer weiterhin kein Eszett schreiben. In: Sprachspiegel 4/1996, Luzern, S. 124–130

Garbe, Burckhard (Hg.) (1978): Die deutsche Rechtschreibung und ihre Reform: 1722–1974. Tübingen

Gardt, Andreas (Hg.) (2000): Nation und Sprache. Die Diskussion ihres Verhältnisses in Geschichte und Gegenwart. Berlin etc.

– (2000): ‹Nation› und ‹Sprache› in der Zeit der Aufklärung. In: Gardt, S. 169–195

Gardt, Andreas/Hüppauf, Bernd (Hg.) (2004): Globalization and the Future of German. With a Select Bibliography. Berlin etc.

Gerdes, U./Spellerberg, G. (1998): Althochdeutsch. Mittelhochdeutsch. 6. Aufl.

Glaser, Elvira/Nievergelt, Andreas (2004): Althochdeutsche Griffelglossen. Forschungsstand und Neufunde. In: Greule, Albrecht/Meineke,

Eckhard / Thim-Mabrey, Christiane (Hg.): Entstehung des Deutschen. Festschrift für Heinrich Tiefenbach. Heidelberg, S. 119–132.

Glunk, R. (1966): Erfolg und Mißerfolg der nationalsozialistischen Sprachlenkung. In: Zs. f. dt. Spr., 22, S. 57–73

Glück, Helmut / Sauer, Wolfgang (1997): Gegenwartsdeutsch. Stuttgart. 2. überarb. u. erw. Aufl.

Goethe, Johann Wolfgang: Die Leiden des jungen Werthers. In: Sämtliche Werke, Briefe, Tagebücher und Gespräche. I. Abtlg., Bd. 8. Hg. v. Waltraud Wiethölter in Zus. m. Christoph Brecht. Frankfurt / M. 1994

– Gedichte 1756–1799. In: Sämtliche Werke, Briefe, Tagebücher und Gespräche. I. Abtlg. Bd. 1. Hg. v. Karl Eibl. Frankfurt / M. 1987

– Aus meinem Leben. Dichtung und Wahrheit. In: Sämtliche Werke, Briefe, Tagebücher und Gespräche. I. Abtlg. Bd. 14. Hg. von Klaus-Detlef Müller. Frankfurt / M. 1986

– Wilhelm Meisters Wanderjahre. Maximen und Reflexionen. Hg. v. Gonthier-Louis Fink. In: Sämtliche Werke nach Epochen seines Schaffens. Hg. von Karl Richter. Bd. 17, München 1991

– Faust. Eine Tragödie. Hg. v. Victor Lange. In: Sämtliche Werke nach Epochen seines Schaffens. Bd. 6,1, München 1986

– Faust. Der Tragödie zweiter Teil. Hg. v. Gisela Henckmann u. Dorothea Hölscher-Lohmeyer. In: Sämtliche Werke nach Epochen seines Schaffens. Bd. 18, München 1997

Gottfried von Straßburg: Tristan. Mittelhochdeutsch / neuhochdeutsch. Nach dem Text von Friedrich Ranke neu hg., ins Neuhochdt. übers., mit einem Stellenkommentar und einem Nachw. von Rüdiger Krohn. Stuttgart 2006

Gottschald, Max (2006): Deutsche Namenkunde. Berlin, 6. durchges. u. akt. Aufl.

Gottsched, Johann Christoph: Vorrede zum «Sterbenden Cato». In: Schriften zur Literatur. Hg. von Horst Steinmetz. Stuttgart 1972

– : Ausgewählte Werke. Band 1: Gedichte und Gedichtübertragungen. Berlin 1968 / 1970, S. 403–413.

– (1725): Die Vernünftigen Tadlerinnen. 1. Theil XLIV. Stück, 3. Aufl. Hamburg 1748, S. 388–394

– (1752): Grundlegung einer deutschen Sprachkunst. Leipzig 3. Aufl.

– (1762): Vollständigere und Neuerläuterte Deutsche Sprachkunst. In: Ausgewählte Werke, Bd. 8. Hg. v. P. M. Mitchell, bearb. v. Herbert Penzl. Berlin etc. 1978

Grass, Günter (1962): Die Blechtrommel. Frankfurt /M.

– (1979/2006): Das Treffen in Telgte. Eine Erzählung und dreiundvierzig Gedichte aus dem Barock. München

Grimm, Jacob (1847): Über das Pedantische in der deutschen Sprache. In: ders.: Selbstbiographie. Ausgewählte Schriften, Reden und Abhandlungen. Hg. v. Ulrich Wyss. München 1984, S. 125–153
– (1819): Deutsche Grammatik. Bd. 1, Göttingen
Grimm, Jacob/Grimm, Wilhelm et al. (1854–1960): Deutsches Wörterbuch. Leipzig u. Göttingen. Elektronische Ausgabe der Erstbearbeitung. Frankfurt/M. 2004
Habermann, Mechthild/Müller, Peter O./Naumann, Bernd (Hg.) (2000): Wortschatz und Orthographie in Geschichte und Gegenwart. Festschrift für Horst Haider Munske zum 65. Geburtstag. Tübingen
Hamburger, Arne (1981): Die gemäßigte Kleinschreibung im Dänischen. Die Reform von 1948 und ihre Auswirkungen. In: Kopenhagener Beiträge zur gemanistischen Linguistik, 17, S. 52–58
Hartmann, Silvia (1998): Fraktur oder Antiqua. Der Schriftstreit von 1881 bis 1941. Frankfurt/M.
Hartweg, Frédéric (2000): Die Rolle des Buchdrucks für die frühneuhochdeutsche Sprachgeschichte. In: Besch et al. (1998/2004), S. 1682–1713
Haß-Zumkehr, Ulrike (1995): Daniel Sanders. Aufgeklärte Germanistik im 19. Jahrhundert. Berlin
– (2001): Deutsche Wörterbücher. Brennpunkt von Sprach- und Kulturgeschichte. Berlin etc.
Heine, Heinrich (1826): Ideen – Das Buch Le Grand. Heines Werke in 5 Bänden, ausgew. und eingel. v. Helmut Holtzhauer. 3. Bd. Berlin u. Weimar 1968
Hinrichs, Uwe (2004): Kreolisierungstendenzen im Deutschen? Einige Bemerkungen. In: Muttersprache 4, S. 333–342
Hirschfeld, Ursula/Stock, Eberhard (2007): Aussprachewörterbuch und DaF-Unterricht. In: Zeitschrift für Interkulturellen Fremdsprachenunterricht 12: 2, S. 1–20
Hoffmann, E.T.A.: Fantasie- und Nachtstücke. In: Sämtliche Werke, Bd. 1. Hg. v. Walter Müller-Seidel. Darmstadt 1962
Hopster, Norbert (1985): Das «Volk» und die Schrift. Zur Schriftpolitik im Nationalsozialismus. In: Bouecke, D./Hopster, Norbert (Hg.): Schreiben – Schreibenlernen. Tübingen
Hundt, Markus (2000): «Spracharbeit» im 17. Jahrhundert. Studien zu Georg Philipp Harsdörffer, Justus Georg Schottelius und Christian Gueintz. Berlin
Ickler, Theodor (1998): Kritischer Kommentar zur Neuregelung der deutschen Rechtschreibung. Erlangen. Zweite, neubearb. und erw. Aufl.
Jakobs, Hermann (2000): ‹Diot› und ‹Sprache›. ‹Deutsch› im Verband der Frankenreiche (8. bis frühes 11. Jahrhundert). In: Gardt, S. 9–46

Jansen-Tang, Doris (1988): Ziele und Möglichkeiten einer Reform der deutschen Orthographie seit 1901: Historische Entwicklung. Frankfurt/M. etc.

Josten, Dirk (1976): Sprachvorbild und Sprachnorm im Urteil des 16. und 17. Jahrhunderts. Sprachlandschaftliche Prioritäten, Sprachautoritäten, Sprachimmanente Argumentation. Frankfurt/M.

Kartschoke, Dieter (2000): Geschichte der deutschen Literatur im frühen Mittelalter. München

Keller, Rudi (1994): Sprachwandel. Von der unsichtbaren Hand in der Sprache. Tübingen etc.,2. überab. u. erw. Aufl.

Kettemann, Bernhard (2002): Anglizismen allgemein und konkret: Zahlen und Fakten. In: Muhr et al. (Hg.), S. 55–81

Kessler, Harry: Das Tagebuch: 1880–1937 (hg. von Roland S. Kamzelak), Bd. 3: 1897–1905 (hg. von Carina Schäfer), Stuttgart

Kilger, Hartmut (2008): Das deutsche Recht hat an Boden verloren. Interv. mit Hartmut Kilger, Präsident des Deutschen Anwaltvereins. In: Frankfurter Allgemeine Zeitung v. 27.12., S. 12

Killius, Christian (1999): Die Antiqua-Fraktur-Debatte um 1800 und ihre historische Herleitung. Wiesbaden

Kirbach, Roland (2009): Für dumm verkauft. In: Die Zeit, 12.3., S. 17–21

Kirkness, Alan (1975): Zur Sprachreinigung im Deutschen. 1789–1871. Eine historische Dokumentation. Tübingen

Klemperer, Victor (1947): LTI. Notizbuch eines Philologen. Leipzig 1982

Klopstock, Friedrich Gottlieb (1855): Sprachwissenschaftliche Schriften. In: Sämmtliche Werke, Bd. 9. Leipzig

Kluge, Friedrich (1999): Etymologisches Wörterbuch der deutschen Sprache. Bearb v. Elmar Seebold. Berlin, 23. erw. Aufl.

Knoop, Urich (1988): Zur Begrifflichkeit der Sprachgeschichtsschreibung. Der ‹Dialekt› als Sprache des ‹gemeinen mannes› und die Kodifikation der Sprache im 18. Jahrhundert. In: Munske et al. (Hg.) (1988), S. 336–350

Koliwer, Margot (1992): Zur Geschichte des Orthograhieunterrichts in der ersten Häfte des 19. Jahrhunderts. In: Nerius, Dieter/Scharnhorst, Jürgen (1992) (Hg.), S. 339–366

Koller, Werner (2000): ‹Nation› und ‹Sprache› in der Schweiz. In: Gardt, S. 563–609

König, Werner (2001): dtv-Atlas Deutsche Sprache. München, 13. durchges. Aufl.

Köppchen, Ulrike (2004): Wie Hochdeutsch den Dialekt verdrängt hat. Sendung des Hessischen Rundfunks v. 9. 9. 2004 (www.hr-online.de)

Kordes, Uwe (1999): Wolfgang Ratke (Ratichius, 1571–1635). Gesellschaft, Religiosität und Gelehrsamkeit im frühen 17. Jahrhundert. Heidelberg

Kraus, Karl: Das Karl-Kraus-Lesebuch. Hg. v. Hans Wollschläger. Zürich 1980

Krause, Arnulf (2002): Die Geschichte der Germanen. Frankfurt/M.

Krischke, Wolfgang (1984): Publizistische Sprachkritik. Grundlagen und Kriterien publizistischer Sprachbeurteilungen. Göttingen (M.A.-Arbeit)

– (1985): Der Journalist als Sprachexperte? Sprachkritik in der Publizistik. In: Medium 8/85, S. 37–43

– (1991): Mailbox. Der Jargon der Informatiker. In: Frankfurter Allgemeine Zeitung v. 16.10.

– (2006): Ich geh Schule. In: Die Zeit v. 29.6.

Kuhlmann, Heide (1999): Orthographie und Politik. Zur Genese eines irrationalen Diskurses (www.heide-kuhlmann.de)

Kühn, Dieter (1986): Der Parzival des Wolfram von Eschenbach. Frankfurt/M.

Küppers, Hans-Georg (1984): Orthographiereform und Öffentlichkeit: zur Entwicklung und Diskussion der Rechtschreibreformbemühungen zwischen 1876 und 1982. Düsseldorf

Leiss, Elisabeth (2005): Derivation als Grammatikalisierungsbrücke für den Aufbau von Genusdifferenzierungen im Deutschen. In: Leuschner et al. (Hg.), S. 11–30

Lerchner, Gotthard (1984): «... daß es die guten Schritsteller sind, welche die wahre Schriftsprache eines Volkes bilden.» Zur sprachgeschichtlichen Bedeutsamkeit der Auseinandersetzung zwischen Wieland und Adelung. In: Bahner (Hg.) (1984), S. 111ff.

– (2001): Geschichte der deutschen Sprache. In: Fleischer/Helbig/Lerchner (Hg.), S. 512–647

Lessing, Theodor (= Theodore le Singe) (1919): Jäö oder wie ein Franzose auszog, um in Hannover das «raanste» Deutsch zu lernen. Hannover, Neudr. o. J.

Leuschner, Torsten/Mortelmans, Tanja/De Groodt, Sara (Hg.) (2005): Grammatikalisierung im Deutschen. Berlin etc.

Ludwig, Otto (2005): Geschichte des Schreibens. Bd 1: Von der Antike bis zum Buchdruck. Berlin etc.

Luginbühl, Emil (1933/1970): Studien zu Notkers Übersetzungskunst. Mit einem Anhang: Die Altdeutsche Kirchensprache. Einl. von Stefan Sonderegger. Berlin

Luther, Martin: Sendbrief vom Dolmetschen. Hg. v. K. Bischoff. Tübingen 1965

– : Tischreden. Hg. v. Hans Heinrich Borcherdt. München 1963

Maas, Utz (1994): Rechtschreibung und Rechtschreibreform: sprachwissenschaftliche und -didaktische Perspektiven. In: ZGL 22, 1994, 152–189

– (2003): Alphabetisierung. Zur Entwicklung der schriftkulturellen Verhältnisse in bildungs- und sozialgeschichtlicher Perspektive. In: Besch/Betten/Reichmann, HSK 2.3., S. 2403–2418

Macha, Jürgen (2006): Sprachgeschichte und Kulturgeschichte. Frühneuzeitliche Graphien als Indikatoren konfessioneller Positionierung. In: ZGL. 34. 87–104

Manguel, Alberto (1998): Eine Geschichte des Lesens. Berlin

Mann, Thomas: Buddenbrooks. Verfall einer Familie. In: Gesammelte Werke in dreizehn Bänden, Frankfurt/M., 1960/1974. 2. durchges. Aufl.

– Deutschland und die Deutschen, In: Gesammelte Werke, Bd. 11, S. 1126–1148

Mattheier, Klaus J. et al. (Hg.) (1993): Vielfalt des Deutschen. Festschrift für Werner Besch. Frankfurt/M.

Mauthner, Fritz (1912/1967): Beiträge zu einer Kritik der Sprache. Bd. II: Zur Sprachwissenschaft. Hildesheim

Meineke, Eckhard/Schwerdt, Judith (2001): Einführung in das Althochdeutsche. Paderborn etc.

Meier-Brügger, M. (2002): Indogermanische Sprachwissenschaft. Berlin etc.

Menke, H. (1988): Niederdeutsch: Eigenständige Sprache oder Varietät einer Sprache? In: Lingua Germanica. Studien zur deutschen Philologie. Jochen Splett zum 60. Geburtstag. Hg. von E. Schmitsdorf, N. Hartl u. B. Meurer. Münster/New York/München/Berlin 1998, S. 171–184

Möhn, Dieter (1983): Geschichte der neuniederdeutschen Mundarten. In: Cordes/Möhn S. 154–181

– (1986): Plattdeutsch in der Schule. Probleme einer mehrsprachigen Erziehung in Norddeutschland. In: Schuppenhauer (Hg.), S. 53–70.

Möller, A. (1992): Rudolf von Raumers Bedeutung für die Entwicklung der deutschen Orthographie. In: Nerius/Scharnhorst (1992), S. 171–200

Moulin, Claudine (1992): «Aber wo ist die Richtschnur? wo ist die Regel?». Zur Suche nach den Prinzipien der Rechtschreibung im 17. Jahrhundert. In: Nerius, Dieter/Scharnhorst, Jürgen (1992) (Hg.), S. 23–60

Muhr, Rudolf (2002): Anglizismen als Problem der Linguistik und Sprachpflege in Österreich und Deutschland zu Beginn des 21. Jahrhunderts. In: ders./Bernhard Kettemann (Hg.): Eurospeak – der Einfluss des Englischen auf europäische Sprachen zur Jahrtausendwende. Wien, S. 9–54

Munske, Horst H. (1997): Orthographie als Sprachkultur. Frankfurt/M. etc.

– (1988): Ist das Deutsche eine Mischsprache? Zur Stellung der Fremdwörter im deutschen Sprachraum. In: Munske, Horst H. et al. (Hg.) (1988), S. 46–74

– (2005): Lob der Rechtschreibung. Warum wir schreiben, wie wir schreiben. München

Munske, Horst H. / Polenz, Peter von / Reichmann, Oskar / Hildebrandt, Reiner (Hg.) (1988): Deutscher Wortschatz. Lexikologische Studien. Berlin, New York

N. N. (1996): Schwachsinn Rechtschreibreform: Rettet die deutsche Sprache! Der Aufstand der Dichter. In: Der Spiegel 42 / 1996, S. 262–281

N. N. (2006): Lemmy. Presseheft (www.kino-central.de / filme)

Nerius, Dieter / Scharnhorst, Jürgen (1992) (Hg.): Studien zur Geschichte der deutschen Orthographie. Hildesheim

Nerius, Dieter (1992): Position und Rolle von Konrad Duden in der Entwicklung der deutschen Orthographie. In: Nerius, Dieter / Scharnhorst, Jürgen (Hg.) (1992), S. 239–275

– (2000): Rudolf von Raumer und die I. Orthographische Konferenz von 1876. In: Habermann et al. , S. 69–78

– (2003): Graphematische Entwicklungstendenzen in der Geschichte des Deutschen. In: Besch / Betten / Reichmann, HSK 2.3, S. 2461–2472

Niebaum, Hermann (1986): Niederdeutsch in Geschichte und Gegenwart. In: Schuppenhauer (Hg.), S. 7–41.

Nübling, Damaris (2005): Von *in die* über *in'n* und *ins* bis *im*. Die Klitisierung von Präposition und Artikel als ‹Grammatikalisierungsbaustelle›. In: Leuschner, et al. (Hg.), S. 105–129

Otfrid von Weißenburg: Evangelienbuch. Althochdeutsch / Neuhochdeutsch. Hg., übs. u. komm. v. Gisela Vollmann-Profe. Stuttgart 2001

Otto, Rüdiger (2007): Nachleben im Bild. Ein Überblick über posthume Bildnisse und Beurteilungen Gottscheds. In: Rudersdorf, S. 376–419

Padberg, Lutz E. von (2003): Bonifatius. Missionar und Reformer. München

Paul, Jean (1819): Hesperus oder 45 Hundposttage. Eine Lebensbeschreibung. Vorwort zur dritten Auflage. In: Jean Paul, Werke, 1. Band, hg. v. Norbert Miller, München 1960, S. 471–1236

Penzl, Herbert (1986): Althochdeutsch. Eine Einführung in Dialekte und Vorgeschichte. Frankfurt / M.

Pézsa, Tibor (1993): Notker (III.) v. St. Gallen, gen. N. Labeo, N. Teutonicus. In: Biographisch-Bibliographisches Kirchenlexikon, Spalte 1035–1041. (www.bautz.de / bbkl)

Petersilka, Corina (2005): Zur Zweisprachigkeit Friedrichs II. In: Wehinger, Brunhilde (Hg.) (2005): Geist und Macht. Friedrich der Große im Kontext der europäischen Kulturgeschichte. Berlin, S. 51–60

Pflug, Günther (2002): Was ist Sütterlin? In: Der Sprachdienst, 6, H. 2, S. 217–225

Pfeifer, Wolfgang et al. (1995): Etymologisches Wörterbuch des Deutschen. München

Polenz, Peter von (1991 / 1999): Deutsche Sprachgeschichte vom Spätmittelalter bis zur Gegenwart. Bd. 1: Einführung. Grundbegriffe. Deutsch in frühbürgerlicher Zeit. Bd. 2: 17. und 18. Jahrhundert. Bd. 3: 19. und 20. Jahrhundert. Berlin etc.

Prowatke, Christa (1988): Teutscher sprach art und eygenschaft. Zum Anteil der Grammatiker des 16. Jahrhunderts an der Herausbildung nationaler Normen in der deutschen Literatursprache. In: Beiträge zur Erforschung der deutschen Sprache, Bd. 8. Leipzig, S. 172–196

Rahnenführer, Ilse (1992): Zur Stellung von Daniel Sanders in der Orthographiegeschichte. In: Nerius / Scharnhorst (Hg.) (1992), S. 201–238

Raumer, Rudolf von (1863): Das Prinicip der deutschen Rechtschreibung. In: Ders.: Gesammelte sprachwissenschaftliche Schriften. Frankfurt / M. etc., S. 108–142.

Reiffenstein, Ingo (1993): Sprachvariation in den Briefen der Familie Mozart. In: Mattheier (Hg.) (1993), S. 361–381

– (1998 a): Bezeichnungen der deutschen Gesamtsprache. In: Besch et al., S. 2191–2206

– (1998 b): Metasprachliche Äußerungen über das Deutsche und seine Subsysteme bis 1800 in historischer Sicht. In: Besch et al., S. 2205–2229

Reinbothe, Roswitha (2006): Deutsch als internationale Wissenschaftssprache und der Boykott nach dem Ersten Weltkrieg. Frankfurt / M. etc.

Röhrich, Lutz (2001): Lexikon der sprichwörtlichen Redensarten. 5 Bde. Freiburg etc.

Roelcke, Thorsten (2000): Der Patriotismus der barocken Sprachgesellschaften. In: Gardt (2000), S. 139–168

Rudersdorf, Manfred (Hg.) (2007): Johann Christoph Gottsched in seiner Zeit. Neue Beiträge zu Leben, Werk und Wirkung. Berlin etc.

Rück, Peter (1993): Die Sprache der Schrift. Zur Geschichte des Frakturverbots von 1941. In: Baurmann, Jürgen et al. (Hg.), S. 231–272

Rug, Wolfgang (2007): Klänge der Grammatik. In: Zeitschrift für Interkulturellen Fremdsprachenunterricht 12

Sackmann, Jobst (1720 / 1819): Plattdütsche Predigten von Jobst Sackmann. Weiland Pastor to Limmer bi Hannover 1680–1718. Leipzig 1913

Sanders, Willy (1969): Imperator ore iucundo saxonicans. In: Zeitschrift für deutsches Altertum und deutsche Literatur. 98, S. 13–28

Sanders, Willy (1982): Sachsensprache, Hansesprache, Plattdeutsch. Sprachgeschichtliche Grundzüge des Niederdeutschen. Göttingen

Sauter, Anke (2000): Eduard Engel – Literaturhistoriker, Stillehrer, Sprachreiniger. Bamberg

Schaeder, Burkhard (1991): Zur Geschichte der Rechtschreibwörterbücher des Deutschen – Nebst dem Versuch einer Typologie. In: Augst / Schaeder (1991), S. 129–173

Scharnhorst, Jürgen (1992): Jacob Grimm und die Orthographie. In: Nerius, Dieter / Scharnhorst, Jürgen (Hg.) (1992), S. 91–131

Scheuringer, Hermann (1996): Geschichte der deutschen Rechtschreibung. Ein Überblick. Mit einer Einführung zur Neuregelung ab 1998. Wien

Scheuringer, Hermann / Christian Stang (2004): Die deutsche Rechtschreibung. Geschichte, Reformdiskussion, Neuregelung. Wien

Schiewe, Jürgen (1998): Die Macht der Sprache. Eine Geschichte der Sprachkritik von der Antike bis zur Gegenwart. München

– (2000): Sprachpurismus als Aufklärung. Soll man Fremdwörter verdeutschen? In: Strocka, S. 35–68

Schildt, Joachim (Hg.) (1984): Luthers Sprachschaffen. Gesellschaftliche Grundlagen – Geschichtliche Wirkungen. 3 Bde. Berlin

Schiller, Friedrich / Goethe, Johann Wolfgang: Der Briefwechsel zwischen Schiller und Goethe. Hg. v. Siegfried Seidel. Bd. 2: Briefe der Jahre 1798–1805. München 1984

Schlaefer, Michael (Hg.) (1984): Quellen zur Geschichte der deutschen Orthographie im 19. Jahrhundert. Heidelberg

Schneider, Michael (2002): Geschichte der deutschen Orthographie unter besonderer Berücksichtigung der Entwicklung seit 1994. Marburg (www.schneid9.de)

Schlobinski, Peter et al. (2001): Simsen. Eine Pilotstudie zu sprachlichen und kommunikativen Aspekten in der SMS-Kommunikation. In: Networx, Nr. 22

– (2004): Mündlichkeit / Schriftlichkeit in den neuen Medien. In: Eichinger, Ludwig M. / Kallmeyer, Werner (Hg.) (2004), S. 126–142

Schmidt, Wilhelm et al. (2007): Geschichte der deutschen Sprache. 10. überab. Aufl. Stuttgart / Leipzig

Schmitt, Christian (2004): Nation und Sprache: Das Französische, In: Gardt, Andreas (Hg.) (2000), S. 673–745

Schopenhauer, Arthur (1851): Über Schriftstellerei und Stil. Hg. v. W. v. Löhneysen, Frankfurt / M. 1960

Schottel, Justus Georg (1663): Ausführliche Arbeit Von der Teutschen HaubtSprache. 2 Teile. Nachgedr. 1967. Tübingen

Schreiber, Mathias (2006): Deutsch for sale. In: Spiegel, Nr. 40, S. 182–198

Schröder, Edward (1907): Daniel Sanders. In: Allgemeine Deutsche Biographie. Bd. 53, S. 705–708. Leipzig

Schröder, Ingrid (2004): Niederdeutsch in der Gegenwart: Sprachgebiet – Grammatisches – Binnendifferenzierung. In: Stellmacher (Hg.) (2004), S. 35–97

Schützeichel, Rudolf (1989): Althochdeutsches Wörterbuch. Tübingen, 4. überarb. u. erg. Aufl.

Schuppenhauer, Claus (Hg.) (1986): Niederdeutsch. Fünf Vorträge zur Einführung. Bremen

Schweikle, Günther (2002): Germanisch-deutsche Sprachgeschichte im Überblick. 5. Auflage. Stuttgart

Schwerdt, Judith (2000): Die zweite Lautverschiebung. Wege zu ihrer Erforschung. Heidelberg

Schwerdt, Judith (Hg.) (2002): Die Kontroverse um die zweite Lautverschiebung. Frankfurt / M..

Seebold, Elmar (1986): Was haben die Germanen mit den Runen gemacht? Und wieviel davon haben sie von ihren antiken Vorbildern gerlernt? In: Germanic Dialects: Linguistic and Philological Investigations. Hg. v. Bela Brogyani und Thomas Krömmelbein. Amsterdam / Philadelphia, S. 525–583

Sickel, Karl-Ernst (1933): Johann Christoph Adelung. Seine Persönlichkeit und seine Geschichtsauffassung. Leipzig

Simek, Rudolf (1995): Lexikon der germanischen Mythologie. Stuttgart, 2. erg. Aufl.

– (2006): Die Germanen. Stuttgart

Sonderegger, Stefan (1979): Grundzüge deutscher Sprachgeschichte. Diachronie des Sprachsystems. Bd. 1: Einführung, Genealogie, Konstanten. Berlin etc.

– (2003): Althochdeutsche Sprache und Literatur. Eine Einführung in das älteste Deutsch, Darstellung und Grammatik. Berlin etc. 3. durchges. u. wes. erw. Aufl.

Speyer, Augustin (2007): Germanische Sprachen. Ein vergleichender Überblick. Göttingen

Splett, Jochen (1976): Abrogans-Studien. Kommentar zum ältesten deutschen Wörterbuch. Wiesbaden

Stellmacher, Dieter (2000): Niederdeutsche Sprache. Berlin, 2. überarb. Aufl.

– (Hg.) (2004): Niederdeutsche Sprache und Literatur der Gegenwart. (Germanistische Linguistik; H. 175 / 176). Hildesheim

Stöckmann, Ingo (2004): Deutsche Aufrichtigkeit. Rhetorik, Nation und politische Inklusion im 17. Jahrhundert. Deutsche Vierteljahresschrift für Literaturwissenschft und Geistesgeschichte, Bd. 78, H. 3., S. 373–398

Steinmeyer, N. N. (1888): Rudolf von Raumer. In: Allgemeine Deutsche Biographie. Bd. 27, S. 423–429

Stolze, Radegundis / Deppert, Alex (1998): Übersetzung und Verständlichkeit deutscher und englischer Wissenschaftstexte. In: Fachsprache, Heft 3–4, 116–130

Strasser, Ingrid (1984): Diutisk – deutsch. Neue Überlegungen zur Entstehung der Sprachbezeichnung. Wien

Strocka, Volker Michael (Hg.) (2000): Die Deutschen und ihre Sprache. Reflexionen über ein unsicheres Verhältnis. Bremen

Strunk, Hiltraud (1992): Stuttgarter und Wiesbadener Empfehlungen. Entstehungsgeschichte und politisch-institutionelle Innenansichten gescheiterter Rechtschreibreformversuche von 1950 bis 1965. Frankfurt a. M. etc.

Strunk, Hiltraud (Hg.) (1998): Dokumente zur neueren Geschichte einer Reform der deutschen Orthographie. Die Stuttgarter und Wiesbadener Empfehlungen. 2 Bde. Hildesheim etc.

Thomas, Heinz (2000): ‹Sprache› und ‹Nation›. Zur Geschichte des Wortes ‹deutsch› vom Ende des 11. bis zur Mitte des 15. Jahrhunderts. In: Gardt, S. 47–103

Tesch, A. (1916): Unsere Sprachecken. In: Zeitschrift des Allgemeinen Deutschen Sprachvereins. Bd. 31, H. 4, Sp. 121–124

Tschirch, Fritz (1968): Stehen wir in einer Zeit des Sprachverfalls? In: Jb. d. Inst. f. dt. Spr. 1966/67. Mannheim, S. 106–131

– (1983/1989): Geschichte der deutschen Sprache. 2 Bde. 3. Aufl. bearb. v. Werner Besch. Berlin

Tucholsky, Kurt (1931): Schloß Gripsholm. Gesammelte Werke in 10 Bd., Bd. 9., hg. v. Mary Gerold-Tucholsky und Fritz J. Raddatz. Reinbek 1985

Udolph, Jürgen (1994): Namenkundliche Studien zum Germanenproblem. Berlin

Venema, Johannes (1995): Zum Stand der zweiten Lautverschiebung im Rheinland. Stuttgart

Vennemann, Theo (2006): Germanische Runen und phönizisches Alphabet, in: Sprachwissenschaft, Bd. 34, S. 367–429.

Wahrig (2006): Deutsches Wörterbuch. Hg. v. Renate Wahrig-Burfeind. Gütersloh, 8., vollst. neu bearb. u. akt. Aufl.

Wegener, Heide (2005): Grammatikalisierung und De-/Regrammatikalisierung der deutschen Pluralmarker. In: Leuschner et al. (Hg.), S. 85–103

– (2007): Entwicklungen im heutigen Deutsch – wird Deutsch einfacher?» In: Deutsche Sprache. Bd. 35, H.1, S. 35–62

Weisgerber, Leo (1953): Deutsch als Volksname. Ursprung und Bedeutung. Stuttgart

Wells, Christopher J. (1990): Deutsch: eine Sprachgeschichte bis 1945. Tübingen

Wernher der Gärtner: Helmbrecht. Hg. v. F. Tschirch. Stuttgart 1978

Wienbarg; Ludolf (1834): Soll die plattdeutsche Sprache gepflegt oder ausgerottet werden? Gegen Ersteres und für Letzteres. Hamburg

Wiese, Harald (2007): Eine Zeitreise zu den Ursprüngen unserer Sprache. Wie die Indogermanistik unsere Wörter erklärt. Berlin

Wiese, Heike (2006): «Ich mach dich Messer»: Grammatische Produktivität in Kiez-Sprache (‹Kanak Sprak›) In: Linguistische Berichte, H. 207, S. 245–273

Wiesinger, Peter (1983): Die Einteilung der deutschen Dialekte. In: Besch et. al. (Hg.) (1983), S. 807–900

– (2000): ‹Nation› und ‹Sprache› in Österreich. In: Gardt, Andreas (Hg.) (2000), S. 525–562

– (2002): Entwicklungstendenzen der deutschen Gegenwartssprache. Bd. 2: Lexikologie und Lexikographie. Bern etc.

Wolf, Norbert Richard (1983): Durchführung und Verbreitung der zweiten Lautverschiebung in den deutschen Dialekten. In: Besch et al. (Hg.), S. 1116–1121

Wolf, Herbert (Hg.) (1996): Luthers Deutsch. Sprachliche Leistung und Wirkung. Frankfurt / M. etc.

Wolfram von Eschenbach: Parzival. Mittelhochdeutsch-Neuhochdeutsch. 2 Bde. Mhdt. Text nach der Ausgabe von K. Lachmann. Übersetzung und Nachwort von K. Spiewok. Stuttgart, 1986

Wolfram, Herwig (2005): Die Goten und ihre Geschichte. München. 2. durchges. Aufl.

Wurzel, Wolfgang (1985): Konrad Duden. Leben und Werk. Mannheim

Zimmerman, Jonathan (2002): Ethnics against Ethnicity: European Immigrants and Foreign-Language Instruction 1890–1940, in: The Journal of American History, Bd. 88, Heft 4, S. 1383–1404